한국의 신국부론, 중국에 있다

1판 1쇄 펴냄 2014년 6월 13일
1판 4쇄 펴냄 2015년 2월 16일

지은이 전병서
편집 이은영, 유나리, 박경화, 최민경, 황설경
마케팅 송반석, 안아름

펴낸이 하진석
펴낸곳 참돌

주소 서울시 마포구 독막로 15길 3-13
전화 02-518-3919
팩스 0505-318-3919
이메일 book@charmdol.com
신고번호 제313-2011-228호
신고일자 2011년 8월 11일

ISBN 978-89-98317-15-7 13320

한국의
신국부론
新國富論,
중국에 있다

10년 후 한국의 부와 미래는
중국에 달려 있다!

한국의
신국부론
新國富論,
중국에 있다

•전병서 지음•

아시아의 중심, 중국의 촉觸을 한국은 안다

코페르니쿠스가 본 미국, 달일까 태양일까?

서양과 동양이 서로 자유로이 왕래하고, 교역하고, 교류한 것은 불과 200년이 안 된다. 유럽이 팍스 로마나Pax Romana 시대, 팍스 브리태니카 Pax Britannica 시대일 때 아시아는 중국이 주도하는 팍스 시니카Pax Sinica 시대였다. 유럽의 팍스 로마나 시대, 팍스 브리태니카 시대, 아시아의 팍스 시니카 시대를 이룬 로마, 영국, 중국과 같은 제국들은 세계의 패자覇者로 동서양 역사의 한 페이지를 장식했지만, 재정위기를 극복하지 못하고 찬 란한 영광을 뒤로한 채 결국 패권의 막을 내렸다. 인류 역사를 보면 영원 한 제국은 없었다.

역대 강대국의 몰락에는 공통점이 있다. 바로 '재정위기'다. 서양의 최강 대국이었던 로마 제국이 멸망한 것은 재정위기로 가짜 돈을 유통시켰기 때문이다. 로마는 황제가 구멍 난 재정을 연장하려고 금화에 불순물을 섞 어 유통시키다 들통 나 주변국들이 더 이상 로마의 금화를 받지 않음으로 써 물자 공급이 끊겨서 망했다.

천년 제국 로마가 망한 이후에도 몽골 제국, 잉카 제국, 스페인 제국 등 수많은 제국이 일어섰지만 영원한 제국은 없었다. 16세기부터 세계를 주름잡던 대영 제국도 자신의 식민지였던 미국에 자리를 내줬다. 지금 팍스 아메리카나Pax Americana 미국의 세기는 영원할까, 아니면 다른 역사의 제국들처럼 이어서 오는 또 다른 국가에 패권의 자리를 넘겨주게 될까?

팍스 로마나와 팍스 브리태니카 시대의 종말은 결국 잦은 해외 전쟁과 사치스런 과소비로 재정이 붕괴됐다는 공통점이 있고, 이것이 기축통화의 가치하락으로 이어져 패권의 종말이 왔다. 영원한 제국을 꿈꾸지만 재정 위기는 화폐위기로 전이되고 결국 제국의 몰락으로 이어진다.

정치, 경제, 군사, 문화의 모든 방면에서 최강국으로 불리는 미국은 막대한 경제력을 바탕으로 세계 시장을 주도하고, 달러패권을 무기로 전 세계 시장에서 금융위기가 있을 때마다 불사조처럼 뛰어들어 떼돈을 벌어들인다. 또한 미국은 월등한 군사력을 앞세워 세계의 모든 분쟁과 테러에 직접 개입하며 '세계 질서의 수호자'를 자처하면서 뒤로는 이권을 차곡차곡 챙겼다. 거대 자본을 내세운 미국의 할리우드는 엔터테인먼트 산업으로 세계인의 눈과 귀를 지배했다.

과기 대영 제국이 세계대전 이후 마대한 전비로 빚더미에 올라앉으면서 파운드화가 붕괴했던 것처럼, 미국도 재정적자가 지속되고 심화되면 결국 같은 일이 일어날 가능성이 있다. 미국 역시 과거 로마 제국과 대영 제국처럼 해외 군사기지를 유지할 돈줄이 마르면 정치·외교적 파워를 잃을 수밖에 없다. 달러화 기축통화체제가 무너지면 팍스 아메리카나도 침몰할 수밖에 없는 것이다.

미국은 달일까, 태양일까? 인류는 코페르니쿠스가 《천구의 회전에 관하여De revolutionibus orbium coelestium》라는 책을 발표할 때까지 그리스·로마 시대부터 1543년까지도 지구가 도는 줄 몰랐다. 코페르니쿠스는 우주와 지구는 모두 구형이며 천체가 원운동을 하는 것처럼 지구도 원운동을 할 수 있다고 주장했다. 그러나 1616년까지 코페르니쿠스의 책은 로마 가톨릭교회의 금서목록에 올랐다.

지금 세계를 움직이는 절대권력 미국은 태양일까, 아니면 태양을 따라 움직이는 달일까? 미국 역시 역사에서 많이 보아온 하나의 '팍스Pax 국가'에 불과하다는 것을 모두가 알지만 코페르니쿠스의 책을 금서로 지정한 로마 가톨릭교회처럼 생각하는 것은 아닐까? 이미 미국의 반대편 동쪽에서는 새로운 달이 떠오를 준비를 하고 있는데 여전히 서쪽의 달만 쳐다보고 있으면 안 된다.

역사는 일직선이 아니라 순환한다. 그런데 그 순환은 항상 찾아오지만 같은 모습은 아니다. 그래서 항상 이번은 다르다고 생각하는 것이다. 스트라우스와 하우의 세대이론Generational Theory에 따르면 모든 대국의 변화에서 공통으로 나타나는 것이 있다. 세대의 변화가 역사를 만들고 그것이 대국의 수명과 운명을 결정지었다는 것이다. 역사는 대략 80년 주기로 대순환하고 그 순환주기는 20년 주기 4세대의 소순환으로 구성된다는 것이다.

미국의 식민지 시대부터 현재까지, 그리고 세계 주요 선진국들의 세대 주기를 관찰한 결과 1500년대부터 1700년대까지는 90~100년 주기로, 1800년대부터 현재까지는 80년 주기로 세대순환이 이루어졌다는 결론을 얻었다. 미국은 1536년 이래로 여섯 번째 80년 주기 대순환에 들어가 있고 1946년부터 시작된 이번 여섯 번째 주기는 현재 68년이 경과했다. 과거의 순환주기로 보면 대략 13~14년이 남았다.

2014년은 미국의 여섯 번째 순환의 네 번째 터닝 포인트에 속한다. 과거 세대 간 순환으로 보면 네 번째 터닝 포인트가 가장 중요했다. 네 번째의 위기 사이클에서 위기를 극복하면 새로운 번영기를 만들지만 여기서 실패하면 절대강자의 자리에서 내려와야 했다. 이렇게 보면 향후 10~15년이 미국의 앞날을 결정짓는 시간이다.

2025년의 미국은 어떤 모습일까? 미국에서 다시 '팍스 아메리카나의 르네상스'가 만들어질지 여부는 미국 밀레니엄 세대들의 손에 달려 있다. 금융위기로 인한 경제력 약화가 사회·문화적 충격으로 작용하고, 이것이 정치 그리고 군사적 약화로 이어질 수 있다. 이로 인해 발생한 부채Debt+달러Dollar+착각Delusion+위축Depletion의 4D에 의해 미국은 쇠락Decline의 길을 걸을 수도 있다. 그러나 한편으로 IT와 로봇, 바이오 등 하이테크 기술의 독점을 통해 다시 부활할 수도 있다.

G1.5의 시대, 이제 세상은 '2R'이 바꾼다

예전에는 미국에서 1등이면 세계에서도 1등이었지만 지금은 중국에서 1등을 해야 세계 1등이다. 철강, 화학, 조선, 자동차, TV, 세탁기, 에어컨, 휴대폰, 노트북, 운동화, 명품에서도 이제 중국이 세계 최대 시장이다.

보통의 나라들은 자동차를 만들고 나서 비행기를 만들고, 그다음 인공위성을 만든다. 그런데 자동차는 제대로 못 만들지만 최첨단 스텔스기를 만들고 인공위성을 독자기술로 만드는 나라가 중국이다. LNG선은 잘 못 만들지만 항공모함은 만드는 나라가 중국이다.

최근 250년간 자본주의 역사에서 유럽과 미국이 인류 사회에 기여한 바는 실로 크고 위대했다. 그러나 2008년 금융위기 이후 5년이 지난 지금 미국과 유럽의 모델을 그대로 따라 하겠다는 나라는 없다. 미국은 최근 5년간 단 한 푼의 빚도 갚지 않고 오히려 빚을 늘리고 있다. 미국은 부채를 부채로 덮어 '언 발에 오줌 누기' 식으로 위기를 넘기고 있다. 유럽은 이제 5년 만에 병원에서 퇴원할 준비를 하지만 다시 정상으로 회복하는 데는 긴 요양기간이 필요해 보인다.

미국은 기축통화의 권력을 쥐고 있는 한 계속 돈을 찍어 펑펑 쓸 요량이고 돈 찍는 프린터를 미국에 넘겨준 유럽은 계속 쇠락할 판이다. 난세에 영웅 나고 불황에 거상 난다. 1929년 이후 80년 만에 찾아온 대불황이 마무리돼가는 지금 새로운 스타가 나올 차례이고 위기가 마무리 국면에 들어가면서 새로운 돈 벌 기회가 오고 있다.

투자의 세계에서 최고의 타이밍은 항상 2등이 1등 될 때다. 2등 하던 중국이 지금 추세이면 향후 10~15년 안에 경제적으로 G1이 될 가능성이 높아졌다. 금융위기 이후 세계를 주도하던 큰 패러다임도 바뀌고 있다. 최근 20년간 지속돼오던 '미국 소비, 중국 생산'의 공식이 '미국 생산, 중국 소비'의 새로운 공식으로 바뀌고 있다.

'오바마의 리쇼어링Re-shoring'과 '시진핑의 개혁Re-form'의 2R이 세계를 바꾸는 새로운 패러다임이다. 미국의 오바마는 2기 집권을 하면서 '제조업 부활'을 내걸었고, 중국의 시진핑은 '소비 중심 성장'을 내걸었다. 이제 미국의 IT 서비스와 중국의 신형도시화Urbanization가 세상을 바꾼다.

미국 제조업의 진정한 부활은 셰일가스가 아니라 IT와 접합한 지능을 가진 사람 같은 로봇이 이끈다. 중국은 4억 명의 농촌인구를 도시로 보내는 인류 역사상 최대의 이사 프로젝트를 시작했다. 당장 2020년까지 1억 명의 인구를 도시로 보낸다. 전 세계 206개 국가 중 인구 1억 이상인 나라는 11개국에 불과하다. 향후 5년마다 중국에는 세계 10대 대국이 하나씩 탄생한다.

600만 달러의 사나이와 같은 지능을 갖춘 미국의 IT화된 로봇이 바꿀 세상도 쉽게 상상하기 어렵지만, 인류 역사상 처음으로 미국과 유럽 인구를 합한 숫자에 해당하는 중국의 8.5억 명의 도시인구가 바꿀 전 세계 소비재시장의 변화도 상상 불가다.

금융위기 이후 바뀌고 있는 미국과 중국의 역학관계를 두고 G0의 시대라고 한다. 그러나 미래 10~20년은 G1.5의 시대가 될 가능성이 높아 보인다. G1인 미국의 하향 평준화와 G2인 중국의 상향 평준화 시대가 될 가능성이 크다.

제조업 부활을 내건 미국이 물건을 팔 목적으로 만드는 새로운 게임의 룰이 태평양에서 환태평양경제동반자협정TPP: Trans Pacific Partnership과 대서양에서 환대서양무역투자동반자협정TTIP: Transatlantic Trade and Investment Partnership이다. WTO를 만들어 2인자 소련을 죽인 미국이 새로운 게임의 룰인 TPP와 TTIP로 2인자 중국과 잠재적인 경쟁자인 브릭스BRICs 국가를 죽일 심산이지만 중국과 브릭스 국가들은 이번에는 잘 말려들지 않고 있다.

중국은 8.5억 명의 소비시장을 미끼로 서방세계를 만리장성으로 둘러쳐진 중국으로 유혹하고 있다. 기술과 시장을 맞바꾸자는 전략이다. 공산당식 규제와 중국식 관습으로 무장된 전 세계에서 가장 위험한 지뢰밭이 중국 시장이지만 기대수익률이 너무 높아 미국을 포함한 서방세계의 어느 나라도 중국을 포기하지 못한다.

금융위기 이후 서방의 소비가 줄자 전 세계 모든 제조업은 공급과잉이다. 물건 사주는 놈이 왕인 시대가 온 것이다. 이런 찰나에 지금 중국이 소비대국으로 부상하여 왕의 권세를 누리려 하고 있다. 그 방법은 도시화다. 중국은 향후 10년간 매년 분당만 한 도시 40~50개씩 건설할 계획이다. 거대한 중국의 도시를 뜯어먹으려고 〈포춘〉 500대 기업부터 한국의 손바닥만 한 중소기업까지 모조리 중국으로 몰려가고 있다.

중국에서 세계 기업들의 올림픽이 벌어진 것이다. 금·은·동메달을 딸 실력이 안 되면 바로 경기장에서 시체로 실려 나오는 곳이 중국 시장이지만 전 세계 기업들이 끊임없이 몰려들고 있다. 죽어나간 기업들은 투자자금과 자산을 중국에 남기고, 살아남은 기업들은 치열한 경쟁을 하는 바람에 서로의 핵심기술을 경쟁적으로 중국에 풀어놓고 있다. 덕분에 지금 중국은 어부지리로 선진국의 기술과 장비, 노하우를 큰 힘 안 들이고 줍고 있다.

이런 중국의 부상, 2등이 1.5등 되는 절묘한 타이밍에 한국은 어떻게 해야 할까? 반경 2,000km 안에 인구 100만 이상의 도시가 200여 개 등장하는 시대가 오고 있다. 이들이 먹고 마시고 입는 것을 만들어 팔아도 대박이고, 이들이 먹고 마시고 입는 것을 만드는 회사에 투자해도 대박이다.

투자의 역사를 보면 선진국이 후진국에 투자해서 돈 먹었지 후진국이 선진국에 투자해서 돈 먹은 적이 없다. 스페인이 중남미에 투자하고, 영국이 인도에 투자하고, 미국이 아시아와 중동에 투자해서 이득을 챙긴 사례는 많지만 반대로 후진국이 선진국에 투자해서 돈 먹은 역사는 없다.

다행히 최근 60년간 한국은 미국을 병풍 삼아 자본주의에 줄 서고 중국은 공산주의에 줄 서는 바람에 2000년 역사에서 처음으로 중국보다 앞서 있다. 한국 입장에서는 선진국 미국의 부활에 기대어 돈 먹기보다는 후진국 중국의 부상에 투자해 돈 먹는 게 쉬워 보인다.

중국 위기론 그대로 믿으면 헛다리 짚는다

2014년 들어 중국 경착륙, 중국 위기론, 중국 붕괴론이 서방 언론에 넘쳐난다. 중국에서 공부한 적도, 살아본 적도, 일한 적도 없는 이들이 서방의 시각으로 13.6억의 중국을 평가한 것을 그냥 받아들여 중국과 뭔가를 하면 헛다리를 확실히 짚는다.

중국의 통계와 역사 그리고 중국 공산당을 조금만 자세히 들여다보면 소수민족 궐기로 중국이 붕괴할 거라든지, 지방부채 때문에 중국이 붕괴할 가능성이 있다든지 하는 것들이 비현실적임을 알 수 있다. 전 세계 인구 20%가 단일국가로 일어선 인류 역사상 최대의 국가가 국가 설립 60여 년 만에 붕괴할 수 있을까?

13.6억이 갖는 중력의 가속도와 관성은 엄청나다. 5,000만의 한국, 1억의 일본, 3억의 미국이 살아온 경험과 생각으로 중국을 보면 모조리 틀릴 수밖에 없다. 스케일이 다른 무게와 가속도를 경험한 적이 없기 때문이다. 중국 스스로도 경험하지 못한 규모의 효과 때문에 깜짝깜짝 놀란다.

중국은 부분이 아니라 전체를 봐야 한다. 적어도 히말라야 상공에 위성을 띄워놓고 보는 정도는 되어야 제대로 보인다. 부분을 전체로 오해해서는 안 된다. 나무를 숲으로 해석해서 답을 내면 그 그림은 결국 못 쓰게 된다. 중국이라는 모든 문제에 대한 오답은 중국이 전 세계 인구의 1/5을 가진 대국이라는 것과 자본주의가 아닌 사회주의로서 G2 국가로 일어섰다는 것을 간과한 데서 생긴다. 인구가 한국의 27배에 달하는 중국에서 발생하는 대형 사건이라고 하는 것도 우리 기준으로 환산해 27로 나누어 보면 별것 아닌 것이 많다.

사과나무 몇 그루가 썩었다고 해서 과수원 전체가 썩었다고 하는 것은 난센스다. 2.4조 위안, 한화 약 430조 원 규모의 중국 회사채시장에서 관리대싱 기업에 들이긴 대양광회시 2개시가 발행한 회사채가 처음으로 부도났다고 중국의 채권시장에 큰 균열이 온 것처럼 떠드는 것이 〈월스트리트저널〉, 〈블룸버그〉, 〈파이낸셜타임스〉 같은 세계 유명 언론이다. 그러나 정말 붕괴될 조짐이 있다면 금리가 급등해야 하는데 막상 중국의 시중금리는 별 변화가 없었다.

이는 부분을 전체로 해석하는 오류다. 선거철에 많이 언급되는 '±5%의 오차범위 내에서'라는 것을 13.6억 중국에 적용하면 1억 3,600만 명이 그 범위 안에 들어간다. 이 오차범위는 한국 전체 인구의 3배나 된다. 그러니 서방세계의 중국 예측이 지나고 보면 도대체 맞는 것이 없는 이유는 바로 이 때문이다. 작은 나라의 시각으로 보면 엄청난 숫자이지만, 중국은 예측 오차만 해도 웬만한 나라 전체보다 크다. 중국의 예측 오차범위 안의 일도 작은 나라 기준으로는 어마어마하게 느껴지기 때문이다.

중국, 경제지표가 아니라 베이징 '지청세대'의 생각을 읽어야

향후 10년의 중국을 읽는 핵심 키워드는 2가지다. '지청세대知青世代'와 '중국의 꿈中国梦'이다. 지식청년들이 이룰 소망이자 새 정부의 국정 어젠다인 '중국의 꿈'이 중요하다. 중국의 미래 10년은 바로 중·고등학교 졸업장 없이 대학을 간 지식이 별로 없는 청년, 그러나 지금 베이징의 최고권력자가 된 소위 지식청년, '지청知青'들의 생각에 달려 있다.

중국의 제5세대 지도자 시진핑과 리커창은 각종 꽌시关系와 파이시派系로 구성된 복잡한 연립방정식 해답의 결과인 것처럼 보인다. 하지만 이들의 공통점 그리고 이들이 만들 향후 10년 중국의 그림에 결정적으로 중요한 키워드 하나는 바로 지청세대라는 것이다. 중국은 지난 23년 동안 이어진 '기술관료 통치 시대'에서 지금 '지청세대 통치 시대'로 바뀌었다.

중국의 제4세대 지도자들은 1960년대 말에서 1970년대 초의 문화대혁명(문혁) 전에 대학을 졸업한 사람들이었다. 이에 반해 중국의 제5세대 지도자는 문혁의 피해자들로 17~25세 사이 성장기에 시골로 하방된 1,800만 명의 청소년에 포함된 사람들이다. 즉 이들은 소위 문화의 암흑기에 성장기를 보낸 중국의 잃어버린 세대다.

중국의 지청세대들은 중국 정치에 대해 비판적 시각을 가진 이들이 많다. 1958~1960년 마오쩌둥이 실시한 공산주의 건설 대약진 운동과 인민공사 등으로 3,000만 명 이상이 아사하는 시기에 태어났고, 시골로 강제로 하방되면서 교육받을 기회를 잃어버렸고, 경제발전을 위해 성性 문제마저도 국가에 구속을 당한 세대였다.

지금 중국의 7명의 상무위원 중에서 4명이 지청세대다. 시진핑은 7년간 시골에 내려가 토굴에서 살면서 농촌의 밑바닥 생활을 경험했고, 리커창과 장더장은 4년, 왕치산은 2년 동안 농촌생활을 한 사람들이다. 또한 25명 정치국원 중 11명이 지청 출신이고, 7명의 공산당 서기처 서기 중 5명이 지청 출신이다. 중국의 31개 지방성들의 성급 지도자 100여 명 중 1/3이 지청 출신이다.

그래서 중국의 미래 10년은 지청 출신에 달렸다. 중국 사회의 맨 밑바닥에서 시작해 최정상에 올라간 사람들의 성향이 미래 중국의 방향을 결정지을 판이다. 이들의 마음속에는 도대체 무엇이 들어 있을까?

시진핑의 국정 어젠다인 '중국의 꿈'은 10년 임기 내에 중국을 경제적으로 G1의 반열에 올려놓겠다는 야심 찬 계획이다. 미국의 54% 선인 중국의 GDP를 매년 7.2%씩 10년간 성장시키면 10년 뒤 GDP는 2배가 되고, 미국의 성장률 2~3%만큼 매년 위안화를 절상시키면 10년 뒤 중국의 GDP는 미국의 GDP를 넘어선다. 시진핑이 후진타오 시대 연평균 10.7%대보다 낮은 7%대의 성장을 목표로 하는 데는 이런 자신감이 배경에 있다.

지금 중국은 미국의 절반 정도의 GDP 수준에서 세계 주요 광물자원을 40·47% 소비하고 석유와 곡물도 10~30% 소비한다. 만약 두 자릿수 성장을 지속하면 머지않은 장래에 중국은 전 세계와 자원전쟁을 피할 수 없다. 이것이 새 지도자 시진핑이 두 자릿수가 아닌 7%대로 성장목표를 낮춘 또 다른 이유다.

'벼랑 끝'에 있는 것이 아니라 '제2의 도약'을 할 중국을 대비하라

중국이 벼랑 끝에 서 있다고 하고, 중국의 붕괴를 대비하라는 기사나 책이 넘쳐난다. 30년간 연평균 10%를 성장한 나라는 없었고 앞으로도 나올 가능성이 별로 없어 보인다. 그러나 모든 고성장의 뒤에는 반드시 후유

증이 있다. 자본주의 250년 역사를 단 30년 만에 따라잡은 슈퍼 국가 중
국에 문제가 없다면 오히려 이상하다. 이 고성장의 후기 단계에서 숨 고르
기 하는 나라의 변화를 붕괴로 착각하면 안 된다.

미국에서 공부한 홍콩 대학의 교수, 미국의 화교 출신 교수들이 최근
10년간 지속적으로 중국 위기론, 중국 붕괴론을 쏟아내 주목을 받았다.
하지만 중국은 붕괴하지 않았고 여전히 건재하다. 미국의 시각으로 중국
을 바라보고, 3억의 시각으로 중국을 바라보고, 현미경으로 중국을 본 탓
이다.

비판이 없는 중국 사회에서 중국 교수들은 정부의 가이드라인 외에는
공식적인 입장을 표현하는 것이 불가능하다. 하지만 국적이 중국이 아닌
화교 출신 교수들은 마음대로 떠들어도 미 대사관이 보호하기 때문에 걱
정이 없다.

언론의 자유가 제한된 중국에서 이들이 시니컬하게 중국을 비판하고
위기를 논하는 것이 듣는 이들에게는 일종의 카타르시스를 주기 때문에
인기가 있다. 하지만 최근 5년간 이들이 열심히 주장한 중국 경제, 부동
산, 금융의 붕괴는 일어나지 않았다. 국부적인 상황을 전체로 확대해석
했기 때문이다. 그러나 이들은 여전히 2015년, 2020년의 붕괴를 이야기
한다.

'하버드 박사'보다 더 똑똑한 건 '구리 박사'이고 구리 박사보다 더 똑똑
한 건 '돈 박사'다. 세상에서 가장 현명하고 똑똑하고 동작 빠른 것이 돈이
다. 세상의 돈을 주무르는 〈포춘〉 500대 기업이 가장 똑똑하다. 전 세계 명
문대의 MBA는 물론 DBA들까지 모두 이들 기업에서 죽으라 일하고 있기
때문이다.

지금 전 세계에서 〈포춘〉 500대 기업이 하나도 빠짐없이 떼로 몰려가
는 나라가 있을까? 중국이 유일하다. 1~2년 혹은 3~5년 안에 붕괴할 나

라에 수십억 달러를 투자하는 정신 나간 〈포춘〉 500대 기업 임원이 있을까? 돈은 거지를 싫어하고 부자를 좋아한다. 역사를 보면 황금이 향하는 곳이 항상 패권이 가는 곳이었다. 지금 전 세계의 황금이 중국으로 몰리고 있다.

숨 고르기 하는 중국의 다음 단계를 주목해야 한다. 10년에 GDP가 2배가 되는 성장률을 경착륙과 버블의 붕괴 조짐이라고 보기보다는 7%대의 중속中速성장으로 낮추면서 기존의 미국, 유럽과 다른 성장모형을 추구하려는 중국을 주시해야 한다. 방향 전환하는 중국을 예전의 시각으로 보면 안 된다.

중국은 투자와 수출의 단순한 증가만으로도 30년간 연평균 10%대의 두 자릿수 성장을 했고 G2로 올라섰다. 이런 중국이 더 이상 수출을 GDP보다 높게 가져가지 않겠다고 천명했다. 2014년 중국은 수출 목표를 GDP 목표와 같은 7.5% 내외로 발표했다. 과거 매년 20~30%의 증가로 중국 경제의 성장 엔진으로 작용했던 투자도 이젠 소비와 내수를 진작시키는 데 필요한 동반자 정도로 격하시켰다. 과도한 저축을 통한 투자를 줄여 소비를 늘리겠다는 것이다. 이는 중국이 최근 30년간 지속해온 수출과 투자 중심의 성장 패러다임을 비꾸었기 때문이다.

중국은 바뀌었지만 서방에서는 중국이 아직 뭘 바꾸었는지를 잘 모른다. 2014년 2월 중국의 수출이 18% 줄어들자 한국을 포함한 서방세계에서는 난리가 났지만 정작 당사자인 중국은 미동도 없다. 수출부양책이나 수출대책회의도 없다. 그간 중국이 해온 행태로 미루어보면 이상한 일이다.

중국 새 정부 개혁의 큰 방향은 2가지다. 국유기업의 개혁을 통한 분배구조의 개선과 도시화를 통한 소비구조의 개선이다. 미국을 만든 건 보이지 않는 손인 시장의 가격 메커니즘과 아메리칸 드림을 꿈꾸며 전 세계에서 모여든 천재 이민자들의 창의력 그리고 미국 지도자들의 위기의식이었다.

보이는 손, 정부의 역할에 만족했던 중국이 변했다. 중국은 리커창 총리 집권 이래 수백 건의 인허가를 폐지하거나 지방에 위임하고 토지, 금융, 외환, 자원의 모든 경제 분야에서 시장가격에 의한 관리를 시작하고 있다. 중국 공산당이 보이지 않는 손, 시장과 손을 잡은 것이다. 여기에 불안감을 느낀 기득권 세력의 반발이 있지만, 시진핑 정부는 부정부패 척결이라는 전가傳家의 보도寶刀를 무기로 밀어붙이고 있다.

중국이 2등으로 올라선 데는 정부주도의 효율성이 답이었지만 1등을 뛰어넘으려면 민간의 창의가 있어야 한다는 것을 중국의 새 지도자들은 정확히 인식하고 있다. 국유기업 중심이 아니라 민간기업 중심으로 전환을 모색하고 있다. 국유기업의 관리 방식을 과거의 직접관리에서 탈피해 싱가포르 테마섹처럼 지분관리로 바꾸어 국유기업의 효율을 높인다는 전략이다. 독점의 달콤함을 버리고 경쟁과 민영화로 국유기업을 개혁한다는 것이다.

강대국의 힘은 중산층의 힘이다. 중국은 최근 30년간 부자는 만들었지만 중산층은 만들지 못했다. 신형도시화를 통한 거대한 중산층 육성 프로젝트가 향후 10년간 진행된다. 당장 2020년까지 1억 명 농촌인구를 도시인화하고, 1억 명 중서부 농촌인구를 중소도시로 이전시키고, 1억 채의 노후주택을 개량한다. 필요한 자금은 금융시장에서 조달할 예정이다. 신형도시화의 달성은 금융과 토지, 사람의 3대 개혁을 통해 이룬다.

중국은 최근 30년간 환경문제, 먹거리 안전 문제가 심각했지만 성장만 한다면, 수출만 한다면, 돈만 번다면 뭐든지 허용되는 분위기였다. 그러나 이번 베이징의 대기오염, 독 스모그 사태가 중국 최고지도자에서 일반 국민까지 의식을 확 바꾸어놓았다.

'경제의 논리'가 더 이상 '생명의 논리'를 짓밟는 상황이 없어진 것이다. 최근 30년간 G2로의 화려한 부상은 결국 최고지도자에서 일반 국민까지 공평하게 자신의 폐와 생명을 담보로 이룬 것이라는 걸 깨달았기 때문이다. 공해는 모든 이에게 공평하게 적용되는 공산주의 원리가 그대로 적용된 때문이다.

지금 중국을 읽는 단어 단 하나를 고르라면 '변화'다. 중국 지도부의 변화, 정책의 변화, 국민 의식의 변화, 성장전략의 변화다. 최근 30년간의 성장과는 다른 변화이고, 이는 지난 30년의 모델과의 단절을 뜻한다. G2가 G1이 되기 위한 전 단계로 G1.5에서 벌어지는 개혁과 변화에는 지금까지 보지 못했던 새로운 시장, 새로운 돈벌이가 대거 등장한다. 단, 그 기회는 중국의 변화가 눈에 보이는 사람, 기업, 국가에만 주어진다.

아시아의 중심, 중국의 촉을 한국은 안다

21세기의 대박은 촉觸에서 나온다. 인간은 오감, 즉 시각, 청각, 후각, 미각, 촉각을 통해 정보를 습득한다. 인간의 귀를 대신하는 기계가 오디오이고, 눈을 대신하는 기계가 비디오다. 인간의 시각과 청각을 대신하는 기계, 가전기기를 만든 미국이 대박을 냈다. 일본과 한국은 미국이 가전산업을 물려받아 돈을 벌었다. 가전산업을 일본과 한국에 물려준 미국은 다시 인간의 뇌를 대신하는 기계인 PC를 만들어 전 세계 시장을 독점했다.

그러나 PC가 다시 인건비 따먹는 조립가공산업으로 전락하자 미국은 전쟁에서 사용되던 무전기를 바탕으로 휴대폰을 만들어 새로운 대박 산업을 만들어냈다. 휴대폰 시장에서도 경박단소화 경쟁으로 치열한 가격 싸움이 벌어지게 되자 미국은 휴대폰 제조사업도 접었다.

그런데 괴팍한 천재 스티브 잡스가 죽었던 미국의 휴대폰 산업을 부활시켰다. 단순히 소리와 문자를 전하는 기계로 여겨졌던 휴대폰을 손가락으로 터치하는 '촉감觸感의 기계'로 바꾸면서 세상에 혁명적인 변화를 일으켰다. '이브의 사과'가 인류에게 이성을 알게 했고 '뉴턴의 사과'가 인류에게 과학의 시대를 열어주었다면 '스티브 잡스의 사과'는 인류에게 스마트 혁명의 시대를 열어주었다.

음성만 전달하던 기계였던 휴대폰은 이제 데이터 자체를 자유자재로 전달하며 TV, 오디오, 영화관의 기능까지 모두 집어삼킨 괴물로 등장했다. 디지털 컨버전스Digital Convergence의 총아로 부상한 것이다. 눈과 귀에 의존하는 기성세대에게 휴대폰은 휴대할 수 있는 전화기에 불과했지만, 손가락의 촉이 좋은 젊은이들에게 스마트폰은 애인이자 친구이자 영혼의 동반자(?) 단계로 승화되었다.

젊은이들은 화장실, 식당, 지하철, 엘리베이터, 심지어 잠자리에서까지 어디서든 스마트폰을 손에서 놓지 않고, 시간이 날 때마다 새로운 소식이 있는지 확인하며 액정화면을 쓰다듬는 '촉의 중독'에 걸려들었다. 촉감으로 얻어 들이는 정보의 중독성은 마약보다 강하다.

우리는 기氣가 넘치는 한반도의 촉을 잘 활용해야 한다. 북한산, 지리산, 태백산 할 것 없이 한국의 명산에는 모두 신기神氣가 넘치는 사람들이 모여든다. 기가 센 사람은 사람의 명운을 내다보는 눈이 있다. 또한 기가 센 사람은 변화에 잘 적응한다. 기의 강함은 '빨리빨리'라는 변화가 두렵지 않은 기질이고, 이러한 신기는 곧 신 나는 '흥'이다. 이는 속도전과 즐거움이 생명인 IT 시대와 스마트한 정보혁명이 만든, 재미있고 흥이 나야만 성공하는 콘텐츠 전성시대에 딱 맞는 기질이다.

한반도의 지형을 보면 동북아에 있어 해양에서 대륙으로 진출하는 가장 뾰족한 길이다. 기는 항상 뾰족한 곳으로 모인다. 천둥과 번개는 태산도 못 막는다. 하지만 뾰족하고 가느다란 피뢰침은 아무리 강한 번개라도 받아닐 수 있다. 한반도의 뾰족한 지형은 서방의 해양세력들이 대륙을 점령하려면 반드시 거쳐야 할 관문이다. 1800년 이후 한반도가 세계열강들의 각축장이 된 것은 바로 이 때문이고, 이것이 지금도 북핵 문제에 4개의 강대국이 얽혀 있는 이유다.

기가 센 사람은 절대 집 안에 박혀 있지 못한다. 집 밖을 나돌아 다녀야 생기가 돈다. 새로운 기를 받고 돌아다녀야 산다. 개방은 생명이고 쇄국은 바로 나락이다. 조선은 개방 시기에는 번성했다. 하지만 쇄국정책은 국가를 쇠락의 길로 이끌었다. 쇄국을 택한 북한은 나락으로 떨어졌지만, 개방을 택한 남한은 세계 15대 강국으로 부상했다.

지금은 문지방을 잘 지키는 것이 곧 돈이다. 인터넷이 아무리 난리를 쳐도 모든 걸 다 챙기는 것은 그 문을 지키는 '포털'이다. 콘텐츠 업체가 히트하면 포털 업체는 가만히 앉아서 입장료와 광고료만으로도 대박 수익을 낼 수 있다. 단, 이런 비즈니스 모델은 그 문지방이 모든 콘텐츠 업체와 실타래처럼 얽혀 있을 때에만 가능하다. 해양문화의 대륙 진출 문지방이 바로 한반도다.

2000년 은둔의 나라, 붉은 사회주의 중국을 접촉하는 것이 두려운 서방의 나라에는 2000년간 중국과 치고받고 살아온 한국이 좋은 벤치마크 대상이 된다. 전 세계에서 유일하게 공산주의 국가 북한과 머리를 맞대고 사는 나라가 한국이기에 한국이 사회주의 국가 중국을 이해하는 교과서다. 사회주의 중국에서 자동차와 휴대폰, 화장품과 패션을 팔아 떼돈을 버는 한국은 중국 진출이 두려운 서방세계 국가들에게 중국 진출의 좋은 벤치마크와 플랫폼 국가가 될 수 있다.

이젠 아시아에 대한 촉을 누가 갖느냐 하는 것이 21세기에 부자가 되고 잘사는 지름길이다. 아시아의 중심, 중국의 촉을 한국은 안다. 한국과 중국은 지난 2000년간 공자와 한자의 영향권에서 쌀을 주식으로 한 하나의 문화권을 이루어왔다. 먹는 것과 생각하는 것이 비슷한 사람들끼리는 상대의 촉을 읽기도 쉽다. 한국에서는 중국에서 사회주의와 함께 사라져버린 공자 문화의 원형을 지방의 향교에서 쉽게 찾아볼 수 있다. 한국은 공자의 향기가 넘치는 나라다. 중국에 예전에는 있었지만 지금은 없는 것을 한국은 아직도 가지고 있다.

한국의 동방신기, 엑소 등 아이돌 가수들의 노래가 중국 젊은이들에게 인기다. 중국의 건국기념일 등 주요 행사에 반드시 등장하는 대표적 군가인 〈팔로군 행진곡〉을 작곡한 이는 한국의 광주 출신 작곡가 정률성이다. 그는 한국인으로는 유일하게 베이징의 혁명열사 묘역에 안장된, 중국이 알아주는 대표적인 음악가다. 2000년간 지리적·문화적으로 중국과 치고받고 살면서 한국인에게는 자기도 모르게 중국인을 감동시키는 게 무엇인지를 아는 촉이 생긴 것이다.

돈은 머리가 아니라 코로 버는 것이다. 돈 냄새가 나는 곳을 잘 알아채는 촉이 있어야 한다. 세계 각국의 재벌 중에 그 나라의 최고 명문대를 졸업한 사람은 거의 없다. 죽은 지식을 박제해 교과서를 만들어 가르치는 것은 생각의 틀을 만드는 데는 도움이 되지만 돈 버는 데는 별로 도움이 안 된다. 현장에서는 과거의 지식이 아닌, 상상력과 실행력이 실력이기 때문이다.

오히려 고졸 학력을 가진 '촉이 좋은 감각의 달인'이 최고 명문대 출신을 고용해 돈을 버는 세상이다. 고졸 학력의 빌 게이츠, 스티브 잡스가 그 예다. 명문대 MBA에서는 이론을 가르치지 않고 케이스를 가르친다. 역사는 반복되지만 항상 다른 모습으로 다가오기 때문에 과거의 경험이 오히려 독이 될 수 있다. 과거의 프레임에 변화라는 큰 변수를 촉으로 읽고, 새로운 조류에 새로운 감각으로 승부하는 것이 성공의 비결이다. 명문 MBA는 '감각의 승부'를 가르치고, 삼류 MBA는 따분한 '박제된 이론'을 가르친다.

촉의 기계, 휴대폰이 시각과 청각을 점령했다. 촉의 시대에 전통의 강자는 의미가 없다. 네티즌의 손바닥을 점령하는 자가 새로운 황제가 된다. 동방의 작은 나라의 비주류 가수 싸이가 단박에 세계적인 국제 가수로 등장했다. 경쾌하고 우스꽝스러운, 그러나 스마트한 동영상이 19억 명 네티즌의 몸과 마음을 사로잡은 것이다. 폴더 시대 휴대폰의 강자였던 핀란드의 노키아가 한 방에 무너졌다. 누르는 것이 아니라 터치하는 '촉의 시대'를 연 애플은 150조 원의 현금자산에 세계 최대의 시가총액을 자랑하는 회사로 올라섰다.

세계 최대의 시가총액을 가진 기업을 만든 스티브 잡스의 대박의 촉도 아시아에 있었다. 미혼모의 아들로 태어나 초등학생 때부터 수업 빼먹기를 다반사로 했고 학교마저 제대로 다니지 않은 사고뭉치 스티브 잡스를 잡아준 것은 다름 아닌 아시아의 불교였다. 스티브 잡스는 대학을 한 학기만 다니고 중퇴한 후, 오리건 주의 사과 농장에서 히피 생활을 하다가 그곳에서 아시아의 불교 승려를 만났다. 스티브 잡스는 불교에 입문하면서 인생의 전환점을 맞이했고, 아시아인들이 하는 참선을 시작했다.

스티브 잡스 스스로도 불교에 입문한 것이야말로 인생의 가장 중요한 일 중 하나였다고 할 정도로 불교는 잡스의 정신세계에 영향을 미쳤다. 또 대박 상품 아이팟과 아이폰의 버튼 없는 심플한 디자인도 모두 동양의 참선이 영향을 미쳤다. 스티브 잡스의 대박은 아시아의 승려를 통해 얻어진 촉이 만들어낸 대박이고, 기존의 전통 강자에게는 무서운 블랙 스완이었다.

근력筋力이 아니라 염력念力(상상력)이 진짜 힘인 시대가 바로 촉의 시대다. 다른 사람의 촉을 먼저 읽고 먼저 건드리는 이가 성공하는 시대다. 애플의 앱스토어와 갤럭시의 장마당이 놀이터이자 일자리이며 황금을 캐는 돈벌이 장소다. 친절하고, 쉽고, 재미있는 앱이 대세다. 아이디어 하나면 단박에 전 세계 68억 명 모바일 가입자를 확보할 수 있는 황금 벌이가 생긴다. 마음의 촉을 열고 다른 이의 촉감을 먼저 읽어 세상의 트렌드를 보고, 큰 흐름을 타면서 멀리 내다보는 포석을 하는 것이 성공의 지름길이다.

한국이 가진 땅의 기운이 센 한반도의 촉, 애플을 때려눕힌 삼성의 아이디어의 촉, 흥에 넘치는 싸이의 신명의 촉, 그리고 중국인의 마음을 읽어내는 한국인의 촉을 제대로 키우고 그것을 돈벌이로 잘 엮으면 그게 바로 창조경제가 된다. 수조 원짜리 설비투자 없이 종이와 연필, 사람만 가지고도 아시아의 돈을 한국으로 끌어모으는 비법이 바로 촉인 것이다.

1980년 이후 최근 24년간 중국에서 큰 부를 축적할 기회는 10번이 있었다.

① 1980년대 개인의 사업을 허가한 개체호个体户 허용 시기

② 1990년 초 증시개설 시의 주식매입권股票认购证 시기

③ 1990년대 중반의 선물炒期货거래 개시 시기

④ 1990년대 후반의 국퇴민진国退民进의 시기

⑤ 1990년대 말의 주가폭등股票5.19暴涨 시기

⑥ 2000년 초반의 인터넷互联网时代 시기

⑦ 2003년 사스非典 발생 시기

⑧ 2000년에서 2007년까지 부동산시장房地产楼市 폭발 시기

⑨ 2003년에서 2007년까지 주식개혁股市股改 시기

⑩ 2008년 말에서 2012년 초까지 국가4조위안4万亿投资计划 투자 시기

이제 11번째 기회는 2020년까지 다가올 중국의 자본시장 개방과 신형

도시화가 될 것 같다. 후진타오 시대 10년간은 WTO 가입을 계기로 실물경제의 대외개방으로 수출대국을 이루었지만, 시진핑 시대 10년은 자본시장의 대외개방으로 금융대국을 이루고 신형도시화로 소비대국을 이루는 시기다. 그래서 시진핑 시대 부의 코드는 '금융'과 '소비'다.

앞으로 10년 시진핑 시대 중국에 다가올 7가지 빅뱅이 있다. 소비 빅뱅, 에너지 빅뱅, 금융 빅뱅, 바이오 빅뱅, 전기차 빅뱅, 유통 빅뱅, 모바일 빅뱅이 그것이다. 앞으로 다가올 7가지 중국의 거대한 빅뱅에서 한국이 어떻게 사업기회를 잡을 것인가를 연구해야 할 때다.

한국, 60년 만에 다시 새로운 선택을 해야 하는 시점

1850년간 대륙국가와 운명을 같이했던 한국은 대륙문명의 영향권 아래서 생활했고, 대륙문명이 서양의 해양문명에 정복당하면서 같이 쇠락했다. 그리고 제2차 세계대전 종전 이후 지난 60년간 한국은 대륙문명이 아니라 태평양을 사이에 둔 해양문명, 즉 미국, 일본과 교역하면서 해양문명 따라잡기를 통해 대박을 냈다. 우리 선배들이 획기적인 발상의 전환을 한 결과다. 1850년간 섬겼던 대륙을 버리고 해양을 선택한 지 60여 년 만에 G15로 올라선 것이다.

세상의 큰 흐름은 60년을 주기로 순환한다. 2008년의 글로벌 금융위기를 계기로 이제 다시 대륙의 시대가 온 것 같다. 제2차 세계대전 이후 지난 60년간 해양문명의 관습에 푹 빠져 있던 한국에 1850년간의 대륙의 관성에서 벗어나 해양을 선택했던 우리 선배들의 선택과 같은 새로운 선택의 기로가 우리 세대에도 찾아왔다. 지난 관습대로 해양세력과 그냥 같이 갈 것인지, 아니면 다시 발상을 전환하여 대륙세력과 궁합을 맞출 것인지를 우리가 원하든 원하지 않든 선택해야 하는 시기가 왔다.

금융위기 이후 미국은 겉으로는 멀쩡해 보이지만 이제는 군사력에서,

경제력에서 힘에 부친다. 일본은 더 한심하다. 국가 전체 부채가 GDP의 500%가 넘는 나라가 미국을 등에 업고 G2인 중국과 싸우고 있고, 한국과도 대립각을 세우고 있다. 일본은 역사의식이 부족한 지도자의 결정적인 착오로, 과거 한국과 중국을 무력으로 점령했던 자만심과 만용을 21세기에도 여전히 부리고 있다.

하지만 일본은 해양세력의 두목인 미국의 쇠락과 구조적으로 운명을 함께할 수밖에 없다. 기축통화국이 아니면서 세계에서 가장 심각한 부채국가로 전락한 일본이 지금처럼 무리한 재정적자와 군비확장을 계속한다면 다음 글로벌 금융위기는 G3 일본에서 발생할 가능성이 높다.

그리고 제2차 세계대전 때 원자폭탄으로 혼쭐이 난 일본은 핵 문제로 다시는 일어서지 못할 가능성도 있다. 부도덕한 일본의 정치지도자들이 체르노빌보다 더 심각한 핵발전소 문제를 덮고 전 세계를 상대로 사기를 치고 있다. 또 지속적으로 방사능 오염수가 바다로 흘러나가고 있다.

바다를 자유로이 헤엄쳐 다니는 물고기가 일본 해역 전역을 방사능으로 오염시키면 20~30년 뒤 일본에서는 제2차 세계대전 때 겪은 원자폭탄의 후유증과 같은 인체 손상이 나타날 수 있다. 그렇게 되면 일본의 엘리트와 부자들은 일본을 버리고 해외로 떠날 가능성이 있다. 국가보다 자신과 가족 그리고 후손의 생명이 더 중요하기 때문이다. 이것은 일본에 국가적 재앙이 될 것이다. 그래서 지난 60년간 우리가 배우고 수출하여 돈을 벌었던 미국, 일본과 같은 해양세력의 앞날에 한국이 지금처럼 베팅하기가 구조적으로 어렵게 되어 있다.

요즘 "통일이 대박"이라는 말이 유행이다. 못사는 북한은 한국이 도와주어야 할 '무거운 짐'이라는 시각에서 인식이 바뀐 것이다. 60년 주기로 바뀌는 세상의 흐름으로 보면 지금이 해양에서 대륙으로 축이 바뀌는 시점이다. 한국의 형세를 보면, 미국이 셰일가스로 제조업을 다시 불러들여 고용·재정·무역수지를 모두 해결하는 리쇼어링과 같이 북한이 한국 리쇼어링의 계기가 될 수 있다.

삼성을 포함한 한국의 모든 재벌기업이 중국으로 공장을 이전하고 있다. 그 이유는 사회주의 중국의 값싼 노동력과 토지 때문이다. 인건비와 땅값이 싼 중국으로 몰려간 우리 기업을 다시 불러들여 한국의 고용과 재정을 회복하는 방법은 사회주의 국가인 북한과 협력하는 것이다.

중국에 진출한 기업들 입장에서는 싼 노동력과 싼 토지는 좋지만 품질과 생산성이 문제다. 이는 다름 아닌 언어장벽으로 인한 의사소통의 어려움 때문이다. 그러나 비행기로 1시간 반 거리의 중국과 비슷한 조건의 땅값과 노동력을 가진 북한이 차를 타고 1시간 반만 가면 있다. 북한의 노동생산성은 중국과는 비교할 바가 아니다. 북한 경제의 아킬레스건은 에너지인데, 북한의 에너지 생명선도 중국이 쥐고 있다.

한국이 대륙세력인 중국을 잘 업어치기하면 북한도 통제하고 경제도 재도약할 기회가 생기게 된다. 또한 자존심 강한 북한에는 남쪽의 잘사는 형에게 치사하게 공짜로 얻어먹는 것이 아니라 정당한 노동의 대가로 당당하게 돈을 버는 기회가 될 수도 있다.

한국의 하청공장으로서 중국의 역할은 끝나가고 있다. 한국은 새로운 대안과 전략이 필요하다. 이제 중국은 한국의 하청공장이 아니라 내수시장이다. 차가 막히는 '불타는 금요일'에 여의도에서 분당까지 가는 데만도 2시간 이상 걸린다. 비행기로 2시간 거리의 중국 시장은 외국이 아니라 이제 한국의 내수시장이다.

한국의 창조경제는 한국 내에 국한되는 서비스를 제공하는 기업을 지원할 게 아니라, 투자와 시장의 영역에서 최소 아시아 시장을 공략하는 기업을 지원하는 정책으로 가야 성공한다. 5,000만을 상대로 한 정보기술IT 창업과 벤처를 통한 창조경제는 2000년 초에 이미 끝났다. 이제 휴대폰으로, 그리고 손가락으로 세계에 접속하는 시대에는 최대한 많은 손가락을 겨냥해야 성공한다.

발상의 전환이 필요하다. 12.3억의 모바일 가입자가 있는 중국은 이제 세계의 공장이 아니라, 한국이 당연히 공략해야 할 한국의 '내수 소비시장'이다. 그래서 우리가 대륙으로 가는 길목인 북한과 대륙세력의 중심에 있는 중국에 대한 새로운 시각과 전략이 필요한 것이다.

중국의 번뇌는 모두 한국의 기회다

자본주의 250년을 30년 만에 따라잡은 나라에 후유증이 없다면 이상한 일이다. 그러나 그 후유증이 크면 클수록 그것은 한국의 기회다. 그 후유증이 독감 때문에 걸린 감기몸살이거나 좀 더 위중해 맹장수술 정도라면 구조조정 후의 중국을 제대로 대비해야 한다. 독감 환자를 암 걸린 환자처럼 대하면 실수하는 것이다.

중국의 모든 고민은 '총량으로는 대국, 1인당으로는 개도국'이라는 데서 출발한다. 중국은 세계 경제규모 2위인 G2, 세계 억만장자 수 2위인 부자들의 나라인 것도 맞고 구매력평가^{PPP} 기준 GDP가 2014년에 미국을 제치고 세계 1위가 될 것이라는 세계은행의 예측도 맞다.

구매력평가 기준 전 세계 GDP는 90.6조 달러인 반면 환율 기준 GDP는 70.2조 달러에 그친다. 햄버거 하나를 사는 데 미국에서는 4달러인데 중국에서는 1.78달러다. 구매력 기준으로는 세계 GDP가 환율 기준보다 29% 더 커지고 햄버거 지수로는 중국의 GDP가 환율 기준보다 125%나 더 커지기 때문이다.

그러나 중국은 환율 기준이든 구매력 기준이든 총량으로는 세계 1~2위인지 모르지만 1인당으로는 여전히 개도국이다. 2013년 기준으로 1인당 GDP는 6,569달러로 세계 87위 수준이고 1인당 구매력은 99위 수준의

13.6억 명의 가난한 사람들이 모여 사는 개발도상국이다. 그러나 1인당의 숫자에 세계 인구 20%라는 곱셈을 하면 뭐든 세계 1~2위인 것이다.

그래서 중국은 '대국의 번뇌'와 '개도국의 고민'을 같이 가지고 있는 나라다. 중국이 고민하고 괴로워하는 번뇌는 모두 한국의 기회다. 중국의 번뇌를 해결해주어 중국인들이 진정 고마워하는 대박 열차에 올라타는가 못 타는가는 우리 능력이고, 그 타이밍을 맞추는 것도 우리 실력이고 복이다.

중국은 특이한 나라다. 중국 공략은 공산당과 공자, 인터넷을 얼마나 이해하느냐에 성공이 달렸다고 해도 과언이 아니다. 정책과 문화의 이해 그리고 정보의 확산이 중요하다. 중국의 정책은 공산당의 마음을 읽어야 한다. 중국의 소비는 중국의 2000년 유교문화에 답이 있다. 그리고 31개 나라의 연합국 중국은 군현제, 봉건제로 나라를 다스린 프랜차이즈와 본지점 거래의 달인이다. 이 넓고 광활한 나라를 공략하는 데 프랜차이즈로, 지점 방식으로 넓히다가는 당한다.

중국은 경제적으로 번영은 하지만 자유와 인권이 없는 나라여서 발전할 수 없는 나라라는 얘기도 많다. 서방의 시각으로 보면 그렇지만 중국은 3000년 역시 상 인권이, 자유와 민주가 보장된 적이 없는 나라다. 중국의 인권 사이클은 주기로 보면 150년에서 300년에 한 번씩 잠깐 돌아오는 꿈 같은 것이다. 왕조가 쇠락하고 인권침해가 심해지면 혁명이 일어나고, 그러면 잠시 인권이 황제에서 국민으로 되돌려지고, 조금 지나면 다시 국가가 가져가는 특이한 시스템의 나라다.

중국의 3000년간 체제는 하늘의 아들이라고 하는 천자天子의 나라였지 국민의 나라였던 적이 없다. 그러나 이런 시스템 하에서 중국은 황하문명을 만들었고, 유럽을 정복했고, 4대 발명품을 만들었고, 지금 G2를 만들었다. 황제와 제후 그리고 경卿, 대부大夫, 사士가 중국을 3000년간 통치한 사람들이고, 지금의 중국도 명칭만 바뀌었지 크게 보면 달라진 게 없다. 공산당이 하늘이고 7명의 상무위원이 제후이고 당 간부와 관료가 경, 대부, 사다.

중국은 국가 창업 후 일정 기간이 지난면 관상결탁官商結託이 일상화되어 부정부패가 문제되고, 문제가 생기면 이를 해결하는 데 꽌시가 중요한 사회다. 꽌시는 결국 황제와 관료의 관계다. 그래서 공산당에 대한 이해와 공산당의 정책, 공산당을 움직이는 이들의 마음속에 무엇이 들어 있는지를 아는 것이 중요하다.

중국은 뉴스에 나오는 베이징 표준말을 잘 못 알아듣는 인구가 4억 명이 넘어 모든 CCTV 프로그램에 자막이 나오는 31개 나라의 연합국이다. 이런 중국을 공략하는 데는 '아는 사람' 꽌시关系, 요즘으로 치면 SNS가 필수이고 이것을 확산시키려면 인테넷과 모바일을 어떻게 쓰느냐가 관건이다. 13.6억 중 12.3억 명과 소통하는 방법이 휴대폰이다. 그래서 모방과 짝퉁의 나라 중국은 인터넷과 모바일 때문에 모방과 확산이 더 가속화되고 있다.

21세기의 천리마는 인터넷과 모바일이다. 인터넷과 모바일에서는 튀는 아이디어와 창의성이 성공의 비결이고 남의 것 베끼면 바로 망한다. 그래서 아이러니하게도 모방의 나라 중국에서 성공의 비결은 창의성이고, 그 창의성을 확산하고 마케팅하는 것은 인터넷과 모바일을 통해 가능하다.

예전엔 중국에 신발 하나씩 팔아도 13.6억 개라서 대박이라고 했지만, 대박 낸 사람이 없었던 것은 13.6억을 불러들여 신발을 구경시킬 방법이 없었기 때문이다. 그런데 지금은 인터넷과 네트워크의 힘을 빌리면 어떤 아이템도 언제, 어디서든 얼마든지 팔 수 있는 것이 중국이다.

한국이 지금까지 대중국 사업에 대박을 냈던 것은 '지리地利'와 '어부지리漁父之利'였다. 세계의 공장에 가장 가까운 지리적 위치로 공장에 들어가는 철강, 화학, 반도체 등의 중간재를 팔아서 대박 낸 것이다. 그리고 자동차와 전자제품은 일본과 중국이 치고받고 하는 와중에 어부지리를 얻은 것도 크다.

그러나 이 모든 것이 상황이 바뀌었다. 중국이 제조에서 소비로 바꾸면서 모든 중간재는 공급과잉이고, 전자와 자동차의 세계 최대 소비시장이 되면서 중국 시장은 전자와 자동차의 올림픽 경기장이 되어버렸다. 금·은·동메달 외에는 살아남기 어려운 시장이다. 소비재는 인터넷과 모바일의 보급으로 전 세계에서 가장 싼 물건이 가장 많이 거래되는 곳이 중국이 되어버렸다.

한국은 중국의 바로 옆에서 이 모든 것을 보고 있으면서도 감성적인 생각만 하고 이성과 액션이 별로 없다. 중국의 변화 과정에서 사업기회를 노리기보다는 중국의 위기설에 휘둘려 말만 하고 액션이 없다. 중국이 금융위기라면 한국의 2번의 금융위기 경험을 팔아먹을 생각을 하고 부동산 과열이라면 한국 부동산정책의 경험을 컨설팅해서 돈을 벌면 되지만 그럴 생각을 하지 않는다.

한국의 빙상계에는 세계 피겨의 여왕 김연아가 있지만, 한국의 소비재에는 김연아가 없다. 중국의 내수 대폭발 시대에 중국에 필 세계적인 브랜드의 여왕이 없는 것이다. 하지만 여전히 한국은 중국의 경기회복에 중간재를 팔아 돈 벌 생각에 잠겨 있다.

중국의 변화에 올라타지 못하면 한국 경제의 미래는 밝지 않다. 중국의 소비 폭발에 뒤따라가기, '팔로어십Follower-ship'이 아니라 중국의 소비를 끌고 가는 '리더십Leader-ship'을 만들어야 한다. 그래야 한국의 몸값을 제대로 쳐서 받고 중국인의 친구로 오래 잘 먹고 잘 지낼 수 있다.

한국의 신국부론, 중국에서 써야 한다

중국이 변했다. 중국은 예전에 우리가 알던 못살고 나약하고 느릿느릿한 나라가 아니다. 중국은 크고 빠르다 못해 이젠 강하게 바뀌고 있는 나라다. 공산당이 농민들을 설득하여 공짜로 땅을 주겠다고 해서 나라를 세운 '땅으로 만든 중국'에서 13.6억 명의 손으로 만들어진 '제조 중국'으로 일어섰고, 이젠 전 세계 최대의 현금을 보유한 '돈으로 만든 중국'이 되었다.

신중국 건설 60년을 돌아보면 전반 30년에는 스탈린식 국영경제의 실패한 모델을, 후반 30년에는 덩샤오핑식 개방경제의 성공한 모델을 택한 것을 알 수 있다. 이제 앞으로의 30년 중국은 어떤 모델을 선택하게 될까? 시진핑식 소비경제, 중국 특색의 자금성 모델이 될 가능성이 높다.

서방세계는 왜 중국의 수많은 이해 안 되는 점들에 대해 미심쩍어하면서도 한편으로는 열광하는 것일까? 바로 돈 때문이다. 서로의 삶의 영역이 겹쳐지면 원수도 친구가 되고 역적도 충신이 된다. 60년 전 한국전쟁 때 한반도의 통일을 총을 든 인해전술人海戰術로 막았던 중공이 이젠 한 손에는 공자를, 다른 한 손에는 위안화를 든 전해전술錢海戰術로 한국을 넘보고 있다. 하지만 우리는 지금 중국을 더 이상 적으로 생각하지 않는다.

중국은 경제적으로 한국에게는 이미 미국과 같은 존재가 되어버렸다. 과거 50년간 경제적으로 우리가 의지했던 미국의 대안이 되어버렸으며, 이젠 중국이 한국 경제를 좌지우지하고 있다고 해도 과언이 아니다. 현재 한국의 최대 수출국은 바로 중국이다.

우리가 지난 50년간 이승복 어린이를 무참히 살해한 북한 공산당과 같은 과의 '무서운 빨간 도깨비'로 알고 있던 중국이 이제는 한국의 친구, 한국 경제의 운명이 되어버렸다.

수출에 크게 의존하는 한국 경제에서, 2001년 이후 10년 만에 무역에서 벌어들이는 돈의 대부분이 중국에서 나오고 있다. 2013년 한국 전체 무역수지 흑자의 3배가 중국에서 나온 것이다. 중국이 없으면 밥상의 김치부터 자동차, 반도체, TV, 휴대폰을 파는 대기업까지 문제가 생기는 세상이 왔다.

잊고 있던 옛 노래가 리메이크를 통해 재탄생하듯이 지금 중국이 재탄생했다. 우리보다 잘사는 중국의 상위 5% 부자 6,500만 명의 식탁과 옷장을 장악하면 한국의 4,500만이 행복하게 살 수 있다. 2억 명의 중국 노인들의 건강을 책임질 수 있으면 4,500만이 30년은 편하게 지낼 수 있다.

중국은 제조대국에서 소비대국으로 바뀌고 있다. 한국도 중국을 생산기지에서 판매기지로 빨리 바꾸어야 한다. 이젠 본사까지 중국으로 옮길 각오로, 중국을 앞마당으로 생각하고 죽자 살자 덤비는 기업만이 살아남는 시대가 오고 있다. 생산원가 우위를 노린 '중국 생산, 한국 판매'의 공식은 더 이상 유효하지 않다. 한국 기업의 대중국 전략은 소비시장으로서 중국을 겨냥한 '중국 생산, 중국 판매'로 빨리 바뀌어야 한다.

지금까지 중국은 세계의 공장이자 한국 하청업체들의 집산지였다. 하지만 중국이 세계의 소비대국이 되면 한국의 역할도 바뀌어야 한다. 한국에서 소비하기 위한 생산이 이닌, 중국에 팔기 위한 생산을 하는 동시에 한국이 중국을 위한 디자인센터가 되어야 한다.

지금은 '메이드 인 차이나Made in China'이지만, 미래에는 중국과 같이 소비하고Consumed with China, 중국을 위해 만들고Made for China, 중국을 위해 디자인하고Designed for China, 중국인을 위한 브랜드Brand for China를 내놓는 시대가 올 것이다.

2000년간 한국과 서해를 두고 서로 물고 뜯고 싸웠던 13.6억 인구의 중국이 지금 세계의 소비시장으로 떠오르고 있다. 3억 인구의 미국과 6억 인구의 유럽을 대체할 거대 시장이다. 얼마 전 끝난 제18차 중국 공산당대회에서 중국은 GDP 규모를 2020년까지 2배로 늘리겠다는 성장목표를 발표했다.

사회주의 특성상 최고지도자가 내뱉은 말은 하늘이 두 쪽 나도 달성하는 것이 중국이다. 중국 경제가 10년에 2배로 커지면 중국의 잘나가는 산업은 10년에 4배는 성장한다. 잘나가는 산업의 잘나가는 기업이 10년에 8배 성장하는 것은 충분히 있을 수 있는 일이다. 따라서 한국의 국부를 '10년에 8배' 키우려면 한국의 신국부론新國富論은 이제 중국에서 써야 한다.

그러나 대국은 결코 기다려주지 않는다. 먼저 예측하고 미리 가서 기다려야 한다. 거미는 곤충이 다니는 길목에 미리 거미줄을 쳐놓고 기다려 먹잇감을 잡는다. 한국의 대중국 전략은 파리와 거미의 전략을 벤치마크해야 한다.

고작 밥상 위를 날아다니는 파리도 하루에 1,000리를 달리는 말의 안장에 붙어만 있으면 하루에 1,000리를 갈 수 있다. 어느 나라건 30년간 연평균 10%대의 고성장을 하는 대국 옆에 있으면 그 나라만큼 성장할 가능성이 있다. 3%대 성장으로 내려앉은 한국이 7%대의 고성장을 다시 누리려면 7%로 달리는 말의 안장에 잘 올라타면 된다.

한국은 10년에 8배 성장하는 중국의 말을 찾아서 그 말 등에 안장을 놓기만 하면 10년에 8배 성장을 이룰 수 있다. 3억 미국인의 입맛 코카콜라를 65센트에 사들였다가 20년을 묵혀 43달러에 팔아 66배의 전설적인 성과를 낸 살아 있는 투자의 신, 워런 버핏의 성공 신화가 이와 맥락을 같이한다.

차만 마시던 중국이 드디어 다른 음료수에도 입을 대기 시작했다. 13.6억 인구의 입맛을 사로잡을 '중국식 코카콜라'를 제대로 고르면 워런 버핏만 한 부자가 중국 시장에서만 4명 이상 나올 수 있다. 폭발하는 중국

의 내수시장에서 중국인의 습관, 중국인의 문화를 철저히 연구하여 10년
에 8배 성장하는 기업을 골라 투자한다면 중국 덕분에 우리 한국에도 세
계 4위의 부자인 워런 버핏만 한 부를 쌓을 기회를 잡는 사람들이 나올
수 있다.

2014년 봄
상하이의 황푸강을 바라보면서
전병서

| 차례 |

2장 / 중국의 700년마다 꾸는 꿈,
60년마다 뿜어 나오는 힘

5장 용의 아킬레스건,
중국의 진짜 리스크는

1장

세계 경제권력의
지도 변화

자본주의의 사망,
부채주의의 등장

부채의 덫에 걸린 서방 자본주의

자본주의 250년의 역사가 금융위기로 한 방에 날아가게 생겼다. 지금 서방세계의 대차대조표에는 자본은 없고 부채만 있다. 지금 미국, 유럽의 자본주의는 더 이상 자본주의Capitalism가 아니라 부채주의Creditism다.

자본주의의 경제성장은 투자와 저축에 의해 이루어진다. 그러나 미국이 1971년 금태환을 사실상 중지한 이후로 돈의 성격이 비꼈었다. 그리고 이것이 세상을 바꾸었다. 경제성장은 저축이 아니라 차입이고, 투자가 아니라 소비로 하는 부채주의로 바뀐 것이다.

최근 20년간 세계 경제의 성장은 자본주의가 부채주의로 진화한 과정에서 유례없는 신용팽창으로 만들어진 것이다. 그런데 문제가 생겼다. 더 이상 가계가 부채를 견디지 못하고 터져버린 것이다. 더 이상 거래가 안 되는 상황이 발생하자 개인과 기업의 부채를 은행이 떠안고, 은행이 부도나자 은행 빚을 국가가 떠안고 있는 것이 지금 서방 자본주의의 모습이다.

지금 서방세계는 정부도, 기업도, 개인도 서로가 서로에게 돈을 빌려 쓰는, 자본은 없고 부채만 있는 사회가 되어버렸다. 덕분에 정부부채가 GDP의 100%를 넘어섰다. 민간부채를 포함한 국가 전체 부채가 GDP의 300~500%를 넘어서는 나라가 수두룩하다. 자본주의에 자본이 없어지는 일이 생긴 것이다. 그리고 더 웃기는 것은 한 나라가 돈이 없으면 다른 나라에 생떼를 쓰고 협박을 해서 돈을 빌려 쓴다는 것이다.

지금 유럽에서 독일과 프랑스에 생떼 쓰는 남유럽의 그리스, 스페인이 바로 딱 이 상황이다. 지금 유럽은 청년 5명 중 1명이 실업인 상태로, 청년 실업률이 23%다. 그리스와 스페인은 50%가 넘어선다. 이탈리아도 43%로 사상 최고 수준이다. 국가부채에, 심각한 청년실업에 신음하고 있는 것이 유럽이다.

지금 선진국의 순위는 잘사는 나라의 순서가 아니라 '빚이 많은 나라의 순서'다. 서방 선진국은 1인당 소득으로 상위이지만 1인당 부채로도 세계 상위다. 국가부채가 국민소득보다 더 많은 나라가 현재 서방 선진국들이다.

그런데 금융위기로 선진국들이 국가신용을 의심받고 있다. 그래서 서양은 동양과 다시 한판 맞붙기 전에 스스로의 내부 문제로 쓰러질 판이다. 미국의 경기회복이 다행스럽기는 하지만 주식 버블, 주택 버블에 이은 세 번째 국가부채 버블의 단계가 아닌가 해서 걱정스럽다.

국가부채는 결국 미래에 태어날 아들딸들의 밥을 아버지가 먹어치우는 것이다. 부채로 흥청망청 먹고 마시고 쓴 영수증은 미래의 후손들에게 청구된다. 엄청난 생산력을 자랑하는 공업혁명으로 일어선 서방 국가들은 최근 100년간 아시아 국가들에게는 늑대들이었다.

그런데 공업혁명으로 일어선 서방의 늑대들이 부채에 맛을 들여 그 달콤함에 취해 금융위기를 거치면서 이빨이 거의 다 빠졌다. 이제 남은 건 서양의 늑대들에게 유린당했지만 끈질기게 살아남은 아시아의 크고 작은 용龍들이다.

부채위기로 망한 나라는 없다

1800년대부터 시작된 초호황, 경기 과열, 버블 붕괴, 국가 파산, 구조조정으로 이어지는 서방세계 금융위기의 역사는 길고 다양하다. 1800년대 이후 전 세계의 금융위기를 보면 미국과 유럽은 상습범이다. 총 9번의 금융위기 중 아시아가 사고를 친 건 1997년 딱 1번이고 미국이 3번, 유럽이 5번이다. 역사를 보면 전쟁으로 망한 나라는 있어도 금융사고로 망한 나라는 없다. 단지 더 쇠락할 뿐이고 회복에 시간이 얼마나 걸리느냐가 문제일 뿐이다.

그간 유럽의 금융위기 극복의 방법을 보면 세수가 모자라면 차입에 의존하고, 상황에 따라 화폐발행을 왕창 늘리기도 했다. 그렇지만 결국 과도한 부채와 화폐발행은 정부가 공신력을 잃고 정권이 바뀌는 결과를 가져왔다.

현재 17조 달러의 빚을 지고 있는 세계 최대 채무국 미국은 19세기 초에도 채무국이었다. 미국은 국가를 세우는 데도 유럽으로부터 돈을 빌려 세운 나라다. 독립 후 미국은 1790년에 지급해야 할 이자 지불을 1801년까지 미루기도 했다. 당시에는 주정부 파산이 많았다. 1830년대에 주정부의 공채가 주민들과 런던 시장에서 소화되었으나 1841~1842년에는 8개 주가 이자 지불을 중단하는 사태도 발생했다.

지금도 상황은 비슷하다. 금융위기 이후 미국의 정부부채 상한Debt Ceiling과 이를 둘러싼 재정절벽Fiscal Cliff 논란이 세계의 주목을 받았다. 미국의 부채 상한제는 제1차 세계대전 때 도입된 것이다. 부채 상한을 넘지 않는 한 정부가 의회 승인 없이 채권을 자유롭게 발행할 수 있는 재량을 정부에 준 것이다. 장기적 균형예산을 목표로 1985년에 시도했던 지출

시기	위기	GDP 비중 (%)	시발지	내용
				1800년대 이후 금융위기의 발생지와 주요 내용
1825	Crisis of 1825	17	영국	영국 증시 버블 붕괴 · 은행 부도
1857	Panic of 1857	57	미국	뉴욕 은행 부도 · 영국 자본 철수
1890	Baring Crisis	46	영국	영국의 중남미 투자 버블 · 영국 부도
1914	Crisis of 1914	71	유럽	유럽 전쟁 위기로 증시 붕괴
1920	Crisis of 1920~1921	80	유럽	제1차 세계대전 이후 유럽 부채 문제로 시장 붕괴
1929	Great Depression	79	미국	제1차 세계 금융위기 · 미국 경제 증시 폭락
1985	Debt Crisis	63	유럽	서방 은행들 상품 투자 버블 붕괴로 은행 부도
1998	Asian Crisis	65	아시아	태국을 시발로 아시아 국가 통화위기
2007	Global Financial Crisis	71	미국	제2차 세계 금융위기 · 미국 서브프라임이 기폭제

자료: www.historyshots.com, 중국경제금융연구소

자동삭감제는 2011년에 정부와 의회의 합의로 10년간 1조 2,000억 달러를 삭감하기로 한 것이다.

2013년 10월 17일에도 미국의 부채 한도 시한이 다가왔다. 이날까지 의회에서 미국 연방정부 부채 상한을 올리지 못할 경우 미국은 국가 디폴트 Default를 맞게 된다. 전 세계 언론들은 미국 정책 리스크의 분수령이라고들 떠들었다. 그런데 미국이 대단한 것은 정부폐쇄라는 위기상황에도 언론이 뭐라고 떠들든 간에 미 정부는 별 위기감이 없었다는 것이다.

미국이 국가 디폴트를 크게 걱정하지 않았던 것은 그간 미국은 국가부채를 늘리고 수틀리면 정부폐쇄를 밥 먹듯이 해온 나라였기 때문이다. 미국은 1917년 이후 정당끼리 치고받으며 100여 차례나 국가부채 상한선을 높이면서 국가를 운영해왔다. 또한 정부의 폐쇄도 1976년 이후 서로 정당끼리 치킨게임 하듯이 18번이나 한 경험이 있다.

지금은 공화당이 고집을 부리는 것처럼 보이지만 공화당이나 민주당이나 서로가 야당이었을 때는 모두 같은 행태를 보였다. 미국의 정치 게임에

전 세계 금융시장이 놀아났지만, 표에 목숨 거는 밀당의 고수, 미국의 영악한 정치인들이 판을 깰 가능성은 없다.

케인스의 거시경제 처방약이 2008년 세계 금융위기만큼 적극적으로 실행된 적이 없다. 미국은 '양적완화QE: Quantitative Easing'란 이름으로 기준금리 인하, 각종 채권 매입 등을 추진했다. 또 덜 걷고 많이 쓰는 '적자재정'에 돌입했다. GDP 대비 4% 수준이던 재정적자가 10%대를 넘기기도 했고 정부부채가 GDP의 100%를 넘어섰다. 그래서 최초의 흑인 대통령 오바마는 잘못하면 국가에 거대한 빚더미를 안긴 미국 역사상 최악의 대통령으로 기록될 가능성이 있다.

자본주의는 금융으로 만든 경제다. 금융은 그 속성상 빠른 속도로 돌아야 문제가 없지 만약 속도가 떨어지면 이때가 가장 위험한 때다. 애덤 스미스의 분업이론은 자본주의의 교과서다. 분업의 원리는 대량생산을 전제로 하고 원가를 낮추어 시장을 확보하고 고정비를 낮추어서 돈을 버는 메커니즘이다. 소위 규모의 경제를 끝없이 추구하는 것이 자본주의의 속성이고, 이는 바로 자본주의의 핵심인 금융의 속성이기도 하다.

그런데 금융산업은 그 자체로는 불임산업이다. 두 사람이 서로 주식을 사고팔아 1만 원짜리 주식을 1,000만 원짜리로 만들고, 두 사람이 돈 빌려주고 받기를 1,000번 해서 1만 원을 1,000만 원의 예금과 대출자산으로 만들어봐야 아무 소용이 없다. 돈은 반드시 제조업을 통해야만 부가가치를 창출하는 산업이고, 그 자체로는 아무리 사고팔아도 부가가치를 만들 수 없는 불임산업이다. 그림자가 아무리 길어도 해가 지면 없어지는 것이다. 금융이 아무리 난리를 쳐도 실물이 쪼그라들면 그림자인 금융은 더 크게 쪼그라들게 되어 있다.

실물경제의 3배에 달하는 금융자산을 만든 것이 최근 20년간 미국이 주도한 부채로 만든 세계 경제 번영의 진실이다. 문제는 지금부터다. 실물

경제의 3배나 되는 금융자산을 만들었다가 2007년에 금융 버블이 터지면서 금융자산이 10% 정도 줄어들자 돈이 돌지 않는 현상이 발생했다. 금융金融은 '돈金이 도는融通 것'이고 자본資本주의는 돈資本이 만든 권력이다. 돈은 돌아야 돈이다.

전 세계적으로 화폐 유통속도가 뚝 떨어졌다. 이는 빠른 속도로 끝없이 돌아야 하는 금융의 속성에 반한다. 금융의 본질에 금이 가기 시작하자 2차산업 제조업은 떠났고 화폐와 서비스만 남은 3차산업 대국인 미국, 유럽이 난리가 났다.

결국 자본주의에 혈액인 돈이 흐르지 않고 동맥경화가 생기면 바로 문제가 생기고 막힌 곳은 부풀어 올라 버블이 생긴다. 2000년 이후 미국의 혈관이 지금 세 번째로 부어올랐다. IT 버블, 부동산 버블, 지금은 채권 버블이다.

돈 될 만한 새로운 사업을 만들어야 황금을 찾으러 자동차를 타고 가고, 캔 황금을 정보의 바다에 내다 팔아 돈을 새끼 치게 한다. 그런데 피가 안 돌아 문제가 생겼는데 막힌 곳을 뚫는 것이 아니라, 프린터로 만든 돈으로 자꾸 외부 수혈만 하면 당장은 숨 쉬기 쉽지만 막힌 곳은 더 크게 부풀어 오르고 새로운 버블이 생긴다.

지금 미국이 부동산 다음 채권에서 부풀어 오르고 있다. 미국은 2013년까지 매달 850억 달러의 채권 매입으로 돈을 풀고 금리를 제로로 만들어 실업률이 6.5%, 물가가 2.5% 될 때까지 프린터로 만든 돈으로 무한대의 수혈을 했다. 임기 말에 버냉키는 통화방출을 줄이겠다는 테이퍼링Tapering을 시작했고, 후임자인 옐런 미 연방준비제도이사회FRB: Federal Reserve Board 의장도 통화방출 축소를 언급하고는 있지만 쉽게 떨어지지 않는 실업률에 고민하고 있다.

부채가 만든 초 저성장의 덫

일본의 아베 정권도 미국을 베껴 죽은 팔다리에 피가 안 돈다고 동맥경화에 걸린 혈관에 마구 수혈을 하고 있다. 심장과 가까운 가슴과 머리는 화색이 돌고 벌떡벌떡 뛰는 것처럼 느껴지지만, 말초신경과 미세혈관이 있는 팔다리는 썩어간다. 아베노믹스네 뭐네 하지만, 그 본질은 엔저를 만들어 대기업은 덕을 보지만 수입물가 상승으로 노령화 사회에 들어선 일본 노인들의 주머니를 터는 일이다. 이미 일본의 무역적자는 사상 최대로 커졌다.

뱁새가 황새 따라가면 다리 찢어지고, 정보화 시대에 남의 것 베끼면 바로 죽음이다. 미국을 그대로 베낀 일본이 지금 경기회복이라고 좋아라 하지만 글쎄다. 그나마 국제경쟁력이 있는 자동차는 환율하락이 의미가 있지만 다른 업종은 이미 국제경쟁력이 없어 2~3류로 전락했는데 가격이 싸졌다고 2류를 쓸 리 없다.

정보화된 21세기에는 모든 정보가 알려져 최고의 제품으로 승부하지 않으면 안 되는, 금메달만 살아남는 세상이기 때문이다. 이미 결과가 어떨지 예상되는 것을 일본이 답이라고 그대로 베끼면 결국 답을 알고 있는 투기세력, 미국의 금융업자와 전 세계 헤지펀드의 배를 불리고 일본은 국부만 털리는 결과가 나올 것은 뻔하다.

'남 죽이고 나 살자'고 기축통화국은 마구 돈을 찍어 돌린다. 무식할 정도의 돈 찍기를 미국이 시작하고, 유럽이 베끼고, 일본이 따라 하고 있다. 개인의 부채를 금융기관이 떠안고, 금융기관의 부채를 정부가 떠안아서 위기를 넘기겠다는 것인데 이젠 정부가 위험해지는 단계까지 왔다.

일본의 외국인 국채 보유비율이 9%대다. 외국인이 팔고 나가는 것이 트리거Trigger일 수 있다. 부채의 효과는 레버지리인데 부채 늘리는 것보다 GDP가 늘지 못하면 부채를 늘리는 것은 의미가 없다. 통화 남발의 끝은 결국 이자 폭탄으로 끝난다.

2014년 일본의 연간 이자비용은 25.3조 엔인데 세수는 45.4조 엔으로 예상되고 있어 이자비용이 전체 세수의 56%에 이른다. 일본의 국가부채가 GDP의 240%인데 만약 금리가 1%만 오르면 일본의 GDP는 2.4%가 이자로 날아간다. 그런데도 아베 정부는 계속 빚을 늘리고 있다.

2014년 4월 일본 정부가 발행한 10년 만기채가 2000년 12월 이후 13년 만에 처음으로 채권을 사려는 이가 없어 발행에 실패했다. 매달 2조~3조씩 시중의 돈을 끌어 쓰던 정부의 자금조달에 문제가 생긴 것이다. 정부의 신뢰도에 치명적인 타격이 온 것이다.

빚이 많아 문제가 생겼으면 빚을 줄여야 정상인데 미국은 빚을 한 푼도 안 줄였다. 지난 한 세기 동안 국제 통화 시스템은 1914년, 1939년, 1971년에 걸쳐 3번의 붕괴위기에 처했었다. 그리고 네 번째로 2008년에 다시 위기가 왔지만, 미국이 한 것은 무한대의 돈 찍기였다. 2008년 시스템이 붕괴될 위험에 처하자 5년간 연방준비제도(연준)는 3.5조 달러가 넘는 돈을 인쇄했고 연준의 대차대조표는 8,000억 달러에서 4.3조 달러로 5배 이상 늘어났다.

미국의 2013년 회계연도 이자 지급액은 4,150억 달러로 이는 세수의 대략 17%다. 그러나 세수 2.5조 달러 중 이자 지급에 쓸 수 없는 사회보장과 건강보험에 대한 지출 8,900억 달러를 제외하면 세수의 26%, 1/4이 채권이자다. 그래서 만약 금리가 2배로 뛰거나 하면 세수의 절반이 이자로 나가야 한다. 따라서 금리가 올라가면 부채가 GDP보다 커진 미국이나 일본이 어려워지는 것이다.

그리고 2차산업에서 3차산업으로 이전을 완료한 나라가 다시 손에 기름 묻혀 닦고, 조이고, 기름 치는 2차산업으로 돌아간 예는 역사상 없다. 노인과 일하기 싫은 젊은이들만 있는 나라에서 새로이 제조업이 살아나기가 쉽지 않다. 지금 미국, 유럽이 그렇고 한국도 이미 그 조짐을 보이고 있다.

미국과 유럽의 좋은 벤치마크가 바로 일본이다. 미국과 유럽이 일본화
Japanization되고 있다. 경제가 성장하려면 부채를 줄여야 한다는 것은 각
국의 사례에서 증명된다. 국가부채비율과 GDP 성장률을 보면 역상관관
계다. 부채비율이 100%를 넘으면 성장률은 1~2%를 넘지 못한다는 것이
일본이 보여준 답이다. 미국, 유럽의 GDP 대비 부채비율은 100%를 넘어
섰다.

부채가 많으면 근검절약해서 빚을 갚아나가는 것이 정상이고 순리다.
그런데 미국과 유럽, 일본의 정치인들은 빚으로 빚을 갚는 방식을 쓰고 있
다. 기축통화국의 이점을 이용해 빚을 갚을 생각은 않고 더 많은 빚을 내
어 쓰고 있는 것이다.

미국의 경우 기업부채와 개인부채는 줄어들었지만, 국가부채가 늘어나
전체 부채규모는 줄어들지 않았다. 큰 고기가 작은 고기를 먹는 것이 생태
계의 원리지만 지금 미국과 유럽은 개인의 빚을 금융기관이 안고, 금융기
관의 빚을 국가가 안아주는 이상한 생태계가 형성되고 있다.

미국의 GDP 대비 국가부채는 이미 제1차 세계대전 때 수준을 넘어섰
고 사상 최고치였던 제2차 세계대전 수준으로 가고 있다. 유럽과 일본도
무제한 돈 찍기에 나섰다. 지금 세계는 총탄과 미사일만 안 날아다닐 뿐이
지 제3차 세계대전 중이다. 화폐전쟁이 벌어진 것이다.

기축통화가 없는 국가들은 돈을 찍지 못하기 때문에 세계 화폐시장의
구도가 바뀌기 전까지는 총알 없이 전쟁에 나가는 것이나 마찬가지여서
싸우나 마나다. 기축통화가 없는 신흥국들은 미국과 유럽, 일본이 마구 돈
을 찍어도 아무 대책이 없다. 이제 제조전쟁, 무역전쟁을 지나 화폐전쟁의
시대에 들어서면서 신흥국의 '제조강국, 금융약소국'의 설움은 더 심해지
고 있다.

IMF가 1960년부터 2009년까지 151개 54개국의 경제위기 극복사례를 조사한 자료에 따르면, 국가부채가 GDP의 50% 이상인 나라가 금융위기에서 완전히 벗어나는 데 17년이 걸렸고 그 이하인 나라는 8년이 걸렸다.

2008년을 이번 위기의 기준으로 보면 국가부채가 100% 넘어가는 미국, 유럽, 일본 같은 고高 부채국가는 2025년, 아시아의 중국 등 저低 부채국가는 2016년이 되어야 금융위기의 영향권에서 완전히 벗어난다는 것이다. 그렇다고 보면 미국과 유럽, 일본의 돈 찍기는 아직 진행 중일 뿐이고 그 영향이 10% 이하로 떨어지는 시점은 적어도 2016년 이후다.

영원한 제국은 없다

3번째의 팍스 체제

팍스Pax 체제란 강대국의 군사력과 경제력으로 세계에 평화가 유지되는 상태를 말한다. 물론 서양인의 시각이지만 역사상 팍스 체제는 3번 존재했다. 첫 번째는 팍스 로마나Pax Romana 시대로 아우구스투스 황제부터 200년간 계속된 로마의 평화 시기다. 두 번째는 팍스 브리태니카Pax Britannica 시대로 영구이 19세기 해가 지지 않는 대영 제국을 건설한 시기다. 세 번째는 팍스 아메리카나Pax Americana 시대로 미국이 20세기 들어 세계 패권을 장악한 시기다.

팍스 로마나 시대의 몰락은 사치로 썩어버린 로마인의 정신이 문제였다. 전쟁이 활발하던 시기 로마의 자영농 계층은 군인이 되어 전리품을 위해 용감히 싸웠지만, 평화가 찾아오면서 이런 기회가 없어졌다. 귀족들은 고리대금으로 평민들의 농지를 빼앗았고 더 많은 부를 쌓은 귀족들은 안락한 평화체제 안에서 사치를 일삼았다. 거기에다 무능한 황제들의 정책 실패로 많은 예산이 낭비되었고 재정이 압박을 받게 된다. 재정적으로 무너지기 시작한 로마는 결국 용병들에게 멸망당했다.

19세기 해가 지지 않는 나라, 팍스 브리태니카 시대를 만든 영국도 결국 재정위기로 몰락했다. 빅토리아 여왕 시대(1837~1901)의 영국은 '해가 지지 않는 나라'로 불리었다. 전 세계에 식민지를 건설한 영국에는 밤이 오더라도 인도, 동남아시아, 북아프리카 등 식민지 한 곳 이상은 낮이었기 때문에 이런 명칭이 붙었다.

영국은 산업혁명을 일으킨 국가답게 자본주의를 발전시켜 세계 최고의 생산력을 갖췄다. 의회민주주의도 정착되어 정치적 안정도 이끌어냈다. 그런 대영 제국이 쇠퇴하기 시작한 것은 20세기부터다. 연이어 터진 2차례의 세계대전과 1930년대의 세계 대공황이 대영 제국에 치명타를 입혔다.

세계대전이 벌어져 독일의 잠수함 작전과 런던 폭격으로 궁지에 몰렸지만 영국은 식민지였던 미국의 참전에 힘입어 승전국이 되었다. 그러나 허울 좋은 승리였을 뿐 실익이 없었다. 제2차 세계대전 중 영국은 경제력의 근간이었던 상선의 절반을 상실했고 미국에 80억 파운드, 영연방 내에 30억 파운드의 채무를 지게 되면서 경제적 안정을 잃고 붕괴하기 시작했다.

특히 영국의 힘이 약해지자 식민지들이 하나씩 독립을 선언했다. 전성기 때 런던은 국제금융의 허브였다. 그러나 재정부담으로 파운드화 가치가 폭락하자 영국 정부는 해외 자본가들이 런던에서 자금을 조달하는 것을 금지시켰고, 그 결과 자본가들이 미국의 월스트리트로 눈을 돌려 영국을 떠나버렸다. 그래서 세계금융의 중심이 영국에서 미국으로 바뀐 것이다. 파운드의 몰락은 곧 대영 제국의 종말을 의미했고, 결국 기축통화는 파운드에서 달러로 대체되었다.

팍스 아메리카나의 위상
2011년 세계 3대 신용평가회사 중 하나인 스탠더드앤드푸어스S&P가 미국의 국가신용등급을 최고 등급인 AAA에서 한 단계 아래인 AA+로 강등했다. 1941년 AAA 등급을 부여한 지 70년 만이다. 신용등급 하락으로 당시 미국 뉴욕 증시뿐 아니라 전 세계 금융시장이 요동치고 미국은 재정위기를 겪고 있는 유럽과 함께 천덕꾸러기 대접을 받았다.

미국은 언제든지 세계의 기축통화인 달러를 찍어낼 수 있는 권한이 있기 때문에 디폴트 가능성은 없다. 미국 국채의 신용등급이 강등됐다고 해서 미국이 빚을 갚지 못할 정도라는 뜻은 아니다. 문제는 세계의 안전자산 역할을 해온 미 국채와 달러에 대한 인식이 바뀌고 있다는 것이다. 세계를 호령해온 초강대국 미국의 자존심도 상처를 받게 됐다. 지금 미국 국채를 가장 많이 보유하고 있는 나라는 중국이다. 중국은 미국의 신용등급 하락 후 "미국은 국방비를 줄여서라도 재정지출을 줄여야 한다"고 미국에 훈수를 두고 압박했다. 미국은 확실하게 스타일을 구겼다.

미국은 강하고 부유하고 자유로운 나라이고 세계의 모든 이들이 부러워해서 이민 가고 싶어 하는 나라였다. 그러나 미국의 비영리단체인 사회발전조사기구Social Progress Imperative가 2014년 4월 3일 발표한 '2014년 사회발전지수SPI: Social Progress Index'에 따르면, 미국은 전 세계 132개국 중 살기 좋은 국가 순위 16위로 14위인 일본보다 못한 수준이다.

사회발전지수SPI는 국내총생산GDP 등 경제 요소를 제외하고 사회·환경적 측면에서 국가의 발전 정도를 평가하기 위해 고안된 지표다. 세계보건기구WHO, 세계은행World Bank 등의 자료를 토대로 마이클 포터 하버드 대학 교수와 매사추세츠공대MIT의 경제학자들이 조사·분석에 참여해 2013년부터 평가 결과를 발표하기 시작했다.

SPI는 크게 기본적 인간 욕구, 웰빙 기반, 기회 등 3개 부문으로 나눠 점수를 종합해 결정한다.

미국은 고등교육 부문만 1위이고 관용과 포용성은 13위, 의료 서비스

구분	미국	일본	한국	중국
종합	16	14	28	80
기본적 인간 욕구	23	3	24	69
영양 및 의료	24	31	20	68
공기 · 물 · 위생	34	20	52	83
주거	9	3	26	55
개인안전	31	6	18	77
웰빙 기반	36	21	32	84
기초지식	39	1	21	44
정보 · 통신 접근성	23	32	17	106
건강	70	1	32	75
생태계 지속가능성	69	60	91	90
기회	5	14	26	110
개인의 권리	22	5	47	131
개인의 자유	15	23	29	60
관용과 포용성	13	35	43	100
고등교육	1	3	17	54

2014년 주요국 사회발전지수 순위

자료: 사회발전지수(SPI), 2014

는 24위, 개인안전은 31위, 기초지식은 39위, 생태계 지속가능성은 69위, 건강은 70위다. 미국이 자랑하는 정보화 부문에서 정보·통신 접근성도 23위에 그치고 있다. 미국의 상위 1%는 계속 부유해지고 좋아지지만 나머지 99%는 계속 악화 추세다. 세계 최고인 미국의 경제력이 일반 국민의 복지 확대로 이어지지 않고 있는 것이다.

팍스 아메리카나, 4번째 기로에 서다

역사는 일직선이 아니라 순환한다. 그러나 그 순환은 항상 찾아오지만 같은 모습은 아니다. 스트라우스와 하우의 세대이론Generational Theory에 따르면 로마 시대부터 모든 대국의 변화에는 순환주기가 있다는 것이다.

세대의 변화가 역사를 만들고 그것이 대국의 수명과 운명을 결정짓는다. 역사는 대략 80년 주기로 대순환하고 그 순환주기는 다시 'High→Awakening→Unraveling→Crisis'로 20년 주기의 4세대 소순환으로 구성되어 있다는 것이다.

월리엄 스트라우스와 네일 하우는 미국의 식민지 시대부터 현대까지 세대주기 변화를 관찰한 결과 1500년대부터 1700년대까지는 90~100년 주기로, 1800년대부터 현재까지는 80년 주기로 세대순환이 이루어졌다

미국의 세대주기 변화					
세대주기	Crisis 단계에서 Awakening 단계	(피크 시기) Awakening (기간)	Awakening 단계에서 Crisis 단계	(피크 시기) Crisis (기간)	전체 기간
LATE MEDIEVAL	-	-	-	(1485) Wars of the Roses (1459~1487)	-
REFORMATION	51years	(1536) Protestant Reformation (1517~1542)	52years	(1588) Armada Crisis (1569~1594)	103years
NEW WORLD	52years	(1640) Puritan Awakening (1621~1649)	49years	(1588) Glorious Revolution (1675~1704)	101years
REVOLUTIONARY	52years	(1741) Great Awakening (1727~1746)	40years	(1781) American Revolution (1773~1794)	92years
CIVIL WAR	50years	(1831) Transcendental Awakening (1822~1844)	32years	(1863) Civil War (1860~1865)	82years
GREAT POWER	33years	(1896) Third Great Awakening (1896~1908)	48years	(1944) Great Depression and World War Ⅱ (1929~1945)	81years
MILLENNIAL	30years	(1974) Consciousness Awakening (1964~1984)	51years?	(2025?) Global Financial Crisis (2008~2029?)	81years?

자료: www.lifecourse.com

는 결론을 얻었다.

미국의 경우 봄, 여름, 가을, 겨울의 사계처럼 80년 주기의 순환에서 17~24년 주기의 세대 변화가 1865년 이후 역사를 결정했다. 미국은 현재 1536년 이후 여섯 번째 대순환주기에 들어가 있다. 1946년부터 시작된 이번 여섯 번째 주기는 현재 68년이 경과했고 과거의 순환주기로 보면 대략 13~14년이 남았다.

2014년은 미국의 여섯 번째 순환의 네 번째 터닝 포인트에 들어가 있다. 제2차 세계대전 종전 이후 미국은 베이비붐 세대를 통해 슈퍼파워 미국을 만들었다. 그 이후 X세대를 거쳐 밀레니엄 세대에 이르러 지난 사이클의 위기였던 1929년 이후 최대의 고비를 맞았다. 내부적으로는 스스로의

단계	세대	스타일	시기	주요 이슈
미국의 4번째 터닝 포인트				
Great Power Saeculum (81년)				
First	Missionary Generation	High(Spring)	1865~1886 (21)	Reconstruction/Gilded Age
Second	Lost Generation	Awakening(Summer)	1886~1908 (22)	Missionary Awakening
Third	G.I. Generation	Unraveling(Autumn)	1908~1929 (21)	World War Ⅰ/Prohibition
Fourth	Silent Generation	Crisis(Winter)	1929~1946 (17)	Great Depression/World War Ⅱ
Millennial Saeculum (68년+)				
First	Baby Boom Generation	High(Spring)	1946~1964 (18)	Super Power America
Second	Generation X	Awakening(Summer)	1964~1984 (20)	Consciousness Awakening
Third	Millennial Generation	Unraveling(Autumn)	1984~2008 (24)	Culture Wars, Postmodernism
Fourth	Homeland Generation	Crisis(Winter)	2008~2028?	Global Financial Crisis, Climate Change, War or Terror

자료: www.lifecourse.com

금융과열에 의해 자본주의의 심장인 월스트리트에 균열이 생겼고, 외부 세력이 미국의 심장인 뉴욕을 비행기로 공격하는 일이 벌어지면서 미국의 국토안전도 위협받는 상황이 벌어졌다.

과거 세대 간 순환으로 보면 네 번째 터닝 포인트가 가장 중요했다. 네 번째의 위기 사이클에서 제대로 대처해서 위기를 극복하면 새로운 번영기를 만들지만 여기서 실패하면 절대강자의 자리에서 내려와야 했다. 이렇게 보면 향후 10~15년이 미국의 앞날을 결정짓는 시간이다.

2025년의 미국은 어떤 모습일까? 금융위기로 인한 경제적 약화가 사회·문화적 충격으로 작용하고, 이것이 환경과 정치 그리고 군사력 약화로 이어져 결국 부채Debt+달러Dollar+착각Delusion+위축Depletion이 만든 4D가 미국을 쇠락Decline의 길로 보낼 수도 있다.

미국이 IT와 로봇, 바이오 등 하이테크 기술의 독점을 통해 다시 미국의 부활과 팍스 아메리카나의 르네상스를 만들지는 이제 미국 밀레니엄 세대들의 손에 달려 있다. 미국의 변화는 세계 역사의 변화다. 향후 10~15년이 새로운 강자의 등장이 이루어질지, 미국의 패권이 한 사이클이 더 이어질지의 변곡점이다.

팍스 아메리카나 제국의 관용과 도덕성의 몰락

금융위기 이후 미국을, 당시 앞선 정치체제와 군사력으로 몇백 년간 세계를 지배한 로마 제국과 비교하는 이가 많다. 데이비드 워커 미국 회계감사원장은 현재의 미국은 로마의 몰락기와 흡사한 상황이며 마치 불타는 갑판 위에 올라앉아 있다고 비유했다.

워커 원장은 미국 정부가 재정적자, 만성적인 의료보험 재원 부족, 이민자 문제, 해외 군사작전 등과 관련해 일관된 정책을 취하지 못하고 있고 국가채무가 폭발할 지경으로 치닫고 있는데도 정부는 거의 손을 놓고 있어서 문제라고 보고 있다.

현재 미국은 국민의 엄청난 소비수준을 지탱하기 위해 중국 등 외국에서 돈을 빌려오는 기형적인 모습을 보이고 베이비붐 세대 은퇴자들이 대거 늘어나고 의료보험 비용도 급증하는데 저축률은 곤두박질치고 있다. 워커 원장은 이런 상황이 지속되면 세금 급등, 공공 서비스 위축, 외국 정부의 미국 국채 대량 매도 등의 문제에 봉착할 수 있다고 경고했다.

그리고 워커 원장은 미국의 강점이었던 도덕적 가치와 교양 있는 정치문화가 사라진 점도 우려했다. 여기다 군사행동이 갈수록 오만해지고 있고 해외 멀리까지 너무 많은 군사개입을 하고 있다는 점에서 멸망해가던 로마와 미국의 현 상황이 아주 닮았다고 주장하고 있다.

제국의 흥망에는 여러 가지 이유가 있지만, 국가의 도덕성과 국가의 포용성이 결여되면 망했다. 약소국, 약소민족을 상대로 사기 치고 협박하고 돈 뺏고 자원 뺏고 하다 보면 단기간은 잘 먹고 잘사는 것처럼 보이지만 어느 순간 당한다.

역사가 주는 교훈은 관용하는 제국은 오래가고, 무자비한 나라는 단명한다는 것이다. 세계 역사에 위대한 업적을 남겼던 강대국들이 광대한 영토를 다스릴 수 있었던 비결은 바로 대국적인 관용이었다. 정복지의 법률과 전통을 포용하고 언어와 종교, 관습을 용인하는 전략을 사용함으로써 피정복민의 반항을 최소화했고, 인종이나 종교에 개의치 않고 실력이 뛰어난 이들을 모두 수용함으로써 정복 지역의 다양성을 강한 국력의 원천으로 승화시켰다.

전성기 로마는 지중해를 중심으로 사방으로 뻗어나간 거대한 제국이었다. 주변국이 로마 통치에 저항하는 대가는 죽음이었다. 그러나 로마 번영의 비밀은 바로 '종교적 관용'이었다. 적을 정복하되 적의 신은 존중했다. 그 종교적 관용을 통해 정복한 국가의 기술과 문화를 수용할 수 있었고 교역 지역을 멀리 아시아까지 뻗칠 수 있었다.

몽골족 칭기즈칸이 세운 원나라는 동쪽 끝 태평양의 바닷물을 퍼 서쪽 끝 대서양으로 옮길 수 있을 정도로, 아시아에서 유럽에까지 걸쳐 로마 제국보다 더 광활한 대제국을 건설했다. 칭기즈칸의 대제국 건설의 비결은 불복하면 죽였지만 항복하고 세금을 내면 자비를 베풀었던 데 있다. 또한 적의 종교에 대해 관용을 베풀었다. 칭기즈칸은 유교, 불교, 도교, 기독교, 이슬람교 등 종교를 가리지 않고 신앙의 자유를 허용했다.

17세기 북유럽의 소국인 네덜란드가 세계의 해상권을 장악하고 세계를 제패했다. 그 비결도 관용이었다. 1579년 네덜란드는 종교의 자유를 허용했고, 이것이 강력한 힘을 발휘하여 종교전쟁의 광란이 휘몰아치던 유럽 전역에서 종교난민을 빨아들였다. 개신교와 유대교의 돈과 장삿속이 만나면서 네덜란드는 세계의 무역과 금융의 중심지가 되었다.

해가 지지 않는 제국 영국도 가톨릭을 믿는 아일랜드를 관용하지 못해 분열했고, 나치의 독일도 유대인의 대량 학살이 결국 미국의 참전을 불러 패망했다. 미국도 건국 후 일정 기간은 역사상 어느 제국 못지않게 야만적이었다. 원주민인 인디언을 무차별 학살하고 흑인을 족쇄로 채워 노예로 부렸다. 그러나 종교적 관용과 인종에 대한 관용이 국적을 가리지 않고 다양한 이민자 인력을 흡수하는 힘이 되었고, 이것이 미국을 강대국으로 만들었다.

미국은 이민자들의 재능과 노동력을 통해 급속한 산업화에 성공한 것이다. 제2차 세계대전을 승리로 이끈 원자폭탄의 개발도 유럽에서 박해를 피해 온 과학자들이 이룬 것이다. 결국 미국도 관용의 정신을 통해 힘을 길렀기 때문에 냉전 종식과 함께 세계 유일의 초강대국이 되었다.

그런 미국이 지금 관용의 정신을 잃어가고 있다. 제2차 세계대전의 종식과 함께 세계의 패권을 장악한 미국은 유럽과 달리 종교의 자유가 있었고 이민자들을 존중했던 미국은 개방적인 사회로 성장했다. 하지만 2001년 9·11테러 이후 강력한 불관용 정책을 실행하면서 바뀌기 시작했다.《제국의 미래》를 쓴 예일대학의 에이미 추아 교수는 9·11테러 이후 미국은 민주주의와 자유수호를 핑계로 대영 제국이 보여주었던 군사적 제국주의로 변모해갔다고 지적한다.

미국의 중동 독재자, 불량 국가를 자국에 우호적인 정권으로 대체하는 군사제국주의는 세계와 마찰을 빚고 있다. 급기야 9·11테러는 아프가니스탄, 이라크 침공을 유발했다. 미국은 유엔의 승인이나 북대서양조약기구 NATO 동맹국들의 지지 없이 이라크를 침공했다.

미국은 최근 급증하고 있는 라틴아메리카 이민자들에 대해 적대적인 태도를 보이며 미국의 정체성을 앵글로 색슨계의 백인 개신교도들에게서 찾으려고 시도하면서 그간 세계를 지배해온 팍스 아메리카나의 신뢰성에 회의를 들게 하고 있다.

2014년 들어 미국은 50년간 지속해온 케네디가 만든 소수인종에 대한 배려Affirmative Action 정책도 폐지한다. 특정 인종에 대한 증오집단이 1,000개를 넘어섰고 흑인과 히스패닉에 대한 차별이 점차 노골화되고 있다. 앞서 언급했듯이 사회발전조사기구가 발표한 '2014년 사회발전지수'에 따르면, 세계 최강국 미국의 관용지수는 13위에 불과하다.

또 하나는 초강대국 미국의 도덕성이다. 상인이 도덕성이 결여되어 저울을 속이면 결국 망한다. 지금 세계를 움직이는 큰 축은 기술과 금융이다. 금융의 저울은 금리와 환율이다. 금융패권국 미국과 유럽이 금융을 조작했다. 프로테스탄티즘 청교도의 후손들이 도덕성을 상실한 것이다. 유럽이 리보금리를 조작하다 들통 났고, 미국은 환율을 조작하다 들통 났다.

2012년 영국 바클레이스, 스위스 UBS 등 10여 개의 글로벌 은행들이 서로 짜고 리보금리를 조작해온 것이 드러나 파문에 휘말렸다. 미국, 영국,

유럽연합EU 등은 리보금리를 조작한 JP모건, HSBC, 바클레이스, UBS 등에 60억 달러, 한화 약 6조 6,000억 원에 달하는 벌금을 부과했다.

미국 연방준비제도위원회도 글로벌 은행들이 런던 은행 간 금리인 리보금리를 조작해온 것을 2008년에 이미 파악하고도 덮어둔 것으로 드러났다. 2008년 연준 연방공개시장위원회에서 '리보금리' 결정에 관여하는 주요 은행들의 부정행위에 대한 제기가 있었지만, 연준은 당시 심각했던 리먼브라더스 파산 문제 해결에 쫓겨 리보 조작 이슈를 덮었다.

2014년 2월 미국 뉴욕 주 금융감독청이 12개가 넘는 대형 은행들에 대해 환율조작 행위를 벌였는지 확인하기 위한 조사에 착수했다. 뉴욕 금융감독청은 12개 글로벌 은행의 외환 트레이더들이 하루 평균 5조 달러(5,500조 원)에 달하는 거래가 이루어지는 국제 외환시장의 환율을 10여 년 동안 조작해왔다는 혐의를 포착하고 이들 은행에 관련 자료 제출을 요구한 것으로 알려졌다.

이들 대형 은행 외환 트레이더들은 온라인 채팅 방을 만들어놓고 인터넷 채팅이나 휴대폰 문자 등으로 세계 159개국 간 실시간 거래 환율을 제공하는 로이터 환율을 조작한 것으로 알려졌다. 고시 전 1분간 평균 거래 환율이 고시환율로 책정되는 점을 활용해 이 시간 동안 주문을 집중시키는 방식으로 환율을 조작했다는 것이다. 국제 외환시장에서 이들 은행의 거래 비중이 60%를 넘는 만큼 환율조작 가능성이 있다는 것이다.

최근 미국의 주요 우방들도 당혹스런 일을 당했다. 미국 국가안보국NSA이 주요국 정상들의 대화 내용을 감청했다는 것이다. 중국에서도 중국 지도자들의 대화를 감청하기 위해 미국이 중국의 통신장비회사 화웨이를 해킹했다는 것이다. 초강대국이 약소국의 지도자가 뭘 하는지를 도청한다는 것은 도덕적으로도 문제가 있지만, 역설적으로 그만큼 초강대국의 자신감이 떨어졌다는 의미다.

미국의 힘은 민주주의제도이고 그 중심에 정당 간의 합의와 타협으로 합리적인 결정을 이끌어내는 의회제도가 한 축이다. 그런데 미국에서 이 축이 무너지고 있다. 미국 정치권이 표심에 목매면서 선거구 조정을 10년마다 인위적으로 하면서 국회의원이 연예인처럼 되어버렸고, 인기를 위해서는 논쟁과 갈등을 부추기는 일들이 다반사다.

그 결과 타협의 상징인 국회가 갈등과 대립의 장으로 바뀌었고 당리당략이 우선이 되면서 민생은 뒷전이다. 예산을 두고도 국가 디폴트, 정부폐쇄 직전까지 가는 등 막장 드라마를 연출하고 있다. 공무원과 정치인이 똑똑해야 나라가 발전하고 이들의 애국심이 국가 건전성의 기초다. 그런데 최근 10~15년간 미국의 행정과 정치는 막장 드라마, 편 가르기, 막무가내의 연속이었다.

극소수의 유대인들과 석유업자들의 로비와 조종에 휘둘려 무소불위의 군사패권을 전가의 보도처럼 흔들며 명분도 실리도 없는 중동전쟁을 무지막지하게 실행했다. 구멍 난 예산은 아무 죄책감도 없이 달러패권을 무기로 부채로 채우면서도 당당하다. 그러나 5,000만에 가까운 사람들이 금융위기로 푸드 쿠폰으로 밥 먹고 사는 상황에도 민생대책이 없다. 혁신과 창의의 중요한 원천이자 미국의 힘인 이민자를 대우하는 이민개혁법도 뒷전이다.

2001년 56%에 달했던 미국 의회에 대한 지지도는 2013년에는 14%로 떨어지고 월간으로는 9%까지 추락했다. 미국의 힘이자 경쟁력이던 민주주의의 꽃, 미국 의회가 미국인들에게 있으나 마나 한 존재가 되어버린 것이다. 민주주의의 상징이 더 이상 상징이 아니면 어떻게 될까?

팍스 아메리카나의 재정위기, 강대국 쇠락의 단초

역대 강대국의 몰락에는 공통점이 있다. 바로 '재정위기'다. 서양의 최강대국이었던 로마 제국이 멸망한 것은 재정위기로 가짜 돈을 유통시켰기 때문이다. 로마는 황제가 구멍 난 재정을 메우려고 금화에 불순물을 섞어 유통시키다 들통 나 주변국들이 더 이상 로마의 금화를 받지 않음으로써 망했다.

사상 최대의 영토를 자랑했던 동양의 최강대국 몽골 제국이 망한 것도 재정위기로 몽골의 지폐였던 교초交鈔를 남발한 것이 원인이었다. 13~14세기 몽골 제국은 은銀을 지급준비금으로 교초라는 지폐를 발행했다. 교초는 고려부터 시리아까지 몽골의 영향권에 있는 모든 지역에서 통용됐다.

금융이라는 측면에서 해석하자면 몽골 제국의 주변국 정복전쟁은 교초의 태환을 위한 은 준비금을 마련하기 위한 것이었다. 몽골 제국의 시대에 아랍은 은의 가치를 중국보다 더 높이 평가해주었다. 몽골 제국은 아랍과의 은 교역에서 막대한 환차익을 얻었다. 그래서 몽골의 은은 대량으로 아랍으로 흘러들어 갔다.

그러나 몽골 제국은 말기로 접어들면서 방만한 나라경영으로 재정이 파탄 직전이었다. 그래서 황실유지 경비와 라마교 행사 등에 들어가는 막대한 경비를 조달하기 위해 교초를 남발하기 시작했다. 그 결과 은과 태환되는 지폐였던 교초는 물가상승을 가져왔고, 결국 태환기능을 잃은 교초는 사실상 불태환 지폐가 되면서 교초로 급여를 받던 군대와 관료가 황실에 충성하지 않으면서 망해갔다.

지금 미국의 상황을 보면 로마와 몽골의 역사를 그대로 반복하고 있다. 미국의 대외정책 초점이 석유자원 확보에 맞춰지는 것과 몽골의 대외전쟁이 은의 조달에 맞춰진 것과 유사하다. 금본위에서 보유금 부족으로 금태환 중지, 그리고 자기 것도 아닌 석유를 담보로 한 지폐발행, 전쟁과 과도한 복지로 인한 재정적자의 확대, 이를 충당하기 위한 국채발행과 통화증발, 화폐가치의 속락이 지금 초강대국 미국의 모습이다.

미국의 재정위기는 이라크·아프가니스탄 전쟁에 엄청난 돈을 투입하고 민간 부문의 과도한 부채로 금융위기로 파산한 금융회사들에 구제금융을 쏟아부으면서 재정적자가 눈덩이처럼 불어난 데 있다.

미국이 2001년 9·11테러 이후 10년간 전쟁비용으로 쓴 돈은 4.4조 달러에 달한다. 이는 2013년 회계연도 미국 정부 예산 3.95조 달러를 4,500억 달러나 초과하는 금액이다. 두 번째는 경기도 못 살리면서 시행했던 부시의 감세정책이다. 대략 1.2조 달러의 세수가 줄었다. 마지막으로 금융위기 이후 구제금융과 경기부양에 퍼 넣은 달러도 조 단위가 넘는다는 것이다. 그 결과 세계 경제의 중심인 미국이 국가신용등급 강등이라는 수모를 당했다.

민간 부문의 과도한 부채가 2008년 금융위기를 낳은 직접적 배경이고 이 부채를 정부가 떠안고 이것이 전쟁부채와 겹쳐지면서 2011년 미국 재정위기가 발생했다. 이번 위기의 단초를 제공한 민간 부문의 과도한 빚과 금융위기 발생의 연관성에 대해 매리너 에클스 전 미국 연방준비제도이사회 의장이 재미있는 얘기를 했다.

대공황이 발생한 1929~1930년 미국에서는 분배의 불균형이 더 심해져 부가 점점 더 많은 부분이 소수 부자의 손에 들어갔으며, 성장은 결과적으로 이들의 자본 축적을 도운 꼴이 되었다는 것이다. 마치 포커 게임에서 시간이 지날수록 소수의 플레이어에게 칩이 집중되는 경우와 마찬가지로 다른 플레이어들, 일반 국민은 계속 돈을 빌려야만 게임에 참여할 수 있는데 대다수 국민의 신용이 바닥나자 판돈이 바닥나 게임이 중단되었다는 것이다.

이는 2008년 금융위기에서도 비슷하게 적용된다. 1970년대 말 미국인 총소득에서 최상위층 1%가 차지하는 비율은 9% 선에 그쳤는데 미국이

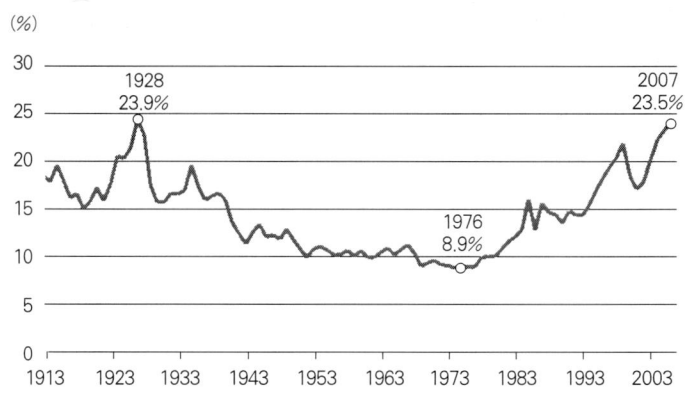

미국의 상위 1%에 대한 부의 집중도(1913~2007)

(%)

1928
23.9%

2007
23.5%

1976
8.9%

자료: 연방준비제도이사회(FRB)

서브프라임 사태 한 해 전인 2007년 상위 1%가 차지하는 비율은 24%에 달했다. 그 결과 1929년의 대공황과 같은 상황이 벌어졌다는 것이다.

빚은 달콤한 유혹이지만 공짜 점심은 없다. 전쟁을 위한 것이든, 복지를 위한 것이든 분수에 넘치는 지출은 반드시 재정위기라는 재앙으로 부메랑이 되어 돌아온다. 미국의 대공황, 일본의 버블 붕괴, 아시아의 금융위기, 미국과 유럽 및 일본의 재정위기는 모두 손쉽고 달콤한 유혹에 빠져 공짜 점심을 먹은 것이지만 그 영수증은 아들과 손자들에게 고스란히 청구될 수밖에 없다.

기술력, 금융력, 군사력으로 본
팍스 아메리카나의 수명

3대 패권의 요소로 본 미국의 변곡점은 2025년

강대국의 역사를 보면 그들의 부상에는 공식이 있었다. 모든 강대국은 기술력을 바탕으로 한 '제조대국'으로 일어서고, 제조한 상품을 팔고 자국을 보호하기 위한 '군사대국'으로 융성한다. 그리고 일정 기간이 지나면 번 돈을 가지고 쓰는 '금융대국'으로 가고, 금융대국에서 금융패권을 잃으면서 역사에서 사라져갔다. 물론 강대국은 문화대국이지만 문화는 경제력과 군사력 그리고 금융력이 있어야 생기는 후행적 성격이 강하다.

결국 패권 부상의 3요소는 기술력, 군사력, 금융력이다. 중세 시대에는 생산력을 바탕으로 군대를 일으켜 정복사업을 통한 국력의 양성, 즉 '군사력'이 패권의 가장 중요한 요소였다. 그러나 산업혁명 이후 세상은 '기술력'이 강한 나라가 세계를 제패했고, 정보화 혁명 이후에는 정보와 맞물린 '금융력'이 진정한 패권이다.

먹이사슬 구조로 본 지금의 세계는 크게 3개의 나라다. 소비국과 생산국 그리고 생산국에 원재료를 납품하는 자원공급국이다. 미국과 유럽이 소비국이고, 중국이 생산국이고, 중동과 남미가 자원공급국이다. 기축통화를 가진 미국과 유럽은 프린터를 돌려 돈을 찍어 중국으로부터 물건을 사고, 중국은 이 달러로 자원공급국에 원자재 가격을 지급하는 형국이다.

그래서 이런 산업의 먹이사슬 구조 때문에 자생력이든 돈의 힘이든 간에 세계 경기의 회복에는 순서가 있다. 소비국이 먼저 경기가 나아지면 다음은 생산국이고 마지막으로 자원공급국이 영향을 받는 구조다.

미국과 유럽의 '나비 날갯짓'이 태평양을 건너서 중국에는 '선풍기 바람'이 되고, 중국의 선풍기 바람이 다시 태평양을 한 번 더 건너서 호주와 중남미에는 '강풍'이 된다. 주가도 마찬가지다. 미국과 유럽의 주가는 날아가는데 중국과 아시아, 중남미, 호주 주가는 여전히 죽을 쑤는 것은 나비의 날개바람이 아직 태평양을 못 건넜기 때문이다.

군사력이 중요했던 과거 식민통치 시대와는 달리 금융력이 지배하는 세상에서 미국과 유럽은 전 세계의 자원과 상품을 공짜로 쓴다. 오로지 필요한 만큼 화폐를 찍기만 하면 되는 기막힌 시스템이다. 중국과 신흥 자원공급국들은 금융력이 약하고 자국 내 미국과 유럽에서 받은 돈을 운영할

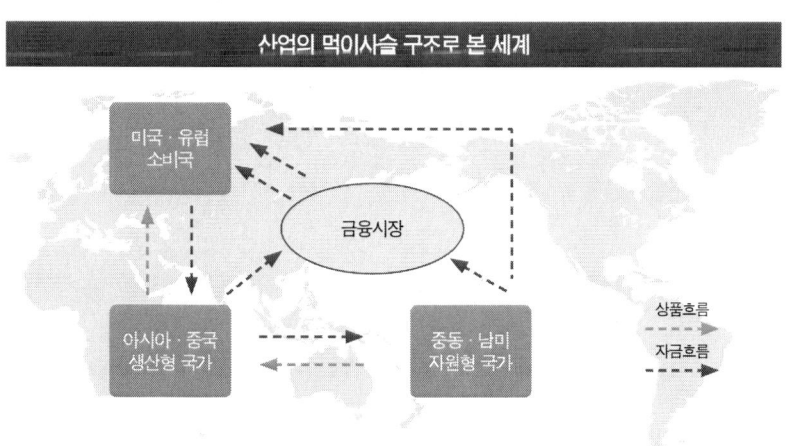

자료: 중국경제금융연구소

금융시장이 없어 번 돈을 다시 미국의 금융시장에 투자하고 있다.

그리고 미국은 신흥국들이 돈을 너무 많이 가지고 있거나 자국이 돈이 필요하면 금리를 올려 전 세계에 나가 있는 달러를 불러들인다. 그러면 신흥국의 금융시장은 달러의 외출을 감당하지 못해 바로 금융위기, 외환위기가 오고 국가부도 사태를 맞아 곡소리가 난다.

그리고 나면 선진국이 주도하고 있는 IMF 같은 국제금융기구는 죽지 않을 정도의 구제금융을 제공하면서 신흥국에 긴축과 자산매각을 강요한다. 이때 늑대 같은 미국과 유럽의 헤지펀드들은 때를 놓치지 않고 신흥시장Emerging Market에서 죽어나가는 우량자산, 우량기업, 우량금융기관을 똥값에 사서 나중에 되팔아 몇 배의 이익을 누린다. 금융의 관점에서 보면 1980년대 이후 미국을 비롯한 선진국들이 잘 먹고 잘사는 비결은 바로 주기적인 금융위기를 통해 돈을 버는 금융력이었다. 그래서 미국의 달러는 바로 신흥국의 피를 먹고 사는 돈이다.

기술력, 금융력, 군사력의 관점에서 본 팍스 아메리카나의 수명

패권	시발점	주기	종료 시기	비고
기술력	1958	+60	=2018	IC 개발+산업주기 30년×2
	1971	+60	=2031	DRAM 개발+산업주기 30년×2
	평균		2025	
금융력	1918	+100	=2018	제1차 세계대전 종전+100년 Cycle
	1918	+110	=2028	제1차 세계대전 종전+110년 Cycle
	평균		2023	
군사력	1914	+110	=2024	제1차 세계대전 시작+110년 Cycle
	1914	+122	=2036	제1차 세계대전 시작+122년 Cycle
	평균		2031	
종합	최단		2018	
	최장		2036	
	평균		2027	

자료: 중국경제금융연구소

강대국 패권 부상의 3요소인 기술력, 금융력, 군사력의 관점에서 본 미국 팍스 아메리카나의 수명은 얼마나 될까? 최단기로는 2018년, 최장기로는 2036년이다. 그러나 지금의 세계가 기술력과 금융력이 주가 되고 군사력은 보조적인 역할을 하는 상황이라는 점에서 판단해본다면 미국 패권의 변곡점은 대략 2023년에서 2025년 사이다.

기술력으로 본 팍스 아메리카나의 수명

자본주의 250년의 역사는 영국의 공업혁명에서부터 시작이다. 인류의 발전은 기술의 발전과 함께했고, 기술의 발전은 결국 세계 패권의 변화와 밀접한 상관성이 있었다. 인류의 발전에 기여한 기술을 보면 결국 에너지와 연관된 문제를 어떻게 풀어내느냐에 달려 있었다.

농업 시대 풀 먹는 말이 공업혁명 시대에는 석탄 먹는 말로 바뀌고, 석탄 먹는 말이 자동차 시대에는 석유 먹는 말로 바뀌고, 석유 먹는 말이 정보화 시대에는 전기 먹는 말로 바뀐 것이다. 풀 먹는 말이 석탄 먹는 말로 바뀌면서 세계의 패권은 영국으로 넘어갔고, 석탄 먹는 말인 증기기관이 대륙으로 넘어가면서 철도를 만들었고 덕분에 독일과 프랑스가 일어섰다.

석탄 먹는 말이 석유 먹는 말로 바뀌면서 고속도로가 가장 긴 미국에서 자동차혁명, 물류혁명, 유통혁명이 일어나면서 세계의 패권은 유럽에서 미국으로 넘어갔다. 미국은 실리콘밸리를 중심으로 반도체를 개발하고, PC를 개발하고, 정보혁명을 주도하면서 완벽한 세계의 패권국으로 자리를 잡았다.

공업혁명의 시발점이 된 1776년 증기기관의 발명을 기점으로 정보화혁명의 핵심기술인 1971년 디램DRAM: Dynamic Random Access Memory 반도체 개발까지를 놓고 보면 세계는 농업혁명 이후 5차례의 기술혁신 단계에 들어갔고 대략 평균 50년 주기로 기술의 변화가 있었다. 지금 세계는 제

6차 기술혁명의 맹아기다. 전기 먹는 말 다음에 나올 말이 세상을 변화시키고 세계 패권의 변화를 가져올 가능성이 높다.

미국이 주도하고 있는 IT 기술은 1958년 길비 특허를 시작으로 집적회로 IC가 만들어지면서 시작되었고, 1971년 DRAM이 개발되고 1980년 PC가 등장하면서 꽃이 피었다. 그 이후 1986년 인터넷이 등장하고 2007년 스마트폰이 등장하면서 손바닥 위의 정보혁명을 이루어 오늘날에 이르고 있다.

최근 60~70년간 세상을 변화시킨 혁신제품의 개발지는 모두 미국이었다. 이는 미국의 이민정책과 아메리칸 드림의 꿈을 안고 미국으로 유학과 이민을 온 세계의 천재들이 만든 것이고, 미국의 자유와 경쟁 그리고 금융 시스템이 이를 꽃피울 토양을 제공한 때문이다. 그러나 금융위기 이후 상황이 변했다. 미국 이민자가 줄고 아메리칸 드림이 사라지고 있기 때문이다.

IT의 모든 혁신기술은 원산지가 모두 미국이었다. 왜 미국이었을까? 답은 간단하다. 정보화된 인재의 수가 가장 많았고 통신과 컴퓨터, 인터넷의 보급과 수혜가 가장 많았기 때문이다. 거기에 선배들로부터 내려온 혁신의 DNA가 있었기 때문이다. 하버드대학을 다니다가도 학교를 때려치우고 차고에서 창업을 해도 부끄럽지 않은 나라가 미국이었다.

제1세대 IT 하드웨어와 인터넷 정보혁명은 베이비부머 세대가 만들고 X세대가 폭발시킨 것이다. 그러나 이제 포스트 인터넷 시대의 기술혁명은 Y세대들의 몫이다. Y세대들은 1960년대 베이비붐 세대들의 자녀인 X세대 다음의 밀레니엄 세대들이다. 그래서 동양과 서양의 Y세대들이 IT 기술혁명을 두고 진정한 한판의 진검승부를 벌일 시기가 오고 있다.

아시아가 미국보다 IT와 인터넷에서 뒤진 중요한 이유는 창의성이나 머리의 문제가 아니라 환경이다. 아시아의 가난한 나라에서 통신과 컴퓨터, 인터넷을 접할 기회가 없었기 때문이다. 야후의 창업자 체리 양, 유튜브의 창업자 스티브 첸 등은 모두 중국계 미국인들이다.

실리콘밸리는 IC India China 산업이라고 할 정도로 수학과 통계학 그리고 논리학에서 뛰어난 인도와 중국계 엔지니어들이 연구소와 공장을 거의 장악하다시피 하고 있다. 그래서 아시아계 엔지니어들이 빠지면 실리콘밸리는 돌아가지 않는 상황이 올 정도다.

결국 제2기 정보혁명에서는 엄마 뱃속에서부터 디지털 음악을 듣고, 컴퓨터와 같이 놀고, 인터넷과 모바일 기기와 친구 하면서 성장한 모태 디지털인, 소위 디지네이브들 간의 싸움이다. 지금 미국의 인터넷 가입자 수가 2.5억 명이고 중국이 6억 명으로 미국의 2.5배다. 미국의 모바일 가입자 수가 3.5억 명인데 중국은 12.3억 명으로 미국의 3.5배다. 디지털 환경에 완벽하게 노출되어 자란 미국과 중국 신인류들끼리의 경쟁에서 제2기 정보혁명의 진검승부가 나올 전망이다.

5차례 기술혁신의 주기는 대략 50~60년 내외였다. 대체로 산업주기를 30년으로 보는데 IT 하드웨어가 주도한 시기를 30년, IT 서비스가 주도할

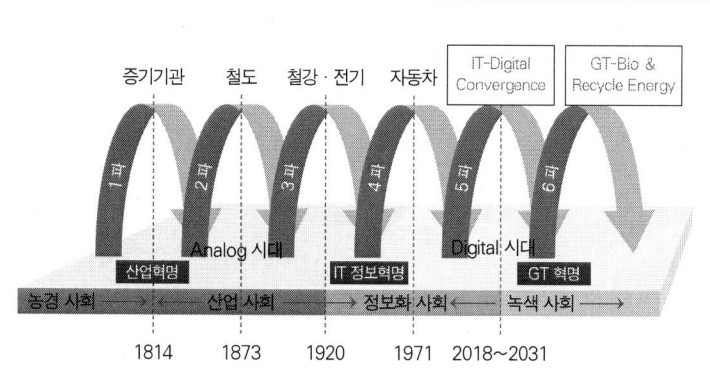

기술혁신주기와 주도산업

자료: 중국경제금융연구소

시기를 30년으로 보면 미국이 최강인 IT 산업의 수명은 1958년 집적회로 발명을 기점으로 하면 2018년, 1971년 디램 반도체 개발 시점을 기점으로 하면 2031년이다.

금융력으로 본 팍스 아메리카나의 수명

돈에 있어 유대인은 피도 눈물도 없다. 전 세계의 금융 대통령은 미 연준의 의장이다. 그린스펀 이후 역대 미 연준의 의장은 모두 유대인들이다. 현재 옐런 의장이 주도하는 연준이사회 구성원 7명 중 다니엘 타룰로와 제롬 파웰을 제외한 5명의 이사가 유대인이다.

"미국에게 좋은 것은 세계 모두에게도 좋은 일"이고 "미국에게 나쁜 것은 세계 모두에게도 나쁜 일이다"라는 말은 맞는 말일까? '달러는 미국의 돈'이고 달러로 인해 생기는 모든 문제는 달러를 가지고 있는 나라들의 문제지 미국의 문제는 아니라는 것이 미국 금융을 쥐고 있는 유대인들의 생각이다.

미국을 중심으로 하는 G7, G20의 특징은 정책 공조다. 좋게 얘기하면 합의가 잘되는 것이고, 다르게 말하면 '미국 베끼기'다. 미국의 통화확장정책과 통화 조절의 패턴을 선진국들이 약간의 시차를 두고 따라 하고 있다. 미국과 유럽, 일본은 정도의 차이는 있지만 기축통화국이기 때문에 같이 움직이는 것이다.

선진국이 돈줄을 조이면 죽어나는 것은 기축통화국이 아닌 신흥국들이다. 미 연준의 금리정책과 미국의 채권금리를 보면 약간의 시차를 두고 진폭을 가지고 연동하고 있다. 1990년대 이후 10년 주기의 연준의 금리정책에 5년 주기로 금리가 움직였다. 미국의 금융완화 끝자락에서 항상 신흥국에는 위기가 왔다.

2014년 들어 미국과 유럽의 경기회복에 즐거워하던 세계 증시가 유동

성의 마취에서 깨어난 이머징 마켓 때문에 털썩 주저앉았다. 아르헨티나, 인도, 인도네시아, 브라질, 남아프리카공화국, 터키 같은 신흥국들의 환율이 폭락하고 외환위기 상태가 발생한 것이다.

미국이 만든 금융의 글로벌화가 이젠 비수가 되어 이머징 마켓에서 다시 선진국 시장으로 날아간 것이다. 이번에 사고를 친 국가들은 이름 하여 '깨지기 쉬운 F-5Fragile Five 나라' 인도, 인도네시아, 브라질, 남아프리카공화국, 터키 5개국이다.

미국과 유럽 금융기관들의 작명 실력은 알아줘야 한다. 10년 전 미국의 골드만삭스가 '벽돌집, BRICs'를 내놓아 히트를 쳤다. 이들 IB가 만든 신조어에 BRICs 국가들이 협의체를 만들기도 했다. 그러나 이들 나라는 늑대 같은 IB들의 장삿속에 춤췄을 뿐이다. 석유 팔아 달러가 넉넉한 러시아와 중국을 제외하고 이번에 브라질과 인도, 남아공은 다시 금융위기의 구렁텅이에 빠졌다. 골드만삭스의 화려한 예측은 엉터리였다.

2013년 9월에 미국의 모건스탠리가 '깨지기 쉬운 나라 F-5'를 들고 나왔다. 미국이 양적완화 축소의 다른 이름인 '테이퍼링'을 한다고 하자 F-5 국가들의 환율이 폭락하고 난리가 났다. 이번에는 영국 〈파이낸셜타임스〉가 자산운용사인 슈로더와 함께 미국 등 선진국의 양적완화 축소 때문에 외환위기 우려가 큰 8개국을 골라 '초조해하는 8개국 E-8Edgy or Exposed Eight'을 만들었다.

기존 F-5인 인도, 인도네시아, 브라질, 남아프리카공화국, 터키에다 헝가리, 폴란드, 칠레를 더한 8개국이 E-8이다. 경상·재정수지 적자가 큰 나라에다 단기외채가 많은 나라가 더해져 E-8이 만들어졌다. 그간 신흥시장을 두고 네 마리 용, 친디아, BRICs, VISTA, MINT 등등의 신조어가 난무했지만 모두 부질없었다. 미국이 금융긴축 사이클에 들어가면서 한 방에 끝장났다. 신흥시장에 뭐라고 이름 붙였건 서방 IB들의 장삿속에 휘둘리는 것뿐이었다.

미국과 유럽은 금융위기의 상습범이다. 특히 1971년 미국이 금태환을 중지한 이래로 미국이 세계 결제통화로서 달러의 지위를 확보한 이후 종이돈 달러의 범람으로 전 세계는 1970~1980년대에는 10년에 1번, 1990년대 이후에는 10년에 2번씩 금융위기를 겪었다.

미국과 유럽은 전 세계의 화폐인 기축통화를 장악하고서 중국을 통해 소비품을 조달하고 대신 종이돈을 공급한다. 중국에 하청받는 나라들은 종이돈 달러를 받아 간다. 미국은 전 세계를 글로벌화란 이름으로 시장을 개방하게 하고 금융시장에서 달러를 이자로, 배당으로, 시세차익으로 간단하게 회수해 간다. 제조강국, 금융약소국인 신흥국은 가만 앉아서 꼼짝없이 당하는 것이다.

미국은 경기가 나빠지면 금리를 내리고 돈을 풀어 유동성 공급을 통해 금융시장을 살리고 본다. 1990년 이후 닷컴 버블, 주택 버블, 채권 버블은 모두 이렇게 해서 생긴 것이다. 그러나 경기회복, 주가회복 그다음이 항상 문제다. 미국이 과도하게 풀린 통화를 줄이고 금리를 올리기 시작하면 정작 사고 친 미국은 멀쩡한데 신흥시장의 금융약소국들은 금융위기에 빠진다.

1980년 이후 미국의 통화완화, 긴축 사이클과 신흥시장의 금융위기를 살펴보면 이번 F-5의 금융위기는 누군가는 당해야 하는, 올 것이 온 것이다. 1980년대 이후 미국의 금융긴축은 5차례 이루어졌고 이때마다 라틴과 아시아가 돌아가면서 금융위기를 맞았다. 이번에 옐런의 집권과 함께 시작될 미국의 긴축 사이클에 인도, 인도네시아, 브라질, 터키, 남아공이 나가떨어진 것이다.

이번에 문제가 된 F-5, E-8 나라들의 특징은 선명하다. 중국과 같은 제조대국에 원자재를 납품하는 나라이거나 선진국의 하청을 하는 취약한 산업구조를 가진 나라다. F-5, E-8의 GDP 대비 경상수지 비율을 보면 모조리 적자다. 또한 단기외채 비중이 많고 외환보유고는 상대적으로 적은 것이 특징이다. 어떤 이유에서든 외자가 대거 빠지면 필연적으로 외환위기의 위험성이 상존한다. 미국의 주기적인 긴축 사이클에 당할 조건을 갖추고 있었던 것이다.

1600년대 이후 세계는 3번의 불균형을 겪고 있다. 기축통화를 가진 자와 못 가진 자의 불균형이다. 은본위제도 하의 불균형(1601~1873), 금본위제도 하의 불균형(1874~1970), 그리고 석유본위 종이달러제도 하의 불균형(1971~2014)이다.

유대인 출신으로 미국의 국무부장관을 지냈고 1974년 석유수출국기구OPEC를 결성해 금본위제도의 폐기로 휴지조각으로 전락할 뻔했던 미국의 달러를 석유가 담보된 기축통화로 만든 이가 바로 유대인 출신인 헨리 키신저다. 중동의 석유 개발과 수출을 미국이 대행해주는 대신 석유대금 결제를 달러로만 하게 한 것이다. 석유가 필요한 모든 나라는 석유를 사기 위해 달러를 보유할 수밖에 없고 졸지에 휴지조각이 될 뻔했던 달러는 중동 사막에 묻혀 있는 검은 황금, 석유가 담보된 안전자산으로 격상되었다. 기발하고 천재적인 발상이었다.

키신저 박사는 "석유를 장악하면 모든 국가를 지배하고, 식량을 장악하면 인류를 지배하며, 화폐를 장악하면 전 세계를 지배한다"는 말로 금융 패권의 정수를 보여주었다. 강대국의 패권을 보면 결국 화폐를 장악하는 것이었다.

석유본위의 종이달러 시대인 지금 역사상 가장 위대한 헤지펀드는 미 연준이다. 빚쟁이 나라를 세계 최고의 부자 나라로 만들어주기 때문이다. GDP의 100%가 넘는 정부부채, GDP의 300%가 넘는 정부부채와 민간 부채에도 불구하고 기축통화의 힘을 이용해 돈 찍는 프린터 하나로 전 세계 국가들의 주머니를 털어서 국민을 잘 먹고 잘살게 하기 때문이다.

미국은 개인들과 기업의 부채는 은행이 인수해주고, 은행의 부채는 미 연준이 인수해주고, 연준의 부채는 연준의 머니 프린터가 해결해주는 기막힌 부채의 먹이사슬 구조를 가지고 있다. 미국은 종이돈 달러로 전 국민이 무한대로 빚을 내 쓰게 만들고, 그 빚은 달러 프린터를 돌려 달러를 보유한 모든 국가가 어쩔 수 없이 분담하게 한다.

달러를 찍으면 그만큼 기존의 달러가치는 떨어지고 그 부담은 달러 보유국이 자동으로 감수해야 한다. 중국이 3.95조 달러의 외환보유고를 자랑하지만, 미국이 금융위기 이후 양적완화를 통해 풀어놓은 달러가 3.6조 달러다. 미국과 중국 두 나라만 있다고 가정하면 중국은 가만 앉아서 보유한 달러가치가 반 토막 났다.

미국은 연기 나고, 냄새나고, 폐수가 나오는 제조업은 모두 해외로 보내고 기축통화국의 이점을 무기로 금융을 통해 전 세계의 석유, 자동차, 휴대폰, 커피 등 모든 물건을 공짜로 사 쓴다. 미국은 중동의 석유, 일본의 자동차, 한국의 휴대폰, 브라질의 커피도 흰 종이에 '100$'라고 찍어서 맞바꾸면 끝이다. 식민지 하나 없이, 오로지 프린터 하나로 전 세계 자원을 공짜로 쓰는 날강도 짓을 하는 것이 21세기 금융패권국 미국의 진면목이다.

미국은 새로운 연준 의장 선출을 두고 매파와 비둘기파 논쟁을 했다. 중병을 앓는 미국을 보면 'QE1은 수술' 'QE2, QE3는 봉합' '테이퍼링은 약의 용량을 줄이는 장기요양' 치료다. 그러나 과도한 빚의 끝은 결국 이자 폭탄으로 끝난다. 부채는 임계점에 도달할 때까지는 아무리 늘어나도 문제가 안 된다. 그러나 임계점에 도달하면 깃털 무게 하나에도 낙타가 쓰러지듯이 한 방에 가는 것이 역사의 경험이다. 미국 금융패권의 임계점은 언제쯤일까?

금융패권의 역사를 보면 강대국의 금리가 제로 근처에 갔다가 다시 폭등하여 고점에 이르면 강대국의 수명이 끝났다. 스페인, 영국, 일본이 적나

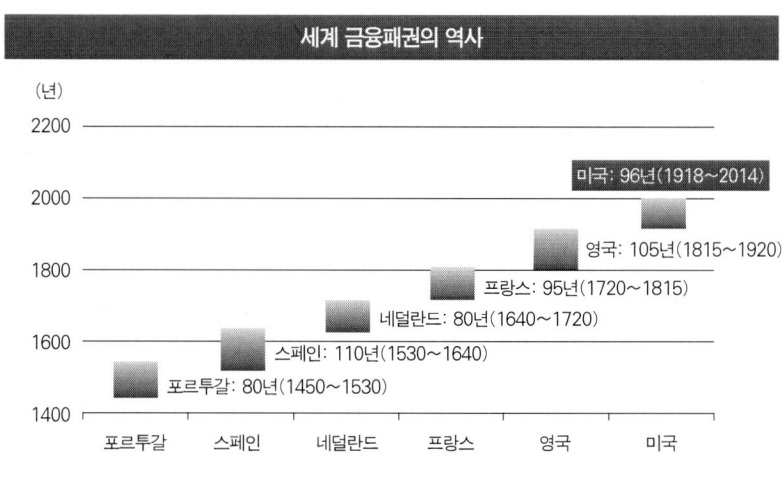

세계 금융패권의 역사

(년)

미국: 96년(1918~2014)

영국: 105년(1815~1920)

프랑스: 95년(1720~1815)

네덜란드: 80년(1640~1720)

스페인: 110년(1530~1640)

포르투갈: 80년(1450~1530)

포르투갈　스페인　네덜란드　프랑스　영국　미국

자료: 중국경제금융연구소

라하게 그 실례를 보여준다. 그래서 미국의 제로금리가 두렵다. 미국의 테이퍼링 이후 금리가 본격 상승하면 재앙이다. 채권가격의 하락은 금융시장에 혼란을 가져오고 GDP의 100%를 넘어선 국가부채로 금리부담을 견디기 어렵다. 금리가 2배만 오르면 이자비용이 국방예산을 가볍게 초과한다. 국방예산의 축소는 군사력과 외교력의 약화를 가져오고, 금융력의 약화가 가세하면 대국의 쇠락은 안 봐도 비디오다.

과거 500년간 세계 금융패권의 역사를 보면 짧으면 80년, 길면 110년이다. 1918년 제1차 세계대전 이후를 미국의 패권 기간으로 보면 96년이 흘렀다. 금융패권의 수명주기를 100~110년으로 보면 미국 금융패권의 쇠락은 2018~2028년 즈음이다. 그래서 역사의 경험으로 보면 미국의 금융패권은 앞으로 적어도 14년은 더 간다.

군사력으로 본 팍스 아메리카나의 수명

역사적으로 강대국 패권의 몰락을 보면 예측 가능한 포물선을 그리며 천천히 추락하는 경우는 없었다. 대국이 쇠락의 길로 들어서면 순식간에 무너졌다. 찬란했던 옛 그리스 문명도, 페르시아 제국도, 로마 제국도, 대영 제국도 임계점에 들어서면서 순식간에 무너졌다. 동양의 경우 중국이 수천 년에 걸쳐 동아시아에서 절대적인 강자였지만, 대국이 쇠락기에 들어서면 북방의 소수민족인 몽골족과 만주족에게 순식간에 정복당해 쓰러졌다.

어떤 제국도 슈퍼파워를 영원히 유지하지는 못했고 일단 쇠락의 길로 접어들면 순식간에 무너졌다. 로마 제국도, 중국의 명 왕조도 수십 년 안에 붕괴했고 강대국이었던 소련의 붕괴도 급작스럽게 이루어졌다. 일단 국가가 쇠락의 길로 들어서면 급속한 몰락은 역사적 현상이다.

1500년대 이후 세계의 군사패권은 5차례의 변화를 겪었다. 세계의 물

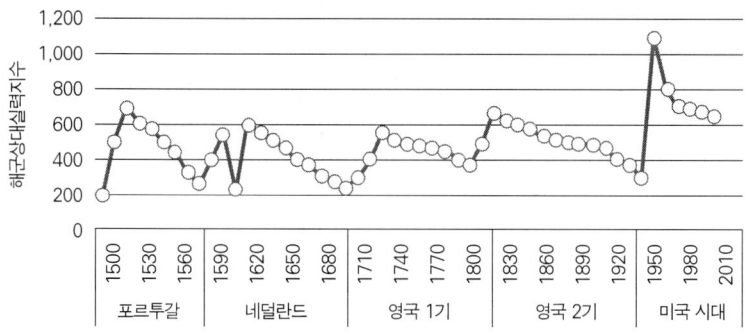

주요 패권국의 해군력 상대지수

패권주기	시기	패권국	도전국	실력의 원천
제1사이클	16C	스페인	프랑스, 네덜란드, 영국	황금, 식민지 무역, 용병, 왕조
제2사이클	17C	네덜란드	스페인, 프랑스, 영국	무역, 자본시장, 해군
제3사이클	18~19C	영국	프랑스, 독일, 러시아, 일본	공업, 정치응집력, 금융, 해군, 자유주의 사상(소프트 파워)
제4사이클	20C 상반기	영국, 미국, 독일, 일본, 소련, 프랑스		
제5사이클	20C 하반기	미국, 소련	중국	경제규모, 과학기술의 선도적 지위, 위치, 군사역량과 동맹, 글로벌 문화와 자유주의적 국제규범(소프트 파워)
제6사이클	21C	미국	중국?	과학기술의 선도적 지위, 군사와 경제규모, 국제 통신허브, 소프트 파워

자료: Charles Kindleberger, 《세계 경제패권 1500~1990》, 1996, Oxforrd Univ. Press

동량은 해상수송이 절대적이기 때문에 해군력이 군사패권의 직접지표였다. 해군력 상대지수로 보면 16세기는 스페인과 포르투갈의 시대, 17세기는 네덜란드의 시대, 18~19세기는 영국의 시대 그리고 20세기는 미국의 시대다. 미국은 최근 500년 중 가장 강력한 군사력을 가진 슈퍼파워다.

그러나 군사력은 경제력의 종속변수다. 재정적자로 국가 예산을 줄여야 한다면 초강대국이 줄이는 항목 1순위로 꼽는 것이 국방예산이다. 당장

주요 패권국의 군사력 주기 비교

주기	패권국	전쟁	주기			
			전쟁기	패권확보기	성숙기	쇠퇴기
1기	포르투갈	이탈리아 · 인도양 전쟁	1494~1516	1516~1539	1540~1560	1561~1580
2기	네덜란드	스페인 · 네덜란드 전쟁	1580~1609	1609~1639	1640~1660	1661~1688
3기	영국 1기	루이 14세 전쟁	1688~1713	1714~1739	1740~1763	1764~1792
4기	영국 2기	프랑스 대혁명 · 나폴레옹 전쟁	1792~1815	1815~1849	1850~1873	1874~1914
5기	미국	제1차 · 2차 세계대전	1914~1945	1945~1973	1973~2008	2009~2025
	평균	?	2025~2051	2051~2079	2079~2103	2104~2130

주기	도전국	전쟁	기간(년)			
			전쟁기	패권확보기	성숙기	쇠퇴기
86	스페인	이탈리아 · 인도양 전쟁	22	23	20	19
108	프랑스	스페인 · 네덜란드 전쟁	29	30	20	27
104	프랑스	루이 14세 전쟁	25	25	23	28
122	독일	프랑스 대혁명 · 나폴레옹 전쟁	23	34	23	40
111	중국	제1차 · 2차 세계대전	31	28	35	16
106	인도	?	26	28	24	26

자료: 杨光斌, 〈400年霸权还是周期性霸权?〉, 2006

초강대국에 감히 대적할 넘버2가 없으므로 방심하는 것이다. 지금 미국은 재정적자로 인해 국방예산 축소로 항공모함 운행을 줄이고 육군의 숫자를 사상 최저 수치로 가져가는 감축안을 시행하고 있다. 지금 미국은 국방예산 축소로 주한 미군의 한국 군무원들에게도 무급휴가를 검토하고 있을 정도다.

핵무기 시대를 맞이하면서 군사력에서도 변화가 생겼다. 무기의 살상력과 후유증 때문에 핵무기 10기를 가진 나라가 단 1기를 보유한 나라를 함부로 할 수 없는 시대가 도래했다. 핵잠수함이 등장하면서 바다 밑에서도 움직이는 핵폭탄이 돌아다니고 있어 해군력에서도 마찬가지 현상이 나타나고 있다.

과거 500년간 5차례의 군사패권을 보면 전쟁기, 패권확보기, 성숙기, 쇠퇴기의 단계를 걸어갔다. 평균적인 군사패권의 수명은 106년이었고 최단기가 86년, 최장기가 122년이었다. 미국의 군사패권을 제1차 세계대전을 기점으로 110~122년의 군사패권 주기를 적용한다면 미국의 군사패권의 수명은 2024~2036년 사이다.

04

향후 10년은
용과 독수리의 전쟁 시대

미국 달러에 대한 주요국의 배신

금융위기 이후 나타난 세계적인 현상 중 하나는 '떼거지 자본주의'의 몰락이다. 최근 30년간 미국이 주도하는 자본주의에서 서방은 미국을 두목으로 모시고 떼로 몰려다니며 경제력, 금융력이 약한 지역을 수단과 방법을 가리지 않고 털어먹었다.

그러나 세력이 기울면 부하들도 말을 안 듣고 가족끼리도 싸우고 내분이 일어난다. 지금 서방세계는 돈 푸는 것 외에는 서로 같이하는 것이 없다. 금융위기 이후 모두 각자도생各自圖生이다. 적도 친구가 되고 친구도 적이 된다. 국익 앞에서는 우방도 적도 없다. 미국의 우산 아래 모두가 같이 몰려다니며 돈을 벌던 시대는 갔다.

중국은 1.3조 달러의 미 국채를 보유해 미국에 대놓고 여차하면 미 국채를 매각하겠다는 무언의 협박을 하고 있다. 중국은 미 의회가 중국을 환율조작국으로 지정할 움직임이 보이면 미 국채를 조금 슬쩍 팔아 경고를 한다. 그리고 미국과 정상회담이나 경제회담이 있을 때는 그 직전에 미국채를 매수해 분위기를 좋게 하고 끝나면 다시 팔아치운다.

지금까지 미국은 달러가 기축통화이기 때문에 마음대로 돈을 인쇄해 일본으로, 중국으로, 유럽으로 보내 인플레이션을 수출해왔고 대신 전 세계 물건을 공짜로 가져다 썼다. 달러는 세계 각지로 흘러가 부동산, 주식, 채권, 금가격을 올려놓았다. 그리고 미국이 부르면 득달같이 미국으로 달려가 각국의 외환시장을 패닉으로 몰아넣곤 한다.

오로지 달러로 석유 결제를 해야 하는 조건 때문에 전 세계가 달러에 코가 꿰인 것이다. 만약 석유대금 결제를 달러로 하지 않는 일이 벌어진다면 달러는 더 이상 기축통화가 아니다. 금융위기 이후 미국의 달러패권이 예전 같지 않다. 금융위기 이후 석유거래와 무역거래에서 달러 배제의 움직임이 커지고 있기 때문이다.

태평양을 건너 인도양과 대서양에서 달러에 대한 배반이 나오고 있고 그 중심에는 중국이 있다. 이미 러시아, 브라질, 호주, 일본, 이란, 칠레, 아랍에미리트, 인도와 아프리카가 무역결제에서 미국 달러 대신 중국과 위안화와 자국 통화로 결제하기로 합의를 봤다.

세계 경제규모 2위 중국은 무역거래에서 세계 3위 일본과 달러가 아닌 자국 통화 결제를 합의했고 영국은행은 인민은행과 통화스왑을 체결했다. 이에 위협을 느낀 프랑스도 중국과 통화스왑을 할 의향이 있음을 비쳤다.

그리고 산유국인 러시아와 이란과의 교역에서 중국은 달러 배제를 합의했다. 또한 브라질이 중국과 통화스왑을 결정했다. 이외에도 인도와 일본이 통화스왑을 했고 인도와 러시아, 인도와 이란은 상호 교역에서 달러를 배제하고 자국 통화로 결제하기로 합의했다.

전 세계 금융위기로 미국의 실물경제가 위축되고, 중국이 세계 경제의 동력으로 작용하면서 세계 각지에서 위안화를 사들이려는 움직임도 빨라지고 있다. 2009년 홍콩에 첫 번째 위안화 역외거래소가 생기면서 위안화 세계화가 시작되었다. 2014년 3월 말 독일 및 영국 중앙은행은 중국의 중앙은행과 MOU를 체결했다.

영국과 독일이 앞다투어 위안화 역외결제은행을 설치하고 경쟁적으로 유럽의 위안화 결제 허브가 되려고 난리다. 중국의 최대 무역지가 유럽이다 보니 늘어나는 교역량과 이를 결제하는 수단으로 위안화 결제업무는 영국과 독일의 금융업계 입장으로 보면 새로운 초대형 수입원이기 때문이다.

이번 영국과 독일의 위안화 결제 허브의 경우 런던은 현재 미 달러화가 유통되는 허브이며, 프랑크푸르트는 유로화의 중심이기 때문에 중국으로서는 그 의미가 크다. 또한 현재 추세로는 파리에도 위안화 역외거래소가 생길 것으로 보여 프랑스의 아프리카에 대한 영향력으로 아프리카에 대한 위안화의 영향력도 더 커질 것으로 보인다. 최근 5년 동안 중국은 위안화와 달러, 유로, 엔화, 홍콩 달러 등 10여 종의 통화스왑을 체결했다.

위안화는 지금 전 세계 제7의 지불 화폐이자 제2의 무역결제 화폐로 자리매김했다. 2013년 위안화로 결제된 국제무역 누적금액은 4조 6,300억 위안으로 동기 대비 57% 성장했다. 2013년 각 통화의 국제화 지수는 달러화가 54.7, 유로는 24.1, 엔화와 파운드는 4.5과 4.2로 예측되었다. 위안화의 국제화 지수는 2010년 17위에서 2013년 9위로 올라섰다. 전문가들은 위안화가 머지않아 파운드 및 엔화를 넘어설 것으로 보고 있다.

미국 달러 힘의 약화는 궁극적으로 금리인상으로 이어지고 금리인상은 채권 버블의 붕괴를 가져올 수 있다. 이는 일본과 유럽으로 전염될 가능성이 높다. 결국 금리가 폭탄이 될 가능성이 있는 것이다. 중국의 세계 각국과의 통화스왑, 산유국들과의 석유거래에서 달러 배제가 나오면 '석유골드'인 달러의 힘은 급속도로 약해질 수 있다. 이렇게 되면 미국은 석유를 확보하기 위한 것이 아니라 석유대금 결제를 달러로 하게 만들기 위해 전쟁을 해야 할지도 모른다.

세계 4대 경제대국 독일이 미국에 보관했던 실물 금을 찾아가겠다고 선언했다. 뭔가 눈치를 챈 것이다. 만약 미국이 보유한 실물 금이 그간 금가격 급등을 막으려고 상당 부분을 시장에다 내다 팔았다는 소문이 사실로 판명되면 달러의 가치 폭락은 막을 길이 없다.

우크라이나 사태로 미국의 경제제재를 받게 되는 러시아도 변수다. 유럽은 러시아의 가스에 대한 의존도가 높은데 러시아가 자신의 에너지 수출 대가를 루블화로 받고 중동에 대해서도 농산물의 수출대금을 루블화로 받겠다는 것이다. 중동과 유럽은 달러 대신 루블화를 보유해야 밥을 먹고 추운 겨울을 날 수 있게 된다. 그러면 석유가 담보된 달러의 사용량이 줄어 달러의 힘이 약해지는 것이다.

중국은 미국과 아시아에서는 용으로, 유럽에서는 사자로 변신하는 변신의 달인이다. 미국과 아시아는 중국을 일 열심히 해서 잘살려는 '개천에서 난 용'으로 보지만 중국 자신은 원래 호수를 지배하는 용이라고 생각한다. 150년간 중국을 지배했던 유럽은 중국을 잠자는 사자, 깨어나면 초원을 지배하는 왕자로 보았다.

이미 중국은 미국과 아시아에서는 용의 위력을 보여주었고 이젠 유럽 차례다. 2014년 프랑스를 국빈 방문한 시진핑 주석은 파리가 아니라 덩샤오핑이, 요즘으로 치면 일하면서 공부하는 근공겸학勤工兼学 프로그램으로 르노자동차 노동자로 일했던 리옹 시를 먼저 방문했다. 한국의 박근혜 대통령이 파독 광부와 간호사를 만나러 가는 것처럼. 이런 시진핑 주석을 프랑스는 앵발리드 광장 환영식과 엘리제궁 만찬으로 대대적으로 환대했다.

이유는 단 하나다. 경제불황에 허덕이는 프랑스에서 프랑스의 자랑인 에어버스 여객기를 중국이 한 방에 160대를 구매할 계획이기 때문이다.

시진핑은 180억 유로, 한화 약 28조 원의 구매 보따리를 풀었다. 금융위기 이후 유럽은 돈 앞에서는 아무것도 보이는 것이 없다. 중국 돈이 말을 하기 시작하자 프랑스는 중국이 150년 전 식민지였던 기억은 잊고 체면이고 뭐고 없이 위안화의 위력에 아부하고 있다.

프랑스의 나폴레옹은 중국을 잠들어 얼굴에 앉은 파리도 못 쫓는 무기력한 사자로 보았다. 2014년 프랑스를 국빈 방문한 시진핑 주석은 나폴레옹의 말을 인용해 이제 그 사자가 깨어났다고 선언했다. 그리고 자신이 내건 국정 어젠다인 '중국의 꿈'을 프랑스에 가르쳤다. 프랑스는 중국의 꿈이 제국주의 건설이 아니고 세상의 평화라고 떠벌리는 중국에 대해 별로 신뢰는 안 가지만 28조 원어치 물건을 한 방에 사가는 큰손, 잠 깬 사자의 비위를 맞추려고 '중국의 꿈'을 경청하는 척했다.

미국의 테이퍼링과 이어질 금리인상에 달러 부족으로 죽어나는 신흥국들에게 중국이 3.95조 달러의 외환보유고를 담보로 마이너스 통장이든 달러 대출이든 간에 달러를 공급하면 이번 테이퍼링의 최대 수혜자는 중국이 된다. 중국은 아시아와 유럽 그리고 중남미에 위안화 통화스왑과 결제통화를 통해 중국이 위안화 경제권을 건설하는 기초를 닦고 있다.

또한 지금 중국을 중심으로 하는 브라질, 러시아, 인도, 남아공의 브릭스 5개국은 미국과 유럽 주도의 IMF와 세계은행에 대응해 2015년 사업 개시를 목표로 브릭스 개발은행BRICs Development Bank 설립을 추진하고 있다. 1,000억 달러의 초기 자본금은 중국이 410억 달러, 러시아·인도·브라질이 각각 180억 달러, 남아공이 50억 달러를 출연할 예정이다.

브릭스 개발은행은 자본금 3,695억 달러의 IMF에 비하면 그 규모가 1/3에 못 미친다. 그러나 IMF는 회원국 188개국이 자금지원 요청을 하면 대응해주어야 하지만 브릭스 개발은행은 회원국이 5개 나라이기 때문에 유사시의 자금지원 규모와 효율은 훨씬 더 높을 수도 있다.

중국은 외부 환경이 분위기가 무르익고 중국 내부의 금융개혁이 마무리되고 자본시장의 규모가 지금의 2~3배로 커져 미국과 비슷한 규모가 되면 이때를 맞춰 위안화로 거래하는 중국의 자본시장을 개방한다. 그리고 독하게 마음먹고 1.3조 달러의 미 국채를 팔아치우기 시작하면 전 세계의 돈이 미국에서 빠져나올 가능성이 있다. 그러면 미국 금융시장은 쓰나미를 맞을 가능성도 있다.

미국 경제, 셰일가스가 구세주 될까?

많은 언론에서 미국 경기회복의 한 중요한 요인으로 셰일가스를 든다. 그러나 제조업이 떠난 미국에서 셰일가스로 제조업의 르네상스가 가능할까? 한국에서 기름값이 2,000원에서 1,000원 된다고 제조업이 다시 살아날까? 해외로 나간 제조업이 돌아오고 닦고, 조이고. 기름치는 직업에 젊은이들이 취업할까?

"이번에는 다르다"는 답은 항상 틀린다. 한 번 해외로 나간 제조업의 르네상스는 없다. 제조업은 한 번 나가면 다시 돌아오지 않는다. 영국, 미국, 일본의 사례를 보면 답은 간단하다. 3D프린터가 있는데 왜 선진국에 돌아올까? 전 세계에서 가장 원가가 싼 지역에서 프린트하면 되지.

셰일가스의 양산은 미국의 소비자 물가를 낮추고 소비를 늘리는 요인은 되지만 생산을 늘리는 효과는 크지 않을 것으로 보인다. 이미 미국의 노동비용은 유럽보다 1/4 이상 낮고 에너지 비용은 절반 이상 낮다. 그러나 미국의 전통산업은 계속 해외이전이다. 문제는 원가가 아니라 사람이기 때문이다.

전통산업은 장치산업이다. 기계를 돌리는 사람이 2교대를 하느냐, 3교대를 하느냐가 고정비에서 엄청난 차이가 난다. 인당 소득 5만 달러대 나라에서 365일 3교대로 일해야 하는 업종은 살아남기 어렵다. 기술이나 에너지 문제가 아니라 일할 사람의 문제다.

미국의 주력산업인 IT는 에너지 때문에 생산을 못 하고 원가를 못 맞추는 것이 아니다. 미국의 또 하나 주력산업인 자동차는 명품이냐 아니냐의 문제지 생산단가 싸움에서는 이미 일본과 한국에 패했다. 브랜드의 문제이고 고급화의 문제다. 셰일가스는 미국의 소비산업과 운송산업에는 분명 대박이고, 가스산업에서는 혁신이지만 제조업에서는 글쎄다.

금융의 관점에서 셰일가스를 보면 어떨까? 미국의 셰일가스는 양날의 검이다. 셰일가스의 대량 보급과 물을 쓰지 않는 이외의 새로운 공법이 나오면 미국 달러패권이 급속히 추락할 수 있다.

지금 기축통화국 미국은 달러를 강세로 만드는 데 석유, 전쟁, 금융 3가지를 조합해 사용한다. 세계를 총칼로 억압하는 식민지가 아니고 '달러 식민지'로 만든 영악한 미국이다. 석유가 담보된 미국의 달러는 석유가격이 상승하든지 소비가 증가하면 달러패권이 강화된다. 전 세계 어디서든 전쟁이나 폭동이 나면 안전자산인 달러로 돈이 모이는 구조다. 미국이 전 세계 180개 지역 이상에 군대를 주둔하고, 전 세계 모든 분쟁에 세계의 경찰을 자처하고 사사건건 관여하는 것은 바로 금융의 측면에서 해석하자면 달러가치 안정 때문이다.

만약 셰일가스의 대량 보급으로 세계 1위의 대국 미국이 석유 수입을 줄이면 바로 석유가격은 속락한다. 석유대금의 달러결제로 만든 달러패권이 아이러니하게 미국 때문에 약해질 수 있다. 또한 셰일가스의 상용화는 미국과 캐나다가 가장 앞섰지만, 매장량은 중국이 세계 최대다. 전 세계 매장량의 19%다. 지금 중국은 전 세계 기업과 합작으로 셰일가스 개발을 추진하고 있지만 가장 큰 문제는 물이다. 중국이 물이 없어 개발하지 못하는 서부 지역의 셰일가스 개발을 할 수 있게 되면 무슨 일이 일어날까?

세계 1대 석유수입국, 중국의 셰일가스 사용을 통한 석유 대체는 석유

주요국 셰일가스, 석유 가채 매장량					
셰일가스	매장량(조)		셰일석유	매장량(조)	
중국	1,115	168%	러시아	750	129%
아르헨티나	802	121%	미국	580	100%
알제리	707	106%	중국	320	55%
미국	665	100%	아르헨	270	47%
캐나다	573	86%	리비아	260	45%

자료: 에너지정보관리국(EIA)

가격의 폭락을 가져올 수 있다. 중국은 세계 5대 산유국이지만 필요한 석유의 56%를 수입에 의존하고 있는 세계 최대의 에너지 소비국이다. 만약 중국이 석유 수입의 1/5만 줄이는 일이 벌어지면 수급 불균형으로 석유가격은 속락하고 달러 수요도 같은 규모만큼 줄어들어 미국의 영향력은 그만큼 쪼그라들게 되기 때문이다.

지금 중국은 발해만 앞바다의 바닷물을 서부 지역 사막까지 끌어들이려 계획하고 있다. 옛날 중국은 680km 경항대운하 건설에 수백 년이 걸렸지만, 현대의 수로공사와 토목공사를 하는 기술력이면 마음만 먹으면 5~10년이면 끝낼 수 있다. 또한 지금 바닷물의 담수화 기술은 이미 상용화된 기술이고 서부 지역으로 담수회된 바닷물의 공급은 사막과 고원 지역을 녹지로 탈바꿈시키고, 태양광발전의 최대 기지로 만들 수도 있다.

그리고 타클라마칸 사막에 수로를 만들면 중국이 세계 최대의 태양광 단지, 셰일가스 생산지가 된다. 중국은 석탄 대신 클린 에너지로 일어서면 중동의 석유 수출 부진, 페트로달러의 축소, 달러 외환보유고의 필요성을 줄이게 된다.

만약 셰일가스 개발에서 물을 사용하지 않는 신공법이 나오거나 서부 지역으로 물 공급이 가능해져 중국에서 셰일가스의 대규모 개발이 이루어지면 이는 중국 제조업의 르네상스와 달러패권의 몰락을 불러올 수도

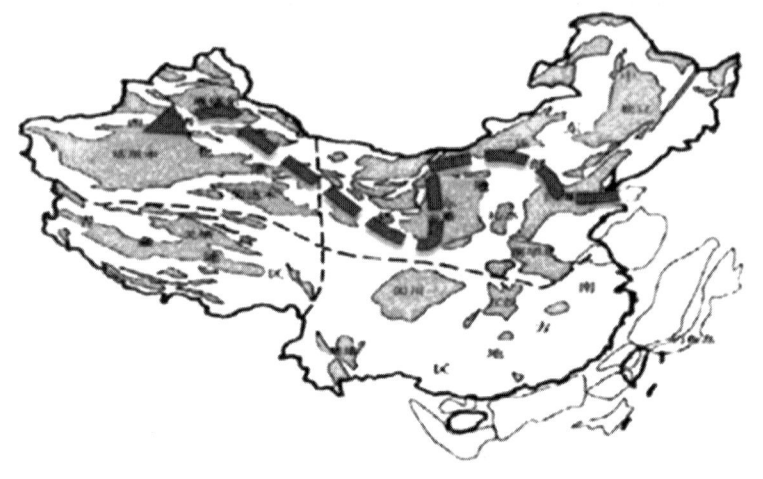

중국의 셰일가스 분포와 해수서조海水西调 계획

자료: www.baidu.com

있다. 세계 에너지 시장, 금융시장에는 중국발 쓰나미가 올 수도 있다. 그래서 셰일가스의 대량 보급과 신개발 기술의 등장은 달러패권의 몰락을 가져올 수도 있는 '위험한 양날의 검'이다.

최근 우크라이나 사태로 미국과 러시아의 가스공급 경쟁은 더 치열해지고 있다. 서방세계의 대러시아 제재로 러시아는 천연가스 수출의 다변화를 목적으로 중국에 동시베리아 가스전에서 시작해 산둥반도에 이르는 4,000km의 가스관을 통해 유럽 수준의 판매가격으로 값싼 천연가스 공급을 결정했다. 푸틴은 중국을 방문해 2018년부터 30년간 매년 380억 m³에 달하는 천연가스를 중국에 공급하는 계약을 맺었다.

미국과 유럽도 러시아 견제를 위해 중국의 천연가스회사와 천연가스 개발을 가속화하고 있다. 미국과 유럽 그리고 러시아의 셰일가스 전쟁에서 세계 최대 매장량을 자랑하지만 기술력이 떨어지는 중국은 미국과 유럽 기술을 앞서서 큰 힘 들이지 않고 확보하는 어부지리를 얻고 있다.

지금 세계는 '셰일가스'로 제조대국의 부활을 꿈꾸는 미국과 '값싼 석탄'으로 제조대국으로 일어섰지만 공해와 환경문제로 제조업의 구조조정을 하는 대신 그간 번 돈을 쓰려는 중국의 경쟁이다. 셰일가스 분야 기술력은 떨어지지만 미국과 러시아의 에너지 전쟁 덕분에 중국은 쉽게 셰일가스를 이용하고 개발하게 생긴 것이다.

이런 패러다임 변화로 '비싼 석유'로 생산하는 한국, 일본, 독일의 제조업은 당황스럽고 이들 국가의 금융시장이 변동폭이 큰 것은 이런 큰 패러다임의 변화에 아직 적응이 잘 안 되었기 때문이다.

미국과 중국 향후 10년, 용과 독수리의 전쟁은 2R

금융위기 후 세계는 어떻게 변할까? 9번의 세계 금융위기 중 절반이 유럽이 발생시킨 것인데 유럽 국가의 금융위기 경험을 보면 통상 1~2년의 급격한 경기악화, 그 이후 4~6년간의 민간과 기업의 디레버리징, 그리고 10년에 걸친 정부의 디레버리징의 단계를 거친다. 이를 미국의 상황에 대입해보면 2008~2009년의 경기악화, 2010~2013년의 기업과 민간의 디레버리징, 2014~2024년까지 정부의 디레버리징이 진행될 판이다.

80년 만에 온 세계저인 금융위기가 끝나간다. 1800년 이후 발생한 9차례의 세계적인 큰 금융위기를 보면 금융위기로 망한 나라는 없었다. 오히려 역설적이지만 금융위기가 만든 대불황이 신기술을 탄생시키는 계기가 되었다. 위기 다음에는 기존의 질서를 뒤집는 새로운 질서가 나오고 이를 이용해 위기를 기회로 역전시킨 영웅과 거상이 나왔다.

게임의 룰의 제정은 강자가 자신의 이득을 보호하기 위한 것이고 후발자를 억제하는 것이 목적이다. 그래서 위기보다 더 무서운 것은 위기 후에 오는 새로운 질서다. 역사의 교훈에서 보면 이제는 그간 수세에 몰렸던 미국과 유럽이 공세 역전을 위해 국제 경제와 무역 그리고 금융에서 새로운

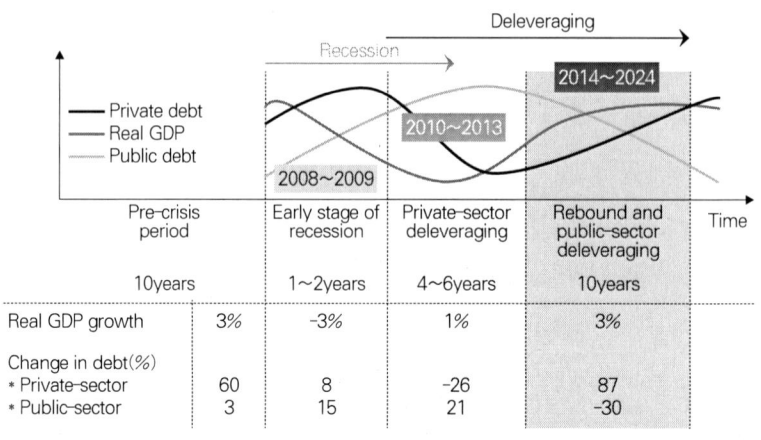

금융위기 발생 이후 디레버리징의 기간과 미국의 디레버리징

	Pre-crisis period	Early stage of recession	Private-sector deleveraging	Rebound and public-sector deleveraging
	10years	1~2years	4~6years	10years
Real GDP growth	3%	-3%	1%	3%
Change in debt(%)				
* Private-sector	60	8	-26	87
* Public-sector	3	15	21	-30

자료: 국제통화기금(IMF), 맥킨지

법칙을 만들어낼 차례이고, G2 중국이 아시아에서 새로운 룰 메이커로 등장할 판이다.

금융위기 이후 세계 경제의 큰 변화는 2R이다. 소비대국 미국이 리쇼어링Re-shoring을 통해 생산대국이 되고, 생산대국 중국이 개혁Re-formation을 통해 소비대국이 되는 것이다. 서방 경제가 200년간 세계 경제를 이끈 비결은 바로 규모의 경제다. 이는 영국의 공업혁명이 가져온 것이고, 미국은 공업화와 공업화된 농업으로 세계를 주도했다. 그런데 미국과 유럽이 저지른 실수는 제조업을 중시하지 않고 서비스와 오락 금융 중심으로 갔고, 제조업을 모두 중국과 아시아로 이전한 것이다. 생산은 하지 않고 소비주의로만 가는 것은 영원히 지속될 수 없다.

오바마 2기 정부 들어 미국이 내세운 것은 '미국 다시 만들기Remaking America'다. 1980년대 레이건 대통령 시절 금융과 서비스를 중시하는 정책을 쓰자 제조업이 해외로 나가는Off-shoring 상황이 벌어졌고, 그 결과 무역과 재정에서 쌍둥이 적자 문제와 고용 문제가 발생했다.

오바마 2기 정부의 미국 제조업 부활은 시장을 필요로 한다. 1947년의 GATT 체제 출범 이후 미국은 자유무역을 통해 미국 제품의 수출을 확대하고 G2 국가를 억제하는 데 성공했다. 1995년에 도입한 WTO를 통해 G2 소련을 붕괴시키는 데 성공했지만, WTO의 최대 수혜자는 미국이 아니라 제조업이 강한 중국이 되어버렸다.

그래서 리쇼어링을 통해 만든 미국 제품의 새 소비시장의 필요성으로 등장한 것이 태평양과 대서양에서 환태평양경제동반자협정TPP과 환대서양무역투자동반자협정TTIP이다. 이는 미국이 WTO 체제를 대체할 새로운 무역 질서를 미국 중심으로 만들려는 시도이고 목적은 G2, 중국의 붕괴를 노린 것이다.

또한 미국은 TPP를 통해 전 세계에서 가장 활력 넘치고 고성장하는 아시아의 기적을 간접적으로 누릴 수 있다. 그리고 NAFTA와 비슷한 수준의 높은 개방과 재산권 보호를 요구하고 있기 때문에 중국이 쉽게 가입하기 어렵게 만들어놓았다. 그간 중국이 아세안 국가들과 구축해놓은 '아세안주의'를 허물고 '태평양주의'로 포함시킬 의도가 강하다. 이를 통해 미국은 '아시아의 세기'를 '미국의 세기'로 만들고 궁극적으로 '미국의 태평양의 세기'로 만들려는 목적이다.

오바마의 5년 내 수출 2배의 목표를 실현하기 위해서는 점점 거대해지는 아시아 시장의 확보는 필수적이고, 이를 위해 미국 주도의 아태자유무역지대를 만들고 싶은 것이다. 또한 TPP는 이미 모든 협상이 1차적으로 진행되었기 때문에 후발자에게 과거 WTO처럼 예외조항을 두지 않는다. 이런 상황이면 유치산업이 아직 많은 중국은 미국이 만든 TPP의 룰에 적응하기 어렵다.

또한 TPP는 무역거래의 최대 장애요인인 관세에 대해 95% 이상의 상품에 대해 7년의 과도기를 거치면 제로 관세로 가게 되어 있다. APEC 21개 국가의 평균 관세율은 5.7%이고 APEC 국가 중에서 관세율로 보면 중국이 가장 높다. 이미 TPP에 가입한 12개 나라의 평균 관세율은 4.5%다. 중국의 평균 관세율이 9.6%인 점을 감안하면 중국이 만약 TPP에 가입한다면 관세인하 압력을 가장 크게 받는 나라가 된다.

그리고 대상 항목 중에서 지적재산권, 서비스업, 투자 분야가 있고 중국이 민감한 농산품, 금융시장과 자본이동, 정부 구매, 환경, 노동, 전자상거래 투자가 보호 문제들이 포함되어 있어 중국이 가입하기 쉽지 않게 되어 있다.

이번 미국의 TPP와 TTIP 동맹국에는 중국, 인도, 러시아, 브라질이 배제되어 있다. 이는 미국의 브릭스 고립화 전략이다. 그래서 중국 견제를 위해 미국의 '아시아로 회귀Pivot to Asia'가 중국의 일본과의 영토분쟁, 항공식별구역 선포 등 아시아에서 군사적인 긴장이 더해지고 있는 '아시아 패러독스'를 만들고 있다.

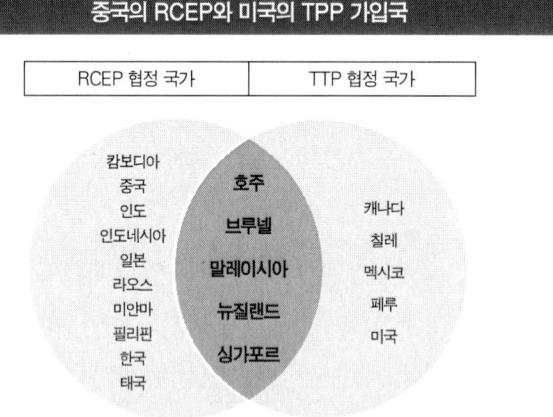

중국의 RCEP와 미국의 TPP 가입국

RCEP 협정 국가	TTP 협정 국가

캄보디아
중국
인도
인도네시아
일본
라오스
미얀마
필리핀
한국
태국

호주
브루넬
말레이시아
뉴질랜드
싱가포르

캐나다
칠레
멕시코
페루
미국

자료: www.aienetwork.org

미국의 동진東進 정책에 대해 중국은 서진西進 정책으로 맞서고 있다. 중국은 부채의 덫에 빠진 유럽과의 통화협정과 경제협력으로 미국의 힘을 약화시키려 하고 있고 유럽과 미국이 금융위기로 손 뗀 아프리카에는 경제원조와 자원개발 수입으로 시장을 제공하면서 아프리카를 장악해가고 있다.

미국과 원수지간인 중동에 대해 미국이 발을 빼는 것을 계기로 시진핑 정부는 신실크로드 정책으로 중앙아시아와 중동을 원조와 경제협력 그리고 석유 구매로 공략하고 있다. 아세안 국가들에게는 무관세협정을 통해 시장을 제공하고 원조를 통해 환심을 사고 있고, 역내포괄적경제동반자협정RCEP: Regional Comprehensive Economic Partnership을 통해 아세안 10국과 한국, 중국, 일본, 호주, 뉴질랜드, 인도 등 16개국의 연합으로 미국의 TPP에 대항마를 구축하고 있다. 그래서 최근 10년이 미국 주도의 글로벌 경제화의 10년이었다면 향후 10년은 지역경제화, 블록화의 10년이 될 가능성이 높다.

미국의 아시아 전환, 약해지고 있는 미국 파워

미국이 중동에 집중하고 무지막지한 자금으로 '악의 축'을 섬멸하고 있는 사이 미국의 텍사스 중질유는 천정부지로 올랐고, 텍사스 출신 부시 대통령 부자는 고향에서 영웅이 되었다. 미국 방위산업체는 창고에 쌓였던 재래식 무기 재고를 깨끗이 털어 현금을 챙겼다. 덕분에 미국은 국고가 텅 비었고 눈덩이처럼 불어난 재정적자로 항공모함 운행까지 줄여야 하는 국방예산 감축을 감행해야 했다.

미국이 중동에 한눈파는 사이 아시아에서 중국은 항공모함을 건조하고 우주선을 쏘고 아세안 국가와 원자재 대국 호주와 중남미, 아프리카에 원조와 자원 구매, 상품 구매를 미끼로 한통속을 만들었다. 그리고 이젠 이들 국가와 무역거래에서 결제통화를 위안화로 하고 미국에 뒤통수 맞아 외환위기를 맞았던 적이 있거나 맞을 가능성이 있는 나라에는 3.95조 달러의 외환보유고를 담보로 마이너스 통장, 통화스왑을 만들어 금융에서도 세력 규합에 나섰다.

금융위기 이후 그간 미국의 금융 횡포에 진저리 난 아시아 국가들이 중국에 붙으려 하자 미국은 당황스러워졌다. 그리고 미 7함대가 태평양을 완벽하게 장악하고 있어 중국이 아무리 까불어도 석유수송의 아킬레스건인 말라카해협을 봉쇄하면 중국은 한 방에 간다고 생각했는데 중국은 미얀마를 통해 말라카해협을 거치지 않은 석유수송로를 건설했다.

오바마는 부랴부랴 2기 취임 첫 해외 방문지로 미얀마를 방문해 당근을 제시하고 협박을 했지만 이미 중국의 꼬임에 넘어간 미얀마는 미국의 제안을 받아들이지 않았다. 중국의 에너지 발목의 족쇄가 풀린 것이다. 더 당혹스러운 것은 중국이 남중국해를 자기 영토라고 선언하고 나섰고 조만간 태평양으로 나가겠다는 것이다.

일본과의 센카쿠열도에 대한 영토분쟁에 대해 만약 중국이 센카쿠열도를 점령하면 미군은 해군과 공군을 동원해 격퇴하겠다고 했고, 그러자 시진핑은 공군부대를 방문해 언제든지 싸울 수 있도록 전투준비를 하라고 지시했다. 미·중 군사회담에서도 미국이 센카쿠열도 문제에서 일본을 보호한다는 미국 국방장관의 발언에 중국 국방장관은 바로 한번 붙어보자는 전쟁 불사론을 들고 나왔다. 중국이 미국의 발언을 물로 보는 것이다.

중국이 이런 식이다 보니 더 이상 중국의 세력 확대를 방치하면 큰일이라고 판단한 미국이 클린턴 국무장관부터 외교, 국방 등 거의 모든 주요 각료가 수시로 아시아를 들락거리며 우방과 아시아 국가를 회유하고 설득했다. 하지만 이미 기울어진 판세를 눈치챈 아시아 국가들은 모두 미국과 중국에 양다리를 걸치고 다시 미국의 품으로 돌아올 생각을 하지 않고 있다. 미국으로서는 당혹한 일이지만 이미 대세는 기울기 시작한 것이다.

미국의 재정부실로 미 정부가 셧다운의 위기를 맞아 정부예산 지출이 중단되자 오바마 대통령이 APEC 정상회담에 참석하지 못하는 불상사도 벌어졌다. 오바마 대통령 없는 APEC를 시진핑 주석이 휘젓고 다녔다.

아시아로 회귀를 결정하고 미 해군력의 60%를 아시아에 재배치하기로 했지만 미국은 국방예산 축소가 발목을 잡아 아시아로 배치할 예산이 부족한 실정이다. 이 와중에 미국이 발을 뺀 중동에서는 우크라이나 사태가 벌어졌다.

미국은 러시아의 세력 확장에 유럽에서 완전히 발 빼기도 어렵고 다시 확장하기도 어려운 상태다. 소련이 싫어 독립한 구소련 연방이었던 크림반도가 황당하게도 다시 러시아로 돌아가겠다는 것이다. 유럽의 에너지 공급의 중요한 루트이고 구소련의 핵무기와 항공모함 등 군사기술의 중심에 있던 우크라이나이기 때문에 미국과 유럽이 협박과 회유를 하고 배후에 있는 러시아를 설득했지만 소용이 없었다. 심지어 러시아 전투기가 흑해에서 미국의 해군 구축함 도널드 쿡함을 12차례나 150m 저공비행으로 위협하는 일이 발생했지만 미국은 국방부 대변인 성명 정도로 그쳤다.

오바마는 전화를 했지만 러시아는 군대를 보냈다. '법은 멀고 주먹은 가깝다'는 것이 증명되었다. 국고가 바닥나 중동 철수를 선언한 미국의 판단이 중동도 잃고 아시아에서 힘도 잃는 결과를 낳을 수 있는 상황이 벌어지고 있는 것이다. 오바마가 우물쭈물하는 사이 중동의 정세는 다시 탈미국, 탈유럽으로 급변하고 아시아에서도 형이 돌아오기만 학수고대한다고 생각했던 동생들이 모두 추가될 군사비 부담에 손사래를 치고 있어 돌아온 형, 미국을 당혹하게 만들고 있다.

미국이 2개의 전쟁을 수행하기 어렵다는 것은 미국의 쇠락을 의미한다. 그래서 중동이건 아시아건 아프리카건 중남미건 이미 패권국 미국의 쇠락을 눈치채고 겉으로는 "네, 형님"이지만 뒤로는 모두 딴짓을 하고 있다. 같은 운명체인 미국의 외갓집 유럽은 미국과 한배를 타고 있지만 이미 가세가 거덜 나 미국에 힘이 되는 것이 아니라 오히려 짐이 되고 있다.

20년간 러시아를 종이호랑이로 보고 군축을 한 유럽의 나토NATO는 주요 국가들이 군대를 절반으로 줄였고 국방예산은 매년 삭감했다. 그 결과 나토 전체 국방비의 72%를 미국이 부담하는 상황이 되었다. 또한 지금 유럽의 경기침체로 유럽은 국방비를 확대할 여유가 없다. 이런 상황이기 때문에 흑해 지역에서 러시아의 진출과 공략을 유럽이 막아낼 방법이 없다.

지금 유럽의 대중동, 대아시아의 영향력은 거의 없어졌고 오히려 에너지를 공급하는 중동에 휘둘리는 상황이 왔다. 영국, 프랑스, 독일이 미국과 경쟁 상대인 중국과 어떻게든 친해보려고 대통령과 총리, 장관들이 시도 때도 없이 중국을 들락거리고 있다.

미국과 중국의 관계도 상전벽해다. 초강대국 G1 미국에 2류 국가 중국이 감히 할 말 다 하고 있다. 미·중 정상회담을 하는 것을 보면 격세지감이다. 세계의 대통령 오바마의 말에 시진핑이 다 토를 달고 있고 미국은 한발 물러선 어정쩡한 답변으로 끝난다.

미·중 관계에서 중국은 '신형대국관계新型大国关系'라는 논리를 들고 나와 중국의 핵심이익에 대해 미국이 간섭하고 방해해선 안 된다고 주장한다. 그러면 미국은 중국의 안정을 파괴하거나 중국을 견제할 뜻이 없다고 한발 물러선다. 미국의 대만에 대한 무기 판매, 달라이 라마의 미국 방문, 남중국해 문제를 시진핑이 거론하면 오바마는 미국은 중국의 주권과 영토를 존중한다며 슬며시 말을 돌린다.

미국의 두통거리인 우크라이나의 러시아 회귀 문제에 대해 러시아 경제 제재에 중국이 동참할 것을 미국이 제안해도 중국은 그것은 정치 문제이기 때문에 정치적으로 해결해야 한다고 되받아치고 실질적으로 거부한다.

이제 이념과 우정 그리고 군사력이 동맹을 만드는 시대는 미국의 군사력 약화, 소련의 붕괴로 끝났다. 대신 먹고사는 문제, 경제 논리가 돈이 모든 것을 좌우하는 시대다. 우크라이나 사태도 미국은 강력 제재이지만, 유럽은 에너지의 1/3을 의존하고 무역 상대국 순위 3위인 러시아를 제재하면 당장 유럽에 타격이 온다. 미국과 유럽의 경제적 이해관계가 다른 것이 우크라이나 사태의 대처에 서방세계가 우왕좌왕인 이유다.

아시아에서 중국이 미국을 제치고 세력을 확장하는 게 가능한 것도 위안화 경제력 때문이다. 배고픈 군대는 힘이 없고, 곳간이 빈 강대국은 주변국을 제압할 카리스마가 생길 수 없다. 재정위기를 겪고 있는 미국과 유럽이 딱 이 상황이다.

미국과 중국, 이젠 해양에서 우주 경쟁 시대

지금 미국과 중국은 태평양을 두고 치열한 군사·외교전을 벌이고 있다. 미국은 중국이 태평양으로 튀어나오는 것을 막기 위해 일본과 대만을 잇는 제1도련선島聯線, 그리고 그 외곽 섬을 잇는 제2도련선을 그어 중국을 저지해왔지만 G2로 부상한 중국의 태평양 진출 욕구는 꺾을 수가 없다.

미국이 중국을 견제하기 위해 설정한 제1도련선, 제2도련선을 지금은 중국이 태평양 진출 전략으로 써먹고 있다. 중국은 2020년까지 제1도련선을 돌파하고 2040년까지 제2도련선을 돌파해 태평양으로 진출한다는 것이다.

일본과의 센카쿠열도 문제, 동남아 국가와 남사군도 문제, 한국과 이어도 문제 등은 모두 중국의 태평양 진출 전략의 큰 그림 속에 있는 작은 그림들이다. 최근 문제가 된 동중국해의 방공식별구역 선포, 남사군도 지역의 해양식별구역 선포가 모두 같은 맥락이다.

미국은 부랴부랴 중국의 태평양 진출을 막고자 '아시아로 회귀' 전략을 펴고 TPP를 통해 군사적·경제적으로 견제하고 있다. 하지만 재정이 부실해진 미국은 국방비를 축소해야 하는 상황에서 중국의 태평양 견제에 애로가 생기자 미국의 핵우산 아래에 있는 일본을 통해 중국을 견제하는 방식을 쓰고 있다. 엔저를 용인하고 일본의 군사적 무장을 허용하면서 이를 통해 중국을 견제하려는 것인데, 이를 이용한 아베 정권이 이때다 싶어 경제와 외교, 국방에서 오버를 하고 있다.

중국의 항공식별구역 선포에 한국과 일본이 항의하고 미국이 전투기를 발진하는 소동이 났지만 중국은 이미 베이더우北斗라는 독자 GPS 위성을 쏘아 올려 태평양 상공의 모든 이동물체를 파악하고 있다. 중국은 2020년까지 총 35개의 위성으로 이루어진 베이더우 위성항법 시스템을 구축하고 관련 산업을 발전시킬 계획이다.

2011년 8월 기준 중국은 베이더우 탐사위성 9기 발사를 모두 성공시켜 베이더우의 기본 시스템 구축을 완료했으며, 2012년에 10기의 위성을 우주 궤도에 안착시켜 아시아·태평양 지역에서 위치 확인, 내비게이션 및 통신 서비스 능력을 갖추고 있다.

베이더우 위성 프로젝트는 군사적으로 더 이상 미국의 GPS에 의존하지 않고도 최첨단 무기체계 및 미사일 운용을 가능케 할 전망이다. 중국판 GPS로 중국 인민해방군은 독자적인 군사 시스템을 구축할 수 있으며, 이는 중국이 미국과 함께 군사적으로도 G2로 자리매김하는 데 한몫할 것으로 예상된다.

중국 우주선의 이름은 신의 배 '선저우神舟'이고, 우주정거장의 이름은 하늘의 궁전 '톈궁天宮'이고, 달 탐사선의 이름은 '위투玉兔'다. 중국의 달 탐사 프로젝트인 '창어嫦娥'라는 이름은 중국 신화에 나오는 달의 여신 이름에서 온 것이고, 달 탐사선 '위투'는 창어의 신화 속 달에 사는 동물인 옥토끼를 나타낸다.

중국의 창어공정嫦娥工程은 달 탐사 프로젝트인데 최종 목표는 달에 장기간 체류하면서 탐사하는 것으로 2003년 3월 1일에 시작됐다. 중국 우주 당국은 무인 달 탐사 프로젝트에 관련해 요繞(회전), 낙落(착륙), 회回(귀환) 3단계로 나눠 1단계에서는 창어 1호, 2호를 통해 달 궤도를 선회하면서 달 표면에 대한 정밀 측정 등의 임무를, 2단계에서는 창어 3호, 4호를 통해 무인 달 착륙 등의 임무를, 마지막 3단계에서는 창어 5호, 6호를 통해 달 표면에 착륙해 샘플을 채취하고 지구로 귀환하는 임무를 수행한다는 계획을 세웠다.

중국은 2007년 10월 24일 달 탐사繞(회전)가 목적인 창어 1호 발사에 성공했고, 2011년 10월 1일 창어 2호의 발사에도 성공했다. 그리고 2013년 12월에 달 착륙落(착륙)이 목표인 창어 3호의 발사를 성공시켰다. 중국은 2017년까지 달 착륙 후 샘플 채취해 지구 귀환을 목표로 하는 달 탐사선의 발사를 준비 중이다.

지금 우주와 군사 전문가들은 지구에서 38만 km 밖에 있는 달에서 위성과 달 탐사 차량을 완벽하게 제어하고 있는 중국의 달 탐사선 발사를 보고 중국의 원격제어 기술이 크게 발전했다고 평가하고 있다. 우주공간에 존재하는 수많은 방사선과 전파 간섭을 극복하고 한 치의 오차도 없이 위성을 제어했는데, 이것은 바로 우주공간에서의 정밀제어 실력을 보여주었다는 것이다.

달 착륙 시 정확한 분사식 추진기술은 전투기의 기동성과 수직 이착륙 기술에 활용될 수 있다. 위투 호의 태양전지 기술은 그대로 민간에 전수되어 산업화할 수도 있다는 게 전문가들의 분석이다. 따라서 중국의 우주기술은 단순한 우주선 발사가 아니라 군사적·경제적·정치적 요소가 모두 포함된 매우 중요한 의미를 가진다.

중국은 달 탐사선 전에 이미 신의 배라고 불리는 '선저우' 우주선을

10기나 쏘아 올렸다. 선저우 1호가 1999년 11월 9일 무인 시험비행을 한 이래로 2호, 3호, 4호, 8호가 무인우주선으로 각종 우주실험을 성공적으로 마쳤다. 그리고 2003년 10월 15일 선저우 5호가 중국 최초로 우주인 양리웨이를 태우고 궤도비행에 성공한 이래로 6호, 7호, 9호, 10호가 유인 우주선으로 성공적인 비행을 마쳤다.

또한 중국은 하늘의 궁전 '톈궁'이라고 불리는 우주정거장을 2011년에 건설했다. 이는 1971년 소련의 우주정거장 살류트 1호, 1973년 미국 첫 우주정거장 스카이랩, 1998년 러시아, 미국, EU, 일본, 캐나다, 이탈리아, 브라질 연합의 국제우주정거장 첫 모듈 발사 이후 네 번째다. 선저우 8호, 9호, 10호는 연속으로 중국이 발사한 우주정거장 '톈궁'에 성공적으로 도킹했다.

그리고 이번에 달 탐사에서도 우주선과 분리되어 달의 표면을 조사하는 탐사선인 위투 호의 착륙에 성공했다. 중국은 지금 우주 시대에도 명실 상부한 '메이드 인 차이나' 시대에 진입한 것이다.

시진핑 국가주석과 리커창 총리는 2013년 12월 15일 밤 베이징 우주비행통제센터를 방문해 창어 3호의 달 착륙 성공을 축하하고 2017년 전까지 달 착륙과 지구로의 귀환 임무를 맡을 창어 4호, 5호 발사 계획에 대한 보고도 받았다.

또한 2014년 들어 시진핑 국가주석은 1월 6일 베이징에서 달 탐사위성 창어 3호 업무에 참석한 과학자들과 만나 성공적인 임무 완수를 축하하고 격려했다. 이 자리에서 창어 3호의 임무는 중국 우주항공 분야에서 가장 복잡하고 어려운 부분이며 '명실상부한 중국 창조'라고 치켜세웠다.

중국은 창어 3호의 달 착륙 성공으로 미국, 소련에 이어 세 번째로 달 착륙에 성공한 국가가 됐고, 이는 중국의 우주항공 분야가 이미 세계 선두 그룹에 들어섰다는 의미다. 이번 달 착륙선의 경우 대부분의 핵심기술과 장비가 모두 '메이드 인 차이나'다. 일용품과 내구 소비재뿐만 아니라 이젠 세계 최첨단의 기술 집합체인 우주선에서도 '메이드 인 차이나'의 기술력을 전 세계에 광고한 것이다. 중국은 경제 분야에서 대국이지만 이젠 과학기술에서도 대국이다.

군사기술은 모든 첨단기술의 집합체다. 반도체와 스마트폰도 제대로 못만드는 나라라고 한국은 중국을 비웃는다. 하지만 반도체와 스마트폰 만드는 기술로 인공위성과 우주선은 만들 수 없지만, 인공위성과 우주선 만드는 기술로 마음만 먹으면 반도체와 스마트폰은 쉽게 만들 수 있다. 이게 중국의 실력이고, 중국 기술의 무서운 점이다.

중국의 강대국으로서 본격적인 시작은 우주선의 발사에서부터다. 중국을 다시 봐야 하는 이유는 드디어 중국이 세계를 보기 시작하고 감시하기 시작했다는 것이다. 황하강의 문명이 우주에서 지구를 내려다보는 시대로 바뀌었다는 것이다. 종이, 나침반, 화약 등 최고의 기술을 보유했으면서도 자기중심적인 세계관으로 대항해 시대와 공업혁명을 유럽에 빼앗기고 결국은 유럽 제국의 강도질에 1840년대 들어 연안도시와 수도가 초토화된 것은 중국의 세계관과 전략의 부재가 낳은 결과였다.

그러나 지금 중국은 선진문명을 모조리 받아 삼킨다. 외부의 문닝을 낮게 보다 당한 역사를 반복하는 것이 아니다. 선진문명을 받아들여 자기 것으로 소화하고 최대 시장인 소비시장의 강점을 무기로 선진국의 기술과 상품 시스템을 이전받고 이젠 그 바탕 위에 중국 스타일을 만들고 있다.

군사기술은 모든 첨단기술의 근본이다. 미국의 첨단기술은 모두 군사기술에서 시작된 것이다. 중국의 군사대국화는 바로 첨단산업의 강자로 부상한다는 것이다. 하늘의 궁전과 신의 배로 우주를 공략하는 중국은 반도체와 휴대폰 공장을 중국에 지으면서 첨단이라고 우쭐대는 한국을 보고 겉으로는 대단하다고 치켜세우지만 속으로는 웃는다.

영국의 탐험가 월터 롤리(1552~1618) 경은 바다를 지배하는 자가 세계 무역을 지배하고, 세계 무역을 지배하는 자가 세계 경제를 지배하고, 세계 경제를 지배하는 자가 전 세계를 지배하게 될 것이라고 했다.

20세기가 미국의 세기였다면 지금 21세기는 다시 중국과 미국이 태평 양과 인도양을 두고 치열한 경쟁이 벌어지는 해양의 세기이고, 다음은 바로 우주의 세기다. 경제대국이 된 대륙국가 중국은 지금 바닷물을 탐하고 있지만 다음 단계는 우주다. 재정 문제와 경제 문제로 국방비와 예산을 줄여야 하는 미국과 러시아를 보면서 중국을 다시 보면 중국의 바다와 하늘로 향하는 속도와 힘이 무섭다.

미국과 중국이 20년 뒤 다시 만나면?

미국이 식민지 없이 초강대국으로 군림하면서 세계를 통치하는 방법은 금융, 석유, 식량이다. 석유가 담보된 달러패권으로 금융과 석유를 통제하고 곡물 생산과 유통으로 인류의 목을 죄고 있었다. 그러나 이젠 금융, 석유, 식량에서도 미국의 영향력은 예전 같지 않다.

'세븐 시스터즈Seven Sisters'라고 불리기도 한 세계 석유 메이저는 현재 합병으로 6개로 줄었지만 6대 메이저 중 4개가 미국 회사다. 1984년 걸프 석유회사가 셰브런에 의해 합병되면서 현재는 소캘, 셰브런, 에쏘, 엑슨모 빌 등 4개의 미국 회사와 영국의 브리티시석유, 네덜란드의 로열더치셸의 6개사다.

석유 6대 메이저는 국제적으로 생산, 유통, 정제, 판매의 전 과정을 완벽하게 통제하는 일관회사로서 세계의 석유산업을 지배했다. 그러나 1970년대에 들어와 OPEC가 발족되면서 메이저의 영향력은 줄어들었다. 또한 중동 국가들의 반미 저항과 2차례의 중동전쟁과 대체에너지의 등장으로 미국의 영향력은 예전 같지 않다.

세계인의 밥상도 세계 5대 곡물 메이저가 쥐고 흔든다. 이들은 세계 곡물 교역량의 약 80%를 장악하고, 전체 유통시장의 75%를 점유하고 있다. 미국계 카길과 아처다니엘스, 프랑스의 드레퓌스, 남미의 붕게, 스위스의 앙드레 5개사인데 이 중 미국계 곡물회사 2개사는 전 세계 곡물시장의 56%를 장악하고 있다.

이들 메이저는 곡물만이 아니라 씨앗에서부터 농약, 살충제, 가공식품, 생명공학에 이르기까지 식량과 관련된 분야 전체는 물론 유통과 보관을 위한 선박회사와 저장시설까지 두고 있다. 세계 최대인 미국계 카길은 1998년 세계 랭킹 2위였던 곡물 메이저 콘티넨탈까지 인수해 세계 곡물시장의 명실상부한 패자로 부상했다.

세계 72개국에 공장을 1,000개가 넘게 두고 세계 각국 노동자 10만 명을 부리고 있는 카길은 전 세계 100여 나라에 곡물을 공급하고 있다. 막대한 자금력으로 세계 농산물 생산지와 미국 시카고선물거래소에서 곡물을 사들이고, 이를 각국 정부와 기업에 판매해 엄청난 이윤을 거두어들이는 식량 분야의 최대 몸집을 자랑하는 공룡이다.

세계 최대의 종자와 농약 회사는 몬산토다. 유전자 조작 식품으로 '악명 높은' 몬산토는 세계 종사산업의 대부분을 통제하고 있다. 1998년 카길은 몬산토와 손잡고 바이오 농산물 회사 '레네젠'을 설립했다. 레네젠은 생명공학 기술을 이용해 유전자 조작 곡물과 사료도 개발하고 있다.

그러나 이젠 바이오 기술과 생물공장이 대거 등장하고 종자산업이 발전하면서 기존의 곡물 생산과 유통산업에도 구조 변화가 왔다. 유전자 조작 곡물에 대한 세계인들의 우려가 커지고 있고 각국이 엄격한 규제를 시작하고 있다. 또한 세계 최대의 곡물 소비국인 중국은 상하이, 다롄, 정저우의 상품선물시장을 거대한 중국의 내부 실수요를 바탕으로 세계적인 선물거래소로 키우려 하고 있다. 미국 곡물업체들의 영향력도 예전 같지 않다.

레이건 시대 이후 제조업을 해외로 내보낸 미국의 금융 파워도 글로벌 금융위기 이후 예전과 같지 않다. 금융은 실물의 그림자이지 본질이 아니다. 금융은 그 자체로는 불임산업이고 제조업의 제조 과정에 들어가야 부가가치를 창출한다.

나무의 그림자를 더 길게 만들어 나무의 키를 키운다는 전략은 보나마나 실패다. 세계의 기축통화인 미국 달러는 전 세계 달러보유고를 가진 이들의 희생을 통해 살아가고 있다. 이런 식의 돈을 찍어 장난을 치는 행각은 일정 기간은 가능하지만 달러를 가진 이들이 배반하면 한 방에 가는 수가 생긴다.

'언 발에 오줌 눈다'고 빚 갚을 생각은 않고 빚내서 계속 쓰고 난 뒤의 뒷감당은 누가 할까? 결국 풀어놓은 돈이 한군데로 모이면 거품을 만들고 금리를 올린다. 그러면 채권시장은 언젠가 곡소리가 난다. 아마 일본의 '아베 랠리'가 먼저 그 답을 보여줄 것 같다.

일본처럼 나라를 팔아 자신들의 정치생명을 연장하는 지도자들이 있는 나라는 이미 강대국이 아니다. 추락할 일만 남은 '벼랑 끝에 선 나라'다. 세계적인 경쟁력을 가진 기업을 만들어 고용을 늘려야지 어설픈 복지와 자영업자 육성으로 고용 숫자나 맞추면 유럽 꼴 난다. 지도자의 진정한 애국심과 멀리 내다보는 혜안이 중요하다.

미국의 달러패권이 한계에 올 가능성이 있는 2028년, 다시 14년 뒤에 만날 미국과 중국은 어떤 모습일까? 20년 전 클린턴 시대의 미국과 장쩌민 시대의 중국을 보면 당시 중국은 게임이 안 되는 수준이었다. 그런데 미국의 5번의 대선과 중국의 4번의 주석 임기를 거친 지금 중국은 G2가 되어 미국의 바로 턱밑에 와 있다. 그 사이 미국은 엄청난 쌍둥이 적자를 통해 먹고 마시고 쓰기만 했고, 중국은 미국의 최대 채권자로 등장했다. 실로 천지개벽을 했다.

최근 2년간 미국은 오바마 재선을 위해 돈을 무진장 퍼 돌려 화끈하게 경기부양을 했지만, 중국은 통화증가율을 30%대에서 13%대로 낮추어 긴축을 화끈하게 했다. 새 연준 의장인 옐런의 등장 이후 미국이 테이퍼링(양적완화 축소)한다고 야단이지만 사실 테이퍼링의 원조는 중국이다. 중국은 2009년부터 통화량의 증가속도를 계속 줄여왔다. 하여간 미국 주가는 속등했고 중국 주가는 속락했다. 누가 잘한 짓일까?

다시 미국과 중국의 대선이 같은 해에 치러지는 18년 뒤, 2032년에 미국과 중국의 판세는 어떻게 달라져 있을까? '달러 찍는 프린터'를 마구 돌려 빚으로 연명하는 미국의 상태는 지금 제2차 세계대전 수준이다. 미국의 부채 상태는 이미 제1차 세계대전 수준은 넘어섰고 제2차 세계대전 수준으로 가고 있다.

문제는 부채발행의 효과다. 지금 미국의 1달러 부채발행은 GDP를

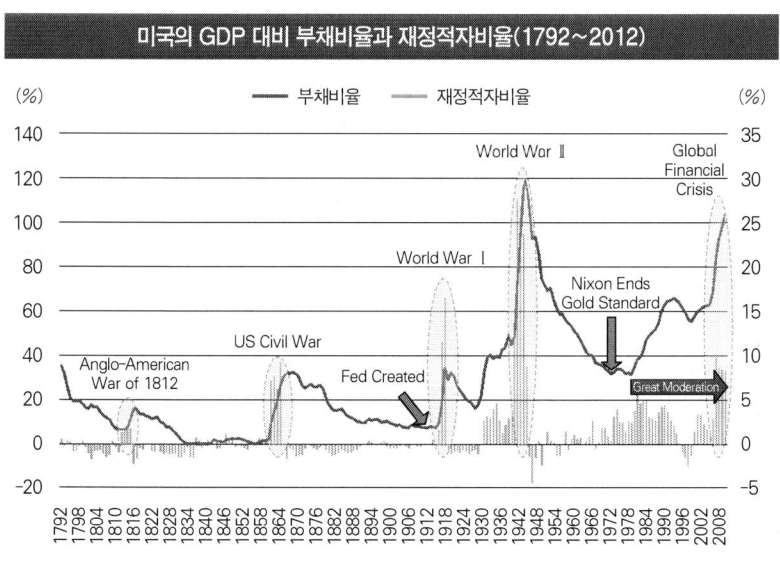

자료: 미국정부망, Zero hedge

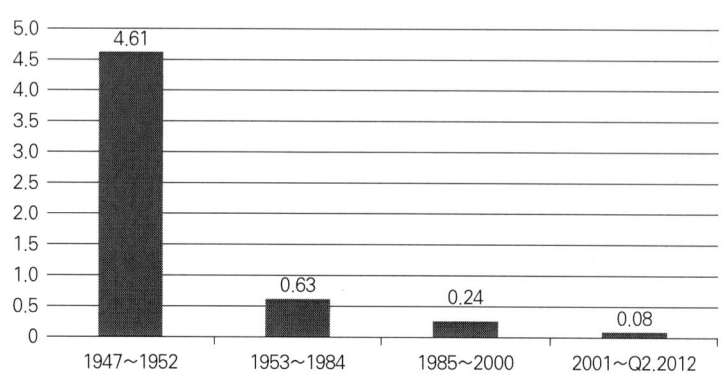

미국의 부채 1단위당 GDP 증가 효과

자료: 연방준비위원회(FRB)

0.08달러 증가시키는 데 그치고 있다. 이런 상황이면 미국의 성장률은 프린터를 멈추는 순간 바로 추락이다. 달러가치를 보면 부채발행이 급증한 2000년대 이후 다시 속락하고 있다. 미국이 테이퍼링을 한 배후에는 부채의 GDP에 대한 한계효용이 1이 안 되는 상황의 도래가 있다. 부채를 1단위 늘려도 GDP를 1단위도 못 늘리는 상황이면 부채를 늘려봤자 경제에 도움이 안 되기 때문이다.

이미 미국에 대해 강대국의 경제력에 기초한 펀더멘털을 기대하는 것은 물 건너갔다. 지금 미국은 중동 지역에 대한 군사력과 국제기구 장악력을 기초로 한 석유대금 결제를 담보로 한 종이돈 달러의 위력으로 겨우 버티고 있다. 만약 셰일가스, 재활용 에너지에서 획기적인 기술 개발로 세계 에너지 시장에 약간의 변화가 있다든지, 20년 이내에 새로운 군사대국, 경제대국이 등장한다든지 하면 미국은 난리 난다.

지금 세계적으로 가장 문제가 되는 것은 홍수도, 지진도, 식량도 아니다. 바로 돈이다. 돈이 돌아야 경제가 잘 돌아가는데 미국은 중앙은행이 구멍 난 곳에 무한정 돈을 퍼 넣자 그 돈이 즉시 구멍을 빠져나와 다른 곳으로 흘러 전 세계에 '돈의 홍수'를 만들고 있다.

지금 세계의 하루 통화거래량은 5조 달러에 달한다. 이는 3거래일이면 미국의 1년 GDP만큼 거래된다는 뜻이다. 너무 과하다. 지금은 미국과 유럽의 디플레 우려로 잠복해 있지만, 이 돈이 제대로 돌면 하이퍼 인플레가 올 가능성이 크다. 난방을 위해 연탄이나 기름을 사서 태우는 것보다 그것을 살 때 필요한 '종이돈'을 태우는 것이 오히려 열량이 좋은 날이 오면 재앙이다.

달러의 무한방출 시대에는 기축통화를 많이 가진 놈일수록, 달러채권을 많이 가진 놈일수록 손실이 커진다. 그러나 미국은 빚을 갚을 생각이 없다. 기축통화의 힘을 이용해 돈을 무한정 찍고 빚을 그 돈으로 갚으면 된다는 게 미국의 심보다. 기축통화, 종이돈의 마술을 부리겠다는 것을 숨김없이 그대로 드러내고 있다.

하여간 앞으로 20년간 미국 달러의 기축통화 역할에 약간의 변화만 생겨도 달러투매가 나올 수 있고, 이런 상황이 오면 미국은 한 방에 가는 수가 생길 수 있다. 만약 이런 상황이 벌어져 G2가 G1 되는 일이 벌어진다면 한국은 어떻게 대응해야 할까?

05

용과 함께 춤추는 시대를
준비해야

아시아에 주목해야 하는 이유

19세기가 유럽의 시대였다면 20세기는 미국의 시대였고, 이제 21세기는 미국의 시대에서 아시아의 시대가 오고 있다. 150년 전 아시아는 공업혁명을 먼저 이룬 유럽에서 온 서양의 늑대들에게 초토화됐다. 결국 '늑대와 같이 먼저 춤춘 일본'이 아시아의 왕자로 올라섰지만 무너졌고, 다시독하게 마음먹고 일어섰지만 미국의 협박에 빠져 1985년 엔고 이후 내리20년을 헤매고 있다.

그런데 이젠 금융위기로 그 늑대들이 모조리 이빨 빠진 늑대가 되어가고 있다. 유럽은 '위기 후에 온 위기' 때문에 수렁에 허우적거리고 있고 미국은 스스로 만든 덫인 재정적자에 떨고 있다. 일본은 경기불황이 근본적으로 과도한 정부부채와 노령화로 인한 소비심리 때문인데 계속 국가 빚을 늘리고 있다.

신기술, 신상품이 없고 성장산업이 없는 나라는 강대국이 아니다. 젊은이들이 일자리가 없어 전 세계를 떠돌아다니면 안 된다. 정치인들이 지도력이 없어 매일 치고받고 싸움질해 나라를 난장판으로 만들어 국민을 피곤하게 하는 나라, 제조대국, 무역대국, 군사대국, 금융대국의 길을 걸어 최강국이 되었지만 이제 제로금리로 스스로 금융대국의 길을 포기하는 나라, 베트남·이란·이라크·탈레반·북한 같은 작은 나라들과 전쟁이든 분쟁이든 붙어서 시원하게 결판내지 못하고 지지부진하게 끌고 가는 나라도 대국으로서는 맛이 가고 있다고 봐야 한다.

불황을 타개하고 새로운 도약을 할 뛰어난 천재들은 없고 매일 비관적인 예측만 하고 앉아 있는 절망의 전도사들만 우글거리는 나라는 희망이 없다. 기축통화국이라는 이름으로 종이와 잉크만 가지고 프린터를 돌려서 가난한 후진국 국민의 주머니를 털고, 생산공장을 털고, 금융시장을 약탈해 가는 나라는 오래 못 간다.

2014년 4월 세계은행은 국제비교프로그램ICP 보고서에서 상품과 서비스 등의 실제 가격을 고려한 구매력으로 환산한 중국의 GDP가 2014년에 미국을 추월할 것이라는 전망을 내놓았다. 2011년 보고서에서 중국의 구매력환산 GDP는 13.5조 달러로 미국의 87% 수준이었는데 여기에 IMF가 전망한 2011년부터 2014년까지 경제규모 성장률인 중국의 24%, 미국의 7.6%를 감안하면 중국은 2014년에 구매력환산 GDP가 16.7조 달러에 달해 미국의 16.6조 달러를 넘어선다는 예측이다. 1872년 미국이 영국을 추월한 이후 142년 만에 세계 경제규모 1위의 자리가 바뀐다는 것이다. 구매력환산 GDP의 실효성이 의심이 가지만 하여간 잣대를 바꾸면 세계 1위가 바뀔 가능성이 존재한다는 것이다.

1875년 이후 세계의 금융위기를 겪은 나라는 모두 국가부채 위기를 겪었고, 항상 부채를 줄여서 해답을 얻었지 부채를 늘려서 계속 간 나라가 없다. 언제 갚든, 누가 갚든, 갚아야 끝나는 것이 부채의 덫이다. 그래서 미국과 유럽이 재정이 건전한 아시아에 기대어 아시아의 돈으로, 아시아의

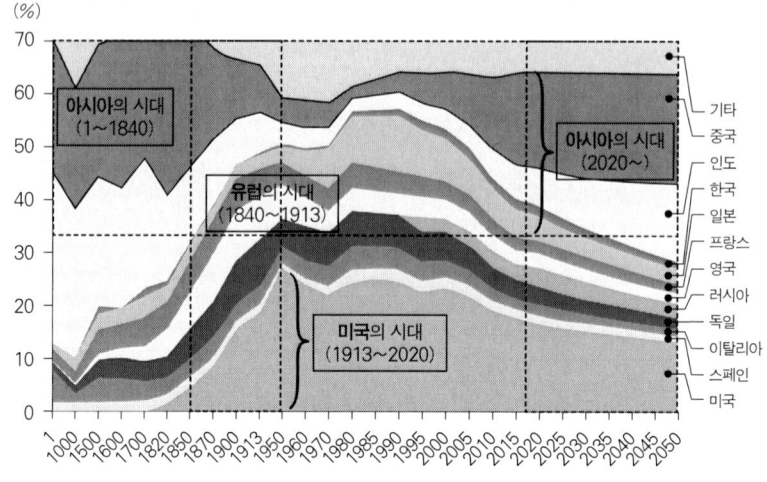

세계 경제 주도권의 변화

(%)

아시아의 시대
(1~1840)

유럽의 시대
(1840~1913)

미국의 시대
(1913~2020)

아시아의 시대
(2020~)

기타
중국
인도
한국
일본
프랑스
영국
러시아
독일
이탈리아
스페인
미국

자료: Angus Maddison, Contours of the world economy, PWC, 중국경제금융연구소에서 작성

시장에 기대어 지푸라기 잡는 심정으로 덤벼들고 있다.

독일, 프랑스 등 유럽의 정상들이 중국을 뻔질나게 드나들고, 세계의 황제 미국의 오바마가 취임 첫 출장지를 아시아로 잡았다. 〈포춘〉 500대 기업은 모조리 중국으로 몰려가고 있다. 이제는 '늑대와 함께 춤추던 시대'가 끝나가고 '용과 함께 춤춰야 하는 시대'가 오고 있다.

30년 전 '빈곤의 함정'에서 탈피하려고 자본주의를 받아들인 중국이 35년 만에 '부유의 함정'을 걱정하고 있다. 소득수준 4,000~1만 2,000달러 시대의 중등소득 함정에 빠지면 어떻게 할까 하는 걱정을 한다. 격세지감이다.

중국은 노동력 증대가 가져오는 인구 보너스의 효과는 줄어들었지만 중국 경제는 경착륙하지 않고 있다. 이는 아직도 3억~4억 명의 농촌인구가 도시인구로 전환하는 도시화 과정에 있어 향후 10년간 중국 경제를 성장시킬 충분한 동력을 제공할 수 있기 때문이다.

6억 유럽과 1억 일본을 합한 인구가 지금 중국 도시인들의 수다. 그리고 20년 안에 미국만 한 인구가 다시 도시에 몰려나오는 인류 최대의 대소비 시대를 중국이 만들 전망이다. 이젠 늑대와 함께 추는 춤이 아니라 '잠자던 용'과 누가 함께 춤추는가가 21세기에 잘 먹고 잘사는 데 중요해지고 있다.

부채는 서양에 있고 자산은 동양에 있다

부채는 나라도 잡아먹는 괴물이다. 부채는 처음에는 레버리지 효과로 기업을 성장시키고 경제를 활력 있게 하지만, 도를 넘으면 기업을 말아먹고 경제를 망가뜨리고 나라마저 잡아먹는 괴물이 된다. 모든 선진국은 정부부채가 GDP를 넘어가는 사태가 벌어졌고 성장률은 1~2%대 아니면 마이너스다.

부채의 덫에 빠진 서방세계에는 지금 저성장의 깊은 계곡이 생겼다. 그래서 향후 10년간을 내다보면 조금만 방심하면 바로 저성장의 계곡으로 추락한다. 정보화 시대는 한 번 추락하면 다시는 선발자를 따라잡는 것이 불가능한 시대이고 글로벌 경쟁에서 영원히 멀어진다.

금융업은 정부가 원재료인 돈을 공급하고 돈의 물꼬를 트는 정책과 화폐 공급을 좌우하는 정부가 칼자루 쥔 인허가 사업이다. 잉크와 종이라는 값싼 원재료로 만든 종이화폐라는 원재료를 가지고 종이와 연필만 가지고 돈 버는, 땅 짚고 헤엄치는 사업이다.

돈은 '돌아야 돈'이다. 돈이 돌지 않으면 자본주의는 맛이 간다. 미국, 유럽, 일본의 3대 자본주의 경제의 축이 경제가 어려운 것은 돈을 아무리 풀어도 돈이 돌지 않기 때문이다. 돈은 돌면 반드시 새끼를 친다. 그런데 새끼를 못 치는 '불임의 돈'은 돈이 아니다.

그러면 돈은 돌아 나가버린다. 제로금리를 만들면 돈은 절대 집 안에 붙어 있지 않는다. 돈의 속성에 맞지 않기 때문이다. 3대 경제권에서 돈을 무한정 찍어도 돈이 국내에 있지 않고 전 세계를 떠돌아다니는 이유는 돈이 새끼를 치지 못하기 때문이다.

자본주의가 맛이 가면 그 체제는 사회주의가 되어버린다. 미국, 유럽, 일본의 세계 3대 경제권은 선진국이지만 1인당 국가부채가 1인당 소득을 넘었다. 경제대국이 아니라 부채대국이 지금의 선진국이다. 돈은 부자를 좋아하고 부채 많은 빚쟁이는 싫어한다.

지금 글로벌 대차대조표를 보면 부채는 서양에 있고 자산은 동양에 있다. 그래서 아시아로 돈이 몰리는 것은 당연하다. 글로벌 유동성 과잉과 화폐전쟁은 모두가 패자다. 화폐전쟁의 승자는 상품이고 실물이다. 미국과 유럽은 사상 최대의 빚쟁이고 아시아는 지금 최대의 채권자다. 지금 서방세계가 쇠락해가고 아시아가 뜰 수밖에 없는 이유다.

달러로 전 세계를 가지고 노는 미국의 금융 식민지 모델에 금이 갔다. 1970년대 오일쇼크 때 미국은 인플레 방지를 위해 금리를 올려 중남미 채무국가를 붕괴시켰고, 1980년대 일본이 경제적으로 급성장하자 플라자합의를 통해 엔고를 만들어 일본 경제를 20년간 절름발이로 만들었다.

1990년대에 아시아 국가들이 부상하자 시장개방을 강요하고 금융위기가 발생하자 돈을 빼는 수법으로 아시아 기업을 똥값에 사서 돈을 먹었고, 아시아 국가들에게는 과도한 구조조정과 자산매각을 강요해 아시아 국가들을 바보로 만들었다.

2008년 서브프라임 사태가 터지자 무한정 달러를 풀어 전 세계의 자산시장에 버블을 만들었고 재정적자는 국채발행으로 메웠다. 달러가치 폭락으로 국채를 보유한 세계 각국은 가만 앉아서 돈을 털렸고 빚을 갚아야 하는 미국은 상대적으로 빚의 부담이 줄어드는 묘한 상황을 만들었다.

2008년 금융위기 이후 6년간 세계 경제는 완전히 뒤집어졌다. 사회주의 국가가 자본주의 국가 흉내를 내고, 자본주의 국가는 국가가 기업을 국유화하는 사회주의화되고 있다. 사회주의 국가는 민영화하고 국유기업을 상장하느라 혈안인데 자본주의 국가는 금융위기로 부도난 기업에 정부가 돈을 퍼 넣어 국유기업화하고 있다.

2013년 7월에 전 세계 주가가 폭락하고 특히 신흥국은 주가, 환율이 동시에 폭락하는 대혼란을 겪었다. 미국 연준의 버냉키 의장이 돈 풀기를 중단하겠다는 언급을 한 때문이다. 정작 돈 풀기를 줄이면 타격을 받아야 할 미국은 멀쩡하고 대신 신흥국이 미국 통화정책의 희생양이 되었다.

기축통화라는 전가의 보도를 휘둘러 신흥국을 대상으로 주기적인 양털 깎기를 하고 있는 것이 미국이고 이는 미국이 1990년대 이후 해온 지폐 남발을 통한 횡포다. 지금 미국이 하는 행태는 조공국가 조선에 오만방자한 요구를 하던 거만한 중국의 사신보다 더 나쁘다. 주기적으로 계획적으로 신흥국의 재산을 눈 깜짝할 사이에 금융과 달러 메커니즘으로 털어 가기 때문이다.

미국은 돈 풀어 신흥국의 경제를 부흥시키고 신흥국이 죽으라 일해 공산품을 만들면 종이돈 달러를 찍어 공짜로 신흥국의 물건을 사서 쓴다. 어느 순간 돈을 너무 많이 찍어 인플레 등의 문제가 나올 때쯤 되면 신흥국에 풀어놓았던 돈을 회수하면 그간 벌어놓았던 신흥국의 부는 한 방에 선진국 자본에 약탈당한다.

미국은 투자 테마를 찾는 데 귀신이고 기발한 작명을 하는 데 이골이 난 나라다. 2001년 소위 신경제New Economy로 불리던 IT 버블 붕괴 이후 미국이 세계를 상대로 찾은 새로운 투자 대상은 바로 신시장, 이머징 마켓이었다.

2003년 골드만삭스는 벽돌론BRICs을 들고 나와 신흥시장 투자에 바람을 넣고 불을 질렀다. 소위 신흥시장 붐이다. 2류 국가들의 이름을 기가 막힌 글자조합으로 'BRICs'라고 작명하고 나자 전 세계 투자가들에게 브라질, 러시아, 인도, 중국 등의 2류 국가들은 졸지에 투자의 신천지, 투자하면 대박 나는 다이아몬드가 되었다.

그러나 2003년 브릭스 바람 이후 10년이 흘렀지만 브릭스의 본질은 여전히 '미국에 물건 공급하는 공급업자' 중국, '미국의 저가 싸구려 용역 대행국가' 인도, '중국 공장에 원자재 납품하는 하청업체' 브라질과 러시아에 불과하다.

브릭스네, 신흥시장이네 하고 금융가가 떠들었지만 2003년 이후 중국만 용이 되었고 나머지는 여전히 이무기다. 중국만 10년 만에 전 세계 GDP 랭킹 6등에서 프랑스, 영국, 독일, 일본을 순차적으로 제치고 2등으로 올라섰고 나머지는 여전히 후진국의 반열에서 벗어나지 못하고 있다.

전 세계 GDP 국가별 순위 추이(1990~2013)

연도	순위	1	2	3	4	5	6	7	8	9	10
2013	2	미국	중국								
2012	2	미국	중국								
2011	2	미국	중국								
2010	2	미국	중국								
2009	3	미국	일본	중국							
2008	3	미국	일본	중국							
2007	3	미국	일본	중국							
2006	4	미국	일본	독일	중국						
2005	5	미국	일본	독일	영국	중국					
2004	6	미국	일본	독일	영국	프랑스	중국				
2003	6	미국	일본	독일	영국	프랑스	중국				
2002	6	미국	일본	독일	영국	프랑스	중국				
2001	6	미국	일본	독일	영국	프랑스	중국				
2000	6	미국	일본	독일	영국	프랑스	중국				
1990	10	미국	일본	독일	영국	프랑스	이탈리아	캐나다	스페인	브라질	중국

자료: 중국경제금융연구소

중국을 빼고는 달라진 것이 없다.

최근 10년간 신흥시장 붐을 자세히 들여다보면 미국 금융의 힘, 더 정확히 말하자면 연방준비위원회FRB의 통화확대 과정에서 생겨난 선진국 유동성이 만들어낸 붐이다. 신흥시장은 늑대FRB와 춤추다 나라 말아먹은 나라들이다.

1971년 이후 10년 단위로 적게는 2번, 많게는 4번을 찾아온 신흥시장의 금융위기는 바로 FRB의 통화방출과 긴축 사이클에 그대로 연동되어 있었다. 이머징 마켓은 이머징을 보는 것이 아니라 'FRB 의장의 입'을 보는 것이 더 중요했다. 다음 차트를 보면 이런 관계가 선명하게 드러난다.

1981년 금리를 19%까지 올리면서 라틴아메리카가 거덜 났고, 1990년대에 2번의 금리인상과 긴축이 멕시코, 아시아, 러시아, 브라질의 금융위기로 이어졌다. 2007년 이후 대규모의 통화방출 이후 2013년 들어 긴축모드로 전환한다고 하자 '인印'자 돌림의 인도와 인도네시아 그리고 터키가 난리가 났다.

1971년 이후 미국 연준 기준금리와 신흥국 금융위기의 역사

자료: 블룸버그, 중국경제금융연구소

미국의 주기적인 달러 범람이 미국을 넘어 중남미와 아시아까지 번지면서 수많은 이머징 마켓을 거덜 냈다. '나라를 거덜 내는 늑대'인 줄 모르고 달러 안고 들어오는 외국인들에게 문호를 활짝 열고 외국인 돈으로 마구 투자하고 먹고 쓰다가 늑대가 돌아간다고 하면 울상이 되는 것이 안타깝지만, 이것이 그간 20여 년간 이머징 마켓의 현상이었다. 기축통화를 갖지 못한 영원한 변방, 신흥시장 국가의 비애였다.

2014년 라 가르드 IMF 총재가 세계에 신흥국발 경제위기 조짐이 있다고 했다고 한다. 이게 어떻게 신흥국 위기인가? 1998년 신흥국 금융위기에는 긴축을 권고해서 양털을 깎아 가고, 다음은 브릭스라고 띄우고는 다시 금융시장에서 주가 올려놓고 돈 빼 가고, 이번 선진국 금융위기에는 긴축이 아니라 돈 풀어 주가 부양해서 후진국의 양털을 뽑아 가고, 이젠 다시 신흥국발 위기란다. 그래서 이젠 프런티어Frontier 국가, 소위 신흥국보다 더 못사는 아프리카나 동남아 국가가 유망 지역이라고 한다.

지금 신흥국의 금융위기는 선진국이 돈 찍는 프린터로 돈 찍어서 만든, 선진국 금융이 장난치다 만들어낸 위기이지 신흥국이 만든 위기가 아니다. 그러면서 이젠 아시아의 용에서 브릭스로, 브릭스에서 프런티어 국가라고 한다.

서방세계는 500년 전 대항해 시대 아프리카와 아메리카를 강제로 식민지로 만들어 인디언과 흑인들의 노예시대 잔혹사를 만들었고, 200년 전 아시아를 침략했고, 그 이후 중국을 먹었다. 금융에서도 다시 보면 한국, 홍콩, 대만, 싱가포르의 아시아 4룡의 시장을 완전개방, 무장해제를 시켜 전 세계 헤지펀드의 놀이터로 만들었다. 다음이 직접투자로 중국, 브라질, 인도, 러시아를 도와주는 척하지만 역시 선진국의 밥이었고, 이제 다시 동남아와 아프리카를 어떻게 껍질을 벗길까 수작을 부리고 있다.

이번에 새로운 역사가 금융위기 이후 쓰였다. 전 세계 중앙은행들이 공동으로 똑같은 정책을 동시에 썼다는 것이다. 금리는 역사상 최저로 내렸고 돈은 무한정 풀었다. 과거 어떤 경기불황에도 전 세계가 동시에 같은 방향, 같은 방법으로 정책을 쓴 적은 없었다.

이런 정책들은 결국 돈의 힘으로 엄청난 거품을 만들었고 머지않아 언젠가는 다시 거품 붕괴로 막을 내릴 가능성이 큰데, 그럼에도 이런 버블의 붕괴를 막기 위해 또 다른 통화확대정책을 계속 쓰고 있다.

과거 금융위기의 역사를 보면 과도한 레버리지는 항상 실물경제와 금융 부문 모두에 지속적으로 부정적인 영향을 끼쳤다. 2000년 이후 미국이 주도한 전 세계적인 레버리지 확대는 다행히 세계화의 추세로 20억 이상의 사회주의 국가가 자본주의 시장경제로 진입하면서 초저가의 공산품을 대량 공급하면서 인플레이션의 발생을 막았다.

하지만 실물 부문에선 과거에 유례없는 비정상적인 일들이 나타났다. 영어권 경제에선 저축률이 최저 수준으로 떨어졌고 소비 비중이 사상 최고치를 뚫었다. 미국과 유럽 국가에선 과도한 레버리지와 핫머니의 유입이 주택 버블을 낳았고, 중국에서는 투자가 GDP의 50%까지 치솟았다.

금융 부문에서도 과거에 보지 못했던 블랙 스완이 나타났다. 소위 '그림자 금융Shadow Banking'이 폭발적으로 성장한 것이나. 금융 레버리지와 자산가격이 엄청나게 치솟았지만 대출심사는 더 완화해주는 바람에 결국 서브프라임 모기지 사태가 터졌다.

그러나 금융위기의 수습 과정은 더 비정상적이었다. 개인의 부채를 은행이 인수하고, 은행의 부채를 국가가 인수해 부도위기를 벗어났다. 그래서 부채의 총량은 줄지 않고 개인과 금융기관의 부채가 정부의 부채, 결국 미래에 태어날 아이들의 부채로 전이된 것뿐이다.

그런데도 중앙은행들은 통화발행을 계속 늘리고, 정부 재정적자를 더욱 커지게 할 이런 정책의 결과로 하이퍼 인플레이션 혹은 이보다 더욱 위험한 경제적 불균형이 초래될 위험이 커졌다. 그래서 서방세계는 경기가 회복한다고 해도 아무리 봐도 불안 불안한 것이다.

황금이 향하는 곳이 패권이 향하는 곳이다

황금은 기축통화는 아니지만 역사를 보면 황금이 향하는 곳이 패권이 향하는 곳이었다. 고대 로마와 인도, 중국에 황금이 몰렸다. 근대에는 스페인, 포르투갈, 네덜란드, 영국에 황금이 몰렸고, 20세기에는 미국으로 몰렸다. 금태환 정지 이후 미국으로 몰렸던 황금이 지금 어디로 가고 있는지를 보면 거기에 미래 패권의 방향이 있다.

지금 중국, 인도가 무지막지하게 황금을 사들이고 있다. 중국의 공식 황금보유량은 1,054톤에 불과하지만 중국이 수입한 황금과 중국에서 생산한 황금의 양을 계산해보면 중국의 황금보유량은 이미 미국을 넘어섰을 가능성이 있다.

중국이 2013년에 수입한 실물 금은 대략 745톤 정도로 추정되는데 이는 중국 내 생산량 400톤의 1.9배나 된다. 중국 금 수입의 본격화는 2010년부터인데 연간 115톤에서 시작해 매년 200톤 이상씩 증가해 2011년 380톤, 2012년 572톤으로 늘어나더니 금가격이 속락한 2013년에는 745톤으로 2010년 대비 6.5배나 급증했다. 2013년에 중국의 금 소비는 1,150톤 내외로 추정된다. 중국이 외환보유고로 가진 금 보유량이 1,054톤인 점을 감안하면 중국의 2013년 한 해 금 수요의 정도를 짐작할 수 있다.

미국의 공식 황금보유고가 8,133톤인데 1978년 이후 중국의 누적 자체 금 생산과 해외 수입분이 대략 7,250톤에 달하는 것으로 추정된다. 만약 2013년과 같은 추세가 지속된다면 2014년에 중국의 황금보유량은 미국을 넘어선다.

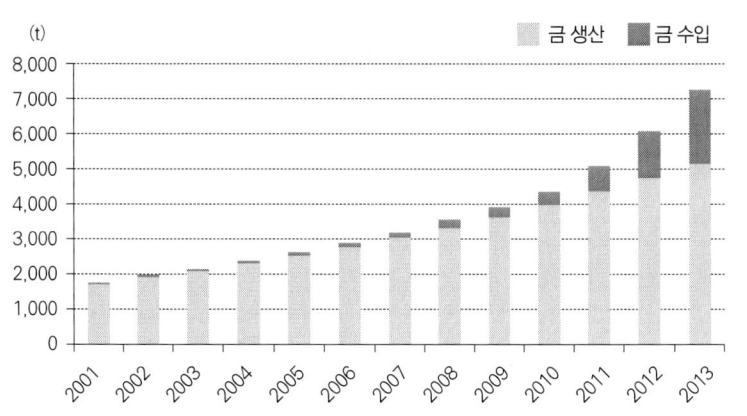

중국의 누적 금 소비량 추이

(t)

금 생산　금 수입

자료: WIND, 중국해관통계, 각 연도

미국은 엄청난 양의 황금 ETF 등 황금 파생상품을 만들었고, 그사이 아무도 황금을 돌려달라고 하지 않았기 때문에 보유한 황금을 시장조작에 써버려 미국의 금고에 실물 금이 없다는 흉흉한 루머도 나돈다. 영란은행도 비슷한 상황이다. 독일이 미국의 금고를 못 믿어 맡긴 황금을 현물로 찾아가겠다고 나섰다. 네덜란드의 ABN암로가 고객들에게 실물 금이 없다고 고백하고 시가에 해당하는 화폐로 지급하겠나고 봉보하자 난리 났다. 장부에는 금이 있는데 실물은 없다는 것이다. 금가격의 폭등에 실물 금을 가지고 장난질을 했다는 것이다.

금값과 미국 경제는 반비례하고, 금은 패권을 따라간다. 금은 이미 1974년 이후로 국제화폐로서 역할은 종이돈 달러에 밀려 종을 쳤지만 금가격은 여전히 세계 경제, 특히 미국 경제 광산의 카나리아다. 금융위기 이후 금값이 폭등했다 속락했다. 그러나 이것이 처음이 아니다. 금가격은 과거 30여 년 동안 2차례 큰 파동을 겪었다. 1970년대에는 황금가격이 온스당 35달러에서 최고 850달러까지 올랐다. 1980년대에는 황금가격이

300~400달러로 떨어졌으며, 2002년부터 다시 폭등해 1,800달러까지 폭등했다 조정 중이다.

국제 금시장에서 금값 폭등은 모두 미국이 일으킨 전쟁과 관련이 깊다. 1970년대 미국은 베트남전쟁의 수렁에 빠져들어 정부부채가 급증하고 달러 약세를 보였다. 이 와중에 금값이 폭등했다. 2002년 미국은 이라크, 아프가니스탄 2곳에서 '악의 축'에 대한 대테러 전쟁을 시작했다. 당초 500억 달러로 생각했던 전비가 10배 이상 늘어나면서 정부부채 급증, 달러 약세, 금값 폭등이 순차적으로 일어났다. 2008년 금융위기 때도 금값은 정신없이 올랐다.

1980년대 레이건 대통령이 정권을 잡은 후 보수적인 경제정책을 추진했고, 1990년대 클린턴 대통령도 지출을 줄여 적자재정을 끝내고 흑자로 돌아섰다. 그러자 미국 경제가 안정을 되찾으면서 금값은 떨어졌다.

황금은 세계 경제 광산의 카나리아다. 황금가격이 세계 경제의 건강지수다. 조개, 금, 종이화폐, 플라스틱 머니로 금융의 도구가 옷을 바꿔 입었지만 불안하면 언제든 황금으로 돌아간다. 인도와 중국은 전 세계에서 매물로 나오는 금을 모조리 사들이고 있다. 한국도 종합소득세 기준을 낮추자 황금 바가 동났다. 황금 카나리아가 보내는 세계 경제의 조짐은 이상신호다.

역사는 항상 반복되고 미래는 과거로부터 흐른다. 역사적으로 이탈리아, 스페인, 영국 등 모든 강대국은 금리가 최저로 갔다가 반등할 때 대국의 패권을 놓았다. 미국, 유럽, 일본이 제로금리에서 벗어나는 순간 전 세계 채권시장은 속락의 가능성이 있다. 과잉유동성의 저주다. 미국을 비롯한 주요국의 금리가 상승할 조짐을 보이고 있다. 제로금리에서 다시 금리가 최고치로 가는 순간이 바로 역사가 말해주는 답인 미국 금융패권의 수명이 끝나는 시기다.

세계의 중심은 동이東移다

미래 30년을 두고 보면 세계의 중심은 동쪽으로 이동하고 미국과 유럽을 벗어나 아시아로 가는 시대이고, 그런 의미에서 21세기는 과거 19세기와 20세기의 양 세기와는 다른 시대다. 2008년 금융위기가 전 세계적으로 고통의 시대이지만 역사적으로 보면 세계의 정치와 경제의 중심축이 미국을 벗어나 아시아로 이동하는 기점이다.

중국의 구매력으로 평가한 GDP가 2020년이면 미국의 1.4배, 2050년이면 미국의 2.6배의 규모로 커지고, 2050년이면 일본이 중국의 1/10에 불과한 규모로 떨어지는 시대가 올 수 있다. 만약 한국은 작지만 강한 나라가 되면 현재 미국의 2.6배 되는 중국이라는 큰 시장을 먹을 기회를 잡게 된다.

150여 년 전 전 세계가 유럽식 자본주의 시스템으로 들어갔고 제2차 세계대전 후 70년 전 세계는 미국식 자본주의 시스템에 들어갔다. 하지만 미래 30년간은 미국과 유럽식 자본주의 시스템이 아니라 중국 특색의 사

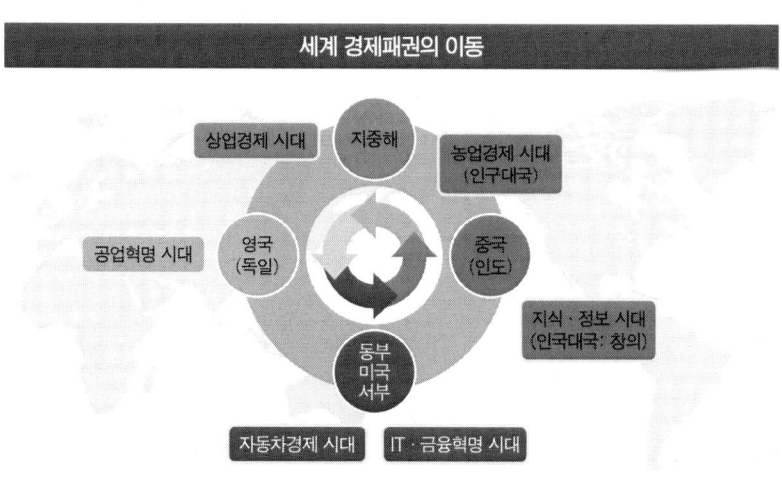

세계 경제패권의 이동

자료: 중국경제금융연구소

회주의 시장경제 시스템으로 쏠리는 시대가 올 수 있다.

이번 금융위기를 계기로 세계가 자본주의 미국과 사회주의 중국의 양극을 중심으로 변하는 시대가 왔다. 사회주의와 자본주의가 극명하게 대치하고 있는 세계 유일한 지역이 한반도다. 그래서 한국은 하기에 따라서 사회주의와 자본주의 양 세계의 절묘한 교량의 역할을 하게 될 수도 있고, 양 진영의 전쟁터가 될 수도 있다.

금융위기 이후의 세상의 주도권은 결국 소비력에서 결판난다. 미국을 중심으로 한 부채경제 중심 국가들이 빚을 계속 더 늘려 소비를 하면서 세계 경제를 이끌어 가든지, 아니면 중국을 중심으로 한 저축경제 중심의 나라들이 저축이 아니라 소비로 전환하면서 세계 경제를 이끌어 가든지 둘 중 하나다.

새로운 세계의 유효수요의 창출자가 세계 경제를 이끄는 기관차로 부상한다. 중국이 세계 경제의 기관차로 부상하려면 생산경제가 아니라 소비경제로 전환해야 하고 소득의 50%를 저축하는 나라가 아니라 소득의 70%를 소비하는 소비국가, 대중 소비국가로 전환해야 가능한 것이다.

또한 소비경제는 필연적으로 소비와 수입 확대로 무역적자와 재정적자를 가져온다. 이를 보충하기 위해서는 실물경제 이외에 금융경제에서, 자본거래에서 이를 보충해주지 않으면 소비국은 그 수명이 단명에 그친다. 중국이 위안화 국제화와 자본시장 건설을 내수확대와 동시에 추진하고 있는 이유도 바로 금융대국으로 가기 위함이다.

중국의 3.95조 달러의 외화보유액은 미국 수준으로 돈을 쓴다면 재정적자 3년분도 안 된다. 중국이 30년간 모아놓은 돈이라고 해도 중국이 초강대국으로 부상해서 쓰기에는 부족하다. 그래서 중국으로서는 미국과 같은 돈 찍는 기계를 하나 가져야만 안심이다. 만약 이 기계를 갖지 못하면 중국의 강대국의 꿈은 일장춘몽이다. 중국이 아시아의 모든 돈을 위안화로 통일해 위안화로 거래하게 하면 적어도 아시아에서 미국에 버금가는 파워를 가진다.

즉 아시아에서 경제 식민지, 위안화 식민지 건설이다. 이것이 위안화 국제화의 본질이고 중국의 숨은 야망이다. 그래서 한·중·일 FTA를 서두르고 있는 것이다. 실물에서는 손해를 보더라도 일단 거대 경제권인 중국의 경제권 안으로 들어오면 다음으로 모든 거래를 위안화로 하고, 이어서 자본거래까지 위안화로 하는 단계가 오면 아시아에서 위안화 식민지가 완성된다. 그간 중국이 실물경제에서 본 손해는 위안화 윤전기를 1년만 돌리면 바로 본전 뽑는다.

중국이 금융에서 대국을 이루지 못하면 강대국의 꿈은 사상누각이고 10년을 못 가는 짧은 꿈일 뿐이다. 1800년을 세계의 강자로 군림하던 중국이 이제 21세기에 다시 패권을 잡을 방법이 무엇인지는 명확하다. 군대가 아니고 문화와 금융이다. 먼저 중국 내의 문화와 금융을 세우는 것이고, 다음이 아시아로 전파하는 것이고, 그다음이 세계화다.

그래서 중국이 가는 강대국의 앞길에 큰 위험이 도사리고 있다. 중국이 초강대국으로 가는 길은 반드시 소비대국을 거쳐야 한다. 중국이 생산경제에서 소비경제로 전환하는 과정에서 가진 자와 못 가진 자의 격차 확대, 투자 중심으로 성장해온 나라가 투자를 멈추었을 때 나타나는 실업 증가, 대규모 과잉설비의 증가 등과 같은 성장둔화의 성장통에 제대로 대응하지 못하면 중국 모델은 단명하고 그것이 세계 경제의 엄청난 위험으로 대두할 가능성이 높다.

그래서 중국은 세계를 놀라게 할 7대 신성장산업 같은 고부가가치산업을 5년 내 세계 1위를 하고 2020년까지 전체 GDP의 15%를 최첨단산업으로 대체하겠다는 야심 찬 계획을 세우고 있다. 이미 여기에 무서운 속도로 돈과 물자를 퍼 넣고 있다.

역사 이래 30년간 연평균 10%를 달성한 나라는 중국 외에는 없었고 앞으로도 없을 가능성이 높다. 미국과 유럽은 최근 250년간 기술로, 문화로, 제도로 인류에 기여하고 동양과 신흥국에 많은 배울 점을 주었다. 그러나 최근 10년 그리고 금융위기 이후 5년간 동양과 신흥국이 교과서로 알았던 미국과 유럽이 한 짓을 보면서 더 이상 미국과 유럽을 배울 생각은 안 한다. 세상은 지금 새로운 영웅을 기다리고 있다.

제조대국에서 소비대국으로 변신하는 중국이 무섭다. 국방, 외교, 문화, 첨단기술에서 미국과 유럽에 비해 2% 부족한, 아직은 좀 덜떨어진 중국이 그래서 관심이고 주목거리다. 그리고 만약 세상의 중심이 250년 만에 다시 아시아로 온다면 그 중심은 중국이다.

중국이 2% 부족하고 어설플 때가 기회다. 지금부터 10~20년의 세계 패권의 세대교체기가 기회이고 타이밍이다. 미국과 유럽의 부상에서 한국은 아무것도 할 수도, 한 것도 없다. 그러나 중국의 부상에서는 할 것도, 할 수 있는 것도 많다.

하지만 검의 고수에게 칼로 덤비면 당한다. 제조대국 중국과 제조로 덤비면 오래 못 간다. 제조가 아닌 금융으로, 하드웨어가 아닌 소프트웨어로 도전해야 이긴다. 한국의 제조업은 잘해야 2~3년, 길면 5년 앞섰지만 금융은 10년은 앞섰다. 금융으로 경쟁해야 한다. 대중국 금융전사 10만을 양성하면 반도체, 휴대폰, 자동차보다 더 크게 먹을 기회가 온다.

작은 것도 레버리지를 걸면 큰 것을 먹고 느린 정보를 빠른 정보가 삼키는 것이 금융이다. 중국의 1/27밖에 안 되는 한국도 27배의 레버리지를 걸고 천리마보다 백배, 천배 빠른 정보기술의 스피드를 타면 중국과 맞짱 뜨고, 심지어 중국을 먹을 수도 있다. 그게 종이와 연필 그리고 사람만으로 하는 장사, 금융이다.

성장하는 중국, 한국에는 초대형 호재다

지금 기업의 관점에서 가장 위험한 일은 아직도 중국을 사업 지역으로 편입하지 않은 것이고, 투자의 관점에서 가장 위험한 것은 중국을 포트폴리오에 담는 것이다. 기대수익률이 세계 최고이지만 위험도 최고로 높기 때문이다. 무無에서 유有를 창조하는 사업가는 리스크를 사랑하는 사람이지만, 원금을 반드시 지켜야 하는 펀드매니저는 리스크를 회피해야 하는 사람이기 때문이다.

220년 전 중국은 유럽의 실력을 무시하고 당시 최강 영국이 수교의 사절로 보낸 조지 매카트니를 보고 황제의 영향력이 먼 유럽의 조그만 해적의 나라에까지 미쳤다고 우쭐했다. 세상 물정 모르는 소리였다. 마치 영국을 얕보고 홀대했다 나라를 말아먹은 200년 전 청나라의 황제 건륭제처럼 지금 서방세계는 중국을 얕보고 10년째 중국 붕괴론, 중국 위기론만 떠들고 있다.

나폴레옹이 세상에서 가장 위험한 것은 잠자는 사자, 중국을 깨우는 것이라고 했는데 서방세계는 아편전쟁으로 잠자던 중국을 들쑤셔 사자를 깨워버렸다. 잠에서 깬 사자는 150년 동안은 서방이 만든 반식민지의 우리 안에 갇혀 있었다. 허지만 기 작은 지도사 덩샤오핑이 등장하고 검은 고양이, 흰 고양이를 앞세우고 개혁개방을 실시한 이후 불과 30년 만에 예전의 다리 힘을 회복하고 지금 자신을 공격했던 서방을 향해 포효하고 있다.

지금 '자본'은 없어지고 '부채'만 있는 것이 서방 자본주의다. 자본주의 국가가 부채가 GDP의 100~500%에 달하는 부채주의로 변했다. 상황이 이런데도 서방세계는 중국에 대해 여전히 자본주의의 우월성을 내세우며 세계 최대의 달러와 자본을 가진 중국을 무시하고 있다.

지금 누가 뭐라고 해도 분명한 것은 중국의 부상이 만만치 않고 미국의 현저한 쇠락이 눈에 보인다는 것이다. 미국발 금융위기를 계기로 세계의 중심축이 200년 만에 서에서 동으로 이전하고 있다. 200년 전 서방세계의 동네북에서 이번 금융위기를 계기로 세계의 강자로 중국이 서서히 부상하고 있다.

200년 전 중국을 유린했던 유럽과 일본은 중국의 돈과 제조업의 함정에 빠졌다. 유럽의 독일, 프랑스가 중국의 눈치를 보고, 일본이 미국을 등에 업고 겉으로 큰소리를 치지만 경제적으로는 자동차, 전자 등의 주력산업에서 중국이 시장과 자원공급을 봉쇄하면 일본은 옥쇄를 해야 하는 지경에 이르렀다.

중국은 사회주의 60년 만에 G2로 올라섰고 지금 정치력, 경제력, 군사력에서 세계 2위다. 세계 무역에서 최대 국가이고 외환보유고 1위인 나라가 되었다. 언제 미국을 넘어설까를 계산하고 있는 이런 나라에 구멍 난 금고를 들고 온 서방세계가 허풍 떨면서 중국이 이래서 부도나고 저래서 부도난다고 훈수하고 걱정한다. 중국은 겉으로는 듣는 척하지만 속으로는 콧방귀를 뀌고 있다. 지금 당신들이 하는 짓은 200년 전 우리 할아버지가 했던 멍청한 짓인데 남 걱정 하지 말고 "너나 잘하세요"라고.

기회는 항상 위기와 같이 오고, 잃는 것이 있어야 더 큰 것을 얻는다. 중국의 부상은 한국의 위기다. 전후 60년간 친구로 지낸 미국을 버리고 중국의 영향권에 다시 들어가야 하는 불상사가 생길 수 있기 때문이다. 강대국의 옆집은 항상 괴롭다. 그래서 먼 나라인 미국을 정치적으로 등에 업고 경제적으로는 중국에서 이득을 보는 지금의 상황이 한국으로서는 최상의 시기인지 모른다.

고속으로 성장하는 중국과 가까이 사는 것이 종국에는 재앙일지도 모르지만, 당분간은 초대형 호재이자 한국 경제의 행운이다. 미국이 저지른 금융의 불장난 때문에 미국과 유럽, 일본이 대책 없이 허우적거리는데 만약 이들 지역 수출에 우리가 목매고 있었다면 한국도 '미국의 가을Occupy Wall Street' 이상의 사태가 벌어졌을 것이다.

그랬다면 한국의 정당과 지도자들도 남유럽 국가 못지않은 험악한 상황에 직면했을 가능성이 높다. 기업의 신용도가 국가보다 높고, 세계 최강 일본 자동차를 중국에서 따돌리고, 세계 시장에서 미국 휴대폰을 이기고 있는 것이 지금 한국 기업들이다. 정치가 경제를 못 따라가서 문제지 기업은 문제가 아니다. 한국으로서는 절호의 기회다. 미국과 중국의 역학관계에서 최대의 이득을 볼 수도 있기 때문이다. 그러나 앞으로가 문제다.

2장

중국의 700년마다 꾸는 꿈,
60년마다 뿜어 나오는 힘

중국 굴기의 주기

중국 굴기의 700년 주기설

중국의 힘은 스케일이다. 우리의 경복궁도 대단하지만 중국의 황궁 자금성은 둘레가 6km이고 9,000개의 문이 있는 방으로 되어 있다. 동쪽의 발해만 산해관山海關에서 서쪽 간쑤성 가욕관嘉峪關에 걸친 만리장성은 6,000km나 된다. 중국은 동서로 5,200km, 남북으로 5,500km나 된다. 캐나다, 러시아에 이은 세계 3대 영토대국이다.

중국은 31개 나라의 연합국이다. 중국에 중국인은 없다. 중국에는 산둥인, 상하이인, 베이징인, 광둥인 등 지역색이 강한 지역민들이 있을 뿐이다. 한족의 자긍심은 시진핑 주석이나 리커창 총리 정도가 연설에서나 쓰는 말이지 국민의 생활에서는 큰 의미도 없고 관심도 없다. 오히려 중국인들은 서로 만나면, 마치 우리가 외국인을 만나면 어느 나라 출신인가를 묻는 것처럼 첫인사가 어느 성 출신인지를 묻는다.

중국의 천지창조신화를 보면 중국의 창조의 주인공은 반구盤古다. 두 팔로 하늘을 떠받치고 서 있었는데 키가 하루에 한 길씩 자랐다고 한다. 그리하여 1만 8000년이 지나자 그의 키도 그만큼 커졌고 덩달아 하늘도 아득히 높아지게 되었다고 한다.

다음은 나무다. 《장자》〈소요유逍遙游〉편에 나오는 초나라에 있는 밍링冥 靈이라고 하는 나무는 500년을 봄, 500년을 가을로 삼고 800년에 한 번 꽃이 피고 800년에 한 번 열매를 맺는다. 대춘大椿이라고 하는 나무는 나이가 1억 6000년으로 8000년이 봄이고, 8000년이 가을이다.

중국 한나라 때인 BC202~AD220년 이전부터 중국 내륙과 인도, 네팔 등을 연결한 교역로인 중국 남부 윈난성의 차와 티베트의 말이 교역된 데서 유래된 차마고도茶馬古道가 있다. 해발 2,000m에서 5,000m를 넘나드는 고원지대를 통과하는 세계에서 가장 높고 험준한 교역로였던 차마고도는 조로서도鳥路鼠道라고도 불리는데, 새와 쥐만이 다닐 수 있는 좁은 길이라는 의미다.

차마고도가 생긴 이유는 평균 해발고도가 4,000m가 넘는 관계로 차를 비롯한 녹색식물의 재배가 불가능했던 티베트인들의 환경 때문이다. 그래서 야크 고기와 젖을 주식으로 할 수밖에 없었던 티베트인들에게는 비타민의 공급원이고 지방분해와 수분공급을 해 건조함을 막아주는 차가 꼭 필요했다.

반면 중국 시안에 도읍을 정한 당나라는 북쪽의 기마민족과 대적하기 위해 많은 말이 필요했고 이 중 상당 부분은 티베트에서 공급했다. 차 생산지인 중국 남부의 윈난 지방 등에서 생산된 보이차가 티베트로 가면 그곳에서 고기나 소금 등과 맞교환하는 상거래가 이뤄졌는데 이 교역로가 바로 차마고도인 것이다.

차마고도 상인들은 5~10여 명씩 무리 지어 말 등에 짐을 싣고 교역에 나섰는데 이들을 마방馬幇이라고 불렀다. 차마고도 중간 기착지에 마방들이 쉬어 가며 물물교환 등을 하던 역참기지가 발달했는데 그것이 오늘날

쿤밍昆明과 따리大理, 리장麗江, 샹그릴라다. 이런 역사를 가진 차마고도의 출발지 윈난에는 수령 2700년 된 차수왕茶樹王이라는 차나무가 있다. 중국의 윈난 보이차는 1000년 이상 된 차나무에서 채취한 보이차인 구수차를 최고로 친다. 나이가 1000년 이상 되는 나무가 많다는 것이다.

거대한 인구와 오랜 황하문명의 역사를 자랑하는 중국인들은 스케일도 크게 역사의 강물은 700년은 동쪽으로, 700년은 서쪽으로 흐른다는 '700년 주기설'을 믿으며 사회주의 신중국 시대에 중국이 역사 이래 다섯 번째 번영기를 맞을 거란 희망을 건다.

기원전 8세기에 주나라가 중국을 통일하며 봉건제를 기반으로 중국을 번영시켰다. 기원전 1세기에 한나라 무제가 등장하면서 군현제로 중국이 번영기를 맞았다. 7세기 당나라 태종 이세민의 통치 시기에, 14세기 명나라 성조 시대에 중국이 번영기를 맞았다. 이제 21세기에는 700년 만에 중국의 사회주의 신중국이 공산당 체제를 중심으로 새로운 궐기를 한다는 것이다.

사회주의 신중국은 모든 정부와 당의 문건에서 2040~2050년을 기대한다고 적는다. 현대문명을 보면 대략 200년 만에 한 번씩 큰 변화를 보였는데, 1842년의 아편전쟁을 중국에서 유럽으로 패권이 넘어간 시기로 본다면 2042년이 200년이 되는 해다. 그래서 2040~2050년은 중국의 굴기崛起 700년 주기와 200년 문명의 변화주기와 대략 일치하는 시기다. 또한 사회주의 신중국은 1949년 개국한 것이고 2049년은 사회주의 신중국 100주년이 되는 해이기도 하다.

중국의 건국 60주년 신드롬

중국의 2000년 역사를 보면 중국에는 '건국 60주년 신드롬'이 있다. 중국의 역대 14개 왕조를 보면 그중 11개 왕조가 개국 후 60년 즈음이 가장 국가의 기氣가 세고 잘나가는 태평성대였다. 한나라 때 문경지치, 당나라 때 정관지치, 청나라 때 강희대제의 시대 모두 건국 60주년 즈음이다.

중국이 시진핑 정부 들어 10%대 성장에서 7%대로 성장률을 낮추자 서방세계에서는 중국 위기론, 중국 붕괴론까지 들고 나온다. 그러나 중국의 역사책을 한번 들여다보면, 건국 60주년 즈음은 중국이 망하는 시기가 아니라 가장 기가 센 시기라는 것을 알 수 있다.

중국의 왕조가 건국 후 60년 즈음에 번영기를 누린 것은 인구대국, 농업국가인 중국의 토지분배와 먹거리 그리고 기후와 관계가 있다. 1800년 간 이어진 중국 역대 왕조의 흥망은 장마, 강우량과 밀접한 상관성이 있었다. 창업 초기 황제들은 새로운 체제와 정치이념으로 부패한 왕조를 무너뜨리고 하늘의 뜻을 받들어 열심히 정사에 힘쓰고 부패를 척결하기 때문에 태평성대가 이어진다. 그러나 인구의 증가가 일어나고 황하강 주변에 모여 산 중국인들은 황하강의 주기적 범람과 인구증가에 따라 먹거리 부족이 주기적으로 발생하게 된다.

국가 창업 후 중기를 넘어가면 창업 황제의 정신을 잃어버린 후대 황제와 관료의 부패가 결국 세수 감소로 이어진다. 세수 부족이 저수지, 운하 등 수리시설의 부실로 이어지고 여기에 홍수와 자연재해가 발생하면 농지 유실과 식량 부족의 악순환이 생기고, 결국 먹고살기 어려운 유랑민이 된 백성의 민중봉기로 연결되어 정권이 바뀐다.

농업대국이었던 중국 역대 왕조의 초기 60년 즈음에 태평성대가 이루어진 것은 무엇보다도 혼란기를 거치면서 감소한 인구와 새 황제가 가진 대토지 소유 덕분에 관료와 백성들에게 나누어 줄 토지가 충분했기 때문이다.

중국 황제와 토지 그리고 먹거리의 역사에서 보면 사회주의 신중국도 예외가 아니다. 사회주의 신중국도 땅으로 시작해 땅으로 일어섰고 땅으로 도약하고 있다. 사회주의 신중국의 과거 60년의 경우도 지주의 토지를 국가가 수용하면서 농민에게 토지를 분배하면서 일어섰다. 공업화를 이룬 지금도 중국의 농민은 인구의 절반인 6.5억 명이나 된다.

그리고 지금 중국은 인류 역사상 최대인 7억 인구가 도시에 살고 있고 10~20년 뒤면 미국과 유럽 인구를 합한 것보다 많은 10억 인구가 도시에 살 판이다. 중국이 미래 20년을 3억~4억 농민의 도시 시민화로 성장을 이어갈 전략을 지금 시진핑 시대에 세우고 있다.

사회주의 신중국의 지도자들은 급격한 인구증가에 대응해 1978년부터 1가구 1자녀 갖기 운동을 벌여 이 조치로 적어도 4억 명 이상의 인구증가를 막았다. 또한 서방세계와 교역을 시작해 공업화를 통해 부족한 식량을 수입해 먹거리 문제를 해결했다. 그래서 수백 년간 인구증가로 인한 식량 부족 현상의 주기적 반복이라는 덫에서도 벗어났다.

신중국은 GDP 증가율의 2~3배에 해당하는 세수의 조달로 정부재정을 튼튼히 하고 도로·항만·철도·댐·수로 건설에 엄청난 국가재원을 털어 넣어 SOC를 개선하고 있다. 사회주의 신중국은 1949년에 개국했으니 건국 후 65년째다. 중국 역대 왕조의 건국 60주년 신드롬에 비추어보면 지금 사회주의 신중국은 붕괴의 시기가 아니라 국가의 기가 가장 센 시기다.

실제로 중국의 최근 10년을 보면 국가의 기세가 날로 강해지고 있다. 2001년 WTO 이후 10년간 세계 넘버2로 부상했고, 일본·러시아 등의 주변 열강들과 게임이 안 되는 수준으로 강해졌다. 이젠 초강대국 미국의 최대 채권자로 부상했고 3.95조 달러의 세계 최대의 외환보유고를 자랑하는 나라가 되었다.

역대로 G2 국가는 G1 국가에 함부로 대들지 않는 것이 관례인데 G2 중국은 미국의 시장개방 압박, 환율절상 압박에도 당당하게 대놓고 '노No'라고 하고 있다. 주변국들과 분쟁에서 한 번도 밀린 적이 없다. 한국, 일본, 베트남, 필리핀 등이 중국과 영토분쟁·경제분쟁이 있었지만 주변국들이 속 시원하게 중국을 밀어붙인 적이 없다.

지금 중국은 정말 700년마다 한 번 오는 대국굴기의 사이클과 개국 후 60년마다 뿜어 나오는 강한 파워가 어우러진 못 말리는 시대가 온 것일까?

중국의 건국 60년의 스타, 3대 명군주

중국인들은 중국이 있게 한 인물 중에서 누구를 가장 중요시할까? 중국 최대의 포털인 바이두의 조사에 따르면 중국에 큰 영향을 미친 이는 사상가, 황제, 발명가, 정치인 순이다. 바이두가 중국에 가장 큰 영향력을 미친 20명의 사람을 조사한 바를 보면 중국인들은 공자를 제1번으로 친다. 중국의 사상체계를 만든 이를 가장 중히 여기는 것이다.

그리고 영토를 넓히고 선정을 베풀어 국력을 높이고 국민을 잘살게 한 황제들이 다음이다. 그다음은 종이나 활자 같은 혁신적인 발명으로 중국 문화의 자존심을 높인 발명가들이다. 마지막으로 부패한 권력과 부실한 제도를 고친 개혁론자 관리들을 꼽는다.

신중국 개국 60년 만에 등장한 제5세대 지도자 시진핑은 누구를 닮고 싶어 할까? 원나라 이후 역대 최대의 영토를 확보한 청나라의 영토를 그대로 이어받은 신중국의 제5대 황제인 시진핑 주석에게는 나라를 세운 창업 황제들은 큰 의미가 없다. 건국 이후 국민을 잘살게 한 황제들이 벤치마크할 모델이다.

역대 중국의 황제 중에서 중국인 마음속의 3대 황제는 바로 당의 태종, 청의 강희제, 명의 영락제다. 중국인 마음속의 가장 위대한 군주는 당 태종 이세민으로 '정관의 치貞觀之治'로 유명한 군주다. 이세민은 중국 당나라의 제2대 황제이며 당 고조 이연의 차남이다.

이세민은 황제에 오르고 나서 농민들에게 균등히 토지를 나누어 주어 조용조제도로 세금을 걷었다. 토지를 받은 사람은 국가에 곡물을 바치고, 1년 중 20일을 국가를 위해 일하며, 직물 등을 바치게 하는 제도로서 이로써 국가는 풍족해지고 민생은 안정되었다.

또한 과거제도를 실시하여 인재를 양성했고, 군사제도는 징병제를 채택했다. 과거제를 통해 많은 인재를 등용시킨 당나라는 나날이 번창해져 갔다. 630년에 이세민은 동돌궐을 정벌하여 텡그리카간天可汗, 즉 천하의 칸 중의 칸이라는 칭호를 얻었으며, 중앙아시아도 정복해 당의 영토를 전 왕조 수나라의 2배로 넓혔다.

중국인 마음속의 두 번째 위대한 군주는 청나라 시대의 강희제다. 강희제는 청나라의 제4대 황제(재위 1661~1722)이자 북방 선양이 수도였던 만주족 청나라가 중국 중원으로 들어가는 관문인 산해관 입관入關 이후 통일 왕조로서 청나라의 두 번째 황제이자 자금성에서 태어난 첫 번째 황제다.

강희제는 1661년 순치제가 죽자 여덟 살의 어린 나이에 황제로 즉위하여 1722년까지 61년간 재위함으로써 중국 역사상 가장 긴 재위기간을 가진 황제였다. 즉위 초에는 어린 나이로 인해 병부상서 오배 등 4명의 보정대신들에게 국정을 일임했디. 1667년, 14세에 친정을 시자했고 2년 뒤에 발생한 오배의 난을 평정하여 실질적으로 조정을 장악했다. 대외정책에서도 외교적·정치적 성공을 거둠으로써 강력한 절대황권을 수립했다.

강희제는 황하와 장강의 치수에 성공하여 농사에 차질이 없도록 했으며, 전란의 와중에도 세금을 줄이고 인두세를 영원히 동결하여 백성의 세 부담을 덜어주었다. 한편으로는 《강희자전》,《고금도서집성》 등 대규모 편찬사업을 벌여 문화 발전과 현대 중국어 어법의 기반을 마련했다. 또한 지배층인 만주족과 피지배층인 한족을 고루 등용하여 조정의 화목을 꾀했다. 그래서 강희제는 중국 역사상 최고의 성군이자 명군을 일컫는 말인

1000년에 한 번 나올 만한 황제라는, 천고일제千古一帝로 불린다.

중국인 마음속의 세 번째 위대한 군주는 명나라 시대의 영락제(1360~1424)로서 명 왕조의 제3대 황제다. 처음에는 지역의 제후인 연왕에 봉해졌으나, 2대 황제인 조카 건문제의 황위 계승 및 제후 숙청에 반발하여 정변을 일으켰다. 난징을 함락시키고 스스로 즉위했다.

영락제는 친히 대군을 이끌고 5번에 걸쳐 몽골족과 교전하여 헤이룽강 하류까지 진출했고 일본과 동남아시아 국가들에 대한 패권 확립, 베트남의 정벌, 티베트의 회유와 티무르 제국과의 전쟁, 남아시아로의 함대 파견, 항해가 정화 파견과 문물 교류 등의 팽창정책을 추진했다. 내정에서는 홍무제의 방침을 거의 대부분 계승하면서 황권을 강화했고, 그의 치세기간 중 명나라는 전성기를 누렸다.

중국의 3대 명군주에 비추어본 시진핑

중국 3대 명군주의 특징의 첫 번째는 험난했던 집권 과정이다. 권력의 암투 중에서 힘겹게 그리고 어려운 시간을 보내고 나서야 권좌에 올랐다. 또 정적에 대해서는 무자비할 정도로 가혹하게 처단을 내렸다. 두 번째는 집권 후 황제의 권한을 확보한 이후에는 군사적·외교적인 역량으로 영토확장과 국방안전을 이루었다는 것이다. 세 번째는 SOC 구축과 각종 제도개혁을 통한 민생안정이었고, 네 번째는 문화산업 육성이었고, 다섯 번째는 우수한 인재 양성과 발탁이었다.

역대 3대 성군의 특징을 모두 내포하고 있다는 평을 듣고 있는 시진핑이 중국 특유의 온고지신의 지혜를 어떻게 살릴 것인지 지켜보는 일은 흥미진진하다. 상하이파와 공청단파의 양대 권력의 치열한 권력투쟁의 틈바구니에서 태자당파인 시진핑은 절묘하게 상하이파의 지지를 등에 업고주석의 자리에 올랐다. 집권 이후 부패 타파를 기치로 내걸고 잠재적인 정적과 부패한 관리를 손보고 있다.

또한 제18기 3중전회三中全會(중앙위원회 3차 전체회의)를 통해 미국의 견제와 주변국 간의 영토분쟁을 기회로 국가권력의 모든 부분을 아우르는 국가안전위원회의 설립을 통과시키고 인사권을 시진핑이 가지면서 상하이방의 꼭두각시가 아니라 시진핑의 독자적인 권력을 확보했다. 시진핑은 역대 지도자 중 가장 약체로 출발했지만 기존 세력의 영향력에서 벗어난 강력한 권력을 확보했다.

시진핑 정부는 집권 이래 동중국해의 방공식별구역과 남중국해의 해상식별구역을 선포했다. 주변국의 반발에도 중국의 태평양에 대한 집요한 진출의 꿈은 지속되고 있다.

중국은 GPS 전용 위성인 베이더우를 발사해 공중에서 지상의 이동을 완벽하게 감지하고 있고 달 탐사선 창어와 유인우주선 선저우, 그리고 우주정거장인 톈궁까지 궤도진입에 성공했다. 중국은 해양과 우주로까지 그 영역을 넓히는 작업을 진행하고 있는 것이다.

시진핑 정부는 집권하면서 제도개혁을 내세워 토지, 사람, 금융, 국유기업의 4대 개혁을 추진하고 있고 분배개혁과 조세개혁을 통해 민생안정에 주력하고 있다. 또한 정부 6대 핵심사업에 환경을 추가하고 생태문명 건설에 주력하고 있다. 문화사업에도 주력해 중화사상의 국제화에도 힘을 기울이고 있다.

역사의 황제들이 추진한 정책과 시진핑의 정책은 시대의 흐름에 따라 색깔만 바뀌었지 그 내용은 대동소이大同小異하다. 옛것을 익히고 발전시켜 새로운 것을 만들어내는 중국의 특성이 이번 시진핑 시대에서도 이루어질지 궁금하다.

02

중국, 함부로 예측하지 마라

100년 계획으로 국가를 운영하는 나라

역대 강대국의 건국과 수명을 보면 국가지도자의 통의 크기와 미래를 보는 시야가 그 나라의 수명과 운명을 결정했다. 국가 마스터 플랜을 잘 세운 나라는 500년을, 제대로 된 백년대계가 없었던 나라는 힘이 강해도 오래가지 못했다.

2000년의 역사를 가진 중국은 역사의 교훈 때문인지 국가 계획도 스케일이 크다. 백년대계를 만들고 이를 단계적으로 실행한다. 사회주의 신중국도 국가의 장기 계획은 100년이 기본이다. 1919년에 공산주의를 발기했고 1949년에 국가를 세운 중국은 2020년과 2050년을 국가의 백년대계 완성의 중간 지점과 골인 지점으로 삼는다.

한국에는 국가 백년대계가 있는가? 5년 단위 단임제 대통령제도에서 5년마다 세상이 뒤집어진다. 10년을 내다보는 계획도 없는데 100년을 내다보는 국가 계획이 있을 리 없다. 한국뿐만 아니라 4년 임기제의 대통령과 총리 제도를 도입하고 있는 서방세계는 지금 진정 카오스다.

표에 목숨 건 정치인들의 인기놀이에 나라가 거덜 나고 이제는 아직 태어나지도 않은 아들과 손자들의 주머니를 털어먹고 있다. 4년이라는 짧은 시간에 뭔가를 이루기 어렵고 사사건건 시비 거는 야당 때문에 뭔가 큰 거 한 건 이루기가 어려운 구조다.

그런데 사회주의 1당독재 중국은 100년 계획이 있다. 창당 100주년인 2020년, 건국 100주년인 2050년에 달성할 원대한 국가의 목표를 세우고 이를 50년 단위로 자르고 5년 단위로 계획을 세우고 실천하고 있다. 이미 중국은 5년 단위의 국가 계획을 12차례 시행했다. 중국은 한 번 주석이 되면 5년씩 2번 중임해서 10년을 집권하지만 국가의 백년대계로 보면 한 주석의 임기 10년은 100년 계획의 10%를 달성하는 기간이다.

따라서 서방의 지도자들과는 달리 중국은 4~5년 안에 뭔가 한 건 해야 한다는 강박관념에서 벗어나 있다. 그래서 중국의 경제·외교정책은 서방세계에 비해 일관성이 있다. 이는 지도자의 미래를 보는 시야의 차이에서 시작된다. 4년을 내다보는 전략과 10년을 내다보는 전략은 차이가 날 수밖에 없다. 그것이 최근 10년간 미국, 일본, 한국이 중국과 붙었을 때 별 재미를 못 본 진짜 이유다.

리더를 20년간 훈련시키는 나라

최근 30년간 사회주의 중국의 승승장구는 여러 가지 이유가 있지만 그중 하나는 중국만이 가진 중국 특색의 리더십 양성 프로그램과 집단지도체제 덕분이다. 선진국의 4~5년 단위의 짧은 통치기간을 가지는 선거형 대통령과는 달리 중국은 적어도 20년 이상 지도자의 관리 프로그램을 거친 검증된 지도자가 최고지도자가 되어 10년을 통치하는 나라다. 또한 1당독재이긴 하지만 내부적으로 보면 그간의 마오쩌둥 등 창업자의 정책적 과오를 참고해서 한 사람의 정책결정에서 오는 문제점을 보완하기 위해 집단지도체제를 완성했다.

중국은 공산당 1당독재체제이지만 당 내부의 의사결정은 7명의 당 상무위원, 즉 7명의 황제가 공동으로 나라를 다스리는 집단지도체제다. 주석이 절대권력을 가지는 것이 아니라 7명의 상무위원들이 서열은 있지만 각자가 국정의 일정 부분을 맡아 분업하는 시스템이다. 중국의 국가급 지도자는 25명의 정치국원이다. 이들 중 7명이 정치국 상무위원으로 등극하고 이들의 대표가 주석이다. 중국은 18대 시진핑 주석이 들어서면서 정치국 중심의 의사결정을 강조하고 있다. 중국의 국가지도자는 어떻게 양성되고 선출되고, 어떻게 의사결정을 할까?

중국은 8,500만 명의 공산당원 중에서 두각을 나타낸 40대 중에서 국가급 지도자가 될 만한 재목을 선정하고 이들을 국가를 다스릴 지도자로 육성한다. 이를 위해 집중적으로 경력관리를 하고 위기관리 능력과 국

중국 정치지도자의 구성

[정치국 상무위원]

순위	성명	연령	직무
1	시진핑	59	총서기, 국가주석, 중앙군사위 주석
2	리커창	57	총리
3	장더장	66	전인대 대표 상무위원장
4	위성성	67	정협 주석
5	류원산	65	중앙서기처 서기, 중앙 당교 교장
6	왕치산	64	중앙기율검사위원회 서기
7	장가오리	66	부총리

피라미드:
- 총서기 1명
- 정치국 상무위원 7명
- 정치국원 25명
- 중앙위원 205명
- 후보위원 171명
- 당대표대회 2,268명
- 당원 8,512.7만 명
- 국민 13.6억 명

[정치국 위원]

성명	연령	현 직무
궈진룽	65	베이징시 당위서기
한정	58	상하이시 당위서기
쑨춘란	62	톈진시 당위서기
쑨정차	49	충칭시 당위서기
후춘화	49	광둥시 당위서기
자오러지	55	당 중앙조직부장
장춘셴	59	신장자치구 당위서기
류치바오	59	당 중앙선전부장
멍젠주	65	당 법위 서기
리잔수	62	당 중앙판공청 주임
류옌둥	67	부총리
왕양	57	부총리
마카이	66	부총리
왕후닝	57	중앙정책연구실 주임
리위안차오	62	국가부주석
리젠궈	66	전인대 부위원장
판창룽	65	중앙군사위 부주석
쉬치량	62	중앙군사위 부주석

자료: 중국정부망

정관리 능력을 키우는 시스템을 가지고 있다. 고르고 고른 인재를 20년 간 훈련하고 검증하고 난 뒤 최고지도자의 자리에 올리는 프로그램인 것이다.

중국의 최고지도자는 적어도 40대부터 발탁되어 지방의 가장 열악한 지방성 지도자를 하면서 행정 경험을 쌓는다. 그리고 거기서 뛰어난 성과를 보이면 지방의 대형 성省과 시市를 관리하게 하면서 동시에 중앙의 정치국 위원으로 등극시킨다. 그리고 난 뒤 국가의 대사를 맡겨 차질 없이 수행하여 국정을 수행할 능력을 보여주어야만 최고지도자의 자리에 오를 수 있다.

그래서 중국의 최고지도자는 반드시 4단계를 거쳐야 한다. 첫째, 31개 지방성 성장이나 당서기 등의 지방관리 경험이 있어야 한다. 둘째, 25명의 국가급 지도자인 중앙의 정치국원을 거쳐야 한다. 셋째, 중국을 실질적으로 다스리는 7명의 황제인 정치국 상무위원을 거쳐야 한다. 넷째, 차기 주석과 총리는 본인의 임기 5년 전부터 현직의 주석과 총리를 보좌하면서 주석과 총리 실습기간을 거쳐야 한다. 그리고 자기 임기 직전 당대회의 주요 정책과 강령의 수립에 조장으로 참여해 차기 국정의 어젠다를 작성해야 한다.

2013년 제18대 당대회에서 선출된 지도자의 경우 7인의 상무위원을 포함한 25명의 정치국 위원들은 평균 4년의 지방성 부副성장의 경험과 9.3년의 지방성의 성장과 당서기의 경험으로 총 13.3년의 지방근무 경험을 가지고 있다.

정치국 상무위원은 과거에는 5인제, 6인제, 7인제, 9인제로 변화가 있었고 현재는 7인제다. 마오쩌둥 집권 시기에 집단지도체제가 도입되었지만 당시에는 통치반班의 개념이 강했고 주석인 마오쩌둥이 반장班長 또는 가장大家長의 역할로 반장의 역할이 중시되었다.

개인의 지도력에 편중된 문화대혁명과 같은 문제점을 겪은 후 1992년부터 현재와 같은 중앙정치국, 중앙정치국 상무위원회, 중앙서기처의 3대기구 중심의 집단지도체제가 완성되었고 장쩌민 이후 집단지도체제, 민주집중제의 회의결정 시스템이 도입되었다.

집단 의사결정의 메커니즘은 외부 브레인外腦과 내부 브레인内腦으로 나누어진다. 외부 브레인은 중국의 민중과 국내의 각종 싱크탱크와 지방의 4대 기관, 즉 주요 성급의 당위원회, 정부, 인민대표대회, 정협으로 구성된다. 내부 브레인은 중앙정치국 상무위원회가 핵심이 되고 국무원, 전인대, 정협의 3대 기구가 여기에 포함된다.

주요 의사결정의 기관은 7인의 상무위원회인데 각 상무위원들은 각자의 담당 업무가 분업화되어 있고 중국의 8대 핵심기관(중앙위원회, 전국인민대표회의, 국무원, 중앙군사위원회, 인민정치협상회의, 중앙기율검사위원회, 중앙선전부, 중앙정법위원회)을 대표해 회의상에서 개인의 의견과 기관장의 입장에서 의견을 발표한다. 각 상무위원은 의사결정 전에 각 기구에 자문을 구하고 또 의사결정 후에는 각 기관에 결과를 전달하고 각자가 맡은 분야에 대해 실행을 하는 구조다.

중국의 상무위원회 의사결정에서 가장 중요한 특징 중의 하나는 반드시 현지조사를 한다는 것이다. 실사구시의 방침이 확실하다. 이는 마오쩌둥이 집단제도체제를 만들면서 '현지조사가 없으면 발언권도 없다没有调查, 没有发言权'는 관례를 만들었기 때문이다. 그래서 중국의 최고지도자 7명은 반드시 현장조사를 하고 정책결정에 참여한다. 1992년 덩샤오핑이 84세의 고령에도 불구하고 남쪽 지역을 방문해 현장조사하고 남순강화를 하면서 사회주의 시장경제와 개혁개방을 실시한 것이 대표적인 사례다.

15대(1997) 정치국 상무위원 7인은 전국 각지의 현지조사를 237회, 1인당 34회를 실시했고, 16대(2002) 9명의 상무위원은 352회, 1인당 39회,

17대(2007) 9명의 상무위원은 386회, 1인당 43회의 현지조사를 실시했다. 또한 상무위원은 해외출장을 통한 국제조사도 실시하는데 15대 7명의 상무위원은 224회, 16대에는 219회의 해외출장을 다녀왔다. 또 각종 국제회의에도 참석하는데 15대에는 31회, 16대도 28회의 국제회의에 참석했다.

또한 중국은 공부하는 나라다. 선거 후 논공행상에 혈안이 된 서방국가와는 달리 모든 국가지도자가 매달 모여 국내외의 핫이슈를 최고의 전문가를 모셔 강의를 듣고 토론하는 집단학습集体学习의 지도자 교육 시스템이 있는 나라다.

시진핑 주석은 집권 이후 2013년 말까지 12차례 지방시찰을 다녀왔고, 14개국을 순방했고, 63차례의 각종 회의를 주재했고, 12차례의 집단학습에 모두 참여해 공부했다. 2003년부터 2013년 10월까지 중국의 최고지도자들은 152명의 중국의 최고 전문가들을 선생님으로 모셔 총 86차례의 집단학습을 실시했다. 주제는 15개로 국정의 모든 분야를 망라하는 것이었고, 경제발전에 관한 주제가 18회로 가장 많았다.

집단학습에서 강의한 중국 최고 전문가들의 출신을 보면 사회과학원이 38명으로 가장 많았고, 국무원발전연구중심 13명, 국가발전개혁위원회 10명, 중국인민대학 9명, 중앙당교 8명, 군사과학원 8명, 칭화대학 7명, 중국당사연구실 7명, 베이징대학 5명, 국방대학 4명 순이다.

함부로 예측하면 틀리는 나라

최근 20년간 중국에 관한 예측은 모두 다 틀렸다. 서방세계에서는 1당독재의 고성장 국가의 번영에 대해 말이 많았다. 중국 황화론黄禍論, 중국위기론을 얘기하다가 금융위기의 와중에서 중국이 G2의 자리에 오르자 중국 굴기론, 중국 역할론이 등장했다. 그러다 중국에 새 정부가 들어서고

성장률이 7%대로 떨어지자 중국 금융위기론, 중국 붕괴론이 다시 나오고 있다.

최근 20여 년간을 보면 중국 예측은 끊임없는 오류의 연속이었다. 아무도 중국의 성장률도, 중국의 위기도, 부동산가격도, 무역수지 흑자도 맞힌 사람이 없다. 비관론자는 완전히 방향이 거꾸로 가서 망연자실이고 낙관론자는 예상보다 더 높은 수치에 당황했다. 이유는 무엇일까?

첫째는 13.6억의 산수다. 인류 역사상 미국, 유럽, 일본을 합한 것보다 더 큰 13.6억의 인구가 한 나라로 부상하는 것을 본 적이 없기 때문이다. 5,000만, 1억, 3억의 시각으로 13.6억을 보면 모조리 틀린다. 뭐든 13.6억을 곱하면 세계 최대이고 13.6억으로 나누면 보잘것없어지는 것이 '중국만이 가진 13.6억의 셈법'이다.

사실 진정한 중국 전문가는 지구상에 없다. 중국 자신도 어디로 얼마나 빠른 속도로 갈 것인지 잘 모른다. 중국도 각종 통계를 사후적으로 계속 수정한다. 중국도 13.6억의 인구가 움직인 것은 지금이 처음이기 때문이다. 중국이 인구대국이라고 하지만 인구가 6,000만 명이 넘은 것은 1200년대 송나라 때가 처음이고 다시 1억 명이 넘어선 것이 1700년대 청나라 때였다. 신중국이 건국된 1949년에 겨우 5억 명이었는데 불과 64년 만에 13.6억 명으로 2.7배가 늘었다.

중국은 몸집이 역대 어떤 나라보다 큰 항공모함이다. 거대한 항공모함은 시동을 거는 데 오래 걸리지만 일단 시동이 걸리면 스스로의 무게와 강한 추진력 때문에 얼마나 빠른 속도로, 얼마나 멀리 갈지 아무도 모른다. 서방세계의 작은 규모의 배의 크기와 속도의 경험으로 중국을 측정하고 예측하면 모조리 틀린다.

둘째는 중국어와 중국 경험이다. 서방의 많은 중국 예측자 중에서 중국에서 공부했고, 살아봤고, 일해본 사람은 거의 없다. 〈파이낸셜타임스〉,

〈월스트리트저널〉, 〈블룸버그〉 등 매체의 영향이 크다. 서방의 중국 전문가가 이들 매체를 통해 코멘트를 하면 전 세계가 그대로 번역해서 전재하는 바람에 이들의 의견이 정답인 것처럼 알려졌지만, 시간이 지나 실제와 예측력을 비교해보면 모두 엉터리다.

자료의 생산지인 중국 자체가 영어에 약하다. 중국의 중문 홈페이지와 영문 홈페이지를 보면 자료의 양과 질에서 천지차이가 난다는 것을 알 수 있다. 부실한 영어 자료를 보고 중국어가 안 되는 사람들이 인터넷과 2차, 3차 가공된 영어로 된 자료로 미국, 유럽의 과거 사례를 대입해 예측치의 답을 냈으니 맞을 리가 없다.

국력은 먼저 양量이 있어야 질質이 나온다. 많은 전문가가 중국이 10~20년 안에 미국을 경제규모에서 추월하는 것에 대해 가능한 일이지만 그렇다고 중국이 미국을 넘어서는 건 멀었다는 주장을 한다.

그러나 세계 대국의 역사를 보면 하드 파워 없이 소프트 파워가 먼저 생긴 나라는 없다. 양이 있고 나서야 질이다. 1등 하면 1등의 기준이 질이고 법이고 최선의 논리다. 미국식 시스템과 기준이 지금은 최고지만 100년 전에는 영국, 그 이전에는 로마, 아시아에서는 중국의 것이 세계의 시스템이고 최고이 선善이었다.

중국이 양으로 미국을 넘어서면 질로 못 이겼기 때문에 여전히 미국이 최강이라는 것은 환상이다. 양이 넘어서는 순간 그 양을 가진 나라의 기준과 법과 질서가 빠른 속도로 소프트 파워로 자리 잡는다. 또한 양을 빼앗긴 나라의 소프트 파워는 순식간에 몰락한다. 그래서 양이 중요하고 양의 교체가 의미 있다.

한계도 있고 시간도 필요한 나라

그러나 중국이 초강대국으로 부상하는 데 있어서 넘어야 할 산이 2개 있다. 하나는 에너지 문제이고, 다른 하나는 문명이다. 더 이상 지구를 괴롭히지 않는 성장모형과 지난 100여 년간 총칼, 미사일, 핵무기로 인해 많은 피로 물든 지구촌을 달래고 리드할 문명의 리더십이다. 이를 넘지 못하면 강대국으로서 한계가 있고 이 문제를 해결하는 것이 진정한 새로운 초강대국의 부상이다.

지금 중국을 선두로 인도 그리고 아세안 국가들, 소위 히말라야 경제권이 부상하고 있다. 인류가 공업혁명 이후 250년간 살아온 방식인 대량생산, 대량소비의 방식은 전 세계 인구의 15%, 선진국인 미국, 유럽, 아시아의 일본 정도가 누리던 혜택이었다. 그리고 개도국들은 경제의 낙후로 저생산, 저소비로 살아오면서 지구의 자원을 상대적으로 적게 사용했기 때문에 지구 전체적으로는 선진국의 고성장, 대량소비가 가능했다.

그러나 지난 250년간 선진국이 공업화 과정에서 내뿜은 CO_2가 지구의 대기권 오존에 구멍을 낸 데다 개도국의 경제발전으로 엄청난 CO_2가 방출되면서 더 이상 250년간 선진국이 누린 모델로는 후발자인 개도국이 성장하기는 어렵다. 더 이상 지구가 견디기 어려운 상황에 이르렀기 때문이다.

이제 히말라야 산맥을 머리에 이고 사는 전 세계 인구의 57%가 몰려 있는 히말라야 경제권의 급성장이 큰 문제로 등장했다. 히말라야 경제권의 40억 인구가 선진국이 했던 방식으로 산업화를 추진하고 소비한다면 지구는 거대한 자원전쟁과 환경전쟁에 봉착할 수밖에 없다.

지구온난화, 에너지 가격의 상승, 자원가격의 상승은 피할 길이 없고 특히 에너지의 폭발적 소비증가는 빨리 대책을 세우지 않으면 대형 사고가 난다. 그러나 에너지 수요를 예전 수준으로 줄일 방법은 없다. 이는 경제의 10~20년간 마이너스 성장을 의미하지만 현실적으로 이를 감내할 수 있는 나라는 없다.

대안은 결국 대체에너지 개발과 더불어 에너지 효율을 크게 높이는 것이다. 그러나 대체에너지가 전체 에너지 공급의 상당한 수준을 차지할 때까지 적어도 10~20년 이상의 긴 시간이 소요된다. 그래서 중국과 같이 공업화가 막 끝나 세계 최대의 에너지 소비국인 나라는 환경과 에너지 문제를 주도적으로 해결하지 못하면 초강대국의 꿈은 그야말로 꿈으로 끝난다.

정치적 힘, 경제적 힘, 군사적 힘이 패권의 주요소이지만 그 배후에는 문명이라는 큰 그림이 병풍처럼 받치고 있다. 역대 어떤 강대국이건 문명 없이 세계를 지배한 나라는 없다. 제국은 예외 없이 문화강국이고 문명국이다. 18세기 이후 200년 이상 세계를 장악해온 문명은 유럽 문명이고 최근 60~70년은 미국 문명이 세계를 지배하고 있다.

제국주의, 식민지의 무자비한 자원수탈, 대규모 노예장사, 전쟁, 환경파괴가 최근 250년간의 유럽과 미국이 지배한 세계의 어두운 그림자다. 그러나 자유와 인권 그리고 관용이라는 문명이 존재했기 때문에 세계 지배가 가능했다. 물론 지금은 초기의 정신은 타락하고 변모해서 추한 모습을 드러내고 있는 것도 사실이고, 그것이 새로운 세력의 등장을 알리는 조짐일 수 있다.

미국에 이은 세계의 패권으로는 중국의 중화문명이 유력 후보다. 그러나 중화문명은 박물관에서나 찾을 수 있는 250년 전의 박제된 물건일 뿐 지금 중국의 문명은 아니다. 사회주의 신중국이 들어서면서 종교와 자유를 제한하고 2000여 년의 공자 문화를 없앴다.

신중국 건국 이후 두 세대가 지난 지금 물질문명의 풍요 속에 정신문명의 결핍에 시달리는 것이 사회주의 신중국의 현재 모습이다. 공자 사당을 부수고 《논어》를 불태웠던 공산당이 다시 공자 학원을 전 세계에 짓고 천안문 광장에 공자상을 세웠지만, 이미 중국 인민들의 마음에서 떠난 공자는 다시 공산당의 나라로 돌아올 생각을 하지 않고 있다.

정체성이 모호한 중국식 사회주의 문명, 박제돼버린 중화문명은 세계를 이끌 새로운 문명의 대안으로 보이지 않는다. 세계 어느 나라도 중국식 사회주의 문명, 중화문명을 본받고 싶은 나라는 없기 때문이다. 중국의 새 정부가 집권하면서 내건 슬로건이 '중화민족의 부흥'이다. 지금 중국은 문명의 단계에서 보면 제로 베이스에서 잃어버린, 잊어버린 중국의 정신과 문명을 겨우 찾는 단계일 뿐이다.

그리고 설사 다시 찾았다 하더라도 찾은 정신을 아시아로, 세계로 수출할 만한 정신과 문명으로 업그레이드를 시키는 데는 중국이 최근 30년간 이룬 경제의 기적보다 더 큰 기적이 일어나야 가능하지 않을까 싶다. 중국이 지배하는 세상이 아니라 중국이 인류를 위해 공헌하는 세상이 진정한 중국이 지배하는 세계이지만 그 단계까지는 아직 긴 시간이 걸릴 것으로 보인다.

그러나 무서운 것은 패권을 잡은 국가는 그것이 잘된 문명이든, 잘못된 문명이든 스스로가 문명을 강요하고 이미지 조작을 통해 다른 이를 현혹시키고 또 새로운 룰을 만들어 그 문화가 최고의 문화가 되게 해버린다는 것이다. 또한 국가가 강해지면 그 나라를 모방하고 추종하는 나라와 세력이 나오고, 그것이 또 새로운 문화 확산의 요인이 된다. 그리고 강해진 국가는 스스로 모순을 정리하면서 더 강해지거나 모순을 정리하지 못하고 단명한다.

스페인, 네덜란드, 영국, 미국을 보면 모두 무자비하고 잔인한 식민지배와 인종차별을 가진 나라들이었고 이들이 최근 500년간 세계를 주도했다. 영국은 식민지를 가혹하게 탄압하고 식민지의 사람들은 설사 인격과 학식이 하늘을 찔러도 개와 같은 수준으로 대했다. 식당에서 개와 식민지 출신은 출입을 금했던 나라다.

인권국가 미국의 경우 그것은 백인들의 인권이지 유색인종의 인권은 더 열악했다. 미국도 아메리카 대륙의 인디언 종족을 말살시켰고, 살아남은 인디언은 인디언보호구역을 만들어 동물원의 동물 취급을 했다. 아프리카 인디언을 노예로 끌고 와 염전노예보다 더 가혹한 환경에서 부려먹었다. 흑인해방을 했다지만 상대적 빈곤을 따지면 흑인 대통령을 배출했어도 예나 지금이나 미국 흑인들의 생활은 별반 나아진 것이 없다.

경제패권에서 군사패권이 나오고 거기서 문화패권이 나온다. 콜라와 햄버거가 세계적인 음식이고 젊은이의 음식이다. 할리우드와 미군이 유행시킨 또 다른 소프트 파워다. 미국이 주장하고 만든 무역자유화, 글로벌화는 강한 문화, 강한 공업제품, 강한 브랜드, 강한 금융을 가진 미국이 최대 수혜자였다. 어설픈 글로벌화로 시장 문을 활짝 연 신흥국은 미국이 금리를 내렸다 올릴 때마다 금융위기로 경제가 몸살을 앓았다.

만약 중국이 경제적으로 세계의 패자가 된다면 그때는 새로운 '룰 메이커'로서 중국은 미국과는 다른 새로운 룰을 만들게 된다. 중국이 중요한 이유는 바로 여기에 있다. 중국이 써나갈 룰이 잘못되면 아시아는 물론이고 전 세계가 불행에 빠진다. 경제패권 이후에 나올 군사패권, 문화패권에서 중국이 실수하지 않도록 아시아가, 세계가 견제하고 감시하고 협조해야 할 필요가 있다.

03

대국에서 강국으로 가는
길목에 선 중국

패권의 역사 길면 200년, 짧으면 50년

1500년 이후 세계는 9개 국가가 서로 패권쟁탈전을 벌여왔다. 이들 9개 국가의 평균적인 패권의 존속기간은 100년이었다. 가장 패권 존속기간이 길었던 것은 영국으로 200년, 가장 짧았던 것이 일본으로 51년이다. 패권의 변화는 항상 기술의 변화와 함께 왔다. 이번 금융위기가 세계 역사의 패권이 변하는 변곡점이라면 신성장산업이 등장하면서 새로운 패권국도 점진적으로 부상할 전망이다.

1500년 이전 역사를 놓고 보면 아시아는 잘사는 세계의 중심이었고, 유럽은 못사는 변방이었다. 농업의 발달이 아시아를 인구대국으로 만들었고, 인구대국은 바로 강대국이었다. 아시아의 선진문명과 높은 수준의 상품, 풍부한 먹거리는 유럽과 서아시아 유목민족들에게는 항상 동경의 대상이었다. 아시아의 중심부를 품었던 맹주 중국은 자신의 입장에서 소위 변방의 오랑캐들을 교화하고 중국의 수준 높은 문화를 전파하는 것을 자랑으로 생각했다.

마르코 폴로가 유럽에서 중국을 찾아오기 1400년 전에 이미 동양은 유럽을 발견했다. 한나라 때 무제의 명을 받은 장건이 서역, 유럽을 방문하고 돌아오면서 실크로드를 개척했다. 바닷길도 마찬가지다. 명나라 시대 정화는 아메리카 대륙을 발견한 콜럼버스와는 게임이 되지 않을 거대 함대를 거느리고 인도양과 아프리카까지 정복했다.

서아시아와 유럽과의 교역 루트였던 실크로드의 역사에서 보면 중국은 지금으로 말하면 '하이테크 제품의 수출업자'였고, 서방은 호박, 유리, 은 등 진귀한 보석으로 이들을 사다가 자국민들에게 재판매를 하는 '수입업자'였다.

좁고 척박한 땅과 자연환경에서 수많은 민족이 치고받으면서 전쟁기술을 발전시켜온 유럽은 오래전부터 아시아의 풍부한 물산과 양질의 상품에 눈독을 들였다. 유럽 국가들이 대양항로 개척에 혈안이 되어 있었던 데는 이유가 있었다.

비단, 면직물, 도자기, 향신료, 차 같은 돈이 되는 아시아 상품을 중간에 있는 산적과 같은 중앙아시아의 선비족, 돌궐족, 흉노족 등 무서운 기마민족들을 피해 안전하게 수입할 수 있는 루트를 확보하기 위함이었다.

그전까지만 해도 유럽은 금이니 온 같은 귀금속 화폐도 부족하고 아시아 시장에 내다 팔 수 있는 변변한 물건도 없어서 아시아 상품을 마음껏 사들이지 못했다. 그런데 신대륙의 발견이라는 횡재를 통해 신대륙에 있는 엄청난 양의 은을 발견한다. 이것을 약탈을 통해 획득하면서 유럽에 은이 굴러들어 오게 된다.

신대륙에서 약탈을 통해 획득하게 된 은은 이런 유럽의 어려움을 한 방에 해결해주었다. 유럽은 '신대륙의 은'을 통해 아시아의 하이테크 상품, 문화 상품과 럭셔리 상품을 구매하면서 아시아의 문화를 마음껏 맛볼 수 있게 된 것이다.

21세기가 된 지금 세계의 공장이 된 중국과 대만, 한국, 일본 등 아시아가 제조하는 물건들이 없으면 서방세계의 슈퍼마켓은 팔 물건이 없어 문을 닫아야 할 판이다. 서방세계는 지금 '메이드 인 아시아' 없이 살아갈 수 없는 상황이다. 기술혁명의 후처리 생산공정을 전량 아시아가 담당하고 있고, 금융혁명으로 21세기의 '은'은 바로 유럽이 신대륙이라고 불렀던 미국이 찍어내는 종이돈 '달러'가 되었다.

2000년 인류 역사를 보면 시간이 흘러도 근세 200여 년의 짧은 시간을 제외하고는 아시아의 생산력이 예나 지금이나 세계 경제를 끌고 가는 힘이었다. 아시아가 다시 스스로의 패권을 찾으려면 서방세계와 다시 1차례 은의 전쟁, 즉 통화전쟁을 할 수밖에 없어 보인다. 그 전쟁의 중심에 아시아의 맹주였던 중국이 서 있다.

중국, 식민지 없이 G2를 이룬 나라

인구 3억도 안 되는 작은 내수시장을 가진 서방세계 국가들의 지난 250년의 성장은 기술혁신으로 인한 과잉생산 해소를 위해 끊임없이 식민지 확보와 침략을 통한 피비린내 나는 전쟁을 통해 이룬 것이다.

서방세계에서 패권을 잡은 나라, 예를 들면 영국, 미국의 내부는 상대적으로 양호한 것처럼 보이지만 그 패권확보 과정에서 발생한 국가 간의 인권 문제, 불평등 문제, 분배 문제는 상상을 초월한다. 이런 모든 문제의 근원은 나라 규모가 작아 생산인력을 확보하고 소비시장을 확보하기 위함이었다.

그런데 중국이 약간 다른 것은 중국은 최근 30년간의 성장에서 세계 역사상 최단기간에 G2로 올라섰지만 식민지 확보나 물건을 팔기 위한 침략전쟁을 하지 않고 세계 2위로 올라섰다는 것이다. 물론 글로벌화로 선진국이 중국의 과잉생산을 소화해준 것도 당연히 있다. 미국과 유럽 인구를 합한 것보다 더 큰 '13.6억의 인구'가 있어 생산에서도, 소비에서도 식민지 없이 성장할 수 있는 엄청난 잠재력을 갖추고 있었다는 것이다.

현재 세계가 쳐다보는 영웅, 미국의 성장을 좀 더 긴 시각으로 자세히 들여다보면 지금 중국과 별 차이가 없었다. 영국의 식민지에서 출발한 미국은 아메리카의 소수민족이었던 토착 인디언 말살과 같은 종족분쟁이 있었고, 링컨 대통령 이전에는 아프리카 흑인들을 노예로 사 와서 부려먹는 인신매매업을 했던, 당시 흑인들의 인권 사각지대였다. 1930년대에는 세계에서 가장 부패한 나라가 미국이었다. 그 이후에는 전 세계 모든 지역의 전쟁에 관여해 피비린내 나는 전장에서 돈을 챙겼다.

자동차와 철강 등 굴뚝산업의 원천기술은 유럽에서 건너온 것이었고, 미국을 초강대국으로 일어서게 한 것은 IT 하이테크 기술과 금융이다. 미국이 초강대국이 된 것은 이 두 분야에서 패권을 잡았기 때문이다. 그런데 좀 시니컬하게 보자면 미국이 자랑하는 하이테크 산업은 모두 사람 죽이는 '전쟁기술'에서 나온 것이다.

소련과의 대륙 간 탄도탄 경쟁에서 탄착지점의 정확한 예측을 하려고 개발한 기술이 반도체와 컴퓨터다. 모토로라가 만든 휴대폰의 아버지는 무전기다. 적을 발견하고 누가 더 빠른 무전기로 명령을 내려 사격을 하느냐가 전쟁의 승패를 가르기 때문에 통신기술이 중요했다. 소련이 망하자 미 국방부가 더 이상 무전을 도청당할 위험이 없어지자 내버린 기술이 CDMA 무선통신기술이다.

암호화가 월등히 우수했던 퀄컴 사가 개발했던 CDMA 무선통신기술이 졸지에 개 밥그릇이 된 것이다. 그런데 구멍가게 벤처기업, 퀄컴의 CDMA 기술을 상용화시켜 세계적인 스타로 만든 것은 바로 우리 한국이다. 남북이 서로 대치해 무선의 암호화가 여전히 필요했기 때문이다. 인터넷은 미국이 소련의 미사일 폭격으로 핵심정보가 파괴되는 것을 막기 위해 정보를 분산저장 처리할 필요성 때문에 시작한 것이고, 이것이 민간으로 사용이 확산된 것이다.

이런 미국이 개발한 하이테크 기술은 상대방을 죽이는 데 맨 먼저 사용되었다. 이들 기술은 전쟁이 끝나면 상업용으로 전용되어 죽은 자의 영혼을 기리며 산 자의 일상생활에 편리함으로 속죄하면서 파고들었다. 여기에 월스트리트의 금융이 돈을 대서 군수기술을 대대적으로 상업화시켜 전 세계에 팔아먹으면서 미국을 세계의 초강대국으로 일으켜 세운 것이다. 그래서 반도체, 컴퓨터, 인터넷, 이동통신 등의 하이테크 기술은 모두 전쟁의 부산물들이다. 따라서 전쟁과 하이테크 산업, 금융은 '악연으로 맺어진 친구들'이다.

미국이 이들 하이테크와 금융으로 무장해서 노린 건 에너지다. 중동이 세계의 화약고가 되고, 재래식 무기의 재고처리장이 되고, 첨단무기의 시험장이 된 것은 모두 세상을 움직이는 가장 중요한 것이 에너지, 석유이기 때문이다.

중동에서 전쟁이 벌어지면 사람의 목숨을 빼앗는 전쟁이 실시간 TV에 방영되면서 세계 주가가 속등한다. 일본의 진주만 습격과 걸프 전쟁 때 S&P 지수를 보면 발발 후 3개월까지는 승패가 불확실했기 때문에 주가가 하락했지만 1년 후에는 20~27% 올랐고, 3년 후에는 58~81%나 상승했다. 그러나 이라크 전쟁은 시작 전부터 주가가 올랐다.

미국과 중동 국가의 전쟁은 전국 규모의 조폭과 동네 건달의 싸움 수준으로 애초부터 승부가 정해져 있었기 때문이다. 전쟁도 단지 기간이 길고 짧음이 문제지만 그것도 미국 맘이다. 중동에서 전쟁은 표면상으로는 '악의 축'을 없앤다고 했지만 '검은 황금'을 노린 유혈油血 전쟁이었다. 석유전쟁은 빨리 끝내지 않으면 효과가 낮다는 걸 미국이 모를 리 없다.

그러나 미국은 전쟁의 시간을 끌어 무기 재고를 완전히 정리하고 미국계 석유 메이저들이 장악한 석유시장과 석유의 결제를 달러화로 지정하면서 석유가격의 상승으로 돈을 먹고 달러 강세로 또 이득을 보는, 도랑 치고 가재 잡고 돈까지 줍는 행태를 보였다.

세계는 이라크 전쟁에서 대낮처럼 밝은 바그다드 시내의 화염을 안방 TV 화면에서 생생하게 볼 수 있었다. 불바다가 된 바그다드 시내에 부상당한 병사나 시민은 볼 수가 없고, 미국의 진군 모습만 매스컴에 나오는 이 무서운 첨단 위성통신기술이 다시 휴대폰의 위치추적기술로 우리에게 하이테크라는 이름으로 다가왔다.

미국은 중동전 이후 세계의 생명 줄인 석유를 '악의 축'들로부터 안전하게 공급해준 대가로 서방 각국에 미국의 청구서를 보낸다. 그것의 형태가 시장개방이든, 방위비 분담이든 간에 어떤 형태로든지 각국으로부터 전비를 받아 챙기는 것이 지금 초강대국 미국의 민낯이다.

21세기 군자의 길은 남을 약탈하지 않고 죽이지 않고 일어서는 것이다. 미국과 영국의 대제국화에는 살인과 약탈이 있었다. 겉으로 뭐라고 포장을 하든 물리적 식민지를 통한 약탈의 지배는 오래 못 간다. 그래서 중국은 미국과 유럽을 합한 인구인 내수를 기반으로 성장한다는 것이 중국 새 지도부의 생각이다.

중국은 미국과 유럽 그리고 일본을 합한 것보다 큰 인구대국의 나라이고 국가 내부에 후진국과 선진국, 주변과 중심이 있다. 주요 산업의 국제적 이전 과정을 보면 기러기가 미국, 일본, 아시아로 날아가는 과정이 있었지만 중국은 중국 안에서 기러기가 날아다닌다.

동부에서 중부로, 중부에서 서부로, 그리고 서부에서 아세안과 중앙아시아로 이전이 가능하다. 그것이 미국이나 유럽 모델과는 다르다. 그리고 좀 더 크게 미국이나 영국의 제국화의 시각에서 보면 중국은 인도와 아세안이 있다.

13.6억의 함수, 무엇이든 엄청난 일

G2 중국은 지금 세계 1등의 기술인력대국이다. 제조대국, 세계 2위의 경제대국답게 과학기술인력이 3,500만 명이나 된다. 또한 중국은 모든 산업의 기초소재인 철강산업에서 세계 1위다. 이는 2~4등의 생산량을 모두 합친 것보다 더 큰 1등이다.

중국은 시멘트, 석탄, 방직, 신발, TV, 냉장고, 휴대폰, 자동차 생산에서도 세계 1등이다. 중국이 제조대국으로 우쭐댈 만하다. 또한 세계 사치품 시장에서도 29% 점유율로 세계 1위이고 그 지위는 더 공고해질 것이라는 게 세계 사치품업계 전문가들의 공통된 시각이다. 그런데 웃기는 것은 전 세계 사치품의 절반 이상이 중국에서 제조되어 세계 유명 상표가 붙여져 전 세계로 팔려나간다는 것이다.

중국은 '13.6억의 셈법'으로 나오기 때문에 뭐든 했다 하면 세계 최대다.

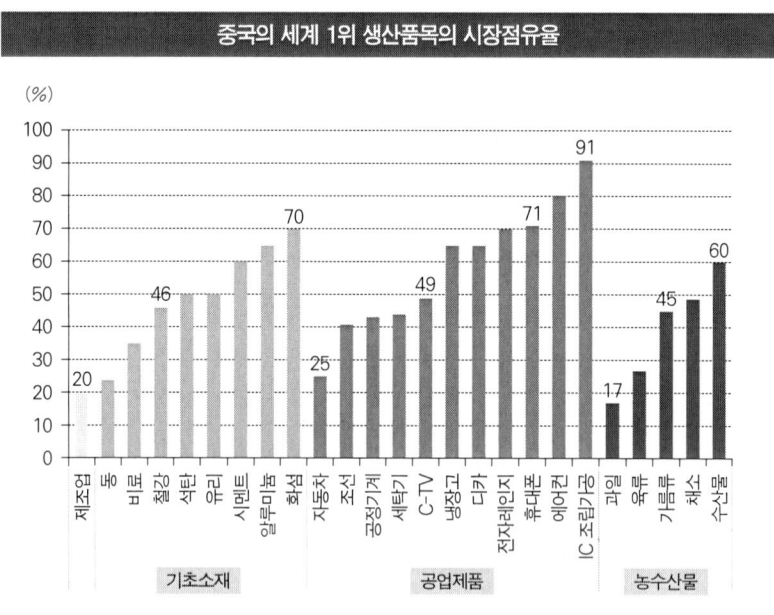

중국의 세계 1위 생산품목의 시장점유율

자료: 국가통계국, 중국경제금융연구소

164

아무리 사소한 일이라도 13.6억을 곱하면 엄청난 일이 되기 때문이다. 그리고 아무리 엄청난 것처럼 보여도 13.6억으로 나누면 별것 아니다.

2009년에 중국이 4조 위안, 한화 720조 원을 투자해 경기를 부양한다고 하자 전 세계가 깜짝 놀랐지만 중국 정부는 태연했다. 4조 위안을 13.6억으로 나누면 1인당 3,077위안, 한화 약 52만 원에 불과하기 때문이다.

7%와 2%의 경제학

중국은 2010년 경제규모에서 일본을 제치고 G2의 자리를 꿰찼다. 지금 G1인 미국과 G2인 중국의 상황은 극명한 대조를 보이고 있다. 버블이 붕괴되면서 지금 미국은 실업률이 7%인 나라가 되었지만 중국은 7%의 GDP 성장을 하는 나라가 되었다.

지금 미국은 디플레의 위험 때문에 돈을 무한정 찍어 인플레를 강제로 만들어내느라 안간힘을 쓰고 있다. 반면 중국은 무슨 수를 써서라도 인플레를 잡으려 하고 있다. 미국은 부동산가격이 폭락한 뒤 미약한 반등에 환호하지만 중국은 부동산가격이 너무 빨리 올라가서 문제다. 미국은 GDP가 16조 달러인데 정부부채만 17조 달러로 GDP를 넘어서는 정부부채가 문제지만, 중국은 GDP가 너무 고성장해 넘치는 3.95조나 되는 달러를 밖으로 퍼내는 데 골머리를 앓고 있다.

미국은 2010년에 3%의 성장을 하다가 2011년 들어서는 2%를 하회하는 성장을 했고 QE 시리즈로 3.6조 달러에 달하는 돈을 풀어 GDP를 4%까지 올렸지만 2013년 하반기 들어 다시 1%대로 하강했다. 미국 부동산경기를 나타내는 케이스쉴러지수는 1930년대 대공황보다 더 심하게 떨어졌고 미약한 반등의 추세에 있다.

미국은 2~3%대의 경제성장이라고 하지만 고용 없는 성장이라서 심각한 불황이다. 2~3%의 성장은 달러 약세와 상대적인 빈곤함을 더하게 된다. 중국이 미국의 직장을 뺏어갔다고 하는 논리로 3.95조 달러의 외환보유고를 가진 중국을 압박하게 되면 중국은 보유 달러를 이용한 발언권 확대를 노리게 되고 무역마찰과 보호무역주의의 심화로 이어진다. 이는 베이징과 워싱턴 간의 무역과 화폐전쟁으로 확대될 수밖에 없다. 2% 이하 저성장의 역효과는 눈덩이처럼 커지고 미국과 중국은 대립과 충돌 직전의 상태로 가게 된다.

미국은 지금 유럽 제국이 일어선 1500년 이래로 처음으로 나타나는 글로벌 불균형의 중심에 서 있다. 힘의 역학구조의 중심은 유럽에서 미국으로, 이제는 미국에서 아시아로 이동해 가고 있다. 지식산업으로 전환한 미국의 기술은 경제성장은 하지만 높은 실업 문제 해소에는 도움이 안 된다.

역사적으로 산업구조가 3차산업으로 이전한 나라가 다시 2차산업으로 돌아온 경우는 없다. 3차산업의 비중이 커진 나라는 경제위기가 왔다가 다시 경기가 회복을 해도 고용이 늘지 않는다. 국민들이 힘든 제조업에서 일하기 싫고, 제품을 만들어도 경쟁력이 없기 때문이다. 애플이 아무리 잘나가도 미국 고용에는 도움이 안 되고 중국의 고용만 증가한다. 애플 사는 아이폰을 전량 중국에서 만들기 때문이다.

지금 미국의 정치인들은 괴롭다. 지금 그들은 미국 역사상 최악의 정치인으로 기록될 가능성이 높기 때문이다. 역사상 가장 큰 재정적자, 최대의 실업자 수, 가장 많은 빚을 만든 이들이기 때문이다. 2012년 미국에는 대선이 있었다. 2%대의 성장을 하면 실업률은 높아지고 표심은 날아가 버린다. 오바마가 돈 퍼 넣어 재선에 성공은 했지만 지지율이 형편없다.

미국 연구기관의 예측에 따르면 미국의 국가부채는 GDP의 100%대이지만 만약 1.8%대의 성장으로 가면 10년이 지나면 부채는 GDP의 150%로 현재의 그리스가 되어버린다. 2%의 성장을 하면 실업자는 줄어들 수 없고,

그러면 소비는 가라앉고 기업은 1조 달러를 가지고 있어도 노동자를 고용할 생각을 하지 않고 그 돈을 그냥 깔고 앉아 있게 된다.

미국이 2%의 성장을 지속하면 2020년 가면 실업률이 11.9%로 올라가고, 3% 성장을 하면 2020년 가야 정상 수준 실업률인 5%대로 떨어진다고 한다. 하지만 미국이 3%대 성장을 지속할 수 있을지는 의문이다.

'크다'는 것과 '강하다'는 것은 별개다

향후 10~20년 사이 G2 중국이 미국을 넘어서 초강대국 G1이 된다는 것도, 중국이 경제위기로 붕괴하리라는 것도 맞지 않다. 미래 10~20년은 미국의 세력 약화로 인한 미국의 하향 평준화와 중국의 상향 평준화 과정이 이루어지는 G1.5의 시대일 가능성이 커 보인다.

경제적으로는 중국이 10~20년 내 이변이 없다면 미국을 따라잡을 가능성이 매우 높다. 하지만 국력은 정치력, 군사력, 경제력, 문화력의 4대 요소의 종합력이다. 그중 정치력은 강대국이 가진 역량을 활용하는 자신이 적극적으로 통제 가능한 가장 중요한 능력이고 군사력, 경제력, 문화력은 국가의 부존자원과 같은 자원성 능력이다. 한 나라의 국력은 바로 '정치력×(경제력+군사력+문화력)'이다.

물론 시작은 경제력이다. 다음은 군사력이고 그러면 국제사회에서 정치력이 생기고 그다음은 그 나라의 문화력이 세계로 퍼져나간다. 배고픈 군사력이나 문화력은 의미가 없다. 그러나 규모에서 대국大國을 추월했다고 해서 강국强國이 되는 것은 아니다. 추월은 시작일 뿐 진정한 패권의 확보는 다시 추가적인 조건과 긴 시간이 필요하다.

중국이 10~20년 안에 경제규모에서 미국을 추월하고 국방비의 비중을 높이면 20년 안에 군사력에서도 미국을 따라잡을 수는 있지만 문화력이 없으면 대국은 될지 몰라도 강국은 어렵다. 또한 세계를 리드할 만한 정치력이 없으면 역시 대국은 가능하지만 강국은 어렵다. 미래 10~20년은 중국이 대국에서 강국으로 가는 과정이고 이 중 경제력과 군사력이 가장 먼저 빛을 발할 것이지만 문화력과 정치력은 아직 미지수다.

중국의 세계 2위 수준의 경제규모 달성과 같은 경제지표는 국가로서 중국에는 의미가 있을지 몰라도 국민 입장에서는 별로 감동이 없다. 통계수치로는 중국이 일본을 추월해 세계 2위의 경제주체가 되었지만 자세히 들여다보면 약점이 많다. 즉 총량總量을 인당人當으로 보면 다른 얘기가 된다. '최고'와 '1위'는 다르다. '크다'는 것이 '강하다'는 것과는 별개이기 때문이다.

총량 GDP는 세계 2등이지만 1인당 GDP는 87등이다. 인당 소득은 6,569달러로 일본의 1/7에도 못 미친다. 중국이 일본의 GDP를 추월했다고 하지만 중국은 인구가 13.6억이고 일본은 잘해야 1.3억 명이기 때문이다. 중국이 일본을 이겼다는 것이 국민들에게는 의미가 없다.

일본과 비교해보면 중국은 세계 2위가 아니라 13.6억의 가난한 사람들이 모여 있는 세계 87위의 나라다. 또한 세계 총량 2위이긴 하지만 국제외교와 국제 문제, 특히 경제와 금융 문제에서 발언권은 아직 형편없다. 예를 들어 중국은 세계 철강 생산에서는 독보적이고 세계 생산의 46%를 차지하지만 원재료인 철광석의 구매가격에서는 별로 힘을 쓰지 못한다. 가격협상에서 철광석회사들에 질질 끌려다닌다.

전 세계 10대 은행 중 4대 은행이 중국 은행이고 전 세계 10대 은행의 이익 중 거의 절반을 중국 4대 은행이 차지하고 있다. 그러나 이것은 문 닫아걸고 골목대장 식으로 벌어들인 돈이다. 중국은 전 세계 2대 경제대국이지만 21세기의 진정한 패권인 금융패권에서는 약소국가에 불과하다. 전세계 화폐거래에서 위안화의 점유율은 1% 수준에 그치고 있다.

전 세계 강대국은 모두 자본시장의 문을 개방해 전 세계로부터 자금을 조달하지만 중국은 서양의 금융 늑대들이 겁이 나서 아직 자본시장의 문을 열 엄두를 못 내고 있다. 중국은 실물강국實物强國, 금융약국金融弱國이다.

국제기구에서 발언권도 아직 약하다. 금융위기 이후 넘치는 달러의 힘으로 국제무대에서 발언권을 높이려 하지만 '표가 깡패'이고 '지분이 권력'인 국제기구에서 기존 서방세계의 표와 지분에 밀려 중국은 소수 의견으로 그치고 만다.

그러나 질이 먼저 있고 양이 나중이었던 나라는 없었다. 양으로 일어서고 나서 질을 개선하거나 자신의 룰로 세계의 룰을 바꾸어버리는 것이 강대국의 습관이고 성장 과정이다. 자본주의 250년의 싹을 30년 만에 속성 재배를 해서 8배의 빠른 속도로 커버린 슈퍼 베이비가 중국이다. 몸집은 커졌지만 국제사회에서 발언권도, 국제무역에서 가격결정권도, 국제금융에서 주도권도 아직 없다. 크다는 것과 강하다는 것은 별개이기 때문이다.

그러나 무서운 것은 2등이 잘해서가 아니라 1등이 실수해서 2등이 어부지리를 얻는 것이다. 금융위기 이후 미국을 비롯한 서방세계는 정책 실수, 정책의 실기로 주도권과 발언권, 결정권을 계속 놓치고 있는 반면 중국은 기회 있을 때마다 선진국이 흘린 권력을 모조리 주워 담고 있다. 아직 덜 성숙한 슈퍼 베이비가 세계의 주도권과 발언권, 결정권을 쥐게 되면 더 위험한 상황이 올 수 있기 때문이다.

3장

시(习)의 시대 중국,
개혁을 개혁하라

01

꽌시와 파이시가 농후한
시ㅈ의 시대

황제 중심에서 공산당 중심으로 돌아간 중국

중국의 역사 3000년 중 수많은 왕조가 바뀌었지만 제도의 진보는 2번 밖에 없었다. 제1차는 기원전 221년 진시황의 천하통일이었다. 중앙집권과 황제전제주의였다. 황제 중심의 중앙집권제도는 2000년간 지속돼온 중국의 지적재산권이다. 중국의 모든 문제는 황제로 풀어갔다. 그 이후 한, 수, 당, 송, 원, 명, 청 모두 황제의 성만 이 씨가 장 씨로, 장 씨가 왕 씨로 바뀌었지 제도가 바뀐 적은 없다.

제2차 제도의 변화는 1840년의 청나라 말기다. 아편전쟁 이후 70년, 1911년까지의 시간 중에 벌어졌다. 아편전쟁에서 진 중국은 '황제의 나라'에서 식민지, 반식민지, 반봉건사회로 진입했고 이로써 2000년을 지속해온 황제 중심 중앙집권제도의 붕괴가 온 것이다.

아편전쟁 이후 1840년부터 현재까지 174년이 경과했고 이 기간은 청 말기 70년(1911)을 거쳐, 민국 시대 38년(1948), 그리고 지금의 중화인민공화국 시대 66년(2014)이다. 황제 시대 중앙집권제도와 안녕을 고했던 중국이 지금은 다시 1당독재의 공산당 중심의 중앙집권제도로 돌아갔다.

중국은 뭐든 '중국 특색'이라는 말을 좋아한다. 그래서 경제도 중국 특색의 사회주의 시장경제라고 하는데 정치도 중국 특색이 있다. 중국의 정치제도는 중국 특색의 집단대통령제다. 당은 1당독재이지만 내부 의사결정은 7명의 상무위원이 투표로 결정하는 집단대통령제다.

지금 중국은 8,500만 명의 공산당원을 이끄는 7명의 황제가 통치하는 집단지도체제의 중앙집권 국가다. 중국은 모든 권력의 최상위에 공산당이 있고 그 아래에 정치와 군대가 있다. 중국의 군대는 국가를 위한 군대가 아니라 당을 위한 군대다. 중국은 7명의 당 상무위원이 통치하고 물론 서열은 있지만 중요한 의사결정은 7명의 합의체에서 결정하는 집단지도체제다. 시진핑 주석이 7명의 대표이기는 하지만 절대권력은 아니라는 것이 중국만의 독특한 정치제도의 특징이다.

중국의 7명의 황제는 어떻게 결정될까? 당 실력자들의 막후교섭을 통해 결정하고 공식적으로 당대회에서 추인하는 형식이다. 통상 5년에 한 번 열리는 공산당대회는 10월에 개최되는데, 중국의 차세대 지도자인 상무위원을 실질적으로 선정하는 것은 7월의 중국 최고지도자들의 하계휴양지 베이다허北戴河에서 벌어지는 베이다허 회의에서 결판난다.

2012년 18차 당대회 때 중국 공산당 조직부는 18대 당대회에 참석할 대표자 2,270명의 명단을 발표했다. 그런데 재미있는 것은 노동자, 농민과 같은 무산계급자의 당인 공산당의 대표자 중에는 중국 최고 부자의 반열에 올라간 산이중공업의 량원건 회장 같은 24명의 기업가도 포함되어 있다. 그래서 중국은 사회주의가 아닌 '사회주의 탈을 쓴 자본주의'다.

중국의 공산당 고위간부들인 중앙위원회 위원과 예비후보 370명은 이미 2012년 5월에 5명을 선정하는 상무위원에 대한 1차 투표를 마쳤다. 이는 후진타오 집권 이후 도입된 당내 민주화의 한 방법이다. 물론 결과를 그대로 수용하는 것은 아니지만 중요한 변화다. 후진타오 시대부터 장쩌민 시대 7명이던 상무위원을 9명으로 늘렸지만 18대부터는 상무위원의 수를 다시 7명으로 줄였다.

중국의 통치 시스템은 마오쩌둥 시대부터 내려온 총서기와 총리 체제다. 마오쩌둥-저우언라이, 덩샤오핑-자오쯔양, 장쩌민-주룽지, 후진타오-원자바오, 시진핑-리커창이다. 국가주석 겸 당 총서기가 나라를 총괄적으로 이끌고 국무원 총리로 국정 전반에 걸쳐 정부를 이끄는 쌍끌이 시스템이고, 7인의 정치국 상무위원들 중심의 집단지도체제와 당 총서기-국무원 총리의 투톱 체제다. 이 제도는 덩샤오핑이 만든 종신집권 폐지, 권력 승계 안정화에서 출발한, 이미 중국에서 고착화된 규칙이다. 그래서 서방세계가 뭐라고 하든 중국 공산당은 이 시스템을 유지하고 있다.

그런데 중국의 최고지도자인 상무위원들은 레드라인이 있다. '7상8하'인데, 즉 10년 임기를 고려하면 임명 당시 68세 이상이 되는 사람은 상무위원으로 진입할 수 없다. 지난 정부 후진타오 시대에는 후진타오를 포함한 중국의 상무위원 9명 중 7명이 연령제한에 걸려 퇴진하고 시진핑과 리커창만 남았다. 당 중앙위원회 고위간부들의 1차 투표에서 5명을 선정하라고 한 것은 시진핑과 리커창을 빼면 5명이 남기 때문이다.

꽌시와 파이시가 농후한 '시(习) 시대'의 출발

중국은 1당독재지만 내부를 들여다보면 3당 연합이다. 상하이방, 태자당, 공청단의 3당 연합이다. 이들은 서로의 이해관계가 확연히 다르고 주석 자리 하나를 두고 10년을 투쟁한다. 서방세계의 다당제, 양당제와 집권 기간만 다르지 결국 중국 공산당은 한 지붕 세 가족의 당이다.

이런 정치제도를 가진 나라를 어떻게 볼 것인가? 서방세계의 눈으로 중국을 보면 틀린다. 미국의 시각으로 중국을 보면 모두가 안 맞다. 그러나 이미 그런 중국의 기준이 세계의 기준이 되어가고 있다. 이제 세계는 AS^{American Standard} 시대가 가고 CS^{China Standard} 시대가 오는데 여전히 AS의 시각으로 CS하면 망한다.

2012년 중국의 18차 당대회가 끝났고 드디어 향후 10년 중국을 이끌고 갈 새 지도자 시진핑의 시대가 열렸다. 중국은 현재 지도자가 차기 지도자를 지정하는 것이 아니라 차차기 지도자를 지정하는 '격대지정隔代指定'의 전통이 있다. 그래서 중국은 정권교체기에 소위 '말에 태우고 한동안 같이 가며 배웅한다扶上馬, 送一程'는 방식으로 현 지도자가 당권을 물려주더라도 군권은 일정 기간 보유하는 형태를 보였다. 덩샤오핑, 장쩌민 때도 이 방식을 고수했다.

그런데 후진타오 주석도 같은 길을 갈 것이라는 당초의 예상과는 달리 군권과 당권, 즉 군사위 주석직과 당 서기직을 모두 시진핑에게 물려주는 후진타오의 용퇴가 이루어졌다. 그래서 중국에서는 후진타오 전 주석의 권력의 전면교체에 대해 퇴임 전 중요한 개혁을 이루어냈다고 찬사를 보냈다. 7명의 당 상무위원에 3명의 태자당 출신이 등장해 태자당의 약진이 이루어졌다.

중국은 당은 1당독재이지만 내부 통치는 7명의 상무위원의 합의제인 집단지도체제다. 그래서 중국의 핵심권력은 7명의 당 상무위원이다. 중국의 3대 정파인 후진타오의 공청단파, 전 주석 장쩌민의 상하이파, 시진핑으로 대표되는 태자당파의 치열한 막후 정치투쟁의 성적표는 7명의 상무위원에 몇 명의 자파 세력을 심느냐로 판가름 난다.

살아 있는 권력, 공청단파의 강세가 예상되었지만 막상 뚜껑을 열어보니 의외의 결과가 나왔다. 태자당이 3명, 상하이방이 2명, 공청단이 2명인 3:2:2의 구조였다. 7명의 상무위원 중 시진핑의 고향인 산시성 출신이 3명, 시진핑의 첫 지도자 수업지인 푸지엔성 출신이 1명으로 시진핑과의 지연으로 연결된 이가 4명이었다. 결국 이번 시진핑 시대의 스타트는 중국 특유의 지연으로 연결된 꽌시^{关系}, 정파 간의 연합으로 이루어진 파이시^{派系}로 시작되었다.

이번 시진핑 정부에서는 시진핑 국가주석을 중심으로 하는 산시성 출신 세력인 '산시방'의 약진이 두드러진다. 산시방은 시진핑 주석이 권력을 장악하면서 주목을 받기 시작한 새로운 파이시다. 시진핑의 부친 시중쉰 부총리는 산시성 시안에서 북쪽으로 60km 떨어진 푸핑현 출신이다. 시진핑 주석도 문화대혁명 시절 지식청년으로 분류되어 옌안에서 동북쪽으로 80km 떨어진 옌촨현 토굴에서 7년간 생활했다.

상무위원 7명 중 시진핑 주석을 비롯해 위정성 정협 주석, 왕치산 중앙기율검사위원회 서기 등 3명이 산시방이다. 정치국 위원 중에서는 자오러지 당 중앙조직부장, 리젠궈 전인대 부위원장, 리잔수 당 중앙판공청 주임도 산시방이다. 금융을 담당하는 마카이 부총리, 차차기 주자로 떠오르는 루하오 헤이룽장성 성장도 산시 출신이다. 군부 내에서 시진핑 주석의 신임을 받는 팡펑후이 총참모장과 장유샤 총장비부장도 산시방 인맥이다.

또한 중국은 "권력은 총구에서 나온다"는 말이 있을 정도로 군 통수권이 권력 장악의 상징인데, 후진타오 주석은 장쩌민 주석과는 달리 주석직 이양과 동시에 군사위 주석직도 시진핑에게 넘겼다. 후진타오 주석이 '화끈하게 다 벗어 주었다'는 의미의 루오투이^{裸退}라는 말이 나올 정도로 화끈하게 정권을 넘겼다.

그래서 당초 가장 나약한 정권 장악력을 가진 지도자가 시진핑이라는 예측이 나돌았지만 막상 18대 당대회가 끝나면서 시진핑에 힘이 실리는 형국이다. 후진타오의 화끈한 양보에 시진핑은 '후진타오는 고매한 인격을 가진 위대한 지도자'라는 투의 찬사로 감사를 표했고, 취임 일성으로 부정부패를 일소하겠다는 의지를 천명했다.

앞서 언급했듯이 중국에는 최고지도자의 선정에 현 지도자는 차기가 아니라 차차기 지도자의 지명권을 갖는 '격대지정'이라는 독특한 전통이 있다. 후진타오는 20년 전 덩샤오핑이 지정한 사람이다. 그래서 이번 지도자 선정에는 상하이파 장쩌민의 입김이 강하게 작용했고 상하이시 당서기 출신의 태자당파 시진핑이 주석으로 등극한 것이다.

후진타오는 10년 뒤인 2022년에 등극할 지도자 지명권을 갖기 때문에 공청단파 입장에서는 이번이 아니라 5년 뒤인 2017년 시진핑 2기 상무위원 구성이 중요하다. 이번 시진핑 1기 5년의 정권에는 양보하고 5년 후인 2기 지도자 구성에 공청단파를 왕창 심으면 된다. 그래서 이번에는 시진핑에게 통 큰 양보를 하고 5년 후를 기약한 것이다.

중국에서는 상무위원이 되어야만 주석이 될 수 있고 7명의 상무위원의 반열에 오르려면 먼저 당 상무위원 7명을 제외한 18명으로 구성되는 정치국원이 되어야 한다. 이번 18대 당대회에서 후진타오는 7명의 당 상무위원에는 2명의 공청단파를 등극시키는 데 그쳤지만 18명의 정치국원에는 절반인 9명을 공청단파로 채웠다.

중국에는 '7상8하'라는 규정으로 임명 당시 67세까지는 상무위원으로 취임할 수 있지만 68세 이상은 연령제한에 걸려 취임할 수 없다. 이번 7명의 당 상무위원 중 주석인 태자당 출신 시진핑과 총리인 공청단파 출신 리커창을 제외하면 모두 64세 이상의 고령이다. 그래서 5년 후면 상하이파 2명, 태자당파 2명, 공청단파 1명의 상무위원이 자동으로 퇴임한다.

결국 시진핑 1기 내각은 '경로우대'와 '계파 간의 역학안배'로 짜인 것이다. 그래서 5년 후인 2기 내각에서는 후진타오가 정치국에 심어놓은 9명의 정치국원 중에서 절반 이상이 상무위원으로 취임하면 시진핑 이후의 차기 지도자를 후진타오의 사람으로 지정하는 데는 어려움이 없다.

또한 공청단파 리커창이 총리가 되면서 리커창보다 경력, 경험, 나이에서 우위인 태자당 출신 경제·금융통인 왕치산 부총리가 걸림돌인데 이번 인사에서 경제 전문가인 왕치산을 당의 규율을 담당하는 상무위원으로 발령 내어 리커창의 앞날에 걸림돌을 없앴다.

그리고 공청단파는 이번에는 중앙권력을 내어주는 순서라 어쩔 수 없지만 중국 31개 지방성의 최고지도자 402명 중 42%인 168명을 공청단파로 채워두었다. 이미 '알 박기' 해둔 것이다. 중앙에 태자당의 '정책'이 있어도 지방에는 공청단파의 '대책'이 있었던 것이다. 시진핑 1기 5년의 정부 구성에서 후진타오의 공청단파의 후퇴라는 평가가 있지만 두고 볼 일이다.

무관의 시대에서 문관의 시대로

농부였던 중국이 개혁개방 이후 맹수 잡는 사냥꾼으로 변했다. 효율을 최우선으로 수단과 방법을 가리지 않고 목표를 달성했다. 잡느냐 마느냐에서 무조건 잡는 쪽에서 모든 것을 판단했다. 그 결과 30년 만에 G2의 반열에 올랐지만 목표 지향의 정책 과정에서 환경을 비롯해 잃은 것이 너무 많았다.

시진핑 시대 들어서 중국은 다시 사냥꾼에서 농부로 회귀하고 있다. 중국이 과거 30년의 목표 지향, 결과 중시에서 과정 중시로 비끼고 있다. 잡느냐 못 잡느냐로 결판내던 사냥꾼의 기질에서 농부의 기질로 회귀하고 있다.

중국은 한 번 최고지도자가 되면 5년씩 2번 중임해 10년을 집권한다. 이번에 선출된 중국의 최고지도자 시진핑은 2023년까지 중국을 통치한다. 그래서 이번에 선출되는 중국 지도자의 면면을 살펴보면 중국의 향후 10년을 볼 수 있다. 5세대 지도자로 본 중국의 미래는 어떤 성격일까?

중국의 선거는 최고지도자를 뽑는 10월의 전당대회와 중국의 31개 성의 당서기를 뽑는 중간선거로 나뉜다. 31개 성의 당서기와 지도자들은 모두 402명이다. 이들은 실질적으로 중국 31개 지역의 제후들이다. 중국식 중간선거의 결과는 사실상 각 지도자의 정치 성향, 정치 업적, 정치 소속 집단을 고려한 것이기 때문에 중국 최고지도자의 교체도 사실상 정리된 것이나 마찬가지다.

이들의 특징을 보면 1960년 이후 출신자인 60호우는가 118명, 50호우가 276명, 40호우가 8명이다. 40호우는 소리 없이 사라지고 50호우가 주도하고, 60호우가 중견으로 자리 잡는다는 기본 구조가 완성되었다. 60호우의 대학 졸업 후 평균 근무기간은 21.3년이다.

이번에 새로이 성급 지도자가 된 402명 중 박사모를 쓴 사람들이 유독 많다. 박사 출신이 100명으로 전체 지도자의 1/4이다. 주요 전공을 보면 경제학박사가 32명, 경영학박사가 27명, 법학박사가 15명이다. 50세 이하 75명의 성급 지도자 중 67명이 석사 혹은 박사 학력이고 이 중 석사가 40명, 박사가 27명이다. 50세 이하 지도자들 가운데서 고학력이 특히 두드러진다. 또한 이번 성급 지도자 중 이공계 출신자의 감소가 두드러진다.

중국의 향후 10년은 차세대 최고지도자인 시진핑을 보면 된다. 시진핑은 개혁개방의 전도사였고 청렴함과 강직함으로 중국의 건국공신 중의 한 사람으로 추앙받는 시중쉰 부총리의 아들이다. 시진핑이 아버지의 정신을 이어받았다면 중국을 더 개방하고, 서민에게 더 귀 기울이고, 부패를 일소하는 정책을 펼 가능성이 높다.

중국의 최고지도자는 칭화대학 법학박사 출신 시진핑 주석과 베이징대학 경제학박사 출신 리커창 총리다. 2020년이면 중국은 중등 수입국이고 실질 구매력으로 미국을 제치고 세계 1위가 될 수도 있다. 중국은 향후 10년 사회안정이 중요하다. 2001년 이후 중국은 사회문제가 크게 부각되고 있다. 2009년에는 900만 건 이상의 청원건수가 발생했고 매년 18만 건 이상의 분규가 발생했다. 중국이 2011년 국내 안전에 지출한 돈이 6,304억 위안이고 공식적인 국방예산 6,027억 위안보다 277억 위안이나 많았다. 정부와 국민 간의 갈등이 그만큼 크다는 것이다.

경제학과 법학 같은 문과 출신 신세대 지도자들이 많이 등장했다는 것은 결국 중국 사회가 처한 사회문제에 대해 법치와 경제의 논리에 따라 해결하려고 노력할 것이라는 점에서 18대 이후 중국의 정책에 큰 변화가 있을 수밖에 없다.

문관의 시대 지도자들의 특성

장강의 뒤 물결은 앞 물결을 밀어낸다. 한 세대가 시작되면 다른 세대는 끝난다. 5세대가 등장하면 4세대는 끝난다. 이제 중국은 공대 출신 4세대가 끝나고 새로운 문관 출신 5세대 시대의 시작이다.

중국은 초기에는 군인과 공산당원의 조직이 국가를 이끌었지만 3세대와 4세대에는 엔지니어와 공산당원이 국가를 이끌었다. 2세대 지도자들은 덩샤오핑을 비롯해 류샤오치, 이에지앤잉, 양상쿤 등이 프랑스와 소련에서 유학했지만 대부분 정치가 주 전공이었다.

개혁개방 전까지 중국의 지도자는 혁명과 공산당의 가입 순서, 정치적 충성심, 프롤레타리아와 같은 출신계급이 중요했다. 지식인들이 별로 없었고, 심지어 덩샤오핑은 지식인을 욕보이는 홍위병을 이용하기도 했다. 중국은 혁명 초기에는 '붉은 물감紅'이 얼마나 짙은가에 출세가 달렸지만, 그 다음은 '먹고살기 위한 기술專'에 출세가 달렸다. 1978년 개혁개방 전에는 무식한 공산당이 지배했다. 1982년까지만 해도 4%의 공산당원만이 고등교육을 받았다.

테크노크라트 지식인들이 공산당에 엘리트로 자리 잡은 것은 1982년 12기 공산당대회 이후다. 1980년 중반에 덩샤오핑의 지인이었던 국방과학기술 공업위원회 첸쉐썬은 21세기 중국의 공산당 간부는 모두 대학 졸업자 이상이어야 하고 현장과 국장급은 석사, 장관과 차관은 박사여야 한다고 제안했는데, 20년이 지난 지금 그것은 제안이 아니라 현실이 되었다. 이번 5세대 지도자들은 거의 이 조건을 만족하고 있다.

중국 태자당太子党의 시작은 1980년 초 덩샤오핑이 간부등용 시스템의 제도화 과정에서 혁명군 1세대에게 퇴진을 종용하면서 재정지원과 자녀들의 취업과 승진을 보장하는 미끼를 던지면서 시작되었다. 소위 권력의 교체 과정에서 자연스레 생긴 것이다. 1세대 혁명의 지도자들은 자신의 퇴임 대가로 자기 자리를 친구나 자녀들에게 물려주거나 적당한 자리에 임명되고 승진을 보장하는 조치를 승인받으면서 시작되었다.

그 결과 중국의 3~4세대 지도자 중에서 중국 혁명공신의 자녀와 고위관료의 자녀가 대거 지도자의 반열에 오르는 현상이 나타났다. 천윈, 리셴녠, 보이보 같은 원로들의 퇴임과 그 자녀들의 고위관료로 출세가 대표적인 사례다.

미국은 변호사 경력, 중국은 이공계 출신, 소위 기술관료가 정치인의 조건이다. 변호사가 다스리는 나라와 엔지니어가 다스리는 나라는 기본적으로 전략과 방향이 다르다. 미국과 중국의 발전 모델과 정치의 성향이 완전히 다른 것은 바로 이 때문이다. 또한 경제관료가 다스리는 한국, 일본과도 그 성장전략이 다르다. 초록은 동색이라고 같은 성향의 지도자들이 정치적 일관성과 정책의 동질성을 쉽게 만들기 때문이다.

중국의 공산당 간부 양성소인 인민대학, 엔지니어 양성소인 칭화대학, 중국의 대표적인 문과대학인 베이징대학 중에서 4세대 지도자는 절반 이상이 엔지니어 양성소인 칭화대학 공대 출신들이었다. 4세대는 태생적으로 엔지니어 출신들이기 때문에 상대적으로 비이데올로기적이고 파벌적인 성향이 약하다. 여기에는 파벌과 이데올로기로 얼룩졌던 전 세대 문혁의 영향이 있었다.

그런데 중국의 5세대 지도자는 이공계에서 문과 출신으로 바뀌었다. 기술 중시 중국이 법과 경제 중심으로 바뀐다. 5세대는 태생상 지극히 정치적이고 이데올로기적이고 파벌적 성향이 강할 수밖에 없다. 보시라이 축출을 시발점으로 하는 중국의 권력분점은 크게 보면 공청단파와 태자당 그리고 상하이파의 권력분점 쟁탈전이고, 다시 정치와 파벌이 중요해진 시대가 왔다.

이번 제5세대 시진핑 내각은 문과 출신이 주류다. 국무위원 9명 중 7명이 문과 출신 석박사다. 4명의 부총리와 5명의 국무위원 중 7명이 석사, 3명이 박사 출신이다. 중국의 25명의 각부 장관을 보면 지방근무 경험 있는 60세 문과 석사들이 주류다. 25명의 장관 중 21명, 84%가 석사 출신이고, 10명은 박사다. 10명의 박사 장관 중 8명이 문과 출신이고 평균 연령은 60.8세이고 9명이 60세 이상이다. 대학 졸업 후 36년이 지난 77학번들이 중국의 미래 운명을 바꾼다. 중국 지도자들은 77학번이 대세다. 25명 장관 중 12명이 77~79학번 세대다.

중국의 새 정치지도자들은 학연, 지연, 혈연의 새로운 꽌시에 노출되어 있다. 제5세대의 지도자는 칭화대학 출신의 주석과 베이징대학 출신의 총리 구도다. 제4세대의 칭화방 중심의 학연구조와는 다르다. 또한 베이징파와 상하이파의 영원한 갈등 속에 4세대는 경파京派와 안후이파安徽派(후진타오 주석의 고향)와 손잡고 득세하는 구조였지만 5세대는 다시 태자당과 손잡은 상하이파의 부상이 필연적이다.

제4세대 지도자들은 자신은 청렴하고 강직한 공무원이지만 부인은 민간기업의 고문, 협회의 이사장, 변호사이고 유학에서 돌아온 자녀들은 중국의 아킬레스건이자 황금 덩어리인 석유와 금융의 핵심기업의 임원으로 '알 박기'를 해두었다. 한국의 무슨 무슨 마피아처럼 중국에는 석유 마피아와 금융 마피아가 있다.

그 마피아의 원류를 따지면 바로 태자당과 상하이방이 있고 사회주의를 실천하고 만든 철저한 공산주의자 창업공신들의 자녀들이 가장 부유한, 맛있는 파이의 중심에 숟가락을 들고 있는 것이다. 그래서 중국은 진정한 사회주의가 아니라 '사회주의의 탈을 쓴 자본주의'다. 중국은 중국식으로 말하면 '중국 특색'의 사회주의, 서방의 시각으로 보면 '변태 사회주의'인 것이다.

5세대 최고지도자 시진핑의 정치적 고향도 푸젠, 저장, 상하이다. 또한 이번 5세대는 태자당이라는 새로운 계파가 등장한다. 소위 비공식 혈연조직이다. 시진핑을 필두로 공산당 원로의 자녀들이 대거 정치세력으로 등장한다.

이들은 4세대와는 배경이 다르다. 이들 5세대 지도자는 소위 뼛속까지 공산당인 열혈 공산주의자들의 2세들이다. 이들은 태어날 때부터 은수저를 물고 태어났다. 어린 시절 중국의 청와대인 중난하이 정원을 뛰어다니며 놀았고 덩샤오핑 같은 최고지도자의 무릎에 앉아서 놀았던 기억을 가진 이들이다.

아버지와 장인의 가업 접수라는 사명감도, 공산당은 아버지의 것이었다는 주인의식도 있지만 기본적으로 노동자와 농민의 아들이 아니다. 선민의식과 엘리트 의식 그리고 최고의 교육과 최고의 인적 네트워크, 꽌시의 구조에서 성장한 사람들이다. 그리고 어찌 되었건 아버지와 장인의 후광 덕분에 칼을 잡았고 아이들은 모두 미국, 영국의 최고 명문대에 유학시켜 오렌지족을 만들었다.

중국의 향후 10년은
지청세대에게 물어라

5세대 지도자들은 지청세대

중국의 권력자 천자는 엄밀히 보면 절대권력자라기보다는 바지사장이고, 중국은 관료와 환관, 황제의 부인과 외척세력 그리고 지방 제후가 권력을 분점하는 역사를 가진 나라다. 지금 중국도 7명의 황제가 국가를 나누어 관리하는 집단지도체제이고 그 대표자가 주석인 형태다.

이제 중국은 18차 공산당 대표회의를 기점으로 소위 문혁 세대인 제5세대라는 인력집단이 21세기 중국을 10년간 끌고 갈 판이다. 4세대와 다른 5세대의 특징은 문화대혁명의 소용돌이에서 청소년 시절을 보냈고 대학교육이 부실해 영어가 잘 안 되는 세대들이라는 것이다. 그래서 이들은 학력 콤플렉스가 있다. 따라서 지도자들은 모두 박사들이다. 그리고 그 아래 지도자들의 학력도 모두 석박사로 역대 5번의 지도자들의 학력 중 최고다.

중국의 30년 성장을 이룬 G2 시대 중국의 지도자들은 하나같이 이공계 출신의 전형적인 테크노크라트였다. 개혁 다음에 공업 성장을 이루는 기술관료 출신 엘리트 그룹이 정치나 이념보다는 더 철저히 생산에 매진할 수 있는 인력집단이다. 가난한 중국을 먹여 살리는 데는 문과생들보다는 이과생들이 낫다는 판단을 한 중국을 움직이는 실세 정치원로들의 30년을 내다보는 혜안이었다.

그러나 이번 5세대 지도자는 전임 지도부들과는 다르다. 4세대 지도자들인 칭화대학 수리공정과 출신의 후진타오 주석, 광산지질학과 출신의 원자바오 총리와는 달리 문과생의 시대가 왔다. 최고지도자 시진핑은 칭화대학 법학박사이고, 총리 리커창은 베이징대학 경제학박사다. 이번 중국의 최고지도자는 7명의 상무위원 중에서 4명이 소위 지식청년 '지청知靑' 출신이다. 문화대혁명의 소용돌이 속에서 젊은 시절을 시골의 농촌에서 노동한 경험을 가진 지청세대들이다.

시진핑은 7년간 시골에 내려가 토굴에서 살면서 농촌의 밑바닥 생활을 했고, 리커창과 장더장은 4년, 리우윈산은 3년, 왕치산은 2년간 농촌생활을 한 사람들이다. 또한 25명 정치국원 중 11명이 지청 출신이고 7명의 공산당 서기처 서기 중 5명이 지청 출신이다. 중국의 31개 지방성의 성급 지도자 100여 명 중 1/3이 지청 출신이다.

중국은 과거 23년간이 '기술관료 통치 시대'였다면 향후 10년은 '지청세대 통치 시대'다. 제5세대 지도자는 문화대혁명의 피해자들로 17~25세 사이 성장기에 문혁을 겪어 1960년대 말 1970년대 초에 1,800만 명의 청소년을 시골로 하방하는 과정에 포함된 사람들이다. 소위 문화의 암흑기에 중국의 '잃어버린 세대'들이다.

중국의 미래 10년은 지청, 즉 지식청년 출신에 달렸다. 맨 밑바닥에서 최정상에 올라간 사람들의 성향이 미래 중국의 방향을 결정지을 판이다. 농촌생활이 길었던 순서대로 지도자의 서열도 공교롭게 일치한다. 젊은 날에 중국의 가장 열악한 밑바닥 계층의 생활을 경험한 이들의 마음속에는 무엇이 들어 있을까?

그래서 당내 민주화와 당의 청년화, 젊은 피를 수혈하라는 절대권력자 덩샤오핑의 유훈정책, 지도자의 나이를 젊게 가져간 정책의 수혜자들이 지금 5세대 지도자들이다. 따라서 이들은 기본적으로 문혁 세대의 성장주의 정치색 일변도에서 탈피를 하려는 성향이 강하다.

대표적인 것이 보시라이의 제거다. 문혁에 대한 체질적 거부감을 가진 지청세대 지도자들이 집권했고, 따라서 보시라이의 제거로 소위 문혁 세대의 좌파적 공산주의 색채는 더 이상 인정되기 어려운 상황이다.

원자바오 전 총리의 정치개혁 제기를 공산주의에서 민주화로 오해하는데, 그게 아니라 정치개혁은 보시라이 같은 좌파적 공산주의로 돌아가는 걸 경계하는 것이다. 또한 당내 민주화도 문혁 같은 좌 클릭 민주화는 안된다는 의미다. 문혁의 최대 피해자인 중국의 5세대 지도자들이 지닐 성향은 붉은색을 높이 쳐들고 군가를 부르고 하는 방식이 아니다. 이는 체질적으로 받아들이기 어렵다.

지청세대 황제들의 통치 스타일

중국의 지청세대 지도자들의 통치 방식은 철저한 현장 중심이다. 이는 덩샤오핑 시대부터 현장을 보지 않고는 회의에 참석하지 말라는 전통이 살아 있기 때문이기도 하지만 중국의 최악의 밑바닥 생활을 해본 이들이므로 현장 중시의 철학이 몸에 배어 있다.

시진핑習近平의 이름을 파자破字해보면 '평이진인平易近人', 쉽게 접근할 수 있는 사람이라는 뜻이다. 베이징北京의 옛 이름은 북평北平인데 산시성 출신인 시진핑의 아버지 시중쉰 부총리가 아들을 베이징 근처에서 낳았다고 진핑이라고 지었다고 하지만, 하여간 절묘한 지도자의 이름 해석이다.

이런 시진핑이 민생탐방으로 한껏 인기를 얻고 있다. 칭펑만두庆丰包子,

뱡뱡면(산시 국수) 등 시진핑이 외부 시찰과 국빈 대접에 쓴 음식이 대박이다. 서민들의 음식을 함께 먹고 고향 음식으로 국빈을 대접하면서 민생주석, 일반인과 가까운 지도자라는 이미지를 강하게 심고 있다. 중국 지도자들의 공식 복장이 예전에는 인민복, 후진타오 시대는 양복이었지만 지금 시진핑 시대는 노타이의 검은색 잠바 차림이다. 7인의 상무위원들의 복장을 보면 국무회의, 민생시찰 모두 실용성을 강조한 단체 복장이다.

중국 7명의 황제인 정치국 상무위원들의 2013년 민생탐방을 보면 시진핑이 9개 성에 29일로 가장 많았고, 다음이 리커창 총리로 9개 성에 21일, 그리고 위정성이 5개 성에 21일, 리우원산이 6개 성에 17일, 장가오리가 7개 성에 16일, 장더장이 4개 성에 14일, 왕치산이 3개 성에 6일을 다녀왔다.

7인의 상무위원들은 총 126개 기업을 시찰했는데 시진핑이 가장 많았고, 왕치산이 가장 적었다. 지역별로는 장쑤 14회, 베이징 14회, 산둥 10회, 톈진 9회, 랴오닝 8회, 후베이 7회, 광둥 6회 순이었다. 주로 경제개혁의 중심이 되는 중동부 경제특구가 중심이었고 톈진 빈하이天津滨海新区, 상하이 자유무역지구上海自贸区, 선전 치앤하이深圳前海, 란저우 신구兰州新区 등이 주요 시찰 지역이었다.

업종별로 보면 IT, 바이오·제약, 장비제조, 인터넷 업종이 대부분이었고 부동산, 금융기업은 거의 없었다. 이 중 상장회사는 1/3 정도였다. 기업 방문에서도 주석과 총리의 역할 분담과 방문 기업의 특징이 뚜렷했다. 시진핑 주석은 국유기업 방문이 많았다. 방문 기업의 2/3가 국유기업이었고 업종은 항공우주, 장비제조 등 국가 전략산업 위주였다. 반면 리커창 총리의 방문 기업은 민영기업 위주이고 중소기업이 대부분을 차지했다.

문과 출신의 황제는 젊은이들, 소위 베이비붐 세대, 58년 개띠들의 자녀들인 소황제小皇帝, 소황녀小皇女 세대들의 마음을 어떻게 잡느냐가 관건이다. 4세대가 암흑기인 문화대혁명 시대의 인재들이라면 문혁 이후 신세대 지도자들이 소황제 세대의 마음을 사는 것이 중요하다. 기존의 혁명, 이념, 애국, 사회주의적 성장, 저축 등이 뇌리에 박힌 50~60대들과는 뇌의 구조부터가 다른 것이 소위 중국의 80호우(1980년 이후 출생자), 90호우(1990년 이후 출생자) 세대들이다.

부유한 아버지를 둔 덕분에 나이키 운동화를 신고, 햄버거와 꽝밍光明 우유를 먹고, 패션 브랜드 옷을 입고, 영어와 피아노, 발레를 배우며 자란 세대다. 이들에게는 마르크스 자본론, 마오쩌둥 어록 같은 혁명의 붉은 책은 《논어》나 《주역》과 같은 이미지의 책일 뿐이다. 휴대폰과 게임 그리고 아이패드에 익숙한 이들에게는 차라리 '콜라를 마시는 덩샤오핑' '아이패드를 든 공자' '죽과 베지밀을 파는 KFC'가 더 친근한 사람들이다.

이들은 공산당, 공산주의 청년단 등 권력의 핵심조직에 가입은 하지만 부모 세대와 같은 절절한 애국심이나 애당심은 없다. 단지 취직하고 출세하는 데 필요한 자격증 같은 것으로 생각하는 경향이 강하다. 또한 12.3억 대의 휴대폰과 6억 대의 컴퓨터 두뇌로 연결된 사회가 자기가 살아온 환경이기 때문에 통제된 사회에서 산 아버지 세대와는 관심과 표현의 자유의 정도가 다르다.

SNS의 영향으로 자기의 의견을 당돌하게 말하고 순식간에 남의 눈치 안 보고 정보를 퍼 나르고 더하는 것이 익숙하다. 적어도 서너 명의 외국 친구들은 당연히 있다. 이런 세대들과 교감하면서 정치를 해야 하는 중국의 5세대 지도부는 모바일과 SNS를 배우면서 이들과 소통하는 툴을 찾으려는 노력도 한다. 하지만 시진핑 주석은 청년들에 대한 사회주의 교육 강화를 기회 있을 때마다 강조하고 있고, 젊은이들에 대한 보이지 않는 사회 통제 시스템을 더 강화하고 있다.

지청세대 시진핑, 새 역사를 쓸 비飛의 지도자?

중국의 수많은 회의의 대표자 연설에서 빠지지 않는 것은 중국의 두 영웅 마오쩌둥과 덩샤오핑에 대한 언급이다. 이들이 사망한 지 수십 년이 지났는데도 중국은 왜 과거의 지도자에 그렇게 집착할까?

마오쩌둥은 국민을 신분의 굴레에서 벗어나게 해 정치적 해방을 해주었고, 덩샤오핑은 국민을 먹고살게끔 경제적 해방을 해주었기 때문이다. 그래서 중국인들은 덩샤오핑을 '중국 경제의 설계사'라고도 부른다.

중국인들은 마오쩌둥은 구질서를 깨뜨리고 신중국을 연 '파破의 지도자'라고 부르고, 덩샤오핑은 그 바탕 위에 중국 경제를 일으켜 세웠다고 해서 '입立의 지도자'라고 부른다. 깨뜨린 이후에야 세울 수 있는데 중국은 깨뜨리고 나서 세웠다. 세운 다음은 무엇일까? 바로 비상飛翔이다. 이젠 '비飛의 지도자'가 등장할 차례다.

중국은 지금 중국을 세계의 패자로 도약시킬 지도자를 기다린다. 10등이 7단계를 뛰어올라 2등을 하는 것보다 단 한 단계를 더 뛰어넘는, 2등이 1등 하는 것은 더 어려운 일이다. 10등이 2등까지 가는 데는 직선의 효율로 최단거리를 전력질주하면 가능하지만 2등이 1등이 되려면 효율만으로는 안 된다. 1등은 효율에 이골이 난 최고의 선수이기 때문이다.

직선이 아니라 곡선, 1+1=2가 아니라 3도 될 수 있고 4도 될 수 있다는 창의성의 산수가 가능해야 한다. 이 절묘한 시기에 '비의 지도자'를 선정하는 데 있어 중국은 30년간 전통이었던 최고지도자를 공대 출신 무관에서 문관으로 교체했다. 직선의 효율이 아니라 곡선의 창의를 택한 것이다. 기가 막힌 전법이다.

최근 60년간 중국 공산당은 '배고픈 것'을 해결했지만 이젠 '배 아픈 것'을 해결해야 하는 문제에 봉착했다. 마오쩌둥 시대에는 나라 덩치는 컸지만 인민은 배가 고팠다. 그러나 고르게 배가 고팠다. 평준화된 가난이었다. 고

달픈 삶을 인민들은 함께 고르게 나누었다. 배고프다는 원성은 있었지만 오늘의 부익부 빈익빈 같은 불평등에 의한 '배 아픔'은 없었다.

그런데 공산共産은 같이 생산해서 나누는 것이기 때문에 분배와 복지에 최고다. 배고픔이 있으면 공산주의 계획경제는 무조건 살아남는다. 그러나 중국은 '배 아픔'은 해결한 적이 없다. 분배는 기득권을 쳐야 하는, 산 호랑이의 이빨을 뽑아야 하는 위험한 일이다.

독재가 부패의 온상이기도 하지만 효율의 대명사이기도 하다. 중국에서 관리가 된다는 것, 당관當官은 탐관貪官이다. 1당독재는 부패의 온상이지만 그 비율과 정도가 문제. 민주주의의 상징, 투명한 국가 미국도 엔론, 롱텀, 리먼, 폰지 사기가 벌어졌다. 중국은 분배와 부패 문제의 숙제를 해야 한다. 거기에는 시간과 방법이 필요하고 지도자의 혜안이 필요하다.

가장 약체로 출발한 시진핑 정부가 요즘 강공을 날리고 있다. 강력한 반부패 정책을 구사하고 시진핑 주도의 정치를 하고 있다. 공청단이라는 전 집권자와 연합으로 그간 기득권, 부정부패의 중심에 있는 호랑이인 상하이파를 위협하고 있다. 공청단파와 정치적 연맹으로 상하이파를 손보고 있다. 볼모 잡힌 것이 상하이파이고 빌미는 부정부패다. 대표적인 것이 '석유방'의 저우융캉 전 상무위원이 처벌이고 지금 '전력방'이리고 불리는 리펑 전 총리 일가에 대해서도 조사설이 돌고 있다.

현 지도자는 차차기 지도자에 대한 지명권을 가진 '격대지정'의 전통을 가진 중국의 특성을 감안하면 시진핑은 차차기 주석 지명권이 있다. 변수가 없다면 10년 뒤에는 주석이 공청단파 출신이다. 현재 정치국원의 명단을 보면 공청단파가 절반을 잡고 있다. 죽은 듯이 있는 후진타오, 원자바오파가 죽은 것이 아니라 여전히 보이지 않는 권력이다. 따라서 시진핑 입장에서는 본인을 주석으로 밀어준 상하이파보다는 차기 권력인 공청단파와의 연합이 여러모로 유리하다.

03 /

시진핑의 '중국의 꿈'

중국에도 생긴 차이나 드림

미국에 아메리칸 드림American Dream이 있다면 중국에도 이제 차이나 드림China Dream이 생겼다. 중국의 새 지도자 시진핑 주석은 집권하면서 국정 어젠다로 '중국의 꿈中国梦, China Dream'을 내걸었다. 향후 10년 중국을 변화시킬 시진핑의 '중국의 꿈'은 도대체 무엇일까?

최고지도자의 선문답 같은 화두에 중국 내에서도 말이 많지만 구체적인 내용은 2020년까지 소득수준을 2배로 올리겠다는 소득배증 계획이다. 중국식 표현으로는 절대빈곤에서 탈피해 부자로 가는 길의 중간 단계인 샤오캉小康 사회 단계를 2020년까지 실현하겠다는 것이다.

2020년까지 중국의 GDP를 2010년의 2배로 올려 중국 국민들의 의식주 문제가 해결되는 단계인 온바오溫飽 단계에서 부유한 단계의 중간 단계인 샤오캉 사회 단계로 국가를 이끈다는 것이 시진핑 정부의 목표다.

샤오캉 사회는 1979년 중국 경제의 설계사로 불리는 덩샤오핑이 제시한 사회발전의 목표다. 덩샤오핑은 선부론을 도입해 중국 경제성장의 기초를 만든 지도자다. 사서삼경 중 하나인 《예기》〈예운禮運〉편에 나오는 이 상사회인 대동大同사회 건설을 목표로 삼고, 이를 위해 3단계 발전론, 즉 삼보주론三步走論을 제시했다.

제1단계는 온바오 단계로 기본적인 의식주를 해결하는 수준, 기간은 1979년부터 1999년까지로 개인소득 800~900달러, GDP 1조 달러를 돌파하는 것이다. 제2단계는 샤오캉 단계로 생활수준을 중류 이상으로 끌어올리는 수준이며, 2000년부터 2020년까지 개인소득 4,000달러, GDP 5조 달러를 달성하는 것이다. 제3단계는 대동 단계로 현대화를 실현해 모두 평등하게 잘사는 것이다. 개인소득 1만 달러 이상의 선진사회를 구현하는 것인데 당시로는 너무 먼 얘기라서 구체적인 일정은 제시하지 못했다.

지금 중국은 이미 GDP 8.9조 달러, 인당 소득 6,569달러로 덩샤오핑의 제2단계는 벌써 지났고 제3단계로 가고 있다. 그러나 중국은 빈부격차와 도농都農 간의 격차로 국민들의 행복감은 아직 온바오 단계다. 그래서 시진핑은 2020년까지 국가의 GDP 성장과 국민의 1인당 소득이 동반 성장하는 시대를 만들겠다는 비전을 제시한 것이다.

소국은 외향성, 대국은 내향성

세계의 4대 문명을 보면 3개가 아시아에 있었다. 강을 끼고 있는 비옥한 땅과 광활한 대지가 문명을 만들었고, 잘나가는 나라를 만들었다. 그러나 대국의 천혜의 조건이 골목대장, 우물 안 개구리를 만들었고, 세상이 얼마나 넓은 줄 모르고 스스로가 세상의 중심이라고 생각하다 망했다.

아시아의 3대 문명 지역은 역설적이지만 긴 기간 동안 세계에서 가장 못사는 문제아로 등장했다. 지금 아시아의 3대 문명 중 중국의 황하문명을 제하고는 그 문명조차 잃어버렸다. 인도는 식민지배를 당하면서 문명의 기본인 언어를 잃어버렸기 때문이다.

이유는 무엇일까? 규모의 경제의 독毒이다. 아시아의 대국은 애초부터 규모의 경제로 일어섰지만 거기에 빠져 죽었다. 세계의 역사를 보면 소국은 외향성, 대국은 내향성이 기본적인 속성이다. 최근 500년간의 세계를 보면 소국이 지배한 15~19세기는 항해술, 증기기관 같은 신기술이 규모의 경제와 맞물린 결과다.

그것이 바로 네덜란드, 스페인, 포르투갈, 영국, 일본 같은 소국의 전성시대를 만들었다. 현저히 부족한 자원과 끊임없는 욕망의 함수관계 때문에 소국은 끊임없이 해외로 진출하고 식민지를 만들고 하는 외향성을 가질 수밖에 없었다. 바로 개척정신이다.

그러나 유럽과 미국이 자랑하고 강조하는 개척정신에는 추악하고 어두운 한 면이 또 있다. 유럽인들의 아메리카 신대륙 지배 방식은 공존이 아니라 잔혹한 약탈이었다. 아메리카 원주민들은 백인들을 따뜻하게 맞아주었으나 유럽인들이 인디언들에게 준 것은 무참한 살육과 천연두 같은 전염병이었다. 콜럼버스가 아메리카를 발견한 이후 불과 200년도 안 되어 남북 아메리카에서 무려 5,000만 명 이상의 원주민이 목숨을 잃었다고 한다.

미개한 아메리카 대륙에 유럽의 선진문명을 심은 것은 좋지만 그 수혜자는 원주민이 아니라 정복자인 유럽과 미국인들이었다. 문명을 발달시켰다는 점에서 긍정성은 있으나 그 문명은 유럽에서 건너간 문명이고 대신 아메리카 대륙의 토착문명을 말살한 문명이다. 개척이란 명분 하에 수천만의 인디언들을 대량 학살한 인류 역사상 가장 잔혹한 대규모의 집단살육을 저지른 문명이다. 그리고 200년이 지난 현재도 배부른 소떼는 아메리카 대륙에 넘치지만 굶주린 인디언 원주민은 옛날이나 지금이나 마찬가지다.

20세기 이후는 다시 미국, 소련, 중국 같은 대국의 시대다. 또한 새로운 대국의 굴기에는 항상 피바람이 몰아쳤다. 제2차 세계대전의 독일, 일본, 소련 그리고 미국이 그 예다. 인구와 자원, 토지가 반드시 강대국의 충분조건은 아니다. 20세기 80년 이전 중국은 세계 3대 토지와 최대 인구를 가진 나라였지만 중국의 1개 성省에도 못 미치고 인구는 1/10도 안 되는 일본보다 경제규모가 작았다. 그러나 긴 역사로 보면 반드시 작은 나라는 식민지를 통해 규모를 키웠고, 결국 그 식민지 때문에 내부적인 치명상으로 망했다.

세계화는 자기 내부적으로 시스템을 갖추어 전 세계의 자원과 인구, 기술을 이용해 규모의 경제를 만드는 방법이었다. 그래서 수확체증의 법칙을 지속적으로 만드는 나라가 강대국이었다. 그러나 이제는 영토와 인구가 문제되는 시대가 아니다. 바로 글로벌화가 가져온 변화다.

중국의 경우 호적제도와 토지제도가 중국 내부의 자유화와 시장화를 막는 가장 큰 장애요인이다. 규모의 경제를 만드는 데 제도적 장애이고 이것을 제거하면 단시간에 더 큰 규모의 경제를 만들 수 있다.

중국은 세계의 공장으로 세계의 글로벌화에 혜택을 입었고, 생산으로 공헌했지만 이제는 시장개방을 통해 세계의 시장으로 글로벌화에 공헌할 차례나. 호구제노와 노시개혁을 통한 시상사유화를 이루어 중국의 사원과 인구를 이용해 규모의 경제를 만들고 수확체증의 법칙을 지속적으로 만들어나가는 것이 중국의 새 정부가 생각하는 신성장모형이다.

중국의 2020 비전과 2050 청사진

중국의 정신적 지도자 덩샤오핑은 "개혁개방은 100년 동안 흔들림 없이 지켜야 한다"고 강조했고, 현재에 이르기까지도 중국 국가 건설의 밑그림은 초창기 마스터 플랜 그대로 흔들림 없이 가고 있다.

중국은 2020 비전과 2050 청사진을 갖고 있다. 중국 공산당 창립

100주년이 되는 2021년 전면적 샤오캉 사회를 실현하고, 중화인민공화국 건국 100주년이 되는 2049년에는 부강하고 민주적 문명을 가진 '조화로운 사회주의 현대화 국가'를 건설하겠다는 중장기 국가발전 목표다.

현재 한국의 수출에서 대중국 수출은 거의 모든 상품 분야에 걸쳐 1위를 기록하고 있으며 이제 무역에서 중국은 한국의 선택이 아닌 필수가 되었다. 중국과 수교하기 전인 1980년대까지만 해도 우리 눈에 비친 중국은 무식하고 더럽고 못사는 나라였다. 하지만 개혁개방 이후 반세기도 지나지 않아 중국은 더 이상 무식하고 못사는 나라가 아니라 미국과 세계 패권을 다툴 유일한 나라로 성장해가고 있다.

중국을 보는 관점이 어떠냐에 따라, 즉 위협론과 붕괴론의 관점에 따라서 중국은 공룡일 수도, 종이호랑이일 수도 있다. 중국과 중국인을 어떻게 인식하느냐에 따라 달라진다. 그런데 지금 중국을 보면 종이호랑이보다는 공룡에 가깝다. 중국은 지금 공룡처럼 몸집만 큰 대국이 아니라 시대 변화에 유연하고 역동성이 넘치는 힘으로 강대한 슈퍼파워로 변신하고 있다.

중국이 경제위기가 발생해 붕괴하고 G2의 자리에서 내려오면 우리 한국은 단기간에는 어려움이 있지만 중국을 통해 돈 벌 기회는 더 길어진다. 만약 중국이 G1으로 가도 날아가는 공룡 중국의 등에 올라타기만 하면 우리는 나쁠 것이 없다. 과거 1800년간처럼 중국에 무릎 꿇고 조공국가로 대접받으며 살지만 않는다면 OK다.

중국의 돈벌이에 대한 가치관도 바뀌고 있다. 이제까지의 능력 있는 자 먼저 부자 되라는 선부론先富論에서 같이 잘살자는 공부론共富論을 넘어, 이젠 새로운 기술 개발로 스스로 부를 창조하는 창부론創富論으로 가고 있다.

과거 중국은 종이, 화약, 나침반, 인쇄술과 같은 4대 발명품으로 세계의 부를 창조하는 데 결정적 기여를 했지만 정작 자신은 그 수혜를 입지 못했다. 중국은 지난 100여 년 동안 서방 선진국이 창조한 부를 모방하고 학습해왔다. 이제는 스스로의 아이디어와 발명으로 스스로 부를 창출할 때가 되었다고 보고 있다. 중국의 새 지도자 시진핑은 선저우 10호의 우주 발사기지를 직접 방문해 발사 광경을 참관하고 중국의 첨단과학기술단지를 수시로 방문해 첨단기술만이 중국을 강성대국으로 만드는 길이라고 강조하고 있다.

중국이 매년 7%의 성장을 하면 2%의 성장을 하는 미국의 GDP를 10~20년 안에 따라잡을 것이다. 다만 혁신 능력이 없으면 영원히 미국에 필적할 수 없다. 왜냐하면 창의와 혁신은 자유로운 생각의 교류와 생각의 경쟁이 있어야 하기 때문이다. 창의는 머릿수로 하는 것이 아니다. 인구가 미국보다 4배가 되는 중국이 아직 미국보다 한 수 아래인 것은 창의력에서 뒤지기 때문이다.

그러나 지금 중국은 전 세계 수풀품목 중 1,700개에서 1위를 하고 있다. 제조업에서는 이미 독일과 미국을 제쳤다. 현재 세계에서 생산되고 있는 에어컨 10대 중 7대가 중국 메이커이고 TV를 10대 생산하면 5대는 중국에서 제조한 것이다. 중국에서는 하루에 자동차가 5만 2,000대씩 팔리고 1초당 컴퓨터기 10대, 휴대폰이 35대씩 만들어진다.

제조대국 중국도 성장률 둔화를 겪을 수밖에 없다. 물론 그 과정에서 중국이 매년 7%대 성장을 하면 10~20년 안에 미국을 경제규모에서 추월한다. 20년 후엔 지금 한국이 하고 있는 일을 중국이 모두 대체하게 될 것이고, 지금 한국을 먹여 살리고 있는 주력산업이 모두 중국으로 넘어갈 수 있다.

지금은 한국 기업이 중국으로 적극 진출하고 있지만 10~20년 후엔 중국이 한국에 투자하려는 수준이 될 것이다. 따라서 한국은 중국이 따라올 수 없는 완전히 새로운 산업, 새로운 제품을 끊임없이 개발해야 산다.

2013년 등장한 새로운 시진핑 정권이 중국 경제의 성장을 어떻게 유지하고, 또한 지금까지 고성장의 마이너스 유산을 어떻게 처리할 것인지가 중요하다. 중국은 한동안 거세게 불어닥친 글로벌 경제위기를 계기로 세계 경제무대에서 위안화의 기축통화 문제를 제기함으로써 미국과 함께 G2로서의 입지를 강화했다.

그러나 아직 완전한 태환화도 아니고 전 세계 화폐 사용량의 2%에도 못 미치는 위안화의 기축통화 논의는 시기상조다. 이보다 더 중요한 과제는 중국이 갖추어야 할 국제사회에서의 책임과 의무라 할 수 있다. 국제사회에서 '달러=미국' '미국=자유와 정의'라는 등식으로 인정되는 것은 미국 경제와 화폐에 대한 신뢰이자 미국의 국격에 대한 신뢰다.

중국은 G2를 넘어 G1 미국을 능가할 수 있는 잠재력은 분명히 갖고 있다. 불과 4년 전인 2010년까지만 해도 G2는 일본이었다. 그러나 국제사회에서 일본의 경박함과 무절제함으로 일본의 국격은 형편없고 엔화의 국제화폐로서 역할도 미미했다. 결국 한 나라 통화가 경제 사이즈가 아니라 진정한 기축통화로 인정되기까지는 그 국가가 인류 사회에 얼마나 공헌하고 국제사회에서 신뢰를 쌓았느냐의 문제다. 이를 장악하는 관건은 중국의 인류와 세계에 대한 기여도에서 결정된다.

지금 세계를 보면 미국의 달러패권, 금융패권이 세계를 다스리는 힘이다. 따라서 진정한 패권은 금융패권이다. 미국이 주장해 전 세계가 동조한 WTO와 FTA는 미국이 세계를 달러 식민지화하는 방략이었다. 그러나 문제는 200년 가는 패권은 없다는 것이고 부채로 만든 성은 빨리 무너진다는 것이다.

지금 미국은 채권에서 금융 버블을 키우고 있고, 중국은 대대적인 구조조정으로 제조 버블을 죽이고 있다. 대국은 실물경제와 내수경제에 의존해야 한다는 시진핑의 말대로 중국은 수출 중심에서 수입 중심으로 경제구조를 바꾸고 있다. 개혁개방 이후 30년간의 전략을 셀러스 마켓seller's market 전략을 바이어스 마켓buyer's market 전략으로 공수전환을 하는 것이 시진핑 시대 경제전략이다.

문제는 실물이 아니라 금융이다. 중국이 미국보다 치명적으로 약한 부분이 정보기술과 금융이다. 그래서 중국은 금융전략에서 내부정비 우선, 해외진출 나중이라는 전략을 쓰고 있다. 그래서 중국 은행들은 수익 추구보다는 국익 추구가 우선이다. 중국은 WTO에 가입했지만 세계 금융시장의 늑대들인 헤지펀드에 대항할 연습기간이 필요하다고 보고 금융산업에서 만리장성의 방어벽을 쌓고 쉽게 문을 열지 않고 있다.

사실 중국은 다른 나라와는 달리 미국의 군사력에 대해 별로 겁내지 않는다. 핵무기, 항공모함, 스텔스기, 우주선, 우주정거장도 다 있다. 더 재미난 것은 최대의 무기인 13.6억의 인구가 있다는 점이다. 중국은 미국의 핵폭탄도 두렵지 않다. 13.6억 인구를 모두 죽이려면 히로시마에 투하한 핵폭탄이 2,166개는 있어야 한다. 그리고 설사 본토 인구가 모두 죽었다고 해도 5,000만에 달하는 화교가 또 있다.

패권을 꿈꾸지 않는다는 새빨간 거짓말

18차 당대회에서 시진핑이 팀장이 되어 작성한 정부 업무보고에서 중국의 향후 10년의 청사진을 밝혔다. 중국은 향후 10년, 2020년까지 국민소득을 2010년의 2배로 키운다는 것이다. G2 중국이 10년에 2배씩 커지는 파이를 만든다면 10년 뒤에 지금의 중국만 한 나라가 또 하나 더 생기는 셈이다.

'72의 법칙'을 감안하면 미래 시진핑 시대 10년 GDP 성장률은 7.2%라는 것을 시사한다. 이는 장쩌민 시대 9.3%, 후진타오 시대 10.7%보다 낮은 숫자다. 시진핑 시대 7%대의 성장목표는 중국이 고속성장을 포기하고 중속성장으로 들어간 것이지만 자세히 보면 G2 규모의 나라가 7%대의 성장을 지속한다는 것은 대단한 일이다. 그리고 같은 1% 성장률이라고 해도 같은 것이 아니다. 규모에서 엄청난 차이가 난다. 후진타오 시대의 1%는 그 규모 면에서 덩샤오핑 시대 1% 성장의 20배, 장쩌민 시대 1% 성장의 5배 규모다.

시진핑 시대 중국의 GDP 1%의 규모는 한국 전체 예산의 절반에 해당하는 큰 금액이다. 중국의 7%대 성장을 낮게 보면 안 된다. 7%대의 중속성장을 한다고 해도 시진핑 시대 1%는 경제규모 면에서 후진타오 시대의 2배다.

전 세계의 돈과 기술을 동냥질하던 '찌질이' 중국이 변했다. 중국의 대외 문제에 대한 전략은 '치밀한 실리주의'다. 국가의 핵심기간산업들은 중국 내 로컬 기업들에게 R&D, 정부 구매 등을 통해 강력한 지원을 하면서 외국 투자기업들에게는 고용, 기술이전 등에 대해 까다로운 요구를 내놓고 있다.

원가에서 경쟁우위를 상실해가고 있는 전통 제조업 부문들에 대해서는 중서부 내륙이전 또는 해외진출을 적극 유도하고 있고 위안화 절상 등 글로벌 리밸런싱 요구에 대해서는 기본적으로 중국 내 문제가 정책의 최우선이다. 특히 경제구조의 전환에 미치는 영향을 가장 우선적으로 고려하고 있다.

역사적으로 어떤 국가도 각 분야의 국력 상승이 중국처럼 빠른 경우가 없었다. GDP가 스페인에도 미치지 못하던 국가가 일약 미국 다음 2위의 경제대국이 되었다. 중국은 13.6억여 명의 인구가 있고, 6억이 넘는 사람들이 이미 빈곤을 벗어났다. 그중 중산계층의 수는 이미 미국 인구보다 많고, 계속 증가 추세에 있다.

향후 10~20년, 중국은 미국을 추월하여 세계 제1이 될 것인가? 중국은 사상 유례없는 증가속도를 계속 유지할 수 있을 것인가? 중국의 차세대 지도자들은 나라를 어떻게 운영할 것인가? 과거의 전략을 지속할 것인가? 굴기하는 신흥대국에 더욱 큰 발언권과 영향력이 있어야 하는 것은 자연스러운 일이지만 중국이 미국의 패권 지위에 도전할 것인가? 계속 발전하고 있는 신흥대국 중국에 대해 누구도 이 문제에 대한 정답을 내기 어렵다.

그러나 분명한 것은 과거 1800년간 아시아를 지배한 경험이 있는 중국 지도자들은 겉으로는 패권에 관심 없다고 하지만 아시아는 물론이고 세계 제1의 대국이 될 준비를 하고 있다. 중국은 13.6억의 인구가 있고, 4대 문명 중 유일하게 살아남은 수천 년을 이어온 문명이고 경제는 날로 성장하는데, 이런 나라가 세계 제일을 목표로 하지 않는다는 것 자체가 어불성설이다.

그간 서방의 성장 방식을 베껴 서방을 따라잡은 G2 중국은 세계 1위가 되는 데 있어서 중국 자신의 방식으로 세계 제일이 되고자 한다. G7이든 G20이든 서방 사회의 친목단체에 동양에서 온 어정쩡한 회원이 되고자 하지 않는다. 당연히 1차적으로는 미국과 평등하게 세계를 나누어 다스리려 하고 궁극적으로는 미국을 제치고 세계 1위로 부상하려 하는 것이 '중국의 꿈'이다.

중국은 아시아에 대해서도 과거 영국이나 일본처럼 무리하게 군사력으로 장악하려 하지 않는다. 중국은 아시아를 무력이 아니라 미국을 대신하는 경제력으로 장악하려 한다. 중국은 아시아 국가들에게 미국, 유럽, 일본을 합친 것보다 많은 13.6억 소비시장을 제공한다. 10~20년이 지나면 중국은 아시아 최대의 수입국이 되어 있을 것이고, 그러면 아시아는 자동으로 중국의 통제권으로 들어온다. 중국이 동남아 국가들에 열심히 원조하고 동북아 국가들과 FTA를 통해 경제협력을 열심히 추진하는 것은 모두 이런 맥락이다.

중국이 1등 하는 방법은 중국인의 강점인 '시간의 게임'이다. 미국과 직접적으로 부딪치는 것은 무조건 피한다. 중국은 이미 일본과 독일이 미국과 직접 싸우다 망하는 것을 봤다. 충분한 역량이 안 될 때 싸우면 제갈공명도 못 이긴다. 《손자병법》의 나라 중국은 절대 지는 게임을 하지 않는다. 먼저 경제력으로 이기고 난 다음 군비경쟁에서 이기는 것이 중국의 전략이다.

현재와 같은 GDP 대비 군사비 지출 비중이면 경제성장에 따라서 20~30년 안에 중국은 미국의 군사력을 따라잡는다. 그래서 중국은 입만 열면 패권을 추구하지 않고 평화적인 공존을 주장한다. 약자가 강자의 자리를 넘볼 때 상투적으로 쓰는 말이다. 중국 지도층은 이미 알고 있다. 만일 지금 미국과 직접 군비경쟁을 벌이면 반드시 진다는 것을. 그래서 경쟁하지 않고 계속 머리를 숙이면서 경제규모를 키우고 미국과 부딪치지 않고 웃으면서 향후 20~30년을 보내면 승리는 중국의 편이라는 것을 믿고 있다.

연軟, 경硬, 정情 강온의 외교전략

제5세대 지도자 시진핑의 외교는 과거 3~4세대의 지도자와는 다르다. 첫째는 주변국에 대해서는 친절하고 성실하게, 그리고 주변에 베풀고 포용하면서親, 誠, 惠, 容 주변 국가들부터 자기편으로 만든다는 전략이다.

강대국 미국과의 외교는 대국끼리 서로 싸우지 말자는 '신형대국관계' 전략이다. 어둠 속에서 힘을 기른다는 도광양회韜光養晦에서 '할 말은 한다'는 유소작위有所作爲 전략으로 가지만 미국과 직접적인 충돌은 피한다. 대신 시진핑 정부 들어 중국은 신형대국관계라는 전략으로 태평양에서 미국과 패권을 다투지 않는다는 묘한 방안을 만들어 미국을 설득하고 오바마를 안심시키려 한다. 하지만 미국은 믿지 않는다. 오히려 중국을 경계해 외교와 군사력을 아시아에 더 집중시키고 있는 형국이다.

유럽과 중동 지역 외교 분야에서도 시진핑은 마오쩌둥의 전략을 적절히 잘 써먹고 있다. '적진아퇴敵進我退 적퇴아진敵退我進'의 전략이다. 미국이 중동에서 후퇴하자 시진핑은 이번 3중전회와 2014년 경제공작회의에서 중동을 겨냥한 신비단길 전략과 해상 비단길 전략을 내놓았다.

그래서 대국의 거짓말은 믿으면 안 된다. 2014년 중국 양회의兩会에서 중국은 동서남북 외에 푸른 바다蓝海를 영토로 언급했다. 대륙국가 중국이 드디어 바닷물을 탐내기 시작한 것이다. 태평양의 바닷물을 판다가 먹겠다는 것이다.

또한 시진핑은 외교와 국가안보를 본인의 권력 장악에도 절묘하게 이용하고 있다. 3중전회 이후 중국의 국가안전위원회를 설립했고 그 인사권을 장악했다. 그리고 누구도 생각하지 못한 1탄이 방공식별구역 선포였다. 7개월간의 개혁작업이 진행되었지만 한국, 일본 모두 국가안전위원회의 설립 그리고 바로 3중전회 직후 방공식별구역 선포를 사전에 제대로 인지하지 못했다. 방공식별구역 선포로 중국의 국가안전위원회의 존재를 국내외적으로 부각시켰고, 시진핑은 이를 통해 힘을 얻었다.

중국의 마오쩌둥은 도시를 먼저 공략하는 것이 아니라 주변 농촌을 먼저 장악하고 이를 통해 도시를 둘러싸 결국 정권을 얻었다. 이처럼 국가안전위원회를 통해 국내 권력 장악을 먼저 하는 것이 아니라 해외에서 먼저 시작해 관심을 돌리고 서서히 국내 문제로 권력의 칼을 들이대는 전략인 것이다.

시진핑 시대 중국의 소위 자칭 '대국의 외교'의 방향은 먼저 부드럽게 시작하고 결정적인 순간에 강력하게柔變刚 변한다는 전략이다. 기존의 방법과 틀을 깨는 새로운 방법으로 먼저 주변 국가와의 외교에 중점을 둔다.

미국과의 관계에서는 전략적 사고로 접근해 싸우지는 않고 이기는 전략不戰而屈人之兵을 찾고 있다.

주변 국가와는 절묘한 대책으로 러시아와는 연대하고 한국과는 친하게 지내고 일본과는 반목하는联俄睦韩反日 방법을 쓰고 있다. 그리고 유럽에 대해서는 경제적 파트너로 대하고 있다. 2014년 3월 시진핑 주석은 제3차핵 안보 정상회의 참석, 유네스코 본부 및 유럽연합 본부 방문 등 빡빡한 일정을 보내면서도 네덜란드, 프랑스, 독일, 벨기에 등 4개국을 국빈 방문하고 총 84회의 행사 참여와 120여 개의 협약을 체결했다.

집권 1년이 지난 시-리 정부는 주석과 총리가 가진 독특한 역량과 스타일로 새로운 외교의 스타일을 만들어가고 있다. 소위 부드러운软 외교, 강경硬한 외교, 정情 많은 외교다. 우선 시진핑의 부인 펑리위안을 동반한 '부드러운' 외교다. 역대 중국의 주석 부인들은 국내는 물론이고 외교 선상에 잘 나타나지 않았다. 그래서 중국에서는 퍼스트레이디가 어떻게 생겼는지 잘 모르는 이도 많았다.

그러나 시진핑의 부인 펑리위안은 아름다운 미모와 뛰어난 음악성을 가진 온 국민에게 사랑받는 중국 최고의 국민가수다. 시진핑의 외국 순방에 펑리위안의 동반은 국제적인 주목을 받았다. 특히 펑리위안의 세련된 패션 감각은 '펑리위안 스타일'로 중국 국산 브랜드의 국제적 홍보로 그 효과는 돈으로 셀 수가 없을 정도다.

그래서 시진핑은 복 많은 남자다. 펑리위안이라는 국민적 사랑을 받는 중국 최고의 가수이자 패션 아이콘을 부인으로 가진 남자다. 중국 경제개발의 밑그림을 그린 존경받는 부총리 출신 아버지, 세계 최고의 대학인 하버드대를 다니는 딸에 상하이방의 지지와 공청단의 협력을 받는 남자다.

중국의 퍼스트레이디 펑리위안은 '중국의 미셸 오바마'다. 자국 패션 디자이너의 옷만을 입는 뛰어난 패션 감각의 소유자이고, 중화 소프트 파워의 상징으로 떠오르는 퍼스트레이디다. 중국은 공자 학원 1,000개보다 펑리위안의 화려한 의상과 노래 한 곡이 더 영향력이 있다는 것을 알았다. 공자와 맹자보다 이 시대의 군자는 '놀자'라는 것을 안 것이고 그 아이콘이 바로 퍼스트레이디 펑리위안이다.

다음으로 시진핑의 '강경한' 외교다. 영토 문제, 역사 문제로 갈등을 빚고 있는 일본 아베 총리와는 단호히 접촉 자체를 배제함으로써 우연히 마주치는 것도 거부하고 있다. 그러나 일본 이외의 나라에 대해, 특히 아프리카, 중동, 아세안, 중남미 외교에서는 강하지만 결코 강함을 드러내지 않고 오히려 경제원조와 국제협력을 통해 '정 많은' 대국이라는 인상을 심고 있다.

그리고 총리인 리커창도 리커창식 외교 스타일로 주목받고 있다. 실용주의자답게 리커창은 1석3조 외교가 기본이다. 아세안이나 각종 정상회담이 있으면 그 주변국의 나라를 일정 전후에 방문하여 스킨십을 통해 중국과의 친밀도를 높인다.

시진핑의
'개혁을 개혁하라'

자본주의보다 더 불평등한 중국 사회주의

지니계수Gini Coefficient는 이탈리아 통계학자 지니의 이름을 딴 경제지표로 소득분배가 얼마나 불균등한지를 나타낸다. 0에서 1까지로 표시되며, 1에 가까울수록 소득 불평등이 심하고, 0에 가까울수록 그렇지 않다는 것을 의미한다.

중국은 상위 20%가 국민의 부의 50%를 장악하고 하위 20%는 겨우 5%의 부를 가져 지니계수가 0.5에 근접하는 소득 불평등 국가다. 공산주의 국가가 자본주의 국가보다 더 불평등하다니 아이러니하다.

중국의 과거 역사를 보면 지니계수가 0.5 이상일 때 폭동이 일어났다. 1940년대 국민당 정권 때가 0.53이었고, 청나라 말기 태평천국의 난이 일어났던 1850년대가 0.58이었다. 2013년 중국의 지니계수는 0.473이었다. 이는 2011년의 0.481, 2012년의 0.474보다는 다소 개선된 수준이지만 지니계수로만 보면 중국은 폭풍전야다.

현재 사회주의 중국은 자본주의보다 부가 더 불평등한 문제점을 안고 있다. 중국의 도농 간 소득의 격차는 3.5배, 업종 간은 10배, 내륙과 연안 지역 간의 차이는 23배나 된다. 이런 양극화 문제를 완화하지 않고는 한 단계의 도약이 어렵다. 이런 맥락에서 시진핑 정부의 최대 과제는 '빵 나누기'와 '땅 나누기'다.

중국은 달러벌이 목적으로 수출기업 위주 정책을 쓴 바람에 지난 10년간 전체 국민소득 중 근로자에게 배분된 소득비율인 노동분배율이 지속적으로 하락했다. 현재 중국의 노동분배율은 41% 선인데 미국의 60%에 비하면 크게 낮다. 중국 정부는 분배 문제에서 노동자의 불만이 높아지자 먼저 2005년에 800위안(약 14만 원)이던 소득세 면세점을 1,600위안으로 올렸고 다시 2011년에 화끈하게 3,500위안으로 올렸지만, 세금감면만으로는 노동자 불만을 막기에는 역부족이었다. 그래서 중국은 임금을 올리는 방법을 채택하기 시작했다.

중국은 재정수입에서 기업의 법인세가 차지하는 비중이 16% 정도밖에 되지 않는다. 따라서 임금인상으로 기업 이익이 줄면 국가가 받아 가는 세금도 감소해 국가재정이 줄어드는 영향을 받지만, 정도는 그리 심각하지 않다. 또 기업 소득세의 절반을 담당하는 국유기업의 경우 이익은 결국 국고로 환수되기 때문에 임금인상을 통해 기업이 번 돈을 국민에게 돌려주거나, 아니면 나중에 국고에 들어온 돈을 다시 재정지출로 국민에게 돌려주거나 정부 입장에서 보면 결과는 마찬가지다. 그래서 중국 정부는 세금감면이 아니라 임금인상 전략으로 돌아선 것이다. 매년 최저임금을 15% 이상 올려 5년 내 임금을 지금의 2배 수준으로 올리는 정책을 발표했다.

중국의 '빵 나누기'는 그런대로 쉬운 편인 반면, 도시화가 빠르게 진행되고 있는 중국에서 '땅 나누기'는 매우 풀기 어려운 문제다. 같은 중국인이지만 땅값 비싼 도시에 태어난 사람과 싼 농촌에서 태어난 사람은 처음부터 부의 수준이 달라진다. 그래서 농민이 도시로 진입해도 집과 땅이 없으면 영원히 도시 빈민이다. 따라서 급속한 도시화가 진행되고 있는 중국에선 땅의 재분배 문제는 핫이슈다.

중국의 도시화율은 현재 53%이지만 호적이 등기된 인구는 35%에 불과하다. 대략 18%에 해당하는 2억 6,000만 명이 몸은 도시에 살지만 호적은 시골에 있는 반┼도시인, 즉 농촌을 떠나 도시에서 일하는 빈곤층, 농민공들이다. 이들은 집과 땅을 시골에 두고 왔기 때문에 도시의 주택, 의료, 교육, 사회복지의 사각지대에 있다. 농민공들이 중국 사회의 가장 큰 불만세력으로 등장함에 따라 시진핑 정부는 이들을 달래고 불만을 잠재우는 해법으로 신형도시화 정책을 추진하고 있다.

중국 정부는 우선 도시화에 필요한 농민의 토지수용 가격을 올려주는 방안을 추진하고 있다. 현재는 시장가격의 3%에도 못 미치는 가격으로 농민의 토지를 수용하고 있다. 연간 십수만 건의 시위 중 상당 부분이 현저히 낮은 가격으로 농민의 토지를 수용해서 발생하는 것이다.

중국 정부는 또 농민공들에게도 도시 호적을 부여함으로써 의료, 교육 등 사회보장의 수혜를 받도록 할 예정이다. 중국의 사회보장비 지출 비중은 2003년 11%에서 2011년에 28%로 높아졌지만 미국의 52%, 일본의 63%에 비하면 현저히 낮은 상태다. 중국은 2014년부터 시작해 2020년까지 도시화율을 60%로 높이고 호적이 등기된 기준으로 45%까지 도시화율을 높이는 신형도시화 계획을 발표했다.

시진핑이 든 칼, 분배의 평등

"배부르다고 다 행복한 건 아니다.""다 같이 배고픈 것은 참을 수 있지만 배 아픈 것은 못 참는다." 지금 중국 사회를 단적으로 나타내는 말들이다. 지금 중국은 '호랑이 잡고 팔뚝 자르는 사람'이 최고지도자다.

시진핑은 부패가 심각해지면 당과 국가가 망할 수 있다며 "만물은 먼저 썩은 후에야 벌레가 생겨난다物必先腐, 而后蟲生"는 고사를 인용하면서 부정부패를 저지른 자는 지위고하를 막론하고 처벌한다는 뜻으로 호랑이와 파리도 다 때려잡는다는 표현을 썼다. 리커창 총리도 취임사에서 부정한 돈을 집는 손은 팔뚝을 잘라버린다는 표현으로 부정부패 척결의 의지를 표현했다.

지금 중국의 문제는 성장이 아니라 분배의 평등이고 이것이 시진핑이 해결해야 할 숙제이기도 하지만, 이는 부정부패를 일삼는 기득권 세력을 결정적으로 손볼 수 있는 시진핑이 든 칼이다.

후진타오 주석은 2012년 당대회에서 "인민들이 발전의 성과를 공유하게 하려면 소득분배제도를 개혁해 주민 소득이 경제발전과 동시에 늘어나게 해야 한다"며 분배 문제의 중요성을 특히 강조했다. 중국의 최고 의사결정기관인 공산당 전국대표대회에서 분배 문제를 언급한 것은 처음이다.

후진타오는 가난한 집안에서 오로지 능력 하나로 황제의 반열에 올랐다. 그러나 이번에 집권한 시진핑은 아버지가 부총리였던, '은수저를 물고 태어난' 사람이다. 또 경제가 급성장한 동부 연안 지역에서 당서기, 성장 등을 하며 정치적으로 커온 인물이라 싱장의 덕을 톡톡히 봤다. 그의 경제 성향은 당연히 '성장'이다. 그래서 시진핑 시대는 우 클릭으로 가야 맞지만, 시진핑은 분배를 더 강조하고 있다. 이는 중국의 소득격차 문제가 단순한 최저임금제도와 세금징수의 조정 정도로는 해결하기 어려운 수준에 도달했기 때문이다.

중국의 분배 문제의 본질은 국유기업의 민영화다. 중국은 증시 시가총액 기준으로 국유기업의 비중이 74%이고, 전체 국가 자산의 68%가 국유다. 이것이 공산당의 돈줄 역할을 하고 있다. 결국 중국의 분배 문제는 국유기업의 부를 민간의 부로 돌리는 것, 즉 국부國富를 민부民富로 전환하는 것이 핵심이다.

그런데 국유기업을 개혁하려면 배후에서 국유기업을 장악한 4,000명 이상의 기득권 세력인 태자당과 상하이방의 권리를 포기하게 해야 하고 이는 공산당의 권력 약화를 가져올 수 있다. 그래서 역대 지도자 덩샤오핑, 장쩌민, 후진타오가 분배 문제를 언급은 하면서도 임기 내에 실행하지 못했다.

자기 살을 베어내는 아픔을 감수하는 이는 없었다. 임기 마지막 날 후진타오 주석이 분배 문제를 언급한 것은, 자기는 하기 싫고 후임자 시진핑이 하라는 이야기가 아닐까 싶다. 하지만 3개 정파 합의의 산물로 탄생한, 역대 지도자 중 가장 약한 리더십을 가진 시진핑이 자기를 밀어준 태자당과 상하이방의 등에 칼을 꽂기는 사실 쉽지 않은 일이다.

그러나 중국의 분배 문제는 더 이상 미룰 수 없다. 하지만 시진핑은 파이 키우기 정책으로 국민을 계속 설득해나가면서, 당장은 큰 것은 여전히 공산당이 가지고 작은 것은 빨리 놓아주는 전략으로 갈 수밖에 없다. 정권 장악력이 상대적으로 약한 시진핑이 단기간에 강력한 개혁정책을 펴기는 어렵기 때문이다.

가급적 국유기업은 손을 대지만, 민영화는 단계적으로 하는 것이다. 대신 단기적으로 당장 노동자의 임금은 빨리 올려주고提低, 중산층을 키우고擴中, 고소득 계층의 임금인상은 자제시키는調高 것이 중국 공산당 새 지도부의 단기적인 분배전략이 될 수밖에 없다.

그러나 역설적으로 시진핑이 쥔 부정부패 척결의 칼은 역대 가장 센 칼이 될 수 있고, 집권 10년간 기득권 세력을 위협하고 정리하는 비장의 카드가 될 수 있다. 역대 중국의 지도층들은 모두 부정부패에서 자유롭지 못하기 때문이다.

공직자의 재산등록과 공개, 부동산의 통일등기, 금융실명제를 도입하면 고위직의 부정부패와 축재는 바로 파악 가능한데 중국은 부동산의 통일 등기만 도입을 시작하고 있다. 시진핑이 부정부패 단속의 방법을 모르는 것이 아니라 속도 조절을 하고 있는 것이다.

2014년 4월 시진핑이 상하이방과 밀접한 관계에 있는 석유방을 부패혐의로 구속시킨 후 장쩌민 전 주석은 시진핑 주석에게 지나친 개혁의 부작용에 대한 우려와 경고를 표명했다. 하지만 시진핑 주석은 중국 개혁의 아이콘, 후야오방(1915~1989) 전 공산당 총서기의 개혁정신을 대대적으로 부각시키며 개혁 저항세력을 치는 차도살인借刀殺人의 전략을 구사하고 있다.

후야오방은 당 총서기 재임(1982~1987) 시절 언론의 자유를 포함한 과감한 개혁정책을 추진하다 덩샤오핑에 의해 실각됐고, 그의 실각은 1989년 중국의 민주화 시위인 천안문 사태로 이어졌다. 공청단 서기 출신인 후진타오 주석은 후야오방 서거 25주기를 맞아 후야오방의 고택을 방문할 정도로 공청단 제1서기 출신 후야오방의 추종자였다. 당시 중앙서기처 서기였던 시진핑 주석의 아버지 시중쉰은 후야오방의 구명운동을 했을 정도로 인연이 깊다. 후진타오 주석과 시진핑 주석이 서로 손잡고 후야오방을 띄우며 개혁 저항세력을 치는 것이다.

중국에서 누구니 알 민한 권력자들은 석유방, 전력방, 금융방, 통신방 등의 배후를 하나씩 가지고 있다. 그래서 시진핑은 이들을 시간을 두고 서서히 정리해갈 수 있기 때문에 시진핑이 가진 권력과 전략이 무섭다. 시진핑은 이미 석유방 손보기를 끝냈고 전력방과 금융방이 도마 위에 오르고 있다.

시진핑의 개혁안에 중국의 향후 10년이 있다

시진핑의 향후 10년의 청사진이 담길 것이라는 큰 기대를 모았던 중국 공산당의 제18기 3중전회가 2013년 11월 12일에 끝났다. 중국 공산당 중앙위원 204명과 후보위원 169명 전원이 참석한, 명실공히 중국을 이끌어 가는 최고지도부가 모두 참석하는 회의였다.

통상 9월과 10월 개최되는 관례를 깨고 이번 제18기 3중전회는 최근 20년 중 가장 늦게 개최되어 시진핑의 지도력에 대한 의구심과 공산당 내부의 갈등이 심각하다는 등 이러쿵저러쿵 많은 말을 낳았다. 또한 회의 개최 장소도 인민해방군이 직접 관리하는 베이징의 징시호텔京西宾馆에서 회의 사상 처음으로 비공개로 진행되었다.

1993년 3중전회에서 중국은 시장경제를 도입함으로써 20년 만에 현재의 G2로 올라선 기초를 만들었다. 이번 3중전회가 주목받았던 이유는 향후 10년 안에 미국을 제치고 중국이 G1이 되는 기초를 만들 방안을 내놓을지가 관심사였기 때문이다.

지금 중국은 30여 년간 고성장의 후유증인 환경, 노령화, 빈부격차, 부정부패 등의 문제가 심각하다. 이런 상황에서 시진핑 주석은 정치, 경제, 사회, 문화, 환경, 국방 등의 6개 분야에서 11개의 개혁과제를 통한 체제개혁을 선언했다.

통상 국무원 부총리 정도가 주도해서 만들어지는 3중전회의 발표문 초안을 이번에는 시진핑이 직접 조장이 되고 리우윈산 정치국 상무위원과 장가오리 부총리가 부조장이 되어 7개월간 2,500여 명의 전문가에게 의견을 구하고 1,100개의 의견을 받아들여 수정하는 등 심혈을 기울여 만들었다.

중국은 이런 식으로 자료를 만들기 때문에 행간의 의미를 잘 봐야 한다. 제18기 3중전회의 2만여 자의 발표문에서 가장 많이 언급된 단어는 '제도'로 183회나 되었고 시장이 81회, 경제는 74회에 그쳤다. 이는 이번 개혁은 '선 제도개선, 후 경제개혁'이라는 의미다.

시진핑 정부가 등장하면서 첫 번째로 내건 것은 경제 살리기가 아닌 부정부패 단속이었다. 부정한 행위를 저질렀다면 '호랑이도 파리도 모두 손을 보겠다'고 나선 것은 바로 개혁의 가장 큰 장애물인 탐관오리들과 결탁한 전직 고위 권력자들을 겨냥한 것이다. 제도개선이 안 되면 경제개혁은 의미 없다는 것을 새 정부는 정확히 인식하고 있는 것이다.

이번 시진핑 정부의 중국 경제 업그레이드 버전은 '작은 정부'다. 새 정부 들어 중국은 1,700개 정부 인허가 항목 중 1/3 이상을 폐지하기로 했다. 이미 334개의 인허가를 폐지하거나 하부이양했고 200여 개 이상을 추가로 폐지할 예정이다.

GDP의 2배에 달하는 돈을 풀었음에도 돈 가뭄이 생기고 지방부채 급증, 그림자 금융, 부동산 버블 등이 생긴 원인은 중앙정부가 GDP 지상주의에서 벗어나지 못하고 지방정부 관리들의 업적을 GDP와 연관시키는 바람에 지방정부 지도자들이 지방정부를 마치 회사처럼 운영해온 탓이다.

그런데 2013년 들어 베이징의 독성 스모그 발생을 계기로 중국의 GDP 영웅은 죽었다. 시진핑은 지방 지도자회의에서 GDP 지상주의 포기를 공식 선언했다. 그래서 능력 있는 자 먼저 벌고 보라는 덩샤오핑식 성장제일주의의 경제모형은 이제 끝이 난 셈이다. 경제발전은 지속하되 성장 방식을 전환하는 황금 균형점을 찾는 것이 이번 3중전회의 핵심과제였다.

시진핑의 실행수단은 시장화와 금융화다

중국의 시진핑 정부는 2013년 11월 9일부터 12일까지 열린 제18기 3중전회에서 국가 전반에 걸친 포괄적인 개혁 로드맵을 내놓았다. 3중전회는 중국 공산당 중앙위원회가 새로 구성된 뒤 세 번째로 열리는 전체회의로, 통상 당대회 개최 후 1년쯤 뒤에 열리며 굵직한 정책 방향을 제시한다.

중국은 1978년 개방 이래 1993년 3중전회에서 시장경제를 도입함으로

써 20년 만에 현재의 G2로 올라서는 기초를 만들었다. 이번 3중전회가 주목받았던 이유는 향후 10년 안에 미국을 제치고 G1이 되는 기초를 만들 것인가에 초점이 맞춰져 있기 때문이다. 물론 시진핑은 7%대 중속성장을 선언했다. 하지만 G2의 기적을 넘어 임기 10년 안에 G1의 신화를 쓴다는 목표가 있다. 이것이 시진핑의 '중국의 꿈'이다.

하지만 넘어야 할 과제가 있다. 지난 30년간 중국은 연평균 10%씩 성장해 GDP를 4배 이상 수준으로 늘렸지만 국민 생활은 팍팍하기 그지없다. 국가 재산의 70%가 국유이다 보니 10% 성장 중 7%는 국가가 가져갔고 13.6억 인구는 30년간 3% 성장으로 살았기 때문이다. 그러나 이젠 배고픈 것은 참았지만 배 아픈 것을 더는 못 참는 상황이 도래했다. 분배 문제가 이번 시진핑 개혁의 핵심이다. 방법은 정부, 기업, 시장의 모든 부분에서 공산당의 보이는 손이 아니라 '시장의 보이지 않는 손'으로 분배구조를 바꾸겠다는 것이다.

시장에서는 이번 제18기 3중전회에서 덩샤오핑의 1978년 개혁개방에 버금가는 화끈한 '중국 개혁 2.0'이 나올 거라는 기대를 했지만 발표문은 밋밋했다. 2020년까지 점진적인 개혁이고 공산당의 보이는 손을 대신해 시장의 보이지 않는 손으로 경제를 개혁하겠다는 것이다.

시진핑 주석의 경제정책 분야 최고 브레인은 바로 중학교 동창생인 하버드대학 유학파 류허다. 미국이 강한 것은 시장과 제도다. 미국식 시스템을 도입해 중국 경제의 효율을 끌어 올리겠다는 류허의 생각이 이번 개혁안에 깊이 스며들어 있다.

또한 "대국을 다스리는 것은 작은 생선 굽듯이 조심해서 다루어야 한다"고 했던 시진핑의 생각도 그대로 녹아 있다. 이미 G2가 된 거대한 중국 경제는 급발진이나 급가속이 불가능하다. 시진핑의 개혁은 안전운행이다. 경제를 양에 너무 집착해 6~14%대까지 천당과 지옥 사이를 오가는 청룡

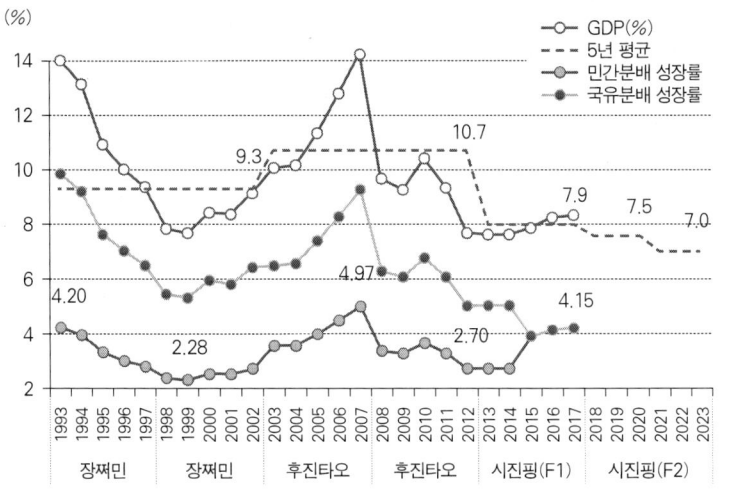

주요 지도자 통치기간별 경제성장률

(%)

- ○ GDP(%)
- ---- 5년 평균
- ● 민간분배 성장률
- ● 국유분배 성장률

9.3   10.7

7.9   7.5   7.0

4.20   2.28   4.97   2.70   4.15

1993 1994 1995 1996 1997 1998 1999 2000 2001 2002 2003 2004 2005 2006 2007 2008 2009 2010 2011 2012 2013 2014 2015 2016 2017 2018 2019 2020 2021 2022 2023

장쩌민   장쩌민   후진타오   후진타오   시진핑(F1)   시진핑(F2)

자료: 국가통계국, 예상은 중국경제금융연구소

열차처럼 운행했던 후진타오 정부와는 달리, 7%대의 지속가능한 중속성
장을 추구하고 질적 향상을 도모하면서 그간 고성장의 모순을 정리하는
방법밖에는 없다고 본 것이다.

중국은 과거 30년간 연평균 10%대의 고성장을 했고, 7년마다 GDP
를 배로 키워 4배 이상 늘렸고, 미국에 이은 G2의 자리에 올랐지만 국민
들의 생활은 크게 나아진 것이 없다. 이는 앞서 언급했듯이 국가 자산의
70%를 국가가 소유하고 있어 10% 성장의 과실 중 7%는 국가가 가져갔
고 13.6억 명의 민간은 3% 성장의 과실로만 살았기 때문이다. 정부는 세
계 최고의 부자이지만 국민은 여전히 1인당 소득 100위권대에 머무는 가
난한 나라다.

성장률을 10%대에서 7%대로 낮추지만 국가에 돌아가는 분배비율을
70%에서 50%로 낮추면 국민의 소득은 10% 성장 시대에 3%에서 7% 성

장을 하더라도 3.5%로 높아진다. 이젠 그 분배구조를 5:5로 가져가 7% 성장을 하더라도 민간은 후진타오 시대보다 16%나 더 높은 3.5% 성장의 수혜를 받게 하겠다는 것이다. 이것이 시진핑 정부가 노리는 것이다. 시진핑 정부는 그간 국가의 부를 독점했던 정부가 국부를 민부로 전환해 국가발전의 성과를 국민들에게 실질적으로 돌아가게 하겠다는 것이다.

그 실행수단은 시장화와 금융화다. 공산당이 시장의 보이지 않는 가격 메커니즘을 활용해 경제의 효율성을 높이는 것이 핵심이다. 그 방법은 정부, 기업, 시장의 모든 부분에 공산당의 보이는 손이 아니라 시장의 보이지 않는 손으로 분배구조를 바꾸어 해결하겠다는 것이다. 그래서 이제 중국 경제는 민간의 분배성장률이 얼마인지를 잘 봐야 한다.

이번 3중전회에서 나온 혁신방안의 키는 '3대 개혁과 3대 융합'이다. 약발이 떨어진 덩샤오핑식 대외개방형 개혁을 개혁하고 사람人改, 토지土改, 금융金改의 대내개방형 개혁을 통해 대국 경제의 고장 난 부분을 수리한

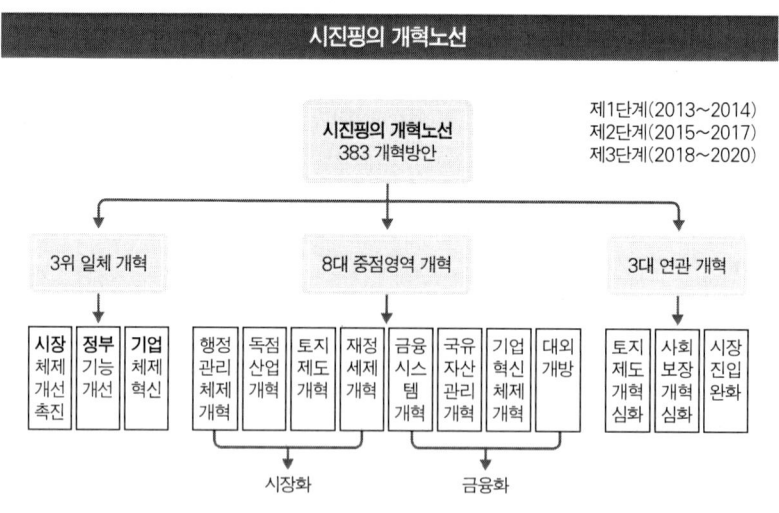

자료: 중국 정부망

다는 것이다. 구체적으로는 국유기업의 개혁, 자원가격의 개혁, 토지의 개혁, 호적제도의 개혁, 신도시 건설, 금융의 개혁을 실시한다는 것이다.

실행 방법은 융합이다. 공산당의 아버지 마오쩌둥의 융합은 총과 권력 그리고 농민의 땅을 융합한 것이었다면 지금 중국 공산당의 아들 시진핑의 대국 경제 융합은 시장화와 금융 시스템화 그리고 공산당의 융합이다. 공산당이 시장의 보이지 않는 가격 메커니즘을 활용해 경제 효율성을 높이겠다는 것이 핵심이다.

시장과 경제주체인 정부와 기업의 3개 분야에 걸쳐 행정체제, 독점산업, 토지제도, 금융제도, 재정세제, 국유기업, 기업혁신, 대외개방의 8가지 중점 분야를 정해 개혁하고 대외개방과 사회보장제도 그리고 토지제도 개혁의 심화를 통해 3개 분야의 시너지를 내겠다는 것이다. 또한 3년 단위의 3단계 개혁 시간표도 제시했다. 2013~2014년은 단기, 2017년까지는 중기, 2020년까지 장기 개혁으로 전체를 마무리한다는 것이다.

중국이 중점을 두고 있는 8대 개혁은 적어도 3~10년이 소요될 큰 개혁이다. 이번 3중전회에서 개혁의 안건은 나왔지만 이를 한 방에 정리하는 것은 불가능하다. 대부분 개혁의 세부 방안은 2014년 3월의 양회의 이후 단계적으로 나오고 있다.

4장

시진핑 시대 신경제학, 리코노믹스의 비밀

중국의 신경제,
7%대 성장목표의 비밀

중국 황제의 등극 조건 '7'

　중국은 특이한 나라다. 공산당이 1당독재하는 나라지만 안을 들여다보면 중국은 7명의 황제가 공동으로 나라를 다스리는 집단지도체제다. 당·정·군의 3부 권력 중 당의 정치국 위원 25명이 중국의 지도자급이고 그중 베스트 오브 베스트 7명이 바로 당 상무위원인데 이들이 바로 중국의 현대판 7인의 황제들이다.

　표면상으로 권력의 서열이 존재하고 주석인 시진핑이 국가를 대표하지만 정무와 외교는 주석이, 경제는 총리가 이런 식으로 각자의 업무영역이 있다. 그런데 중국 최고지도자의 가장 중요한 조건 중 하나는 연령이다. 바로 '7상8하'의 조건이다. 67세까지는 황제의 자리에 오를 수 있지만 68세는 안 된다는 것이 룰이다.

　50대 중반이면 이미 은퇴를 하는 서방세계와는 달리 중국은 60은 넘어야 국가를 통치할 경륜이 있다고 보는 것이다. 중국의 최고지도자들은 항상 '젊은 오빠'의 이미지로 보이고 싶어 한다. 그래서 중국의 7명의 상무위원 중에서 흰머리가 보이는 지도자는 1명도 없다.

2013년 중국의 GDP가 7.7%로 나왔고 2014년 1분기 GDP가 7.4%로 나왔다. 14년 만에 최저 수준의 성장률이라고 언론은 호들갑이고 서방세계는 중국 경제의 성장둔화 우려를 대서특필하고 있다. 2013년과 2014년 1분기 중국의 소득은 정부의 부패단속과 회색소득의 조사에 따른 위축이 들어가 있다는 점을 고려해야 한다.

중국 최고지도자들의 마음속 성장률은 도대체 얼마일까? '7상8하'다. 이는 최고지도자들의 그간 발언에서 보면 명확하다. 시진핑 주석은 두 자릿수 성장을 포기한다고 누차 발언했고 리커창 총리는 중국의 고용 문제는 7.2% 성장이면 견딜 만하다고 언급했다. 상하이 시장인 한정은 다시 상하이는 고성장할 이유가 없다는 발언을 했다. 중국 최고지도자들의 생각을 종합하면 최저 마지노선은 7.2%, 8%보다 낮으면 된다는 것이다.

'7의 사나이' 리커창 총리의 커창 스타일

리커창은 중국에서 행운의 숫자인 '7의 사나이'로 불린다. 리커창은 1955년 7월에 태어났고, 1977년 베이징대학에 입학한 77학번이고, 1982년 대학 졸업할 때 27명의 베이징대학 최우수 졸업생 중 1명으로 선발되었다. 2002년 47세 때 허난성 당서기로 부임해 7년간 근무하면서 전국 평균 성장률보다 1.53% 높은 경제성장률을 달성해 허난성을 경제규모로 중국의 5대 성 중 하나를 만들었고 중서부 지역 성 중 최대의 경제규모를 가진 성으로 만들었다.

리커창은 2007년 17대 중앙정치국 상무위원으로 당선되어 중앙의 지도자로 본격적으로 활동했고 2012년 18대 중앙정치국 상무위원 7명 중 하나로 등극했다. 2013년 57세의 나이로 중국의 제7대 총리로 취임해 최연소 총리의 기록을 남겼다. 리커창의 인생에 결정적으로 영향을 미친 사건에서 '7'이 10개나 된다.

안후이성 출신인 리커창은 1974년에서 1978년까지 4년간 지식청년으로 시골에서 밑바닥 생활을 했고 1977년에 대학이 다시 부활하면서 베이징대학 법학과에 진학했다. 1988년에서 1994년까지 베이징대학 경제학과에서 재직 연구생으로 석사와 박사를 마쳤다. 지도교수는 중국 시장화의 기수인 리이닝이었고, 〈중국 경제의 3원구조〉라는 제목의 박사논문으로 베이징대학 경제학과의 최고 논문상을 받았다.

리커창은 중국 건국 이래 최초의 박사 총리이고 중국 건국 이래 최연소인 53세에 부총리가 된 기록을 만들었다. 그는 베이징대학 경제학과를 나온 천재이고 부인은 영문학 교수로 부인 덕에 중국의 상무위원 중 유일하게 통역 없이 영어로 의사소통할 수 있는 인물이다.

리커창은 고사성어를 즐겨 쓰며 우회적인 표현을 주로 했던 전임 원자바오 총리와는 달리 직설적 화법으로 간단명료하게 의사 표현을 하는 스타일이다. 중국의 주석과 총리의 2원 체제에서 보면 이번 제5세대 지도부는 선이 굵은 '통 큰 주석'에 '천재형 총리'다.

중국의 총리는 관 짜고 팔뚝 자르는 게 직업이다. 장쩌민 시대 중국의 천혈재상으로 명성을 떨친 주룽지 총리는 취임사에서 "관을 100개 준비하라"고 해서 부정부패 척결 의지로 부패한 공무원 사회의 간담을 서늘하게 했다. 주룽지 총리를 빼닮았다는 평을 받는 리커창 총리는 취임하면서 부정부패를 저지른 나쁜 팔은 팔뚝을 잘라버린다는 섬뜩한 표현으로 부정부패에 대한 강한 개혁 의지를 내보였다.

2014년 양회의에서도 리커창 총리는 전인대 첫 업무보고에서 시장경제를 '보이지 않는 손看不见的手', 안정적인 화폐정책을 '진정제를 먹는다定心丸', 식품안전 문제는 '혀끝에서 안전舌头上的安全' 등의 간결한 대중적인 표현과 용어를 사용해 인기를 끌었다. 리커창 총리는 원고를 읽는 전통적인 중국

고위관리의 스타일에서 원고 없이 간명하게 직설적으로 그리고 제스처를 써가며 연설하는 것으로 유명하다.

2013년 총리의 내외 기자회견에서 한 매체가 조사한 것을 보면 리커창은 30여 차례 손으로 제스처를 한 것으로 나타났다. 말하는 속도도 전임 원자바오 총리는 1분당 71자를 말하는데 시진핑은 118자를 말할 정도로 빠르다. 업무보고에서 실리적인 면을 강조하고 요식행위를 배제하는 것이 '커창 스타일'이다.

중국 경제의 새 얼굴, 리코노믹스

리커창 총리 집권 이후 중국이 변했다. 경제가 울상만 지어도 바로 젖을 물리던 중국 당국이 냉정한 계모처럼 변했다. 중국이 2013년 상반기에 8%를 하회하는 성장을 하면서 충격을 주었고, 6월에는 중국의 단기금리가 30%대로 폭등하는 금융불안에 증시가 큰 하락세를 보였다. 그리고 수출대금을 가장한 핫머니의 유입에 대한 강력한 통제의 영향이 있었지만 5월 1% 증가에 그쳤던 수출이 6월에는 급기야 마이너스로 돌아섰다.

그런데 중국 정부는 경기하강에도 부양책이 없고, 국가부도 사태에서나 나올 법한 금리폭등에도 긴축을 유지한다고 발표했다. 수출의 감소에도 특단의 수출지원정책이 없었다. 이는 중국 경제를 책임지는 새 총리 리커창의 경제운영 방식, 소위 리코노믹스Likonomics 때문이다.

리커창 총리의 경제운영 방식은 전임 원자바오 총리와는 확실히 다르다. 30년간 해온 GDP 고성장에 목숨 거는 것은 포기하고 사회가 수용 가능한 최저성장률SALG: Social Acceptable Lowest Growth을 유지하는 대신 디레버리징과 구조조정을 통해 지속가능한 성장을 한다는 것이 리코노믹스의 핵심이다.

서방세계는 중국이 수출이 안 되면 죽는 나라라고 생각하는데, 중국의 수출이 2014년 2월에는 -18%의 마이너스 성장으로 돌아섰는데도 정작 중국 당국은 수출지원정책이 없다. 경기하강에도 경기부양책이 없었다.

후진타오 집권 시절 원자바오 총리는 5년간 11차례의 이자율 조정을 했고, 22차례나 지급준비율 조정을 했다. 2008년 상반기에는 인플레 방지한다고 긴축을 했다가 2009년에는 4조 위안을 퍼 넣어 경기부양을 했고, 2010년 4분기에는 다시 인플레 방지한다고 긴축을 했다가 2012년 상반기에는 다시 경기부양을 하는 등 경제정책이 들쑥날쑥했고 경제의 변동성이 극심했다.

시진핑 정부 시대 경제를 책임진 리커창 총리는 2013년 7월 10일 광시자치구를 방문해 지방정부 지도자들과 경제좌담회를 가진 자리에서 현재 중국의 경제성장은 합리적인 수준에 있으며, 산업구조적 전환과 더불어 다방면의 개혁을 통한 경제발전 모델의 전환 단계에 있다고 밝히며 안정적인 경제운용 기조를 강조했다. 어디서든 경기부양을 하겠다는 얘기를 하지 않고 있다. 경제 안정화를 경제정책의 핵심과제로 보고 있는 것이다. 고성장이 아니라 지속가능한 성장이 리커창의 목표다.

지금 중국에는 원자바오 총리 시절에 잘나갔던 '유효수요 확대를 했던 케인스'는 죽었고, 대신 '공급경제학으로 미국 경제를 살린 레이건'이 살아 돌아왔다. 리커창 총리의 주요 정책은 마치 미국의 레이건 대통령이 공급부문의 애로를 풀어 경기를 살린 공급경제학처럼 감세와 정부 인허가의 축소, 독점 타파, 시장자유화와 공평한 분배 그리고 도시화다.

후진타오 정부가 최근 10년 동안 연평균 10.7%의 초고성장을 했지만 그것의 심각한 후유증이 공급과잉이다. 특히 19개 업종에 걸쳐 광범하게 퍼져 있는 공급과잉은 중국 성장의 발목을 잡고 있고 기업의 자금흐름에 병목을 만드는 원흉이다.

리커창은 심각한 공급과잉을 보인 산업에 칼을 대어 수술을 시작했다.

자본주의 국가에서는 구조조정이 굉장히 어렵다. 이해관계가 많기 때문이다. 그러나 중국은 대부분이 국유기업이기 때문에 인수합병M&A이 쉽다. 전력 92%, 석유화학 77%, 자동차 74%, 석탄업종의 59%가 국유기업이다.

몇백 개씩 되는 기업들이 대대적인 구조조정에 들어가고 있고 그중 5~6개 정도는 국제적인 기업을 합병을 통해 만들겠다는 것이 중국의 전략이다. 그 과정에서 나타나는 성장률의 하락은 감수하겠다는 것이다.

지금 구조조정은 굉장히 고통스러우나 이것이 2015년 이후 중국 경제에는 굉장히 좋은 시그널로 올 수 있다. 중국의 그런 구조조정 대상에 들어간 다른 나라의 산업들은 중국 구조조정이 끝난 순간 엄청나게 강력한 경쟁자를 만나는 현상이 나타날 수 있다.

리커창 총리는 그간 국가의 부를 독점했던 정부가 국부의 민부로의 전환을 통해 국가발전의 성과를 국민에게 실질적으로 돌아가게 하겠다는 정책을 펴겠다는 것이다. 또한 경제성장률도 과거처럼 목표치는 낮게 잡고 실적치는 높여 엄청난 초과 달성을 하는 것처럼 보이는 관행도 바꾼다는 것이다.

리커창은 2013년 3월 15일에 총리 임명을 받았기 때문에 불과 1년이 지났을 뿐이다. 그러나 과거 중국식 경기부양에 익숙한 서방세계와 금융은 이들 두고 중국 정부가 무능해 아무 짓도 안 한다고 오해하고 중국의 경착륙, 중국발 금융위기론 등을 쏟아내고 있지만 중국은 무반응이다.

과거 30년간 중국의 도약은 항상 정부가 권력을 민간에 이양할 때 이루어졌다. 1978년의 개혁개방, 1990년대의 시장경제 도입, 2001년의 WTO 가입이 그랬다. 2014년에 리커창이 주도하는 정부, 재정, 금융, 요소가격 등의 4대 개혁을 통한 정부 권한의 축소와 시장화가 2015년 이후 중국의 재도약을 가능하게 할지 두고 볼 일이다.

중국이 GDP의 2배에 달하는 돈을 풀고도 물가폭등에서 벗어나 있는 것은 금융산업의 낙후도 있지만 6억 명의 농민들이 지속적으로 공업 사회로 들어오면서 공급을 늘리고 있기 때문이다. 지방부채나 그림자 금융도 중국이 금리를 낮게 유지시켜 실질금리와 차이로 인한 금융자원의 배분 왜곡 때문에 발생한 것이다. 도시화와 디레버리징, 금융자유화가 중국이 당면한 문제를 푸는 열쇠다. 리커창 정부의 정책을 보면 속도에는 논란이 있을 수 있지만 방향은 정확히 잡고 있다.

돈 풀기, 양적완화가 만병통치약처럼 유행하는 시대에 중국은 긴축 모드를 풀지 않고 있다. 긴축을 지속하는 중국이 문제일까, 아니면 지속적으로 버블을 키우는 서방세계가 문제일까? 중국은 고성장의 꿈을 포기한 것인데 서방은 여전히 중국이 고성장할 것이라는 기대를 하고 있다. 이제 중간재 공급국인 한국은 중국의 고성장에 대한 기대는 버리는 것이 맞다. 중국의 변화에 제대로 대응하지 못하면 특히 중국에 중간재 공급으로 대박 낸 한국은 가장 심각한 '리코노믹스'의 피해자가 될 수 있다.

원자바오의 '바오8'과 리커창의 '7상8하'의 차이는?

원자바오 총리 시절 중국은 죽어도 8% 성장은 지킨다는 것이 경제정책의 주요 목표였다. 이는 GDP를 실업률의 척도로 썼기 때문이다. 중국은 연간 대졸자 700만 명이 배출된다. 중국의 역사를 보면 유랑민, 요새로 치면 홈리스Homeless들이 늘어나면 나라가 무너지는 현상이 나타났다.

중국에는 거지 출신 황제들이 많다. 거지들이 떼로 몰려다니다 부자를 털고, 지방정부를 털고, 힘이 늘어나면 국가도 집어삼키는 것이다. 중국 명나라의 창업자 주원장이 대표적인 인물이다. 그래서 요즘으로 치면 실업자가 늘어나는 것을 역대 중국 지도자들은 가장 두려워했다.

공업화 초기에 중국은 연간 GDP 1%당 고용유발계수가 150만 명 이상이었지만 공업화가 진행되고 중화학공업화되면서 고용유발계수가 과거의 절반인 70만~80만 명 선으로 떨어졌다. 그래서 적어도 8% 이상을 성장해야만 비자발적 실업자를 제외한 소위 대졸, '먹물 실업자'의 대량 발생을 막을 수 있었다. 중국 공업화의 주역 원자바오 총리는 그래서 '죽어도 8%'인 바오8保八 정책에 목숨 건 것이다.

그러나 리커창 총리는 다르다. 산업구조가 고도화되면서 중국은 2013년에 3차산업 서비스업이 2차산업 제조업을 넘어섰다. 서비스업의 확대로 고용구조가 달라져 과거 제조업 시대의 8% 고용에 목맬 이유가 없어졌다. 또한 원자바오 스타일의 중화학공업 중심 경제발전이 대외경제 마찰, 대내 불균형, 환경오염, 원자재 고갈의 문제를 가져왔기 때문에 리커창 총리는 그간 고성장기에 벌어진 비정상적인 상태를 정상화시키는 데 초점을 맞추고 있다.

시진핑 정부의 국정 어젠다 '중국의 꿈'은 2020년까지 소득을 2배로 늘리는 소득배증 계획이다. 이를 위해서는 10년간 연평균 7.2%만 성장하면 GDP가 2배 된다. 거기에 위안화 절상을 미국의 성장률만큼만 하면 10년 뒤에 달러 기준 중국의 경제규모는 미국을 추월한다. 그래서 원자바오의 8%, 바오8 성장률은 '정권안보政權安保의 성장률'이고 리커창의 7%, 7상8하 성장률은 '대국굴기大国崛起의 성장률'이다.

중국의 신경제,
이제 3C다

호랑이는 곶감을, 중국은 돈을 무서워한다

호랑이는 곶감을 무서워하는데, 중국 당국은 무엇을 가장 무서워할까?
바로 돈이다. 중국은 GDP가 52조 위안인데 풀린 통화량이 105조 위안이
다. GDP의 2배에 달하는 돈이 풀렸는데 시중에는 국가부도 사태에서나
볼 수 있는 30%대 금리가 나올 정도로 돈 가뭄이 생겼다. 이는 화폐 유통
속도가 낮기 때문이다.

금융기관의 자산운용 능력이 떨어지는 것이 첫째이고, 기업의 과잉생산
능력이 과잉재고를 만들어 돈이 여기에 잠겨 있기 때문이다. 그래서 중국
의 새 정부는 금융과 산업구조의 개혁을 강하게 추진하고 있다.

지금 중국 금융시장은 실험 대상에 올랐다. 경제가 울면 무조건 돈부터
풀던 중국 금융당국이 냉정해졌다. 유효수요 확대를 위한 4조 위안의 재
정지출과 10조 위안의 대출을 화끈하게 해 경기를 살리던 원자바오 방식
은 리커창 시대에는 더 이상 없다.

중국 금융기관의 유동성 미스매치로 인한 단기금리 폭등을 서방세계는

중국의 금융위기 발생이라고 호들갑이었다. 하지만 정작 중국 당국은 돈을 풀기는커녕 긴축을 그대로 유지한다고 발표해 서방세계를 쇼크로 몰아넣었다.

이는 금융정책을 수량에서 가격 중심으로 바꾸었기 때문이다. 과거 2년간을 보면 중국은 급하면 본원통화를 늘리던 금융정책, 금리인상에서 시작해 지준율 조정, 공개시장 조작을 통해 유동성을 조절했고 단기유동성 부족 사태가 난 최근에는 재할인율정책을 써서 시중 유동성을 조절하고 있다.

2014년 이후 중국 증시에서 최대 이슈는 유동성 측면에서는 금리자유화이고, 재료 측면에서는 향후 40조 위안(7,200조 원)이 투자될 신형도시화다. 도시화를 위한 전제조건인 토지와 호구제도의 개혁 그리고 도시화를 위한 자금조달의 방안으로 금융개혁의 세부 계획이 계속 나오고 있다.

리커창 총리는 2013년 랴오닝성 다롄에서 열린 세계경제포럼 하계대회인 하계 다보스 포럼 개막식에 참석해 중국은 현재 경제구조를 개선하는 중요한 단계에 이미 진입해 있으며 경기하강 압력 속에서도 안정을 유지하는 가운데 구조조정과 개혁 촉진을 위한 혁신적 정책을 채택하고 있다고 강조했다. 특히 그는 "단기적 부양책으로 경제성장을 끌어올리는 것은 현재 중국이 직면한 심층적 문제를 해결할 수 없다고 판단된다"고 언급했다.

리커창 총리는 이를 위해 경제 시장개혁을 추진해야 한다며 '머리카락한 올을 당기니 전신이 움직일 수 있는牽一髮而全動身' 개혁을 추진해야 한다고 설명했다. 특히 가장 중요한 영역이 금융이라고 말했다.

리커창 총리는 금융이 중요한 이유는 시스템이 매우 복잡하기 때문이라며 "이는 중국의 개혁이 심해深海 혹은 가장 어려운 국면에 진입했음을 의미한다"고 전했다. 리 총리는 이를 위해 금리와 환율을 계속 손질하며 자본 계정의 위안화의 완전태환도 적극적으로 추진할 것이라고 선언했다. 동시에 금융 관리감독을 강화해 리스크도 최소화해야 한다고 덧붙였다.

지도부에 포진한 시장주의자

중국의 최대 정치행사인 18대 당대회가 2012년 11월 17일 끝났다. 향후 10년간 중국을 통치할 주요 지도자의 인선이 마무리됨과 동시에 새 정부의 경제정책 방향도 결정됐다. 정무와 외교를 총괄하는 주석과 부주석에는 시진핑과 리위안차오가, 경제와 민생을 총괄하는 국무원 총리에는 리커창이 선임되었다. 리커창 총리는 취임회견에서 지속적인 경제발전, 민생안정, 공정사회 건설을 3대 과제로 제시했다.

공대 출신 무관들이 30년간 통치했던 중국은 이제 2명의 법학박사와 1명의 경제학박사 출신 문관이 다스리게 되었다. 주석 시진핑과 부주석 리위안차오는 법학박사이고, 총리 리커창은 경제학박사다. "새 정부의 통치철학은 경제원리에 따라 법대로 처리한다"는 말이 나오는 것도 지도자들의 경력과 관련이 있다. 그간 법치法治보다는 인치人治로, 시장 우선이 아니라 정치 우선으로 국가를 다스렸던 중국에 변화의 바람이 분 것이다.

특히 눈길을 끄는 대목은 국가부주석과 총리다. 리위안차오 부주석과 리커창 총리는 시장주의자인 리이닝 베이징대학 교수의 제자들이다. 리이닝 교수는 시장경제를 주장하면 매국노로 매도당하던 시절부터 중국을 시장경제로 바꾸고 국유기업을 주식회사 체제로 전환해야 한다고 주장해 '리주식歷股份'이란 별명을 얻은 바 있다.

리 부주석과 리 총리 두 사람은 리이닝 교수와 공저로 《국가 번영의 전략 선택》이란 책도 펴냈다. 리 총리는 부인이 영문학 교수이고 역대 지도자 중 영어가 가장 완벽한 인물이며, 리 부주석은 최고위 지도자 중 최초로 하버드대학에서 공부해 글로벌한 시각을 가졌다는 평을 듣는다. 정무와 경제를 책임지고 있는 지도자들의 궁합이 맞을 수 있는 조건을 갖추고 있는 것이다.

중국의 금융정책을 책임지는 루지웨이 재정부장관은 세계 4대 국부펀드 중 하나인 중국투자공사CIC의 회장을 역임한 인물이다. 전 세계 헤지펀드를 고용해 전 세계 금융시장에 투자했고, 전 세계의 유전 및 광산 주식과 채권에 투자해본 사람이다.

자본시장을 책임지는 증권감독원장 샤오강 주석은 40대 약관의 나이로 중국의 외환 전문 은행인 중국은행의 회장을 10년간 역임한 국제금융통이다. 경제에는 시장주의자들이, 금융에서는 국제금융통들이 들어앉은 것이다.

리커창의 경제정책 핵심은 '3C'

앞으로 10년 중국 경제를 이끌 리커창의 경제정책의 핵심은 바로 소비Consumption, 도시City, 환경Clean의 3C로 요약된다. 지난 1949년부터 2007년까지 58년간 중국의 은행대출 총액은 26조 위안이었다. 하지만 2008년 이후 중국은 금융위기 극복을 위해 4년간 30조 위안을 풀었다.

지금 중국은 세계 최대의 통화발행국이다. 2014년 4월 말 기준 중국의 통화량M2은 116조 위안으로 2013년 GDP 57조 위안의 203%나 된다. 그 결과 부동산가격 폭등, 과잉생산 설비와 기업의 연쇄부도가 발생했다. 중국이 과거처럼 투자와 수출 주도로 성장하는 것은 한계에 봉착했다. 그래서 재정 적자폭을 확대해 복지 지출을 늘리고, 소비를 촉진해 경제를 성장시키겠다는 것이 새 정부의 소비 중심 성장전략이다.

리 총리는 또 "향후 10년 중국의 성장 엔진은 도시화"라고 선언했다. 그의 석박사 논문의 주제는 바로 농촌의 공업화와 도시화였다. 안후이성 농촌 출신 리커창이 25년간 꿈꿔왔던 농촌의 '도시화 꿈'은 이제 현실로 바뀌고 있다. 시진핑 시대 중국은 역사 이래 최대의 도시화 프로젝트를 진행할 방침이다.

2015년까지 3,600만 채의 집을 짓고 2020년까지 1억 명의 농촌인구를 도시로 이주시키는 프로젝트의 중심에 도시화 문제 전문가인 리커창 총리가 있다. 중국은 호적이 농촌에 있지만 도시에서 일하는 반도시인인 2억 6,000만 명의 농민공들에게 도시 호적을 주고, 추가로 1억 4,000만 명의 농촌인구를 도시로 유입시키기로 했다.

리커창의 도시화는 기존의 시멘트와 철근으로 만든 도시화와는 다르다. 대규모 환경 투자를 통해 '깨끗한Clean 도시'를 만들겠다는 것이다. 중국의 자존심 베이징이 사람 살 곳이 못 된다는 불명예를 뒤집어썼다. 독스모그 때문이다. 연중 140일이 앞이 안 보이는 뿌연 스모그 상태이고 한계를 넘어서는 미세먼지(PM 2.5) 농도가 일상화되고 있다.

베이징시에 따르면 2014년 1분기에만 이미 8차례의 심각한 스모그가 발생했으며 심각한 수준의 오염이 지속된 날이 23일에 달했다. 중국은 2014년에 환경 분야에만 1.7조 위안(295조 원)을 퍼부을 예정이고 2015년 말까지 총 2조 5,000억 위안(434조 원)을 환경보호에 투자할 예정이지만 아직 갈 길이 멀다.

특히 베이징은 일반적인 예상과는 달리 PM 2.5의 원인으로 70%가 베이징 자체적으로 형성되는 것으로 나타났고 그 주범은 자동차 31%, 석탄 22%, 공장 18% 순이었다. 중국은 지금 환경과의 전쟁이고 독 스모그를 잡지 못하면 정권의 신뢰도가 무너질 정도다. 당장 베이징은 전기차 보급을 대폭 늘릴 계획이다. 2017년까지 신에너지 차량을 20만 대까지 늘리고 대중교통 수단인 버스는 전체의 60%, 택시는 1만 5,000대, 청소차 및 우체국 차량은 전체의 50%를 신에너지 차량으로 교체할 계획이다.

그래서 중국은 지금 새로 짓는 신도시는 모두 클린시티Clean City, 스마트시티Smart City로, 환경과 정보도시로 건설한다. 베이징의 독 스모그가 중국인의 환경에 대한 인식 변화와 환경산업의 폭발을 가져오고 있다. 도시로 이주할 총 4억 명의 농촌인구가 공해 없는 깨끗한 도시에 살 수 있는 환경을 조성하기 위해 40조 위안, 한화 약 7,200조 원의 투자가 필요하다.

2020년이 되면 중국의 도시인구는 8억 5,000만 명으로 미국과 유럽의 도시인구를 합한 것보다 더 많아지게 된다. 이들의 소비력이 중국 내수와 세계의 소비재산업을 송두리째 뒤집어놓을 전망이다. 중국 제품을 사다 쓰던 서방세계가 이제 중국에 물건을 파는 전쟁을 벌일 때가 머지않았다.

03

공룡이 하늘을 나는
비법은 있는가

중국이 내수 중심 성장으로 올인하는 이유

중국이 새 정부 들어 성장률을 낮추고 내수 중심 성장을 한다고 하자 놀라고 반발해야 할 것은 고성장에 익숙한 중국 내부여야 하지만 정작 중국은 담담한데 서방세계가 난리다. 중국의 위기론, 붕괴론, 금융위기 발생론들이 줄을 잇고 중국 경제 비관론이 봇물 터지듯이 쏟아지고 있다.

중국이 고속성장에서 중속성장으로, 수출에서 내수로, 에너지와 환경을 많이 손상하는 전통산업에 첨단산업으로 성장의 모형을 바꾸는 진짜 이유는 따로 있다.

첫째, 지속가능한 성장이다. 2001년 WTO 가입 이후 중국은 초고성장을 했지만 2008년 글로벌 금융위기를 겪으며 대국이 수출에 의존해서 성장한다는 것이 얼마나 위험한가를 절감했다. 변동성이 크지 않고 안정적으로 지속가능한 성장을 하기 위해서는 수출이 아니라 내수 중심으로 가야 한다는 것에 공감대가 형성되었다. 또한 지금 중국은 과잉생산을 수출을 통해 서방세계로 수출함으로써 해소했지만 금융위기 이후 미국과 유럽의 디레버리징으로 소비가 줄자 모든 제품이 공급과잉으로 돌아섰다.

중국은 19개 업종에서 과잉생산 능력을 가지고 있고 이를 줄이지 못하면 과도한 재고, 가동률 하락으로 기업부실이 더 커질 상황이다. 그래서 중국은 2014년 말까지 19개 업종의 과잉생산 능력을 제거하는 조치를 했다. 이 과정에서 발생하는 성장률 둔화는 감수하겠다는 것이 고속성장을 포기하고 중속성장을 택한 배경이다.

둘째, G2 중국이 G1이 되는 방법에서 사고의 전환이다. 수출 지향형 중국 경제가 미국의 절반 수준의 GDP 규모에 불과한 상태에서 세계 자원의 소모는 이미 전 세계 소비의 적게는 10~20%, 많게는 40~50%에 달한다. 세계적인 자원의 한계가 세계의 공장으로 중국의 성장모형을 불가피하게 전환할 수밖에 없게 만들었다. 중국의 산업구조는 자원 다소비형 전통산업에서 녹색 첨단성장산업으로 전환해야 한다. 이러한 중국의 생각은 이미 7대 전략 신성장산업 육성전략에 선명하게 나타나 있다. 8%대에 불과한 7대 신성장산업의 비중을 2020년에는 GDP의 20%까지 올리는 것이 중국 정부의 목표다.

셋째, 중국에는 아직 55%의 활용하지 않은 거대한 내륙의 국경선이 있다. 중국은 이미 해양대국으로서는 세계를 제패했다. 중국 국경선의 길이는 4만 km인데 중국 경제의 부흥과 성공은 모두 1.8만 km에 걸쳐 있는 해안선에 위치한 도시를 통해 수출로 이룬 것이다. 중국의 수출 중심 해안선 경제는 인류 역사상 최단시간 내에 경제부흥을 이룬 기적을 만들었지만, 치명적인 변동성에 노출되어 있다.

중국은 세계 인구의 1/5과 세계에서 세 번째로 큰 영토를 가진 나라다. 인구와 영토는 국력의 기본이지만 중국처럼 전 세계 인구의 1/5을 가진 나라가 내수가 아니라 외수에 목숨 걸면 그 스스로가 엄청난 문제를 일으키기 때문이다. 자원의 과도한 소비는 바로 전 세계 상품가격의 폭등을 만들고 과도한 생산설비 투자는 바로 전 세계적인 공급과잉과 디플레를 만든다. 그래서 중국은 전 세계 경제의 태풍의 핵이다.

그래서 이제 중국은 전 국토 경계선의 나머지 55%에 달하는 2.2만 km에 걸쳐 있는 14개 국가와의 교역에서 새로운 역사를 쓰고 싶어 한다. 대륙의 국경선을 접한 나라들과 교역 확대를 통해 내수를 키우고 과도한 서방세계 의존도를 줄인다는 것이 시진핑 정부의 서부 대개발, 내수 중심 성장의 핵심이다.

중국의 남부 국경 지역은 저부가 제품의 산업이전 지역이고 저가 제품의 수입시장이며 위안화 교역의 최대 시장이다. 남서부 지역은 중국의 화석에너지 공급 지역이다. 북서부 지역은 중국의 태양광·풍력발전 등 리사이클링 에너지의 기지이고 중앙아시아 국가들과의 교역 창구다. 북동부 지역 역시 에너지와 자원의 공급 지역이고 위안화 교역을 통한 위안화 국제화의 주요한 창구다.

결국 중국 경제구조의 전환은 1978년 이후 35년간 해안에서 이룬 경제적 자원을 내륙으로 이전한다는 것이다. 시진핑 정부는 중서부의 지역개발과 도시화를 추진하는 것에서부터 문제를 풀어간다는 것이다.

중국, 이젠 3두마차에서 5두마차다

중국의 과거 30년간의 성장은 투자, 소비, 수출의 3두마차가 이끌었다. 그러나 리커창 시대에는 5두마차다. 새로운 2마리의 말은 바로 민간경제와 첨단기술산업이다. 중국 정부는 중대형 민간기업의 활력을 불어넣는 데 주력하고 있다.

창업반创业板과 중소기업반中小板 그리고 신산반新三板을 통해 자금지원을 하고 10대 공급과잉 국유기업에는 대출제한을 통해 자원배분을 조절하고 있다. 또한 중국은 신에너지, 신재료, 바이오·제약, 첨단 인터넷, 우주항공,

기술 분야를 차세대 경제성장의 주력 부문으로 키울 요량이다.

중국 경제정책의 방향은 크게 3가지다. 첫째는 지속가능한 안정성장穩成長, 서방식으로 하자면 'Sustainable Growth'다. 7.5%의 성장률과 3.5%의 소비자물가 수준에서 경제를 운영한다.

둘째는 구조조정調結構이다. 과잉생산업종에 대한 구조조정을 실시하고 금융, 통신, 의료위생 분야에 민간자본을 도입한다. 신성장산업을 중심으로 신성장동력을 이끌어낸다. 대출의 우선순위도 선진 제조업, 전략 신흥산업, 노동유발 효과가 큰 서비스업, 전통산업 업그레이드, 농업 및 중소기업 대출 순으로 정했다.

세 번째는 제도개혁制度改革이다. 시장의 보이지 않는 손에 경제를 맡긴다. 리커창은 집권 이래 4차례에 걸쳐 214개 항목, 중앙정부 전체 비준 프로젝트 1/3을 폐지하거나 지방으로 권한이양을 했다. 2013년 4월 24일 71개의 업무를 폐지했고, 5월 6일 61개의 프로젝트를 권한이양 및 폐지했고, 6월 19일 32개, 7월 22일 50개 항목의 권한이양 및 폐지를 실시했다.

2013년 8월 1일부터 운수 서비스 업종에서 부가가치세와 영업세를 통합 조정한 세제를 전국적으로 실시해 1,200억 위안 세부담을 줄였다. 또한 통화의 효율적 이용을 통해 화폐 유통속도를 높여 만성적인 자금 부족을 해소하는 방안으로, 금리자유화의 한 단계로 대출금리의 자유화를 먼저 시행했고 2년 내 예금금리의 자유화도 완성한다.

현재 세계 평균 수준인 53%의 도시화율을 장기적으로 선진국 수준인 70%대로 올리는데 그 중심은 사람 위주의 도시화를 하겠다는 것이다. 현재 중국은 호적 기준으로는 35%의 도시화율을 보이고 있다. 그래서 건물 위주의 토목공사가 아니라 농민의 도시민화에 중점을 둔다는 것이다. 호적제도 개선, 토지제도 개선, 영세민 노후주택 개량 1억 채, 재정개혁, 기본 공공 서비스 개혁 등을 동시에 진행한다는 것이다.

분배에 중점을 둔 공급경제학, 도시경제학이 시-리 정부의 경제학이다. 서민의 눈에서 피눈물 나는 것이 아닌 웃음을 만드는 자 총리이고, 가진 자와 힘 있는 자의 눈에서 눈물 나게 하는 것이 주석이다. 시-리 정부의 경제적 측면에서 정책의 큰 그림은 도시화이고, 그것의 구체적인 플랜은 분당만 한 신도시를 매년 50개씩 만든다는 것이다.

모든 나라의 황금기는 중산층의 확대와 중산층이 천국이었을 때 왔다. 중산층의 확대가 국부와 국력의 중심이다. 몇몇 소수의 억만장자가 아니라 중산층이 힘이다. 중국 도시화는 소비력 창출과 산업 구조조정 최적의 방법이고 농민 통제의 더 좋은 방법이다. 그래서 중국 부동산의 강세는 인구, 산업화, 도시화, 유동성 측면에서 보면 지속될 수밖에 없다. 그리고 이것을 긍정적으로 활용해 중국을 도약시키겠다는 것이 시-리 정부의 핵심 정책이다.

중국, 창의력과 소비력은 있는가?

공룡이 새가 되는 것은 지난하게 어려운 일이다. 그러나 일단 날기 시작하면 아무도 못 말린다. 공룡은 땅에서 살지만 하늘을 난다. 용 꼬리의 강한 추진력이다. 그것이 내공이다. 100년을 두고 꼬리에 힘을 길러 땅을 박차고 오른다. 그러면 주위는 모두 그 추진력에 떤다. 누구도 본 적이 없는 도약이다.

공룡이 날아다니려면 우선 몸을 가볍게 하고 근육을 기르는 것이 첫째이고, 양 날개를 만들어야 한다. 그리고 하늘을 나는 시스템이 있어야 한다. 근육을 기르는 것은 구조조정이고, 양 날개는 첨단기술과 신도시 건설이다. 그 시스템은 13.6억 톤을 실어 나르는 것이어야 하므로 일본의 1억, 미국의 3억 시스템으로는 안 된다.

그래서 스스로 획기적인 방법으로 하겠다는 것이 '중국의 길'이다. 일단은 1억, 3억의 시스템을 배우고 벤치마크한다는 것이다. 그러나 그 시스템으로 하겠다는 것은 아니다. 그게 중국의 야망이고 '중국의 꿈'이다. 중국이 궁극적으로 지향하는 바는 바로 '창의'와 이를 가능하게 하는 경제의 '자유'다.

중국은 독자기술로 땅에서는 핵무기를 만들었고, 바다에서는 핵잠수함과 항공모함을 만들고 해저 3,000m를 잠수하는 잠수선을 만들었다. 하늘에서는 레이더에 안 잡히는 스텔스기를 만들었고, 우주에서는 유인우주선과 GPS 위성을 쏘고 우주정거장을 건설했다.

그러나 중국이 선진국과 같은 길을 가는 현대화 성장 모델은 세계의 재앙이다. 고 자원소비와 고 환경오염의 모델은 안 된다. 중국은 이걸 잘 알고 있다. 중국형 자원 절약, 친환경형 현대화 모델로 간다는 것이 환경 분야 중국의 꿈이다.

2013년 7월 리커창 정부는 생산과잉과 환경오염을 유발하는 19개 낙후산업에 대한 고강도 구조조정 계획을 발표하며 본격적인 산업 구조조정에 돌입했다. 중국 공업정보화부는 시멘트, 제철, 제강, 코크스, 합금철, 화학섬유, 피혁제조, 염색, 납축전지, 판유리, 구연산, 주정, 화학조미료, 비철금속(납·아연·동), 제련, 카바이드, 전해알루미늄 등 19개 낙후업종의 1,294개 기업에 대한 구조조정 계획을 발표했다. 여기에는 바오강, 산둥제강 등 상장기업 19곳도 포함됐다.

구조조정 기업은 2013년 9월 말까지 과잉 낙후생산 설비 가동을 중단한 뒤 2014년 말까지 설비를 철거해야 하며, 기타 지역으로 설비이전도 불가능하다. 이 과정에서 성장률 둔화는 감내하겠다는 것이고, 대신 이를 보완할 신성장산업을 지원하고 육성하겠다는 것이 중국 정부의 전략이다. 환경, 자원재생, 신에너지, 신소재가 그 대상이다.

자유와 창의가 6억 유럽, 3억 미국, 1억 일본을 세계적인 패권국으로 만든 원천이다. 작은 것을 크게 만들고 그것을 다른 지역으로 확산시킨 동인이다. 중국은 자유와 창의가 없는 나라지만 내부 시장의 규모가 워낙 크다. 미국, 유럽, 일본을 합친 것보다 더 큰 시장이기 때문에 창의가 아니라 확산이 문제이고 자유가 아니라 통제가 문제인 나라다. 미국, 유럽, 일본을 모두 합한 것보다 더 큰 나라를 소국의 시각으로 보면 안 된다.

중국은 3000년간 천자가 지배했고 지금은 공산당의 1당독재다. 개인의 창의와 자유가 아니라 집단의 힘과 국가의 통제로 버틴 나라다. 1000년에 걸쳐 만리장성을 쌓고 600년에 걸쳐 대운하를 만든 나라다. 국민의 자유와 창의가 없었음에도 '팍스 시니카'를 이룬 통제와 관리의 나라다. 만약 중국이 미국이나 유럽과 같은 나라처럼 자유와 창의가 보장되면 거꾸로 세계 제패는 시간문제다. 세계는 중국에 자유와 창의가 없음을 다행으로 생각해야 할지도 모른다.

중국은 공산당의 통제가 창의력을 죽인다. 그리고 칭화대학, 베이징대학, 푸단대학 같은 명문대를 들어가기 위한 입시지옥과 획일화된 교육이 문제다. 공산당의 통제된 사회에서 자유분방함이 없다. 그런데 인터넷이 중국의 새로운 해방구이자 창의 공간이다. 지금 중국 젊은이들의 모든 창업은 인터넷이다. 국가가 세부 내용을 일일이 통제하지 못한다.

지금 21세기의 신에너지, 환경, 우주, 해양 문제는 차고나 도서관, 카페에서 하는 인터넷과 소프트웨어 창업과는 다르다. 이런 미래 산업은 국가주도의 사업이고, 차고 창업은 의미 없다. 인터넷을 제외하고는 21세기의 대형 유망산업은 모두 초대형 장치산업이고 국가 보조 없이 되는 산업이 없다.

돈이, 부자가 창의를 만든다. 실리콘밸리의 부자가 연구개발과 창의성을 유발한다. 중국의 젊은이들이 미국에 가서 인터넷을 만들고 중국에 돌아와 창업해 미국 나스닥에 상장해 대박을 냈다. 드디어 중국인들이 창의로 돈 버는 방법, 창의를 돈으로 변환하는 방법을 깨우친 것이다.

미래의 첨단기술은 사업공간은 우주이고 단말기는 입는 컴퓨터, 생체 컴퓨터에서 승부 난다. 이 분야에서 아이러니하지만 중국이 미국보다 더 커질 가능성이 있다. 인공위성과 핵잠수함, 스텔스기를 만드는 첨단의 군사기술이 중요하다. 군사기술이 민영화되면 이것이 첨단기술이다. 창의와 자유가 보장이 안 된 중국에서 독자기술로 인공위성 기술이 개발되어 상용화되었다. 독재와 주입식 교육, 공산당의 통제 하에서도 인공위성 만드는 기술을 개발하는데, 만약 여기에 자유와 개방성이 보장되고 창의성이 가미되면 어떻게 될까?

중국의 무지막지한 국방예산의 증액, 네티즌의 숫자, 공대생의 숫자, 낮은 인건비와 넓은 땅이 만드는 수요 확산이 무섭다. 특히 첨단기기의 경우 선진국보다 후진국이 첨단정보기기를 과소비하기 때문에 이것이 중국 첨단제품의 시장을 넓힌다.

미래 첨단산업에서 승부는 3차원의 과학에서 나온다. 3차원의 과학은 상상력과 인문학이 중요하다. 뻥의 나라, 상상력의 나라 중국이 그래서 가능성이 있다. 이미 실리콘밸리의 엔지니어, 야후, 유튜브의 창업자들에서 중국인의 창의성과 디지털 DNA는 확인받았다. 상상력 풍부한 뻥의 기질과 디지네이브로 태어난 중국의 신세대들이 나침반, 화약을 만들던 중국인의 잠재된 창의성과 개발의 DNA를 깨우면 서방세계는 정말 골치 아파진다.

중국의 첨단산업, 새로운 G1의 필수조건

세계 인구의 20%를 차지하는 대국 중국의 부상과 궐기가 과거 영국이나 미국과 같은 스타일로 가면 세계는 멸망이다. 엄청난 자원의 소비와 전쟁은 바로 인류를 파탄 낸다. 중국의 부상은 기존 패권국의 부상과는 다른 모형이어야만 세계가 편안해진다.

중국의 지도자들이 진정 제갈공명의 후손이고 공자의 후예라면 다른 성장모형을 만들어가야 한다. 중국의 지도자들은 입만 열면 중국은 평화적으로 궐기하고 다른 나라를 침략하면서 패권을 잡는 짓은 하지 않는다고 열을 올린다. 패권의 역사는 항상 입으로는 그렇게 말하지만 돈과 권력은 나누어 쓸 수 없다고 끝판에 가면 결국 멱살 잡기로 간 것인데, 중국의 지도자들은 무슨 꿍꿍이속으로 그런 말을 하고 다닐까?

100~200년 전에 G1의 조건은 바다를 장악하는 것이었다. 바다를 장악하고 통제하면 100년 전에는 G1이었다. 그러나 21세기의 G1, G2는 바다와 우주를 장악하고 통제할 수 있어야 한다. 그래서 200년 전 바다를 장악한 영국은 G1이 되었지만 우주를 장악하지 못한 지금은 죽었다 깨도 G1이 될 수 없다.

우주를 장악한다는 것은 군사기술의 절대적 우위다. 과거 30년 이상 G2였던 일본이 진정 미국에 대항하는 G2가 되지 못하는 것은 경제적인 규모 차이도 있지만 군사력에서, 그리고 우주항공 분야에서 경쟁력의 차이가 있었기 때문이다. 땅의 시대가 고대 중국과 로마였다면 바다의 시대가 최근 500년간 유럽의 패권 시대였고, 이젠 대륙과 우주가 패권의 핵심이다.

지금 세계는 1초에 30만 km를 가는 빛의 속도로 세상이 움직이고 있다. 그러나 우주 시대에는 우주를 여행하려면 30만 km의 속도로 날아다니면 은하계를 가는 데도 10만 년이 걸린다. 우주 시대를 주도하려면 빛의 속도보다 1억 배 이상 빠른 초광속을 발명해야 가능하다. 만약 빛의 속도보다 1억 배는 고사하고 2배만 빠른 시속 60만 km의 속도만 통제할 수 있으면 인류의 패권은 바로 바뀐다. 모든 전파를 통제할 수 있고 군사통신의 모든 것을 장악할 수 있기 때문이다.

중국이 우주정거장을 만들고 유인우주선을 시도 때도 없이 쏘는 우주 시대의 진입은 단순한 우주항공 시대가 아니라 군사력과 새로운 패권의 준비라고 봐야 한다. 중국은 제4세대 이동통신의 표준을 중국 독자 표준으로 가져가고 있다. 무선통신에서 독자 영역을 구축한다는 것은 결국 이동통신과 우주항공 시대에 미국과 대항을 하겠다는 것이다.

인류는 2000년간 지구 위에서 먹을 것을 얻고 도구의 발명으로 생활용품을 얻는 데서 시작해 지금은 지구를 개조하고, 심지어는 멸망시킬 정도의 능력을 갖추었다. 그 과정에서 지구의 유한한 지하자원과 식량자원을 얻으려고 국가 간에 서로 죽고 죽이는 치열한 전쟁을 벌였다. 그러나 우주 개발로 단계가 올라가면, 지구 상에 존재하지 않는 운송수단과 도구의 개발로 우주의 자원을 활용하게 되면 지구 상의 모든 나라는 경쟁이 필요 없고 모두 같은 우군이 될 수도 있다.

지금까지 농업혁명 공업혁명, 전기혁명, 정보혁명의 단계를 거치면서 인류는, 그리고 각국은 지구 상의 자원의 한계에서 벗어날 수 없었다. 가진 자와 못 가진 자의 경쟁으로 타국의 자원과 에너지를 탐내며 끊임없이 상대의 것을 빼앗고 투쟁해왔다. 그러나 지구가 아닌 곳에서 새로운 에너지와 신재료를 구할 수 있고, 이를 가능하게 할 새로운 과학기술혁명이 일어나면 인류의 경쟁구조는 달라질 수 있다.

지구 상의 바다, 공중에 널려 있는 수소를 에너지로 하는 수소혁명이 이루어지면 에너지 전쟁은 없어진다. 또한 철강과 화학을 대체하는 신재료 기술혁명이 생기면 자원탈취 전쟁도 사라지고 인류에 평화가 찾아올 수 있다. 컴퓨터와 기계 기술이 지능형 로봇과 슈퍼 로봇의 상용화 단계로 올라가면 인간의 생산력은 필요 없게 되고, 무한대의 가동률을 자랑하는 생산공장이 생기고 인간은 힘든 노동에서 해방된다.

또한 생명과학기술이 발전하면 영화 〈퍼시픽 림Pacific Rim〉에 나오는 로봇에 인간 지능을 심어 가공할 힘을 발휘하는 슈퍼맨이 등장할 수도 있다. 기계에 인간의 감정과 기억 그리고 기술과 도덕까지 심어 넣을 수 있다. 또한 생명과학기술의 발전은 궁극적으로 인간을 죽지 않는 신선으로 만드는 단계로 갈 수 있다. 바이오 기술은 인간의 꿈을 불로장생의 단계로 가져가고, 더 나아가서는 인간의 근력을 무한대로 늘리는 것도 가능하다.

인류의 평화는 지금 같은 화석연료와 핵무기 체제의 군사력으로는 영원히 달성할 수 없다. 자원의 결핍과 부족은 결국 투쟁으로 이어지기 때문이다. 지구 상에 없던 에너지와 자원을 가지고 지구 상의 자원과 에너지를 대체하면 지구의 자원전쟁은 사라진다.

결국 이것은 첨단기술, 미래의 기술만이 할 수 있다. 정치와 군대로, 힘과 협상이 아니라 물질의 빈곤을 풍요로 만들어야만 가능한 것이다. 이는 첨단기술, 그것도 지금까지 역사상 그리고 지구 상에 없던 에너지와 자원을 만들 능력에서 나오고, 이를 가능하게 하는 나라가 세계의 패권을 평화적으로 잡는다.

04

중국이 붕괴할 6가지 이유

중국판 서브프라임 사태 온다

그간 몇 년간 잠잠했던 중국 붕괴론이 넘쳐나고 있다. "왜 중국이 패권을 쥘 수 없는가?" "중국은 인류 미래의 시한폭탄." 미국의 루비니 교수는 "2013년이면 중국의 버블이 붕괴한다"고 했고, 미국 모 증권사의 이코노미스트였던 앤디시에는 줄곧 중국이 부동산으로 붕괴할 거라고 했지만 아직 건재하다. 최근에는 다시 2015년이면 집값이 반 토막 날 거라고 호언장담하고 있다. 그리고 미국의 우파들은 중국은 안 되고 미국은 앞으로도 500년은 패권을 가지고 갈 거라고 큰소리치고 있다.

서울 남대문에 문지방이 있는가 없는가 논쟁이 붙으면 서울 안 가본 사람이 무조건 이긴다. 서방세계의 기준으로 본 중국은 '바로 망할 나라'다. 인구 5,000만, 1억, 3억인 나라에서는 통하는 상식이 13.6억 인구에서는 들어맞지 않기 때문이다.

중국 붕괴론을 주장하는 이들은 모두 서방세계의 사람이거나 서방 사회에서 교육받은 사람들이다. 중국에서 생활하고, 공부하고, 직장을 다녀본 사람은 거의 없다. 이들은 13.6억이 1개의 나라로 부상하는 것을 본 적이 없는 사람들이다. 본 적이 없는 것을 상상해서 예측하자니 항상 틀린다.

중국 붕괴론의 주요 포인트는 미국처럼 첫 번째가 부동산 버블, 두 번째가 지방정부 부실, 세 번째가 그림자 금융으로 인한 금융위기, 네 번째가 채권시장 붕괴, 다섯 번째가 수출 안 되면 망한다는 것이다. 여섯 번째가 중진국 마魔의 4,000달러대의 함정, 일곱 번째가 1당독재라서 인터넷이 확산되면 민주화 요구로 망한다는 것이다. 그리고 이런 것들이 동시다발로 발생하면 국가 위기가 온다는 것이다. 맞는 말이기도 하고 틀린 말이기도 하다.

우선 중국판 서브프라임 사태가 올것인지부터 살펴보자. 최근 10년간 중국 상하이의 집값은 500%가 올랐고 베이징도 365%나 올랐다. 부동산 경기에 영향을 받는 금융과 부동산, 건자재, 화학, 기계 업종의 증시에서 시가총액 비중은 60%가 넘는다. 부동산은 건드리면 올라가기 아니면 떨어지기, 2가지 중의 하나지만 중국은 건드리면 올라간다.

중국 국무원은 2003년부터 18호문건18号文부터 시작해 수시로 국8조国八条, 국6조国六条, 국4조国四条, 국10조国十条, 신국8조新国八条, 2013년 국5조国五条 등 10년에 걸쳐 9차례의 부동산 투기대책을 내놓았지만 부동산가격 상승을 잡지는 못했다. 1987년 이후 중국의 집값은 13배가 올랐다.

2013년 중국은 극약 처방이라는 양도세 20% 부과 조치를 했다. 역대 최고로 엄격한 부동산 투기대책이라고 언론이 떠들었지만 20%의 양도세가 부동산가격을 잡을지는 의문이다. 수요가 공급보다 강하면 세금은 매입자에게 전가되어 오히려 집값 상승의 요인이 되기 때문이다.

양도소득세 20%가 단기적으로는 악재이지만 결국 수요가 공급을 초과하는 상황에선 세금은 매도자가 아니라 매수자가 부담하고 이는 궁극적으로 부동산가격 상승으로 이어질 수 있다. 따라서 이번 부동산 조치는

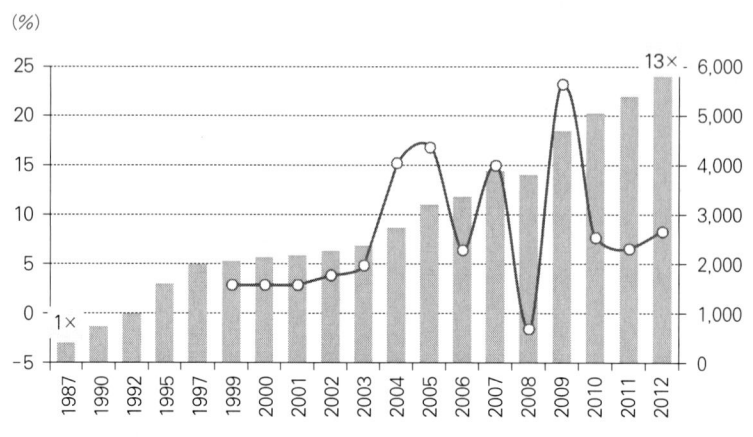

중국의 1987년 이후 아파트 가격 추이(m²당)

자료: WIND, 중국경제금융연구소

일시적으로 과열된 증시와 부동산시장에 냉각수 역할은 할 수 있지만 시장을 멈추게 하기는 어렵다.

중국의 소득 대비 부동산가격이 높아 대도시의 부동산가격 버블이 심각해 부동산 버블이 꺼지면 미국과 같은 서브프라임 사태가 올 수 있다는 우려가 크다. 그러나 그럴 가능성은 없다. 중국의 경제성장률, 도시화율과 인구분포 그리고 부동산 금융제도를 봐야 한다.

첫째, 경제성장률이다. 중국의 부동산가격이 떨어지지 않고 있는 것은 고성장과 소득수준 향상 때문이다. 전 세계 국가 중 7%대 성장하는 나라에서 집값 떨어지는 나라가 있는가? 고성장기에는 도시화, 공업화로 집의 수요가 많고 돈이 말이 풀리기 때문에 집값은 하락할 수 없다. 한국의 경우를 되돌아보면 답이 있다.

둘째, 도시화율과 인구분포다. 도시화는 40~70%대 구간이 도시화 속도가 가장 빠른데 중국은 현재 53%다. 아직 절반이 시골에 산다. 중국의 도시화율은 매년 1.4% 진행되고 있는데 매년 1,900만 명이 도시로 온다. 그리고 중국에는 연간 신혼부부가 1,400만 쌍이 생겨난다. 연간 적어도 3,300만 개의 방이 필요하고 방 3개짜리라고 해도 1,100만 채는 지어야 수요를 맞추는데 중국은 매년 700만~1,000만 채 정도의 집을 지어 구조적인 공급 부족이다. 여기에 매년 700만 명의 대졸자들이 살 집을 감안하면 중국의 집 수요는 투기 수요는 물론이고 강한 실수요가 뒷받침되기 때문에 집값이 오르는 것이다.

셋째, 부동산 금융이다. 중국 은행의 총대출 중 부동산 대출은 총대출의 20% 선에 불과해 부동산 대출에서 일부 부실이 나도 이를 감내할 능력이 된다. 또한 부동산 파생상품 자체가 없다. 서브프라임 모기지 같은 상품이 아예 없다. 미국의 부동산 버블은 실수요는 없는데 돈 벌 욕심에 자기 돈의 30~60배 레버리지를 걸어 부동산 상품을 서로 사고팔았고 가격이 1/30~1/60 이상 떨어지면 바로 원본이 날아가 망한 것이다. 이것이 미국을 포함한 서방세계의 문제였다. 그러나 중국은 레버리지가 없으므로 부동산 금융시장이 한꺼번에 미국처럼 무너질 수 없다.

중국의 은행부실 얘기를 하지만 중국의 은행들은 대출을 예금의 75% 범위에서만 하는 예대비율이 있어 예금을 초과해서 대출할 수 없다. 은행이 서방세계처럼 대출을 예금의 100% 이상을 해 대출회수가 안 돼서 예금인출 요구에 응하지 못하는 사태가 발생할 가능성이 낮다.

넷째, 분양 시스템의 차이다. 한국은 동시분양이고 실내장식은 모두 건설업체가 한다. 그러나 중국은 다르다. 그래서 베이징, 상하이 같은 대도시에 불 꺼진 미분양 아파트가 많다는 보도가 넘치지만 중국 아파트는 후분양이기 때문에 다 지은 집도 불이 꺼져 있다. 또한 중국은 기본적으로 실내장식은 구매자가 하므로 분양 후에도 일정 기간 불이 꺼져 있다. 또한 중국은 동시분양이 아니고 단지별로 분양한다. 같은 단지도 동마다 분양 시기가 다르므로 같은 단지에 불이 켜진 집과 꺼진 집이 동시에 존재한다는 걸 모르면 그렇게 볼 수 있다.

영국의 〈이코노미스트〉가 시니컬하게 표현한 중국은 유럽 전체 나라가 보유한 집의 수량을 15년 만에 지었다는 것이다. 로마가 하루아침에 이루어지지 않았다고 하는데 "중국은 2주일 만에 로마를 지어버렸다"는 비유도 한다. 그럼에도 불구하고 중국의 집값은 천정부지다.

중국의 부동산가격 하락이 부동산 버블 붕괴 시작을 알리는 신호이고 홍콩의 부동산재벌 리카싱과 중국의 부동산재벌 완다그룹 왕지엔린 회장이 부동산 매각을 했다는 것이 중국 부동산 버블 붕괴설의 진원지다.

그러나 최근 1년간, 2014년 들어서도 중국의 부동산가격은 하락한 적이 없다. 부동산가격의 상승률이 둔화한 것이지 마이너스로 빠진 것이 아니다. 2013년부터 시진핑 주석이 부정부패 단속 과정에서 공무원의 5성급 호텔 출입을 금지하면서 5성급 호텔의 매출이 급감했다. 그래서 일부 5성급 호텔은 자발적으로 5성급을 4성급으로 낮추는 일도 생기고 있다. 완다그룹은 5성급 호텔만 전국에 61개를 가지고 있다.

리카싱과 왕지엔린 회장이 매각하고, 매각하려는 것은 모두 호텔과 쇼핑몰이다. 시진핑의 정책을 먼저 알아차린 정보력이 빠른 부동산업계의 거물 2인이 먼저 액션을 취한 것이다. 그러나 리카싱, 왕지엔린이 아파트와 주택을 팔아치우는 것이 아니다. 호텔과 쇼핑몰의 매각과 매각설이 중국 부동산 붕괴설의 진원지이고, 이를 주거용으로 확대해석한 것이 부동산 버블 붕괴설이 생긴 이유다.

중국의 3~4선 도시의 과도한 개발 붐에 따른 후유증으로 3~4선 도시의 집값 하락은 충분히 있을 수 있다. 주로 서방 언론에 자주 등장하는 12곳의 귀신 나온다는 도시鬼城가 여기에 해당하지만 이 지역들이 중국 부동산의 대세가 아니다. 그리고 부동산 투기가 가장 극심했고 공급과잉이 있는 저장성과 같은 일부 지역 대도시의 일시적인 집값 하락은 불가피하지만, 전반적인 1~2선 도시의 집값은 수급구조를 보면 구조적으로 하락하기 어렵다.

온저우 상인으로 유명한 저장성의 경우는 좀 특이하다. 온저우와 이우는 임가공무역과 세계 최대의 저부가 잡화 생산 지역으로 일어섰고 번 돈을 부동산, 선물, 사채에 가까운 금융대부업으로 영역을 확대해 떼돈 번 지역이다. 중국의 부동산 투기는 거의 온저우 부동산 투기단이 주도한 것이다. 그래서 정부의 금융긴축으로 맨 먼저 거덜 난 곳이 부동산 투기로 유명한 온저우와 인근 지역들이다. 따라서 그 영향이 항저우를 포함한 인근 대도시로 영향을 미친 것이다. 저장성 일부 지역의 부동산가격 하락과 개발상의 부도는 과도한 중국 최대의 투기상들이 저지른 후유증이고 이를 전국적인 현상으로 보기는 어렵다.

중국의 주거용 부동산이 지속적인 가격 상승에도 버블 붕괴가 쉽게 안 생기는 이유는 '강한 실수요'와 '거대한 공급 부족'의 구조적인 문제 때문이다. 또한 지방정부 재정수입의 30~60%가 토지 매각대금이다. 만약 부동산가격이 반 토막 나면 지방재정의 구멍이 크게 나기 때문에 부동산가격은 정부 입장에서는 현상유지가 최선이다. 오른다고 히더리도 GDP 성장률 수준이 원하는 정도이고 정부는 부동산가격 하락을 바라지 않는다.

따라서 정책의 입장과 수급의 관점에서 중국의 부동산 붕괴는 기대하기 어려운 상황이다. 선진국의 80~90% 수준에 한참 못 미치는 중국의 도시화 수준, 그리고 향후 10년 중국의 성장을 신형도시화에서 찾으려는 리커창 총리의 성장전략을 감안하면 중국의 부동산 버블 붕괴는 한참 뒤에야 나올 가능성이 크다.

그림자 금융으로 금융위기 온다

그림자 금융이란 은행과 비슷한 신용중개 기능을 하면서도 은행처럼 엄격하게 건전성 규제를 받지 않는 금융기관과 금융상품을 통틀어 일컫는 말이다. '그림자 금융'이라는 단어는 채권펀드운용사 핌코의 폴 매컬리가 2007년 FRB 잭슨홀 회의에서 사용한 데서 비롯됐지만 이미 그 시작은 1985년 영미의 금융자유화에 의해 탄생했다.

그림자 금융은 말의 어감이 뭔가 부정적인 냄새를 풍겨 비리나 부정과 연관된 것처럼 보이지만 '유사금융類似金融'이라는 표현이 더 적절할 것 같다. 은행처럼 돈을 빌려주는 기능을 하지만 은행처럼 엄격한 규제를 받지 않는다는 의미다. 그림자 금융은 미국에서 사용되고 있는 머니마켓펀드MMF, 헤지펀드, 사모펀드, 구조화투자회사SIV, 자산유동화 등이 대표적이며 이와 관련된 모든 금융기관의 상품을 말한다.

전 세계 그림자 금융의 규모는 얼마나 되고 GDP 대비 비중은 얼마나 될까? G20 산하의 금융안정위원회Financial Stability Board가 2012년에 발표한 자료에 따르면, 전 세계 그림자 금융의 자산규모는 2011년 말 현재 66.6조 달러로 이는 글로벌 금융위기가 발생했던 2008년의 59.4조 달러에 비해 12% 증가했다. GDP 대비 비중을 보면 2007년 사상 최고치였던 128%에서 금융위기 이후 점차 하락해 2011년에는 111% 수준이다.

전 세계에서 문제 많다는 그림자 금융의 규모가 가장 큰 나라는 어디일까? 전 세계 그림자 금융의 비중을 보면 미국이 37%로 최대이고 다음이 31%인 유럽이다. 영국이 12%, 일본이 5%, 한국이 2% 선이다. 중국은 전 세계 그림자 금융에서 비중이 3% 선이다. 금융산업이 발달한 순서대로 그 비중이 크다.

한국의 그림자 금융은 얼마나 될까? 한국의 그림자 금융의 규모는 2013년 말 기준으로 전년 대비 11.2% 늘어난 1,561조 원에 이른다. 이는

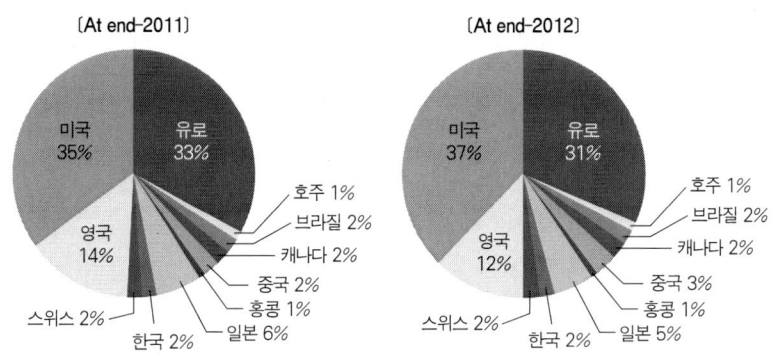

주요국의 전 세계 그림자 금융 비중

〔At end-2011〕

미국 35%
유로 33%
영국 14%
스위스 2%
한국 2%
일본 6%
홍콩 1%
중국 2%
캐나다 2%
브라질 2%
호주 1%

〔At end-2012〕

미국 37%
유로 31%
영국 12%
스위스 2%
한국 2%
일본 5%
홍콩 1%
중국 3%
캐나다 2%
브라질 2%
호주 1%

자료: National flow of funds data; other national sources

2013년 GDP 1,428조 원보다도 많다. 그림자 금융 규모 1,561조 원을 쪼개보면 집합투자기구 403조 원, 신탁계정 351조 원, 증권회사 312조 원, 여신전문 금융회사 157조 원, 유동화 및 대부사업자 110조 원, 머니마켓 펀드 67조 원, 기타 161조 원이다.

국제 비교를 해보면 주요 20국G20 산하 금융규제기구인 금융안정위원회FSB 조사 결과, 2012년 기준으로 한국의 GDP 대비 그림자 금융 비중은 108.4%로 조사 대상 26개국 중 7위였다. 1위는 네덜란드(564.7%), 2위는 영국(354.4%), 3위는 스위스(233.5%)다.

지방부채와 그림자 금융이 서방 전문가들의 중국 붕괴론 단골 메뉴다. 중국 지방정부 대출은 전체 대출의 19%에 불과하다. 부동산 대출은 전체 대출의 20%에 그치고 있다. 두 대출이 한 푼도 안 남고 다 부실이라 해도 전체 대출의 39% 선이다. 불량률을 20%로 보더라도 8%에 불과하다. 모든 은행이 국유인데 문제가 되면 미국처럼 정부가 돈을 집어넣으면 그만이다. 게다가 중국은 GDP는 7% 증가하는 데 반해 재정수입은 15% 이상 증가하고 있다. 정부가 부자인 나라다.

중국 그림자 금융의 배경은 중국 은행업에 존재하는 예대비율이다. 대출은 예금의 75% 이하에서만 하게 되어 있고 실제로는 이보다 아래인 70% 이하에서 실행된다. 중국에서는 예금보다 많은 대출은 구조적으로 불가능하다. 중국이 4조 위안 경기부양 이후 긴축에 들어가면서 정상적인 은행대출에 어려움이 생기자 이를 회피하기 위해 발생한 것이 그림자 금융이다.

그래서 중국의 그림자 금융 문제는 미국처럼 파생상품 등 복잡한 금융상품에서 비롯되었다기보다는 은행의 대출제한 때문에 은행의 정상적인 대출 외에 다양한 방식으로 이뤄지는 편법 대출과 관련이 있다. 미국의 금융위기는 과도한 레버리지가 문제였고 지금 중국은 단순한 대출상품으로 레버리지가 없다. 중국 그림자 금융의 문제는 실질금리가 낮은 상태에서 정부의 대출규제로 사채가 금융기관의 탈을 쓰고 제도권으로 들어온 것이다.

미국 같은 자산증권화, 자산유동화 시스템이 형성되지 않은 중국에서 그림자 금융은 은행대출 외의 대출 경로를 말한다. 중국에서 그림자 금융이란 시중은행의 장부 외 실적배당형 재테크 상품, 증권회사의 집합투자 상품, 펀드회사의 맞춤형 종합자산관리계좌SMA, 증권투자펀드, 변액보험의 투자계좌, 산업투자펀드, 창업투자펀드, 사모펀드, 기업연금, 주택적립금, 소액대출회사, 비은행계 금융리스 회사, 전문 팩토링 회사, 금융지주 회사, 전당포, 담보회사, 어음할인회사, 민간대출 등 대출 성격을 지닌 기관의 상품을 말한다.

흔히 은행권이 보유하고 있던 대출 채권을 신탁회사나 증권사, 보험사가 재구조화해 고금리로 개인투자자에게 파는 방식으로 이뤄진다. 비통화 금융기관이 고위험-고수익 채권을 사고파는 과정에서 새로운 유동성이 창출되는 것이다. 즉 기업 간 자금거래나 개인 간 자금거래가 은행을 매개체로 활발해졌는데 대출금리가 높은 데다 대출심사를 할 수 없는 구조이다 보니 부실 가능성이 높아진 것이 문제다.

은행은 대출자산을 신탁회사 등에 매각하기 때문에 대출 여력이 생겨서 좋고 수수료를 챙겨서 좋다. 중국에서는 아이러니하게도 그림자 금융의 성장은 돈의 탈은행화를 가져왔지만 역설적으로 은행의 수수료 수입을 증가시켰다. 또한 이는 신탁자산의 급증과 증권사의 재테크 상품의 급증도 가져왔다.

2009년 이후 중국 정부가 경기 과열을 억제하기 위해 은행대출을 규제하자 2010년부터 이를 회피하기 위한 다양한 대출기법이 시작되었고, 그결과 그림자 금융의 규모가 급성장했다. 신탁산업은 보험상품을 제치고 2대 금융상품으로 등장했다.

중국의 그림자 금융은 도대체 얼마나 되길래 세계 신용평가사들이 국가신용등급을 낮추고 난리를 친 것일까? 중국 그림자 금융의 규모는 그림자 금융의 범위에 따라서, 그리고 추정 기관마다 다르지만 대략 최저 16조 위안, 최대 31.5조 위안으로 추정되고 있다. 이는 GDP 대비 33%에서 61% 선이고 예금 대비로는 1/~33% 선이다.

주로 신탁과 위탁대출을 이용하는 그림자 금융 대출은 2011년 이후 규모가 급증했다. 금융규제가 심해진 2012년과 2013년에 중국 전체 대출과 은행의 위안화 대출증가율은 20%대 이하로 떨어졌지만 그림자 금융은 2013년에도 51%나 늘었다.

2013년 중국의 사회 총대출 중 그림자 금융의 비중은 대략 13% 선으로 전체 대출의 비중에서 보면 치명적인 비중을 차지하는 것은 아니다. 또한 그림자 금융의 자금이 상당 부분 부동산으로 몰려갔는데, 중국의 부동산 경기를 보면 최근 1년간 집값이 강세다.

중국의 총대출과 그림자 금융 대출 추이

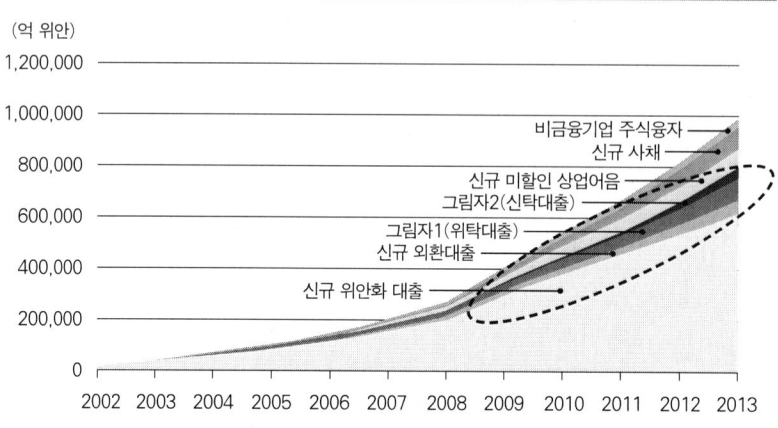

(억 위안)

1,200,000

1,000,000

800,000 ─── 비금융기업 주식융자
신규 사채

신규 미할인 상업어음
그림자2(신탁대출)
600,000 ─ 그림자1(위탁대출)
신규 외환대출

신규 위안화 대출
200,000

0

2002 2003 2004 2005 2006 2007 2008 2009 2010 2011 2012 2013

자료: WIND, 중국경제금융연구소

　　2013년 리커창 총리 집권 이후 중국 정부는 그림자 금융의 문제점을 파악하고 규제에 나서고 있다. 전반적인 성장률을 낮추어 자금 수요를 줄이고 과도한 수수료로 규모가 급증하던 신탁을 규제하면서 신탁대출의 규모를 2013년에 크게 줄였다. 그리고 위탁대출이 상대적으로 급증했지만 2014년 들어 줄어들고 있다.

　　2013년 말부터 국무원과 금융감독원은 그림자 금융의 엄격한 통제와 관리에 나섰고 리커창 총리는 기자회견에서 그림자 금융과 사채에 대해 '부정한 옆길을 틀어막고 정면돌파할 것开正门, 堵偏门'임을 분명히 했다. 그림자 금융의 확대와 비정상적인 방법을 통한 그림자 금융 재테크 상품의 개발도 엄격히 규제하고 통제할 것임을 밝혔다.

　　중국 정부는 부동산과 자산 버블에 따른 은행부실을 우려해 2011년 은행에 대규모 증자를 허용해 자본을 확충했고, 예금금리 3%에 대출금리 6%를 유지하게 해 예대마진이 100%가 넘는 상황을 그대로 유지하고 있다. 덕분에 중국의 상장사 전체 이익의 50%를 금융업이 차지하고 있다.

그림자 금융의 GDP 대비 비중을 국제적으로 비교해보면 영국이 GDP 대비 480%, 캐나다와 미국이 160%, 한국도 100%를 넘고 있는 반면 중국은 61% 선에 그치고 있다. 그림자 금융을 우려하는 측에서는 중국의 빠른 그림자 금융의 속도를 지적하지만 결국 스피드가 아니라 부실에 대한 부담 능력이 중요하다. 느린 증가에도 이미 GDP 규모의 1~4배를 넘는 경우와 빠른 증가에도 아직 GDP의 60% 선인 나라를 비교할 때 반드시 빠른 증가가 더 위험하다고 하기 어렵다.

그림자 금융의 무서운 점은 부실도 부실이지만 과도한 레버리지다. 그림자 금융은 보통 레버리지(지렛대) 비율이 높은 것이 특징이다. 레버리지란 금융회사가 자기 돈보다 얼마나 많은 돈을 빌려다 돈을 투자하느냐를 뜻한다. 미국 리먼브라더스의 경우 레버리지 비율은 40배가 넘었고, 유럽은 60배가 넘었다. 레버리지가 40배라는 것은 자기 돈이 1억 달러라면 40억 달러를 빌려 투자한 것이다. 이는 투자한 자산이 가격이 올라갈 때는 문제가 없지만 가격이 2.5%만 하락해도 원금이 날아가 깡통이 된다는 의미다.

그러나 중국은 서방세계와는 달리 이런 파생상품이 없고 은행·증권·자산운용업 모두 레버리지가 없는 상황이다. 증권업은 2012년부터 일부 금융상품에 대해 처음으로 레버리지를 허용한 상태지만 그 정도는 11배 정도로 제한하고 있다. 따라서 중국의 그림자 금융은 급속한 성장이 문제이지 절대 금액 면에서나 레버리지 면에서 아직 심각한 상황이라고 보기 어렵다.

중국은 전체 금융자산의 90%가 은행에 몰려 있다. 은행 위주의 과도한 간접 금융시장 의존도가 높은 중국이 금융산업을 육성하려면 적절한 관리와 통제를 통해 오히려 그림자 금융 시장을 활용해야 하는 것이 맞다. 중국 정부는 금융자유화, 금리자유화를 추진하고 자금 조달원을 다양화

	한국	미국	유로	일본	영국	캐나다	중국
규모(조 달러)	1	23.6	21.3	3.8	6.9	2.7	4.9
예금 대비(%)	50.5	173	57.1	20.3	37.2	103.1	33
GDP 대비(%)	102.3	160.1	175.4	65.3	476.8	160.4	61

중국과 주요국 그림자 금융의 GDP와 예금 대비 비중 비교(2010)

자료: 한국은행, 중국 자료는 2012년 기준

하는 정책을 펼치는 상황이기 때문에 그림자 금융은 사실 새로운 금융 구조화 상품의 테스트베드Test Bed 같은 기능을 한다.

그림자 금융은 은행대출을 급격히 축소할 때 생길 수 있는 기업의 부도 도미노와 이에 따른 부실채권 양산 가능성을 줄인다는 점에서 긴축정책의 완충장치 역할을 한다. 물론 이는 양날의 칼이다. 과잉생산업종의 도태와 같은 구조조정 효과를 반감시킬 수 있고 부실자산의 양산과 투자 손실을 가져올 수 있기 때문이다.

경기하강기에 그림자 금융에 대한 강한 규제나 지방정부에 대한 규제가 급격히 강화된다면 그림자 금융이 급격히 줄면서 유동성 급감으로 실물경제에 충격이 올 수 있다. 로드 터너 전 영국 금감원장의 말처럼 은행이 대출을 꺼릴 때 그림자 금융이 유동성을 공급해주는 순기능을 하므로 그림자 금융은 콜레스테롤의 역할이다. 콜레스테롤이 사람 몸에 좋은 콜레스테롤과 나쁜 콜레스테롤이 있는 것처럼 좋은 것을 장려하고 나쁜 것을 잘 걸러내는 것이 중요하다.

중국의 금융자산 측면에서도 은행의 쏠림 현상이 과도하지만 금융기관의 실력과 규모에서도 현격한 차이가 있다. 업종별 상위 5사의 규모를 비교해보면, 국유은행이 100이라면 보험은 10%, 증권은 1%도 안 된다. 중국은 증권을 비롯한 제2금융권 시장을 더 육성해야 하는 상황이다.

중국 주요 금융기관 업종별 상위 5사의 자산규모 비교(2011)

(억 위안)

	국유은행		주식제은행		보험		증권	
1	工商银行	154,769	招商银行	27,950	中国平安	22,854	中信证券	1,483
2	建设银行	122,818	中信银行	27,659	中国人寿集团	19,600	华泰证券	857
3	中国银行	118,301	浦发银行	26,847	中国人保集团	5,856	海通证券	849
4	农业银行	116,776	兴业银行	24,088	中国太保	5,706	国泰君安	781
5	交通银行	46,112	民生银行	22,291	新华保险	3,868	广发证券	721
	5사 합계	558,775		128,834		57,884		4,691
	비중	100.0%		23.1%		10.4%		0.8%

자료: 중국은행연합회, 보험연합회, 증권업협회

그림자 금융에 대한 경고가 불거지면서 중국은행감독관리위원회CBRC 는 '상업은행 자산운용관리 등에 관한 통지'에서 은행이 운영했던 자산운용 상품규제를 대폭 강화하기로 결정했다. 신탁회사나 자산운용 상품 등 그림자 금융과 은행들 간의 상호 연계성이 강화되면서 그림자 금융이 중국 은행권의 동반 부실을 가져올 수 있다는 우려에서 내놓은 조치다. 은행 감독관리위원회는 자산운용관리 상품의 수요자, 사용 목적을 명시하고 각 상품에 대한 감사까지 의무화했다. 은행이 대출에 쓸 수 있는 자금 가운데 35% 이상은 자산관리 상품에 투자할 수 없도록 제한했다.

또한 신임 중국증권감독위원회CSRC 샤오강 주석은 신규 투자자의 돈 으로 기존 투자자에게 이자나 배당금을 지급하는 방식의 재테크 상품은 다단계 금융사기를 일컫는 폰지 사기에 불과하다고 지적하면서 신탁과 재테크 상품의 무분별한 확장에 제동을 걸었다.

중국 그림자 금융의 성장은 은행이 장부에 기재된 대출자산을 증권화· 유동화하는 식으로 정부의 지급준비율 인상이나 지방정부 및 부동산에 대한 신용공여 축소 지시를 피할 수 있었고, 일반적인 투자 대상의 수익률에 비해 낮은 3%대의 예금금리가 은행 예금자들을 상대적으로 고수익인 재테크 상품으로 몰리게 하면서 생긴 것이다.

고위험군의 투자 대상에 대해 은행이 공급하지 못하는 자금을 공급한다는 차원에서 그림자 금융은 금융의 새로운 한 영역이고 모든 금융 선진국이 이미 시행하고 있는 금융상품이다. 앞서 도표(253페이지)에서 보았지만 그림자 금융의 절대 규모, 상대 규모에서 미국이 36%로 1위일 정도로 선진국이 모두 상위를 차지하고 있고, 중국이 문제라고 하지만 전 세계 시장의 3%에 불과하다.

이미 중국의 당국이 그림자 금융과 지방정부 부채 문제는 손을 대기 시작했고 그 절대 규모로나 상대 규모로나 여타 국가에 비하면 중국은 그리 심각한 상황은 아니다. 각종 언론에서 언급하는 것과는 달리 중국 내부를 자세히 들여다보고 국제적인 비교를 해보면 중국의 지방정부 부채나 그림자 금융이 중국 경제의 근간을 흔들 핵폭탄이 될 가능성은 낮다.

그리고 중국은 2014년 들어 본격적인 그림자 금융 죽이기에 나섰다. 비정화된 금리를 정상화하는 것이 그림자 금융의 치유법이다. 대출금리에 이어 2년 내 예금금리의 자유화를 시작한다. 그리고 정기예금과 그림자 금융의 중간다리로 리커창 총리는 인터넷 금융을 매개체로 쓸 작정이다. 알리바바가 즈푸바오를 통해 5,000억 위안(90조 원)을 모았고, 텅쉰이 차이푸통을 통해 500억 위안(9조 원)을 모았고, 바이두닷컴도 바이푸바오를 통해 인터넷 금융의 지불결제 면허를 받았다.

지방정부 부채 문제가 심각하다

중국 지방정부의 부채 문제는 금융위기가 발생한 2009년 이후 본격화됐다. 금융위기로 경제성장률이 6%대로 떨어지자 중국 정부는 4조 위안의 정부 지출과 10조 위안의 은행대출을 통해 대대적인 경기부양을 했고 지방정부는 지방정부대로 GDP 성장률을 높이기 위해 대규모 투자를 실시했다. 문제는 자금조달이었다.

중앙정부가 지방정부가 부실한 투자와 부채관리를 할 것을 우려해 지방채 직접 발행을 금지하자 지방정부는 재원을 마련하기 위해 지방융자 플랫폼을 만들고 재정수입을 담보로 돈을 빌렸고, 2010년에는 1만 개 이상의 플랫폼이 만들어졌다.

지방정부는 대출 플랫폼을 세우고 이를 통해 은행대출을 받는 편법을 동원했다. 이 때문에 과도한 신용대출 급증으로 집값 버블이 확대되고 지방정부의 재정 건전성도 악화됐다. 이때부터 지방정부가 부채를 해결할 능력이 없다는 우려가 제기됐다.

중국의 지방정부 부채는 기관마다 추정치가 다르지만 대략 17조~20조 위안 선이다. 이는 2013년 중국 GDP 57조 위안의 29~35% 선이다. 중국의 지방정부 부채와 그림자 금융이 금융위기 이후 급속도로 커져 금융산업에 잠재적 위협요소임에는 분명하다. 그러나 중국의 내부 상황을 들여다보면 그리 심각한 문제는 아니다.

중국 지방정부가 발행하는 채권은 무담보가 아니라 지방정부의 땅이 담보된 채권이다. 지방정부 재정수입의 20~30%는 토지 분양내금이다. 부채 상환자금이 모자라면 땅을 더 팔면 된다. 2012년 기준으로 중국의 23개 성을 기준으로 보면 지방부채 상환의 자금으로 최저 1/5, 최고 2/3를 토지 매각대금으로 충당했다. 저장성이 66%, 톈진시가 65%로 상위 1, 2위를 차지했고 하위 3개 성은 간쑤성, 22%, 허베이성 22%, 산시성 21%였다.

그리고 17조 위안의 만기를 보면 2013년이 만기도래가 가장 많고, 2014년부터는 줄어들어 매년 2조 위안 이하의 만기가 돌아온다. 지방부채 전체가 동시에 만기가 돌아오는 것이 아니므로 17조 위안 전체에 대해 부실을 걱정하는 것은 좀 과도하다.

또한 중국 지방정부는 재정이 독립되어 있는 것이 아니다. 중앙집권제를 강화하기 위해 중국은 1994년 분세제 개혁을 통해 상당 부분의 지방세를 국세화해 중앙정부가 거두어 가고 중앙정부는 이를 다시 보조금의 형태로 지방에 돌려주는 형태다. 대략 지방정부 수입의 70%가 중앙정부 보조금이고 나머지가 토지 분양대금과 지방세다. 즉 지방정부가 세수 부족으로 채권 상환이 안 되면 중앙정부가 책임지는 구조이기 때문에 부도날 수 없는 구조다.

지방자치제가 실시되고 있는 미국이나 한국은 이미 일부 지자체가 재정이 한계상황인 곳이 등장했다. 미국 캘리포니아 주와 한국 인천시는 이미 한계지만 미국이나 한국에 별문제 없다. 결국 지자체가 문제되면 중앙정부가 지원하는 것이다. 이것이 미국이나 한국은 가능한데 중국은 안 된다고 보는 것은 난센스다. 오히려 지방자치가 아닌 중앙집권인 중국은 당연히 중앙정부가 해결한다.

결국 나무를 가지고 판단하는 것이 아니라 숲을 보고 판단해야 한다는 것이다. 즉 국가의 채무부담 능력으로 평가해봐야 한다. 주요국의 총부채 대비 GDP의 비중을 보면 일본은 500%를 넘어갔고 미국, 한국을 포함한 유럽은 200~300% 선이다. 중국은 아직 100~200% 사이다. 중국의 GDP 대비 국가부채 비중은 50%가 안 된다. 미국과 일본은 이미 국가부채가 각각 100%, 200%를 넘었다. 같은 기준을 적용한다면 미국과 일본의 국가 신용등급은 중국보다 더 낮아야 하고 중국보다는 미국과 일본이 더 위험하다.

민영기업 부도, 채권시장 붕괴의 전조다

2014년 3월 7일 태양광업체인 상하이 차오르솔라에 이어 14일 중국 산시성의 민간 철강기업인 하이신철강이 만기도래한 은행대출을 갚지 못하고 채무불이행을 선언했다. 중국에서 사상 첫 디폴트가 발생한 지 불과 1주일 만이어서 연쇄도산 사태가 벌어지는 것 아니냐는 우려가 컸다.

S&P는 중국의 기업부채가 2014년 13.95조 달러에 달해 부채규모가 미국을 제칠 것이라고 전망했다. 뱅크오브아메리카BOA는 상하이 차오르솔라가 글로벌 금융위기를 초래했던 베어스턴스 사태와 같은 중국발 위기의 서막이 될지 모른다고 경고했다.

그런데 이번 기업의 부도에는 공통점이 있다. 중국 정부가 2013년부터 공급과잉이 심각한 19개 업종의 과잉설비 도태를 유도하는 업종에 속한 기업이고, 모두 민간기업이라는 것이다. 그래서 이번 2개 기업의 부도를 중국발 연쇄부도로 보는 것은 오버다.

중국의 태양광, 철강, 시멘트, 유리는 대표적인 공급과잉산업으로 2014년까지 중국 정부가 작정하고 경쟁력 없는 기업은 도태시키는 대상안에 들어가 있는 산업이다. 이미 태양광업계 2위였던 우시시의 선텍은 2013년에 부도 처리했다. 이번에 부도난 태양광회사는 선텍에 비하면 작은 회사이고 신용등급이 트리플C인 기업이었다. 선텍이 부도나도 상하이 금융시장은 별문제 없었다.

19개 구조조정 대상에 들어간 업종의 중소형 부실 민영기업의 부도는 불가피할 것으로 보인다. 국유기업은 정부가 나서서 한 방에 구조조정할 수 있지만 민영기업의 과도한 불량설비 폐기를 하려면 회사를 부도 처리하는 수밖에 없다.

중국 기업의 부채가 많은 것은 자본시장이 발달하지 못해 대부분의 자금을 은행차입으로 조달했기 때문이고, 70% 이상의 기업이 국유기업이었기 때문에 신용도에 문제가 없어 대출이 많은 것이다. 정부가 2014년부터 국유기업의 개혁에 손을 대고 있으므로 방만한 국유기업의 차입경영은 더

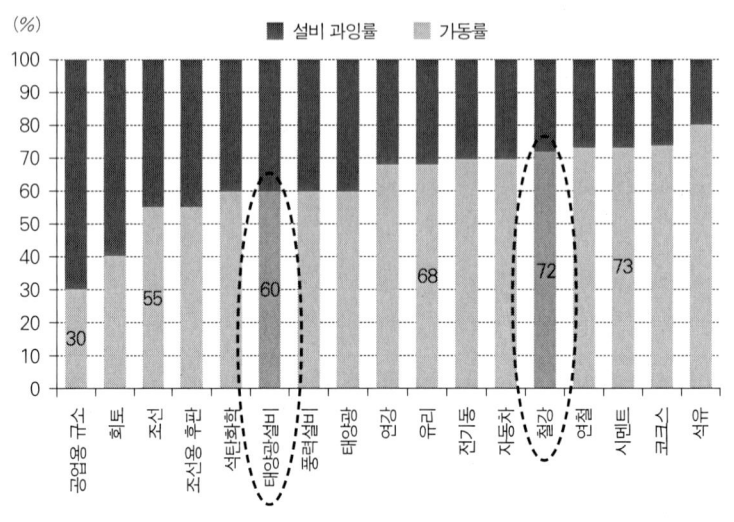

중국의 주요 구조조정 대상 업종의 설비 과잉률(2012)

(%)

■ 설비 과잉률　■ 가동률

자료: WIND, 국가통계국, 국가발전개혁위원회

이상 이루어지기 어렵다.

　이번 사태로 중국의 채권시장에 마비가 올 가능성을 언급하지만 그럴 가능성은 없다. 최근 이런 사태에도 중국의 채권금리는 3~4월에도 하락 추세이고 급등의 조짐이 없다. 그리고 중국의 회사채시장은 그 절대 규모가 미미해 설사 충격이 있어도 그것이 금융위기를 가져올 규모가 되지 않는다.

　중국에서 국유기업은 1984년부터 기업채를, 상장기업은 2005년부터 회사채를 발행하게 해주었고, 다수 기업이 공동으로 발행하는 집합사채는 2009년에 허용해주었다. 2012년 말부터 일반 기업도 채권발행이 가능하나 증권감독원의 개별 심사를 통과해야 하는 등 발행 절차가 까다롭다. 이런 이유로 중국의 회사채는 한국과 달리 일반 기업이 쉽게 발행할 수 없다. 따라서 국유기업의 기업채가 아닌 일반 회사채의 비중은 매우 낮다.

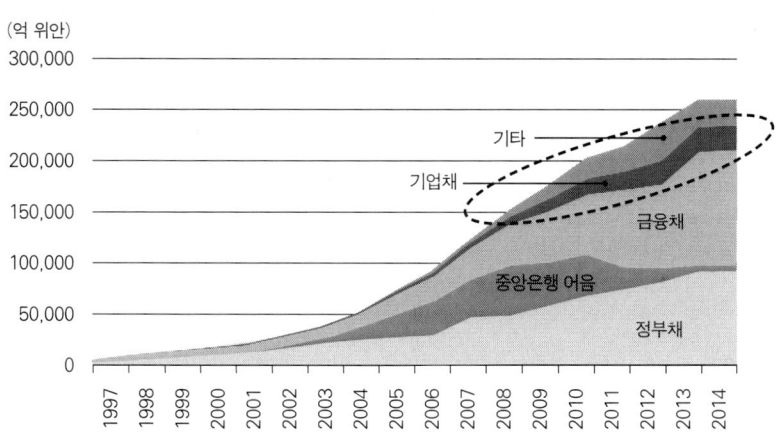

자료: 中国债券信息网, 중국경제금융연구소

2014년 2월 현재 중국의 채권발행 잔액은 26조 위안인데 이 중 기업채는 9%인 2.4조 위안에 불과하다. 기업채 중에서도 중앙의 국유기업과 지방의 국유기업 발행 채권이 대부분이고 일반 민간기업 발행 채권의 비중은 미미한 수준이다. 따라서 일부 민간기업의 회사채 부도가 채권시장의 위기나 금융위기로 이어질 수 있다는 것은 중국의 금융구조를 잘 들여다보지 않아서 생기는 오해다. 채권의 보유자도 은행 등의 금융기관들이 대부분이다.

중진국 함정에 빠진다

미국은 실업률이 7%이고 중국은 성장률이 7%인 나라다. 그런데도 서방 언론에서는 중국 붕괴론이 넘쳐난다. 중국은 수출이 안 되면 망한다는 게 서방세계가 오해하는 대표적 내용이다. 미국과 유럽 경제가 엉망인데도 중국 경제는 2013년에도 7.7%대 성장을 했다. 대국은 수출로 살아간 나라가 없다. 중국도 마찬가지다. 최근 10년간 중국 GDP 중 순수출의 기여도는 10%를 넘은 적이 없다. 내수와 투자가 GDP의 90%다.

중국이 소수민족 분쟁으로 어려워질 거라는 얘기도 하지만 13.6억 인구 중 소수민족 비중은 8%에 불과하다. 8%가 92%를 엎으려면 뭔가 특별한 힘이 있어야 한다. 중국의 소수민족을 보면 그렇게 할 지도자나 역량이 없다. 그래서 중국 붕괴론에 대한 서방세계의 많은 주장은 자세히 들여다보면 허점투성이다.

최근 내몽골 광산 사태가 터지면서 중국의 신장, 티베트 사태처럼 사회문제가 커져 중국은 중남미와 동남아 국가들처럼 인당 소득 4,000달러대 중진국 함정에 빠져 망할 거라는 것이 붕괴론의 또 하나의 이유다. 그런데 중국에는 사회문제를 대중에게 전하고 체제를 전복시킬 세력인 야당과 재야 세력이 없다. 전체 인구의 8.3명당 1명이 공산당원이다. 그리고 자본주의 발전 단계에서 보면 못살면 혁명이 일어나지만 잘살면 혁명이 없다. 오히려 서로 더 벌려고 난리다.

연간 GDP가 7% 성장하는 나라에서 혁명이 일어나 사회가 뒤집어진 역사가 있는지 보면 답은 간단하다. '못살면 혁명이고 잘살면 쇼핑'이다. 최고의 성장과 연간 600만 명의 고급 인력을 취업시키는 힘을 가진 나라가 망한다면 4,000만 명이 실업자인 미국은 벌써 붕괴됐다.

2013년 기준 중국의 인당 GDP는 6,569달러다. '마의 4,000달러대 함정'은 넘어섰고 중등소득 국가의 단계에 들어섰다. 이 단계를 넘어서면, 과거 선진국들의 경험을 보면 통상 1.1만 달러 수준에서 성장둔화가 나타난다. 공업화 후기 단계에서는 후발자 이익이 여전히 존재하기 때문이다. 공업화 발전 단계가 완성되면 그때는 자연스러운 성장률 둔화가 나타난다. 중국은 아직 공업화 후기에 있다.

공산당 권력독점이 가져온 산업구조, 금융구조의 왜곡은 결국 분배의

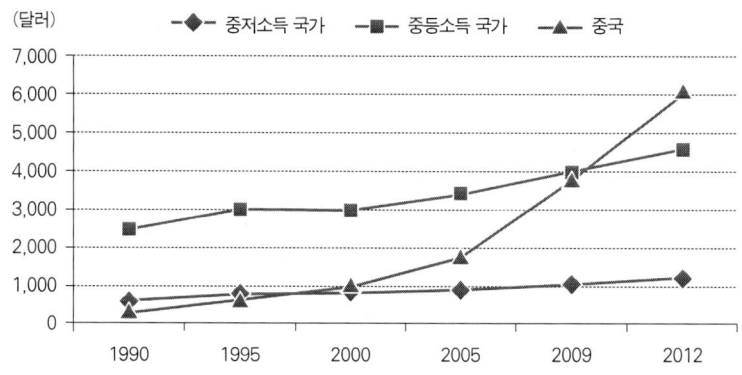

국가 분류	1990	1995	2000	2005	2009	2012
저소득 국가	＜610	＜765	＜755	＜875	＜995	
중저소득 국가	611~2,465	766~3,035	756~2,995	876~3,465	996~3,945	
중등소득 국가	2,466~7,620	3,036~9,385	2,996~9,265	3,466~10,725	3,946~12,195	
고소득 국가	＞7,620	＞9,385	＞9,265	＞19,725	＞12,185	
중국	314	604	949	1,731	3,749	6,091
세계	4,149	5,211	5,284	7,023	8,542	10,206

자료: 세계은행, 중국국가통계국

왜곡을 가져오고, 이것이 엉기면 민중의 요구를 수용하지 못해 중진국의 문턱에서 쓰러지는 것이 중국의 중진국 함정의 시나리오다.

그러나 중국은 1800년의 황제 통치 국가운영의 노하우를 가지고 있다. 국가의 통제력이 어느 나라보다도 강하다. 그리고 중국은 최근 60년간 자본주의의 시장원리를 배웠다. 국가의 통제력에 시장의 논리를 결합하는 것이 중국의 새로운 과제이자 힘이다.

상인종商人種의 DNA를 가진 중국인들의 시장화를 통한 위기 극복의 실력은 이미 중국 주변 화교의 나라 대만, 싱가포르, 홍콩의 3마리의 작은 용이 시범을 보여주었다. 중남미와 아시아의 많은 나라가 중진국 함정에 빠져 나락으로 떨어졌지만, 중국 출신 화교 3인방이 세운 나라들은 성공적인 데뷔를 했다.

대만과 싱가포르는 카리스마 강한 독재자의 나라였지만 시장화와 중진국 함정에서 벗어나는 데 성공했다. 중국인이 가진 상인종의 DNA가 대만, 싱가포르, 홍콩에 이어 중국에서도 발휘될지 관심이다.

1당독재 때문에 망한다

자유와 창의 그리고 민주가 서방세계를 발전시킨 원동력이다. 그래서 이기준에 맞지 않으면 모두 망한다는 것이 서방세계의 잣대다. 특히 1당독재는 나라를 망하게 하는 지름길이라는 것이 서방의 생각이고 중동이나 아시아, 중남미 후진국의 사례가 이를 증명해주고 있다.

그래서 이를 중국에 적용하면 중국도 민주주의가 도입이 안 되었기 때문에 언젠가는 망할 나라다. 또한 서방세계에서는 집권 정당이 70년 가는 정당이 없으므로 공산당이 2020년이면 몰락할 것이라는 예상도 한다.

그러나 중국의 공산당은 서방의 기부금에 의해 유지되고 투표에 목숨 건 정당과는 차원이 다르다. 중국의 공산당은 300만 명의 군대를 가지고 있고 국가 자산의 70%를 소유하고 있다. 공산당원 8,500만 명, 예비공산당인 공청단 9,000만 명 합쳐서 1억 7,500만 명의 당원을 가진 나라다. 정당이 군대와 국가 자산을 가지고 있고 전체 인구 8명당 1명의 당원이 있는 나라는 중국 이전에는 없었다.

국기에 자기 나라를 통치하는 정당을 새겨 넣은 나라가 있을까? 있다. 바로 중국이다. 1949년에 제작된 중국의 국기인 오성홍기五星紅旗를 보면 붉은색 바탕에 큰 별 1개와 작은 별 4개가 왼쪽 상단에 그려져 있다. 붉은 바탕은 혁명을 나타내고 5개의 별 중 가장 큰 가운데 별은 공산당을 상징한다. 주변 4개의 작은 별은 노동자, 농민, 무산계급과 민족자산가의 4계급을 상징한다.

그래서 중국은 국가 탄생 시부터 공산당 1당독재라는 것을 명시한 나라다. 중국의 '1당독재가 오래갈 수 있을까?'라는 의문이 서방세계의 관점에서 항상 논란이다. 그러나 그건 서방의 시각으로 본 것이고 중국의 시각으로 보면 지극히 당연하다는 것이다. 즉 중국 주식회사의 대주주는 공산당이다. 기업의 주인은 노동자도 경영자도 아니다. 대주주다. 그런 측면에서 중국은 여전히 공산당이 대주주인 사회주의 국가다.

서방세계의 3대 권력은 입법, 사법, 행정이지만 중국은 다르다. 당黨, 정政, 군軍이 3권이고 이를 장악해야 권력의 핵심을 쥐는 것인데 마오쩌둥 시절부터 중국은 "권력은 총구에서 나온다槍杆子里出政權"는 말이 통용돼왔다. 군은 국민이 아니라 당을 위해 존재한다. 정도 군도 모두 당이 통제한다. 그래서 중국은 공산당이 없으면 중국도 없다沒有共産黨, 沒有新中國.

서방의 정당은 중국으로 치면, 정의 기관인 국무원을 장악하는 집단이다. 그런데 중국의 공산당은 군을 소유하고 정을 지배하는 상위의 개념이고 서방의 입법, 사법, 행정보다 상위의 개념이다. 서방의 정당은 입법과 사법권을 장악하기 위해 4~5년마다 투표전쟁을 치르는 집단이지만 공산당은 그 자체를 이미 소유하고 있는 집단이다.

그래서 중국의 공산당 독재는 좀 더 자세히 들여다볼 필요가 있다. 중국은 1800년간 '천자의 당'인 사대부들이 독재한 나라다. 중국에서는 단한 번도 그리스, 로마, 영국이나 프랑스에서와 같은 민주나 자유 체제가 도입된 적이 없었다. 이 '천자의 당'이 찬란한 황하문명을 만들었고 유럽을 정복했다. 지금 중국 공산당은 그 본질을 자세히 들여다보면 '천자의 당' 사대부들이다.

그런데 아이러니하게도 유럽의 공업국가에서 발생한 공산주의를 농업

국가 중국이 들여와서 현존하는 공산주의 최강국을 만들었다. 원조인 유럽에서 공산주의는 이미 사라진 체제다. 중국의 공산주의는 유럽, 소련과 다른 공산주의다. 유럽의 원조 공산주의와는 다른 '짝퉁 공산주의'라는 것이다. 중국의 체제는 이미 겉만 사회주의이고 내부는 자본주의다.

자본주의 시장경제만이 살길이라는 서방세계의 주장과는 달리 중국식 공산주의, 소위 중국 특색의 사회주의 시장경제로 중국은 이탈리아, 독일, 프랑스, 영국, 일본을 모두 제치고 세계 2위의 자리에 올랐다. 이는 중국의 시스템이 그 나름의 장점과 특색이 있다는 것이다. 1당독재가 반드시 악이라기보다는 운영의 묘다. 화교 출신 리콴유 총통 일가들이 주도하는 1당독재 국가 싱가포르는 인당 소득 5만 달러의 아시아의 선진국이다. 그래서 중국은 싱가포르 모델에 관심이 많다.

중국의 공산주의 1당독재 시스템을 중국이 1800년간 지속해온 '천자의 당'의 시스템이고 공산당을 중국의 전통적인 관료집단이라고 보면 중국이 얼마나 갈 것인지는 역사책을 다시 한 번 뒤적여볼 필요가 있다. 중국의 한족이 만든 시스템은 한 왕조를 세우면 대략 200~300년을 가는 체제였다. 그래서 중국의 1당독재는 여러 가지 문제가 많은 시스템인 것은 분명하지만 그리 쉽게 넘어갈 체제가 아니라는 것이다.

중국의 민주화 요구로 인한 사회 붕괴는 중국의 시스템을 보면 적어도 소득수준 1만~1.5만 달러 이상에서나 나올 가능성이 있고, 따라서 10년 내에는 그럴 가능성이 낮다. 8,500만 명의 공산당원과 9,000만 명의 예비 공산당이 있는 인구 8명당 1명이 조직원인 철저하게 통제된 나라이기 때문이다.

그리고 중국은 서방과 달리 토지를 국가가 관리하고, 국가 전체 자산의 70%를 국가가 소유하고, 전기·통신·도로·철도·항만·공항·방송·언론·금융을 모두 국가가 장악하고 있는 나라다. 인터넷과 모바일이 개인정보

보호가 엄격히 지켜지는 서방세계에서는 민주화의 최대 무기일지 모른다. 하지만 국가가 서버를 완벽하게 장악해 24시간 들여다볼 수 있는 나라, 중국에서는 인터넷과 모바일은 역사 이래로 처음으로 13.6억의 인구를 국가가 완벽하게 통제할 수 있는 기가 막힌 통제도구다.

인구가 많고 땅이 너무 넓어 어쩔 수 없이 지방의 영주들에게 분권과 자치를 허용할 수밖에 없었던 중국이 인터넷과 모바일의 보급으로 베이징에 앉아서 전국의 13.6억 명, 인류 전체의 20%가 무엇을 하고 있는지를 손바닥 보듯이 들여다볼 수 있게 된 것이다. 2014년 춘절(중국의 설날)에 바이두는 13.6억 명의 인구 이동을 실시간으로 중계하는 인터넷 사이트를 선보였다. 빅데이터Big Data의 진정한 활용을 어떻게 하는지를 이미 보여주었다.

서방의 시각으로는 1당독재가 멸망의 지름길이라고 보지만 중국의 시각은 다른 것이고 중국은 결코 공산당 1당독재를 포기하지 않는다는 것이다. 특히 인터넷과 모바일이 아프리카와 중동에서 재스민 혁명을 불러온 것처럼 중국의 민주화 요구를 더 가속화시켜 중국의 붕괴를 앞당길 거라는 예측이 많다.

그러나 서버를 장악한 정부가 서버를 차단하는 순간 정보 유통이 전면 중단되기 때문에 통신망을 통한 '재스민 혁명'을 중국에서는 기대하기 어렵다. 실제로 중동에서 재스민 혁명의 불길이 타올랐을 때도 중국은 조용했다. 인터넷의 검열과 서버 통제로 '재스민'이라는 단어 자체가 검색이 안됐기 때문이다.

05

시진핑 시대
7가지 빅뱅의 10년

중국 붕괴론, 10년간은 잊어버려라

중국이 금융위기의 벼랑 끝에 서 있다고 하고, 중국 위기를 대비하라는 언론보도가 넘쳐난다. 중국의 위기나 중국의 붕괴는 누구에게 물어보면 가장 잘 알까? 전 세계 주요 언론의 중국 위기론, 중국 붕괴론은 모두 '카더라 통신'이다. 중국의 위기와 붕괴는 중국 내수시장을 휘어잡고 있는 월마트와 지금 중국에 최첨단 반도체 공장을 짓고 있는 삼성전자에게 물어보면 된다.

세계 최고의 기업들이 중국에서 철수하는 날이 진정한 중국의 위기다. 〈포춘〉 500대 기업이 계속 돈을 싸 들고 중국으로 몰려가면 서방세계 언론이 뭐라고 하든 답이 아니다. 부분을 전체로 오해하는 것이거나 침소봉대다. 남의 얘기 전하는 사람과 자기 재산 털어 넣은 사람 중 누가 더 절실하고 정확할까? 물어보나 마나다. 세계 최강의 정보력과 민첩성을 가진 이들이 다국적기업들이다. 이들의 행동에 변화가 없으면 언론에서 중국은 위기다. 또 망한다는 소리가 많이 나올 때는 역으로 기회다.

중국은 겉으로 나타난 숫자만 보면 보이지 않는다. 중국의 아픔과 눈물을 함께 봐야 중국이 제대로 보인다. 공산주의는 독일이나 소련처럼 공업이 발달한 나라에서 나타나는 체제이지 중국처럼 노동자가 없는 농업국가, 농민의 나라에서는 맞지 않는 이론이다.

1913년에 중국의 대표적인 낙후된 농업 지역인 후난성의 사범학교 출신 학력이 전부인 중국의 창업자 마오쩌둥은 왜 독일어로 된 《자본론》을 읽어보고 공산주의를 채택했을까? 1913년 후난성에 독일어를 중국어로 번역한 책이나 있었을까? 마오쩌둥은 자본주의의 거대한 파도가 중국을 집어삼킬 것이 겁나 공산주의가 무엇인지 깊이 고려할 여유도 없이 자본주의의 대립세력인 공산주의를 채택한 것은 아니었을까?

그래서 농업사회 중국과는 잘 들어맞지 않는 공산주의를 중국 입맛에 맞게 멋대로 고쳐 '중국 특색의' 사회주의라고 부르는지도 모른다. 지금 중국 경제 내부를 자세히 들여다보면 자본주의보다 더 새빨간 자본주의다. 중국은 진정 사회주의의 탈을 쓴 자본주의를 하고 있다.

중국이 최근 30년간 죽으라 일해 두 자릿수 10%대 성장을 한 진짜 이유는 굶어 죽지 않기 위한 절박함이었다. 어설픈 영국 따라잡기 하다가 대약진 운동으로 제2차 세계대전 때 진 세계직으로 죽은 군인의 수보다 많은 3,000만 명을 굶겨 죽인 아픈 기억을 가진 나라가 중국이다. 중국이 정신이 번쩍 든 것이다. 중국의 역사로 보면 국민을 굶기면 바로 역성혁명이 일어났기 때문이다.

그래서 이런저런 이념논쟁 좋아하는 문과 출신 먹물들이 아니라, 일직선의 효율을 추구하는 것을 최선으로 아는 공대생들 일색으로 최근 30년간 최고지도자를 뽑았다. 중국 경제 도약의 3대 주역인 덩샤오핑, 장쩌민, 후진타오 주석은 모두 공대 출신들이다.

전 세계가 중국을 두고 고성장의 신화 어쩌고 하지만 중국은 굶어 죽지 않으려고 열심히 일했고 최고지도자는 역성혁명이 일어나지 않도록 뒤도 옆도 돌아보지 않고 오로지 전진만 했는데, 고개를 들어 보니 어느 날 갑자기 목에 은메달이 걸리고 G2가 되어 있었던 것이다.

아시아의 패권을 잡고 유럽까지 영토를 넓혔던 나라가 세계의 공장, 세계의 하인으로 전락했다. 그런데 열심히 일하다 보니 어느 날 갑자기 은메달을 목에 걸게 되었고 이젠 금메달이 탐나기 시작했다. 세계의 멸시와 하대를 한 방에 만회할 수 있는 것이 금메달이다. 그간의 후진국, 미개국 중국의 트라우마는 금메달로 깨끗이 치유될 수 있기 때문이다.

중국의 10% 성장은 굶어 죽지 않기 위한 처절한 몸부림의 성장이었고 지금 시진핑의 7%대 성장은 천출의 태생이라는 '트라우마를 치료하기 위한 자존심 회복의 성장'이다. 중국이 G1이 되는 성장률이 7% 성장률인데, 이걸 두고 중국이 성장둔화로 위기라고 하면 실수하는 것이다. 중국의 속내를 잘못 보는 것이다. 삼성전자와 〈포춘〉 500대 기업이 진출하는 나라가 붕괴하면 삼성과 〈포춘〉 500대 기업은 바보들이다.

금융 문제는 국가 전체 부채를 기준으로 봐야 한다. 국가 총부채가 500%가 넘는 일본은 멀쩡하고 215% 선인 중국이 위험하다는 것은 어불성설이다. 소득 불평등 문제도 다른 시각으로 볼 필요가 있다. 중국을 1개 나라로 보기 때문인데 중국은 31개 나라의 연합국으로 봐야 한다. 중서부가 중국 역사 이래 동부보다 잘살았던 적이 없다. 중국의 동부와 서부는 역사적으로 같은 수준의 나라가 아니었다. 서부가 동부보다 잘살았거나 잘살아야 한다고 목표를 잡은 적이 없다.

동부는 동부끼리 비교하는 것이 진짜 소득 불평등이 얼마나 커졌는가를 측정하는 데 합리적이다. 서부와 동부를 비교하면 소득격차는 크게 나올 수밖에 없다. 31개 나라를 1개 나라로 보는 오해다. 그러나 이런 형태의 나라를 2000년간 끌고 온 중국은 '통제의 기술Art of Control'이 있는 나라다.

세계의 G2가 된 나라에서 GDP 소수점 한두 자릿수를 두고 논쟁하는 것은 의미 없다. 오히려 중국의 밑바닥을 경험한 최고지도자들이 무엇을 바꾸려는지를 잘 볼 필요가 있다. 개혁은 살아 있는 호랑이의 이빨을 뽑는 것만큼 위험하고 실패하면 정치생명이 끝나는 리스크가 있다.

중국 대부분의 TF^Task Force^팀, 소위 영도소조领导小组는 총리 관할의 국무원 소속이다. 그러나 이번 제18기 3중전회에서 만든 당·정·군을 모두 아우르는 개혁영도소조는 중앙정치국 상무위원회 소속이고 책임자가 시진핑 주석이다. 7%대로 성장을 낮춘 대신 정치생명을 걸고 개혁을 진행하는 시진핑의 결의를 주목할 필요가 있다.

중국이라는 호랑이가 질주하다가 잠시 숨 고르기를 한다고 해서 호랑이가 질주 본능을 잃어버렸다는 생각은 오산이다. 인공위성을 쏘고 항공모함을 만드는 7%대 성장하는 나라가 어떻게 될까 걱정하기보다는 중국이라는 호랑이가 숨 고르기 할 때 그 등에 어떻게 올라탈까 고민해야 할 때다.

시진핑의 '만두정치'가 중국에서 새로운 하나의 팁이 될 것으로 보인다. 시진핑이 민정시찰 나갔다가 먹는 바람에 유명해진 21위안짜리 '칭펑만두'는 웨이보를 통해 순식간에 확신되었다. 만약 칭펑만두를 〈인민일보〉가 보도했다면 시큰둥했을 테지만 웨이보가 인증샷으로 대박을 친 것이다. 〈인민일보〉보다 더 강한 마케팅 매체가 인터넷과 모바일이다.

자동차 판매가 두 자릿수 성장을 하고 통신장비와 모바일에서 기술 추격자에서 선도자로 바뀌는 중국을 다시 봐야 한다. 성장률 둔화가 아니라 중국인들의 눈높이 업그레이드와 고속행진을 두려워해야 한다.

'제조 중국'이 아니라 '시장 중국'으로 바뀌면서 발 빠른 다국적기업들은 이젠 'IcFc^In china For china^(중국에서 중국 인민을 위해서 일한다)' 전략으로 바꾸어가고 있다. 중국의 성장률이 얼마나 둔화될 것인지 걱정하기보다는 중국의 높아진 새로운 눈높이에 어떻게 적응할 것인가를 심각하게 고민해야 한다.

중국, 금융위기보다 구조조정이 더 무섭다

2014년 들어 다시 중국발 금융위기설이 시장을 떠돈다. 2007년 미국 서브프라임 모기지 사태 같은 위기가 터질 수 있다는 것이다. 그러나 그 가능성은 희박하다. 지금 한국이 경계해야 할 것은 중국발 금융위기가 아니다. 중국 전통 제조업의 구조조정 후폭풍이 얼마나 무서운 리스크를 동반할지 체크해야 한다.

2007년 미국 서브프라임 모기지 사태는 부동산에 대한 실수요는 없는데 돈 벌 욕심에 자기 돈 30~60배의 레버리지를 걸어 부동산 상품을 서로 사고팔았는데 가격이 1/30~1/60 이상 떨어지자 바로 원본이 날아가 망한 것이다.

중국 은행들은 예금한 돈의 75% 내에서만 대출한다. 중국의 모든 은행은 국유은행이다. 중국은 서브프라임 모기지 같은 부동산 파생상품 자체가 없다. 그래서 은행의 예금지급 불능 사태가 올 가능성이 낮다. 중국의 집값은 매년 1,000만 채의 집을 지어도 실수요를 충당하지 못하고 있어서 올라가는 것이다.

중국의 금융위기가 온다면 맨 먼저 체크해야 할 것은 금리다. 최근 중국의 금리는 하향 추세다. 이를 통해 보면 중국에 금융위기가 온다는 것은 믿기 어렵다. 최근 중국의 위안화 환율 하락을 시작으로 수출 감소, 회사채 부도가 나타나자 중국 경제 위기론이 쏟아지고 있다. 하지만 정작 당사자인 중국은 무덤덤하다. 만약 위기가 왔다면 경제학박사 출신 중국 총리는 왜 별다른 조치를 하지 않고 있을까?

양회의 결과 중국 정부가 시행하려는 정책을 보면 그 답이 있다. 중국은

2014년부터 위안화 환율 변동폭을 상하 1%에서 2%로 확대하는 정책을 발표했고 철강, 화학, 시멘트, 유리, 태양광 같은 19개 공급과잉산업의 과잉설비를 2014년 말까지 폐기하도록 했다.

2014년 수출목표를 사상 처음으로 GDP와 같은 수준인 7.5% 내외로 정했다. 그리고 향후 2년 안에 예금금리를 자유화해 금리자유화를 완성하기로 했다. 부동산 분야에서 있어서는 2020년까지 1억 채의 도시 노후주택 개량을 통해 주거환경을 개선하고 2014년에는 2013년보다 50만 채 늘어난 750만 채의 서민주택 건설을 통해 부동산가격 안정을 취하는 정책을 발표했다.

환율 1% 절하는 중국의 환율 변동폭 확대를 시험해본 것이고 2월의 수출 감소는 춘절 효과와 2013년의 수출실적 부풀리기의 기저효과 때문이다. 그리고 중국 정부가 GDP와 같은 수준의 수출목표를 세웠다는 것은 더 이상 수출을 경제성장의 견인차로 쓰지 않는다는 것이다. 그래서 수출 감소에도 별다른 수출 진흥책이 없는 것이다.

회사채 연쇄부도를 낸 회사는 구조조정 대상 업종인 태양광발전 업종의 민영기업이고 두 회사 모두 연속 2년 이상 적자가 나서 특별한 관리를 받는 관리대상 종목인 ST Special Treatment 종목이다. 관리대상 종목이 발행한 2개의 회사채 부도를 금융시장 위기의 전조로 보는 언론의 시각은 좀 과하다.

역대 G2 국가 중에서 G1 국가 GDP의 절반에 해당하는 경제규모를 가진 나라가 7%대의 성장을 한 적이 없다. 일본이 G2일 때 1~2% 성장도 버거워했는데 적어도 7% 성장을 하는 중국 경제를 두고 7.5%냐, 7.3% 성장이냐를 두고 경제위기라고 하는 것은 좀 과해 보인다.

7% 성장하는 대국경제를 소수점 한 자릿수로 경제상황을 판단하면 틀린다. 지금 2014년 중국은 10%대에서 7%대로 성장률을 낮추고 산업의

구조조정, 경제성장 방식의 전환을 시작한 두 번째 해이다.

G2 대국의 경제위기론에 휩쓸리기보다는 중국의 변화가 무엇이고 그 과정에서 한국이 뭘 찾아 먹을까를 연구하는 것이 답이다. 이번 2014년 양회의에서 중국 정부는 많은 파격적인 정책 변화를 예고하고 있다.

2014년 중국의 GDP는 7.5%를 기준선으로 두고 ±알파다. 리커창 총리의 2014년 경제정책 목표는 좌우경제左右经济다. 좌우左右라는 중국어의 의미는 '대략'이라는 뜻이다. 과거에 원자바오 총리는 8%이면 죽어도 8%는 지키는 '목표관리'를 했지만 이번 2014년 리커창의 경제관리는 '구간관리左右'다.

중국의 2014년 양회의 결과를 보면 중간재 수출로 재미를 보던 한국의 전통 제조업은 이젠 중국 특수는 잊어야 할 것 같다. 2014년에도 잘해야 2013년 수준이다. 지금 중국의 산업을 분야별로 보면 전통산업은 과잉설비 축소, IT를 중심으로 하는 신성장 소비산업은 육성, 금융산업은 내부 구조조정이다.

총수출의 30%를 중국에 의존하는 한국으로서는 중국의 금융위기보다는 19개 전통 제조업의 구조조정이 더 무서운 상황이다. 한국의 수출 호조는 이들 전통산업에 대한 중간재 수출이었는데 이젠 그 중간재 수출 호황이 끝난 것이다. 한국이 중국 금융위기설에 휘둘리기보다는 구조조정 후에 등장할 경쟁 상대에 어떻게 대응할까를 고민해야 한다.

중국의 문제점이 나라가 망할 정도가 아니라면 중국의 모든 문제점은 한국의 기회이고 돈이다. 중국이 서방 선진국처럼 투명하고 깨끗해지면 우리에게 기회는 더 이상 없다. 중국 경제에 대한 다소 황당한 해석의 서방 언론의 장단에 손뼉이나 치고 있으면 우리에게 생기는 것은 없다. 중국의 변화에 한국의 돈 벌 기회가 무엇인지를 제대로 파악하는 것이 중요해 보인다.

시진핑 시대에 일어날 7대 빅뱅에 주목하라

지금 중국을 읽는 단어 단 하나를 고르라면 '변화'다. 중국 지도부의 변화, 정책의 변화, 국민 의식의 변화, 성장전략의 변화다. 최근 30년간의 성장과는 다른 변화이고 이는 지난 30년의 모델과는 단절이다. G2가 G1 되기 위한 전 단계로 G1.5에서 벌이는 개혁과 변화에는 지금까지 보지 못했던 새로운 거대 시장, 새로운 돈벌이가 대거 등장한다. 단, 그 기회는 중국의 변화가 눈에 보이는 사람, 기업, 국가에만 주어진다.

향후 10년 시진핑 시대에 다가올 7가지 빅뱅이 있다.

첫째, 소비의 빅뱅이 온다.

최근 30년간 중국은 '돈 버는 시대'였다면 시진핑 시대 10년 중국은 '돈 쓰는 10년'이다. 국가가 나서 소비를 장려하고 저축을 줄이려 하고 있다. 개인들의 세금을 줄여주고 정부 지출을 늘린다. 향후 10년 매년 분당 같은 신도시 40~50개가 들어선다.

지금 인당 6,000달러대의 소득이 10년 뒤면 1만 2,000달러가 된다. 그러면 중국 소비 대폭발의 시대가 온다. 중이 고기맛을 알면 빈대 껍데기를 안 남긴다. 중국의 먹거리가 대박이다. 도시인구 8.5억 명이 먹고 입고 쓰고 놀고 가고 하는 산업이 대박이다.

세계 최대 육가공업 타이슨푸드가 중국에 진출했다. 코카콜라는 4조 원을 투자해 중국 생산라인을 늘린다. 디즈니랜드는 상하이에 아시아 최대 규모의 테마파크를 짓는다. 중국의 소득수준이 올라가면서 전 세계 명품 브랜드가 홍콩 증시에 줄지어 상장을 기다리고 있다. 이미 프라다, 코치, 샘소나이트가 홍콩 증시에 상장했다.

둘째, 에너지 빅뱅이 온다.

세계 최대의 석유와 석탄 소비국으로 중국이 GDP를 향후 10년간 2배를 만들면 중국은 그전에 대기오염으로 모두 죽는다. 이미 연간 140일을 앞이 50m도 잘 안 보이는 독성 스모그에 전 국토의 1/7, 경제규모로는 1/2이 노출된 나라다. 그리고 연간 2,200만 대의 자동차가 팔리면서 자동차의 배기가스가 만드는 독 스모그로 더 이상 중국은 견딜 수 없다.

거기에 2020년까지 세계 11대 강대국의 인구만 한 1억 명의 인구가 도시로 진입하면 기존의 화석연료 에너지로는 중국은 자원 조달도, 소비로 인한 환경오염도 모두 견딜 수 없다. 그래서 에너지 빅뱅 없이는 미래 중국도 없다.

도시화에 필요한 도시가스, 자동차의 매연을 없앨 전기차와 수소차, 석탄발전소의 분진과 연기를 없앨 태양광과 풍력, 조력, 지열, 바이오연료 등의 세계 최대 시장이 중국에서 나온다. 미국이 셰일가스로 대박을 냈지만 세계 최대 셰일가스 매장국은 중국이다. 단, 그 분포 지역이 중서부와 북부의 사막과 고원이어서 물이 많이 사용되는 수압파쇄법을 쓸 수 없어 문제다. 만약 물을 쓰지 않는 셰일가스 개발법이나 발해만에서 북쪽 내몽골과 서쪽 타클라마칸 사막을 잇는 대수로공사가 완성되면 중국은 세계 최대의 셰일가스 생산국이 될 수 있다.

셋째, 금융의 빅뱅이 온다.

중국의 향후 10년의 초대형 국가 프로젝트는 바로 1억 인구의 도시 진입이다. 신도시 건설에 필요한 40조 위안의 자금조달이다. 중국 정부가 생각하는 것은 PPPPublic-Private-Partnership 방식, 공사합영 방식이다. 이를 위해서는 자금시장에서 저리의 자금조달이 필수다. 중국이 금리자유화를 가장 먼저 실시하고 금융개혁을 실시하는 이유다.

또한 소비 중심 성장의 전제는 소비금융이다. 중국의 과거 30년은 생산 대약진이었다면 중국의 향후 10년은 소비 대약진, 자본 대약진의 시대다. 전체 금융자산의 90%를 차지하는 은행 중심의 간접금융은 주식, 채권 등의 직접금융으로 비중을 높인다. 은행보다는 증권과 자산운용업의 폭발적인 성장이 기대된다.

그리고 국유기업의 민영화와 효율성 제고는 지배구조 개선에서 시작하는데 이는 국유기업의 상장을 통한 기업공개가 필수다. 따라서 주식시장과 채권시장의 규모 확대와 체질 개선이 당연히 따라온다. 또한 국부의 민부로 전환의 관건은 급여 이외의 금융수익이 있어야 가능하다.

따라서 중국 금융은 정부 정책, 국유기업의 지배구조, 국민들의 소득 측면에서 빅뱅이 있을 수밖에 없다. 또한 강대국의 필수조건인 기축통화로의 길은 자국 내 금융시장의 확보가 필요하다. 상하이 자유무역지대, 국제금융센터의 건설은 모두 이 때문이다. IT는 중국이 미국을 따라잡는 유일한 축지법이고 금융은 중국의 운명이다. 중국이 금융에서 미국을 따라잡지 못하면 중국은 세계 1위의 꿈은 영원히 접어야 한다.

경제학박사 총리 리커창, 세계 4대 국부펀드를 운영해본 경험이 있는 재무부장관 루지웨이, 40대 약관의 나이로 외환 전문 은행의 행장 10년을 한 국제금융통 증권감독원장 샤오강 주석이 만들어낼 중국 금융의 미래가 기대된다.

넷째, 바이오 빅뱅이 온다.

세계 최대 노인대국 중국이 이제 10년 뒤면 더 빨리 늙어간다. 늙어가는 중국은 집, 차, 아이, 약에 집착한다. 그중 가장 중요한 것이 약이다. 중국은 지금 세계 부호들의 수에서도 세계 2위다. 전 세계 억만장자 수에서 미국에 이어 2위다. 갑작스러운 식생활의 변화, 소득증가에 따른 기름진 음식의 증가와 운동 부족, 도시화로 인한 환경오염과 도시병의 증가로 중국의 성인병 증가는 기하급수적이다.

소득수준 향상에 따른 미용에 대한 관심은 1차적으로는 성형이지만 시간이 흐르면 건강이다. 중국의 가장 많은 인구 비중을 차지하는 베이비붐 세대들이 고령화 시대로 진입한다. 50대 이후 남성은 생물학적 쇠퇴에 따른 정력 약화, 여성은 폐경 이후 급격하게 늙어가는 외모 때문에 피부에 신경을 쓰게 된다. 이 2가지를 모두 해결하는 대안이 줄기세포, 바이오 약품, 화장품이다.

중국 부자들의 평균연령은 51세로 앞으로 10년이면 이들이 고령화 세대로 진입한다. 전 세계에서 두 번째로 많은 수의 부자들이 투자할 건강산업, 특히 바이오 산업은 상상 초월이다. 세계 최대 규모의 바이오 시장이 중국에 들어설 전망이다.

다섯째, 전기차 빅뱅이 온다.

지금 중국에는 1.3억 대의 자동차가 보급되어 있다. 한국에서 모토라이제이션이 시작된 1988년 이후 자동차 보급률을 중국에 적용해보면 중국은 2017년이면 자동차 보급 대수가 2억 대, 2020년이면 3억 대를 초과한다.

베이징의 독 스모그는 석탄도 석탄이지만 최근 4년간 늘어난 8,000만 대의 자동차 뒷구멍에서 내뿜는 매연이 주범이다. 미국을 제친 세계 최대 자동차 소비국의 명예가 졸지에 가장 심한 대기오염원으로 전락한 것이다. 중국의 질 나쁜 석유와 매년 2,000만 대씩 늘어나는 자동차는 특단의 대책이 없으면 더 사태를 악화시킬 뿐이고, 거대한 자동차 소비는 중국 정책 당국자의 두통거리다.

2014년 양회의에서 중국 정부는 에너지 분야에서 풍력발전과 태양광 발전 그리고 원전 투자를 확대할 계획이다. 자동차 분야에서도 전기자동차를 비롯한 청정에너지 자동차의 개발과 보급을 가속화할 계획이다. 중국 공업정보화부는 2015년까지 순수 전기자동차와 하이브리드 자동차의 누적생산량 50만 대, 2020년 500만 대 보급을 목표하고 있다.

전기차 1대당 휴대폰과 노트북에 사용되는 배터리의 6,000~7,000배의 배터리가 사용된다. 2020년 중국에는 500만 대의 자동차에 들어갈

2차전지 배터리의 최대 시장이 온다. 또한 전기차는 내연기관이 없어지고 내부가 모두 전자제품으로 바뀐다. 어마어마한 전자제품시장이 기다리고 있다.

여섯째, 유통의 빅뱅이 온다.

중국은 최근 10년간 고속도로를 4배, 모바일 네트워크를 6배 늘렸다. 자동차와 모바일의 보급은 자동차혁명과 정보혁명을 가져오고 이것이 합쳐지면 전자상거래가 폭발하는 유통혁명이 생긴다. 미국이 1930년대 52개 주를 연결하는 고속도로를 건설하고 자동차의 보급이 확대되면서 유통혁명으로 세계 최강대국으로 일어섰다.

중국도 이미 유통의 하드웨어 인프라는 끝났고 여기에 정보혁명이 접속되고 있다. 지금 중국에서는 휴대폰과 인터넷으로 친구를 사귀는 것은 기본이고 물건을 만들고 판매하며, 주문 및 결제는 물론 A/S까지 한다. 뿐만 아니라 지금 중국은 소액금융사업까지 하는 단계로 진입했다.

한국의 대표기업, 세계 최대의 IT 하드웨어 기업인 삼성전자와 중국의 B2B 전자상거래업체인 알리바바닷컴www.alibaba.com의 쇼핑몰인 타오바오와 티몰의 매출액을 보면 미래의 폭발적인 성장잠재력을 가진 산업이 왜 IT 서비스인지를 알 수 있다.

1969년에 설립되어 역사가 44년 된 삼성전자의 매출액이 2003년에 설립되어 겨우 9년 남짓한 알리바바닷컴의 쇼핑몰 매출액과 비슷한 수준이다. 특히 2010년 이후 최근 3년간 온라인 매출액의 급증이 주목할 만하다. 2013년 들어서도 중국의 온라인 매출은 무서운 기세로 성장하고 있다. 지난 11월 11일 중국판 대 바겐세일의 날에 알리바바의 쇼핑몰 단 하루 매출은 350억 위안(6.3조 원)에 달했다.

중국의 미래 경제의 최대 변화는 유통혁명이다. 6억 명의 인터넷 가입자와 12.3억 명의 모바일 가입자가 만들어낼 전자상거래의 가공할 만한 성장을 주목해야 한다. 중국 전자상거래 교역규모는 2000년에 800만 위안에 불과했으나 2012년에는 8.5조 위안으로 급증했고, 2013년 10.6조 위안에 달한 것으로 추정된다.

2012년 미국 전자상거래의 사회 전체 소매소비액 비중은 6%가 약간 넘어섰는데 이미 중국의 2012년 B2C 거래액은 전체 국가 소비의 6.2%에 달했고, 2015년 10%를 초과할 것으로 예상된다. 중국 B2C 시장에서 알리바바그룹의 타오바오와 티몰의 시장점유율이 가장 높다. 2012년 타오바오의 싱글데이(11월 11일) 판촉행사 때는 주문 폭주로 인해 지불 시스템이 마비되는 현상을 겪기도 했다. 타오바오는 향후 5년 내 연간 매출액 10조 위안(1,800조 원) 달성을 목표하고 있다.

중국 전자상거래 발전의 중요한 요인 중 하나는 중국이 빠르고 저렴한 물류 시스템을 갖추고 있기 때문이다. 중국은 현재 2~3일 만에 배송되며, 장기적으로 1일 배송을 목표로 하고 있다. 베이징, 상하이, 광저우 같은 대도시는 이미 1일 2~3회 배송을 실현하는 전자상거래 기업들이 나타났다. 징둥상청www.jd.com의 경우 오전에 주문하면 오후에 배송이 완료된다.

그러나 이러한 전자상거래의 관건은 물류 시스템이다. 지금까지 고성장도 물류가 기초가 되었지만 이젠 이 물류가 전자상거래의 발목을 잡는 아킬레스건이다. 현재 중국의 물류 시스템 발전 추세로는 중국의 폭발적인 전자상거래를 감당하기 어려운 수준이다. 중국은 통일된 스마트 물류 시스템 구축이 시급한 상황이다.

그런데 여기에 새로운 스타 기업이 나타났다. 차우이왕과 수닝이다. 알리바바닷컴의 창업자 마윈은 알리바바에서 일단 후선으로 물러난 뒤 2013년 5월 28일 알리바바그룹, 인타이그룹, 렌허푸싱그룹, 푸춘그룹, 중국우정그룹, 순펑그룹과 4개 택배회사와 공동으로 차이우왕을 광둥성 선전에 설립해 중국 스마트 물류 네트워크CSLN: China Smart Logistic Network

프로젝트를 시작했다.

마윈 회장은 온라인을 통해 상품을 주문하고, 전국 24시간 내 배송하는 중국 스마트 물류 네트워크를 구상하고, 중국을 8대 물류권역으로 구분하여 이미 각 거점 지역의 부지 선정작업에 들어간 상태다. 베이징, 톈진, 광저우, 우한 등 이미 10여 개 도시에서 창고 건설 프로젝트가 진행되고 있다.

차이우왕 프로젝트에는 향후 3,000억 위안이 투자될 계획이며, 1차 투자금은 1,000억 위안에 달한다. 마윈은 향후 5~8년에 걸쳐 중국 전역에 개방적이고 사회화된 물류 인프라를 구축하고, 1일 평균 300억 위안, 연간 10조 위안에 달하는 온라인 매출을 지원할 수 있는 스마트 네트워크 구축을 계획하고 있다.

차이우왕의 물류 인프라는, 첫째는 중국 전역의 수백 개 도시와 자체 물류와 협력의 방식으로 물류창고 인프라를 건설하는 것이고, 둘째는 인터넷, 클라우드 컴퓨팅Cloud Computing 기술을 이용하여 창고들의 데이터 응용 플랫폼을 구축하고, 나아가 전자상거래 기업, 물류기업, 창고운영 기업 및 SCM 서비스 기업들이 공유토록 하는 것이 특징이다.

중국의 전자상거래 유통혁명은 미국을 초강대국으로 부상시킨 자동차 혁명보다 더 큰 영향을 줄 사안이다. 그리고 전자상거래의 IT 기술이 기반이 된 클라우드 컴퓨팅, SNS, 지능형 도로, 사물 간 인터넷이 융합되어 물류혁명을 만든다. 중국의 자체의 물동량을 보면 중국의 물류기업은 FEDEX 같은 세계적인 물류기업에 버금가는 기업으로 성장할 가능성이 크다.

일곱째, 모바일 빅뱅이 온다.

입고 차는 휴대폰이 세상을 바꾼다. 정보기술 다음은 인식기술이다. 터치 다음은 인식이다. 위치정보가 돈이다. 양손을 자유롭게 만드는 시대,

눈을 해방시키는 시대가 온다. 13.6억 인구도 모두 친구다. 굳이 고향을 물어볼 필요도 없다. 구글 글라스에서 그 사람의 고향, 학력이 다 나온다. 입는 컴퓨터 시대가 되면 통제가 더 쉽다. GPS가 있기 때문이다. 실시간 파악이 가능하다. 모바일을 입는 사람의 수가 경쟁력이다.

결국 미래는 아인슈타인보다 더 총명한 네트워크의 천재가 수없이 등장하는 시대가 온다. 모바일을 입는 사람들끼리의 교감이 바로 엄청난 정보력으로 이어진다. 집단지성이 어떤 천재와 대결해도 이기는 시대가 온다. 그 중심에 12.3억 벌의 입는 모바일을 입은 인구가 나올 중국이 집단지성 SNS의 최대 최강이 될 가능성이 높다. 그렇게 되면 인구 최대의 나라 중국이 '최고, 최신, 최강, 최초'의 나라로 간다. 이것은 공업혁명, 공산혁명보다 더 큰 변화를 가져올 수 있다.

SNS의 시대에 정부나 일부 엘리트의 정보독점 시대는 간다. 그러면 통제하고 억압하는 중국은 가장 위험한 시대가 될 수 있다. 밀어 붙이기 식의 리더십은 순식간에 위기를 부른다. 맹장과 용장의 시대는 갔고 지장과 덕장 그리고 운 좋고 복 많은 사람이 최고인 복장福將의 시대다.

창의적 기업은 바이오, 인공지능, 3D 프린터, 빅데이터, 클라우드, 이동통신과 사물 간 인터넷을 총체적으로 이용하는 4차원의 경영을 한다. 그러면 IT는 바로 마술 램프가 되고 제품생산에서도 획기적인 LTE 시대가 온다.

인터넷과 PC를 사람들 주머니와 핸드백 속에 넣고 다니는 모바일 혁명이 시작된 지 얼마 안 됐는데 이제는 그것들을 몸에 착용하고 다니는 웨어러블 시대가 눈앞에 펼쳐지려 하고 있는 것이다. 안경, 시계, 밴드, 의류 등 몸에 착용하는 웨어러블 컴퓨팅 기기다. 결국 입는 컴퓨터의 대수가 국가경쟁력인 시대가 온다. 아직은 들고 다니는 컴퓨터, 휴대폰이 12.3억이지만 머지않은 장래에 입고 다니는 컴퓨터 12.3억 대가 나올 중국은 정보산업의 새로운 기회이고 신천지가 될 가능성이 있다.

그간의 첨단 유망산업을 자세히 들여다보면 최고의 유망산업은 바로 인간이다. 인간의 일을 대신하는 것에서 돈을 벌고, 인간이 가지지 못하는 것, 인간의 결핍에서 돈을 번다. 인간의 눈을 대신하는 기계가 비디오Video이고 귀를 대신하는 기계가 오디오Audio이다. 이 2개를 합치면 A/V, 소위 가전제품이다.

눈과 귀를 통해 얻는 정보를 전달하는 신경기능을 대신 하는 기계가 통신기기Communication이고 얻은 정보를 처리하는 인간의 뇌를 대신하는 기계가 컴퓨터Computer다. 이 둘을 합친 것이 바로 C&C로 일컬어지는 정보통신기기다.

지금 사람의 뇌와 뇌를 연결하는 기계가 바로 인터넷이다. 요즘 현대인들은 모든 정보를 손안에 있는 컴퓨터 두뇌, 스마트폰에 넣어 다닌다. SNS를 통해 실시간으로 다른 이의 머릿속에 들어갔다 나왔다 한다. 그다음은 무엇일까?

인간과 물질세계의 소통이다. 사물 간 인터넷IOE: Internet Of Everything이다. 네트워크와 물질세계의 융합이 바로 사물 간 인터넷이다. 모든 사물에 통신이 가능한 전지 칩을 심고 무선으로 인간과 연결하는 것이다. 인터넷과 센서가 집으로, 농장으로, 차로, 도로로, 사무실로, 공장으로 진입하면 가정혁명, 농업혁명, 운전혁명, 유통혁명, 생산혁명, 사무혁명이 일어날 전망이다.

냉장고, 세탁기가 말을 하고 TV가 쇼핑을 한다. 보는 대로 정보를 검색하고 명령하는 구글 글라스와 알아서 자동으로 굴러가는 구글의 드라이버리스 카가 이미 등장했다. 사무실은 직원이 퇴근하면 알아서 에어컨과 조명을 조절한다. 아마존이 무인 수송기인 드론을 이용해 택배를 시범 서비스하고 있다. 디지털 눈과 센서를 가진 로봇과 드론이 3D 업종을 대신한다.

이 모든 것의 컨트롤이 이젠 모바일에서 입는 컴퓨터Wearable Computer를 통해 이루어질 전망이다. 보이는 대로 찍고, 조종하고, 명령하는 사이에 엄청난 정보가 빅데이터로 구축된다.

모바일이 대세였던 2004년 이후 10년간 사상 유례없는 금융위기가 있었지만 애플은 33배, 구글은 10배나 주가가 올랐다. 이번 위기 다음에도 다시 10~30배의 주가상승을 이끌 업종과 기업은 분명 나온다. 입는 컴퓨터, 각종 인간의 오감을 닮은 센서와 이를 장착한 사물과 로봇, 정보를 처리할 반도체, 엄청난 빅데이터를 저장할 저장장치, 해커를 방지할 보안 시스템이 모두 새로운 초대형 성장산업이다.

웨어러블 시대에서는 모바일을 입는 사람의 수가 경쟁력이다. 12.3억의 중국의 모바일 가입자가 만들어낼 세계 최대의 모바일 관련 신성장산업이 기대된다.

용의 아킬레스건,
중국의 진짜 리스크는

미·중 관계는
투키디데스 함정 단계

G2, 초강대국의 40~60% GDP 수준이 가장 위험한 시기

기원전 5세기 펠로폰네소스 전쟁은 투키디데스 함정Thucydides Trap 때문에 발발했다고 한다. 아테네의 부상에 대해 스파르타가 느낀 불안감이 전쟁의 원인이라는 것이다. 미국의 아시아 회귀 정책이 중국을 자극해 중국을 투키디데스 함정에 빠지게 하지 않을까.

기원전 5세기 아테네가 그리스 문명의 중심으로 떠오르자 충격에 빠진 기존 패권국 스파르타는 주도권을 빼앗길 것을 두려워해 무력으로 아테네를 치는 전쟁을 일으켰다. 그리스 역사가 투키디데스는 30년간 지속된 이 전쟁으로 스파르타와 아테네 모두 쇠락의 길을 걸었다고 기록했다. 기존의 패권국과 세력이 강성해진 신흥 국가의 대립과 긴장이 불가피하게 전쟁이나 충돌로 이어진다는 것이고, 1500년 이후 각 지역에서 발생한 15차례 세계 패권의 변화 중 11차례는 전쟁을 통해서였다는 것이다.

100년 전 독일의 경제력이 기존 파워 영국을 추월하면서 제1차 세계대전이 발발했듯이 파워의 전환기에 강대국들은 항상 충돌의 유혹에 빠지게 된다. 세계 유일의 초강대국인 미국과 강대국으로 급속히 부상 중인 중국이 충돌의 함정에 빠진 것은 아니지만 양국 간의 갈등은 그 전선이 일본을 매개로 계속 확대되고 있다.

1940년 이후 미국이 강대국으로 부상한 후 소련, 일본이 G2 국가로 부상했지만 모두 몰락했다. 경제력이 뒷받침되지 않은 소련은 제3의 로마를 꿈꾸었지만 과도한 군사력 확장에 힘 쏟다가 1991년 분열되어 사라졌다. 1980년대 일본도 파죽지세로 경제력을 확장했지만 군사력이 없는 일본은 결국 1985년 프라자 회담을 계기로 환율에 발목 잡혀 20년간을 헤매고 있다. 역사가 주는 답은 G2 국가는 초강대국의 40~60% GDP 수준이 가장 위험한 시기라는 것이다. 지금 중국은 이미 미국 GDP의 54% 선이다. 조만간 60%의 천장을 뚫고 나갈 기세다.

소련도 잘나갔던 1970년대 중반의 경제력은 미국의 53~67% 선이었다. 1980년대 일본도 40~50% 선이었다. GDP가 미국의 절반 수준에 이르면 G2는 자만심에 빠지고 G1의 꿈을 키운다. 분수에 맞지 않는 과도한 군사비 지출과 분쟁 지역에 관여를 한다. 또한 경제의 기초가 약한데도 전 세계를 상대로 무리해서 투자하고 내부 경제 시스템은 엉망인데 과도하게 들어오는 외국 자본에 대한 통제력도 없이 시장을 개방한다. 미국을 못 이긴 G2의 공통된 특징은 결국 실력보다 오버했다는 것이다.

제2차 세계대전 이후 미국은 무기로 하는 전쟁, 예를 들면 한국전쟁, 베트남전쟁, 중동전쟁, 아프간전쟁 등에서 완벽하게 이긴 전쟁이 한 번도 없었다. 하지만 경제와 금융 전쟁에서는 단 한 번도 진 적이 없다. 미국은 중소 규모 국가와의 전쟁에서는 지지부진하게 전쟁을 끌어가지만 이를 통해 세계적인 금융불안을 조성해 방산과 원자재 그리고 금융산업에서 떼돈을 벌었다. 특히 G2와의 경쟁에서는 소련, 일본의 경우에서 보았지만 미국을 위협하는 수준이 되면 가차 없이 수단과 방법을 가리지 않고 분열시키거나 좌초시키는 것이 미국의 제2차 세계대전 이후 G2를 관리하는 방법이다.

그런데 미국이 중동전쟁과 아프간전쟁에 휘말린 동안 미국 본토에서 초대형 금융사고가 터지면서 미국 파워의 양대 축인 군사력과 금융력에서 한쪽 날개인 금융력이 심각한 손상을 입었다. 그 와중에 2001년 WTO 가입 이후 중국은 연평균 10%대의 초고성장으로 경제력을 키웠고, 미국이 부채를 찍어 전쟁하고 소비하는 사이에 중국은 3.95조 달러의 외환보유고와 미국 정부 국채 1.3조 달러를 가진 미국 정부의 최대 채권자로 등장했다.

미국이 중동 지역 전쟁의 덫에 빠져 정신이 나간 사이 중국은 프랑스와 영국이 가지고 놀았던 아프리카를 원조와 자원 구매로 완전히 장악했다. 인도양 주요 거점에 중국의 해군기지를 건설하고 항공모함을 건조하고 유인우주선과 우주정거장을 만들었다. 아세안 국가들과 비관세동맹을 맺고 이들 국가에 최대 수출시장을 제공하면서 아시아와 아프리카를 장악해 들어가고 있다.

미국이 오바마 2기 정부 들어 2개의 전쟁을 포기하고 경제·안보 분야에서 차지하는 아시아·태평양의 중요성을 감안해 '아시아 회귀'로 돌아섰다. 미국은 구조적으로 종이돈 달러의 담보가치인 서유의 최대 산지 중동을 떠날 수는 없다. 재정적자로 국방예산이 줄어들어 항공모함의 운항도 줄여야 하는 미국이 아시아 회귀 전략을 통해 중국에 전달하고자 하는 것이 있다.

과거 60여 년간 미국이 한국, 일본, 대만, 필리핀 등 아시아 국가들과 수립한 안보관계가 이 지역 안정에 중요하고, 중국이 이 지역에 영향력을 행사하거나 이들 나라를 불안하게 하면 안 된다는 경고의 메시지인 것이다. 그러나 문제는 중국이 이를 수용하느냐는 것이고 이들 아시아 국가가 약해진 미국의 위상을 예전처럼 받아들일 거냐는 것이다.

미국 재정적자가 불러온 외교력 적자

미국의 재정적자가 미국의 외교와 국방 전략에도 변화를 주고 있다. 미국은 냉전 이후 미 국방정책의 중심이었던 '2개의 전쟁' 전략을 22년 만에 폐기했다. 2개의 전쟁 전략은 전 세계에 2개 이상의 전쟁이 일어나더라도 지상군을 파견해 동시에 승리한다는 전략이었다.

그러나 매에는 장사 없고 빚쟁이는 살아남을 곳이 없다. GDP의 10%를 넘는 재정적자와 재정절벽, 부채상한선이 군사대국 미국의 군사력을 약화시키고 있다. 향후 10년간 4,900억 달러의 국방예산을 줄여야 하는 미국으로서는 지금까지의 군사전략 수정과 군사력 축소가 불가피하다.

그래서 미국이 궁여지책으로 꺼낸 것이 2014년 아프간 철군 대신 아시아·태평양으로 외교축Pivot to Asia 전환전략이다. 중동 지역의 관여를 줄이고 급부상하는 아시아 지역에서 중국의 견제를 위해 아시아·태평양 지역에서 영향력을 높이겠다는 것이다. 그래서 2기 정부 첫 해외출장지로 오바마는 중국이 송유관 건설을 하고 있는 미얀마를 선택했다.

그러나 미국의 전략 변화와는 상관없이 빈 라덴 살상 이후에도 알카에다는 여전히 중동과 아프리카에서 활동 중이고, '악의 축'인 이란과 이라크 그리고 북한은 핵무기 개발을 계속하고 있다. 하지만 미국은 손을 쓰지 못하고 있다. 이집트 군사 쿠데타 이후의 지원도 혼란에 빠졌다. 세계의 경찰을 자처했던 미국이 돈이 빠지자 힘도 빠지고, 재정적자가 결국 미국 외교력 적자를 불러오고 있다.

아시아·태평양의 중요성을 고려하면 미국의 '아시아 회귀'가 일견 맞는 말이지만 내면을 들여다보면 미국의 중동과 아시아의 균형 잡기Rebalancing다. 달러가 석유를 담보로 하는 한 미국은 중동을 떠날 수 없다. 미국의 아시아 회귀는 중동을 떠나 아시아로 가는 게 아니다. 재정적자로 외교력 적자에 몰린 미국이 중국에 전달하고자 하는 경고의 성격이 더 짙다.

오바마 정부의 핵심전략인 아시아 회귀 정책에 대해 중국은 미국이 군사적·경제적으로 중국을 견제하려 한다며 대응 강도를 높이고 있고, 한편으로는 시진핑 등장 이후 '신형대국관계'란 신조어를 만들어 미국과 타협을 시도하고 있다. 하지만 뒤로는 미국과 대등한 국제적 위상을 추구하고 있다. 결국 이런 현상은 미국의 아시아에서 힘의 약화와 외교력의 쇠퇴 때문이다.

그러나 미국은 겉으로는 중국을 제2의 강대국으로 인정할지는 몰라도 속내는 다르다. 미국 외교정책의 기본은 원래 "말은 부드럽게 하고 몽둥이는 큰 걸 갖고 다닌다Speak softly and carry a big stick"는 것이다. 이는 루스벨트 대통령이 쓴 뒤 연설에 자주 언급함으로써 유명해진 표현이다.

외교에서 조심스러운 태도와 불가침 정책을 견지하되 필요하면 강한 무력을 행사한다는 뜻이다. 그래서 '벨벳 장갑을 낀 철권'이 미국의 바뀌지 않은 외교전략이고 이는 중동에서처럼 아시아에서 그 대상이 중국이든 일본이든 간에 상관없다. 결정적인 순간에는 쇠몽둥이를 휘두르겠다는 것이 미국의 생각이다. 과연 아시아에서 미국의 경계심을 풀어갈 중국의 대응전략은 무엇일까?

중국이 7%대 성장을 선택한 진짜 이유

중국이 2010년 10.4%대의 성장에서 2013년에 7.7%, 2014년 1분기에 7.4% 성장을 하자 서방세계는 중국 쇠퇴론, 중국 경착륙, 중국 위기론을 들고 나왔다. 그러나 제2차 세계대전 이후 전 세계 206개국 중에서 고성장에 성공한 나라는 중국, 대만, 홍콩, 인도네시아, 한국, 말레이시아, 싱가포르, 태국, 일본, 몰타, 오만, 보츠와나, 브라질 등 13개국에 불과했다.

한국을 포함한 아시아에서 고성장에 성공해 경제를 도약시킨 5개 국가의 고성장기 종료 이후 평균 성장률을 보면 5.3% 수준에 그쳤다. 5~7%대 성장을 유지한 나라는 싱가포르, 대만, 한국 같은 경제규모가 작은 나라들이고 G2 국가 일본은 2.8% 성장에 그쳤다.

중국이 7%대 성장에 문제가 있다고 하지만 매년 7.2% 성장은 10년이면 GDP가 2배, 20년이면 4배, 30년이면 8배 성장하게 되는 어마어마한 성장률이다. 중국의 잠재성장률은 예측에 따라 다르지만 약 5.9~9.2% 정도이고 대략 7%대의 잠재성장 능력은 보유하고 있다고 추정되고 있다.

중국사회과학원 12차 5개년 계획기간인 2015년까지는 7.2%, 13차 5개년 기간인 2020년까지는 6.1% 선의 성장을 예상하고 있다. 210년대 초반 3년간 높은 성장을 했기 때문에 2020년까지 연평균 7%대 성장을 하는 것은 큰 문제가 없다.

후진타오 시대 연평균 10.7%의 고성장을 했던 중국 경제가 시진핑 정부 들어 성장률 목표를 7.5%로 낮추었다. 중국이 시진핑 정부 들어 30년간 지속해온 두 자릿수 성장에서 7%대 중속성장으로 전략을 바꾼 이유는 무엇일까? 지금 같은 자원 소비구조에서 중국이 미국 되면 전쟁 나기 때문이다.

중국의 GDP는 지금 미국의 절반 수준이다. 공산당 창당 100주년인 2020년까지 GDP 규모를 2배로 늘려 미국의 경제규모를 넘어선다는 것이 중국의 2020 프로젝트다. '72의 법칙'에 따르면 중국은 매년 7.2%의 성장만 하면 10년이면 GDP가 2배가 되고 매년 미국 경제가 성장하는 수준인 2~3%의 위안화 절상만 하면 GDP에서 미국을 추월할 수 있다.

한 나라의 국력은 군사력, 정치력, 문화력, 경제력의 종합이지만 경제력은 국력의 시작이자 핵심이다. 경제력에서 군사력이 생기고 정치력이 나오고 강한 나라의 문화를 다른 나라가 자연스레 따라 하는 문화력이 생긴다. 그래서 강대국의 시작과 끝은 경제력이다.

대국 간의 전쟁은 항상 명분은 대의大義지만 속내는 모두 에너지와 자원의 싸움이다. 세계의 2차례 세계대전도 결국 공업화 이후 필요한 에너지와 자원확보 전쟁이었다. 중국은 지금 경제규모는 미국의 절반 정도이지만 세계 시장에서 주요 원자재를 12~48%나 소비한다. 만약 중국의 경제규모가 2배가 되면 전 세계 원자재의 24~96%를 소비하게 된다. 부족한 자원 때문에 전 세계는 중국과, 중국은 전 세계를 상대로 전쟁을 벌일 수밖에 없다. 그러면 미국과 제일 먼저 붙어야 한다. 미국보다 군사력에서 열세인 중국은 지금 전쟁을 벌이면 바로 파멸이다.

중국의 두 자릿수 성장은 단순한 자원의 문제가 아니라 정치·외교의 문제이고 결국 전쟁으로 이어지는 문제다. G2 중국은 성장모형의 전환이 없으면 G1을 추월할 수 없을 뿐만 아니라 미국을 포함한 나머지 Gx 국가들과도 자원확보를 위한 전쟁을 벌일 수밖에 없다. 마치 일본이 도저히 게임이 안 되는 싸움이었지만 자원조달의 한계로 망하나, 전쟁하다 망하나 같은 조건이었기 때문에 겁 없이 미국의 진주만을 공격하다 망한 것과 같은 상황이 오는 것이다.

해법은 성장률을 낮추어 갈등의 시간을 늦추고 대신 자원 소비를 줄이는 산업 위주로 구조조정을 하는 것이다. 시간과의 싸움에서 이기는 것은 중국의 최대 장기다. 중국의 주인 한족은 유럽까지를 단숨에 정복해 유럽인들을 공포에 떨게 했던 몽골족 원나라도, 만주족 청나라도 결국 시간의 용광로 속에 녹여 한족의 문화 속으로 합병해버린 저력을 갖고 있다.

중국은 600년에 걸쳐 1,764km의 경항대운하를 만들었고 1800년에 걸쳐 2,700km의 만리장성을 쌓은 나라다. 200년 된 나라에 20년은 긴 시간일지 모르지만 2000년 된 나라 중국에서는 10년이나 20년은 짧은 시간이다. 구조조정을 통해 10~20년을 기다리면서 미국과 자원전쟁만 피하면 중국의 세계 패권 장악은 시간이 해결해준다.

선발자를 따라잡는 데 선발자가 일어선 방법을 그대로 해서는 영원히 선발자를 추월하지 못한다. 새 지도부가 7%대의 중속성장으로 전략을 바꾼 것은 미국과의 마찰을 최대한 늦추자는 것이고 세계와의 전쟁을 피하려는 전략이다.

중국은 전통 제조업에서 전 세계의 석탄, 석유, 철광석, 비철금속, 곡물을 무지막지하게 소비하면서 G2를 만들었다. 하지만 새로운 경제수장 리커창의 경제개혁은 수확체감의 전통산업을 수확체증의 IT를 포함한 신성장산업과 접합해 지속가능한 성장을 만드는 것이다.

중국은 1978년 개방 이후 연평균 10%대의 고성장을 해 국가는 세계 최대의 현금부자이지만 국민의 생활은 예나 지금이나 별 차이가 없다. 이는 국부의 70%를 국가가 보유해 10% 성장의 수혜를 정부가 7%를 가져갔고 13.6억의 민간은 3% 성장으로 30년을 살았기 때문이다. 10%대에서 7%대로 성장률을 3%p 낮춘 중속성장을 하지만 국민들을 더 잘살게 하겠다는 것이 중국의 중속성장 시대 전략이다.

일견 논리에 모순이 있는 것처럼 보이지만 7%의 성장을 하더라도 분배 배율을 5:5로 가져가 정부가 2를 포기하면 민간이 누리는 성장률은 3.5%가 된다. 그러면 성장률이 떨어져도 국민의 체감 성장률은 더 높아진다. 분배구조의 개혁이다. 중국 정부는 전 세계에서 재정이 가장 건실하다. 그래서 단기적으로는 정부가 재정적자를 1%에서 3%까지 늘리고 부족한 재원은 국채로 조달할 계획이다. 또한 2%의 배분의 포기는 세금을 줄여주는 것에서 답을 찾는다. 지금 중국 정부가 전방위적으로 추진하는 부가세, 소득세 감면 등의 세제개혁은 바로 이 때문이다.

경제전쟁에서
제조업은 육군, 금융은 공군

중국이 부족한 것은 금융기술이다

지금 세계는 경제전쟁 중이다. 경제전쟁에서 제조업은 육군이고 금융업은 공군이다. 아무리 육군이 강해도 제공권을 빼앗기면 전쟁에서 못 이긴다. 이란·이라크 전쟁에서 미국에 중동이 게임도 안 되게 패한 이유는 제공권 때문이다. 미국과 중국의 전쟁에서 무역전쟁, 금융전쟁이라고 하는 것은 결국 육군과 공군의 싸움이다. 무역전쟁에서는 미국이 중국을 이길 수 없고 금융전쟁에서는 지금 중국이 미국을 이길 수 없다.

미국이 가장 잘하는 전쟁은 무기로 한 전쟁이 아니고 화폐전쟁이다. 미국은 제2차 세계대전 이후 무기로 하는 전쟁에서 제대로 승리한 적이 없다. 한국전쟁, 베트남전쟁, 중동전쟁에서 결과는 비슷했다. 그러나 미국은 금융전쟁에서는 지금까지 패한 적이 없다. 아시아 금융위기, 중남미 금융위기, 유럽 금융위기 등에서 보여준 것처럼 전 세계에서 일어난 금융전쟁과 금융위기에서 승자는 항상 미국이었고, 미국의 금융기관과 헤지펀드들만 배를 불렸다. 그런데 이번에는 금융의 본산지 미국에서 금융위기가 터졌고 미국은 이번에 성공하지 못하면 끝장난다.

미국은 기축통화의 힘을 빌려 지금 전 세계를 상대로 돈을 풀어 미국의 부채를 전 세계로 전가하려 하고 있다. 그중 G2이면서 미국에 찰싹 달라붙어 환율을 달러에 연동시켜 미국의 부채 세계화 전략에 장애가 되는 것이 중국이다. 그래서 지금 미국과 중국 사이에 환율전쟁, 무역전쟁, 재테크전쟁, 원자재전쟁, 식량전쟁이 벌어지고 있다.

지금 중국은 자본시장을 개방하지 않고 있어 이번 글로벌 금융위기는 비켜 갔지만 쏟아져 들어오는 갖가지 명분의 핫머니와 전쟁 중이다. 또한 미국과의 교역에서 엄청난 달러를 벌고 있지만 국내에 운용할 금융시장이 없어 미국에 투자하고 있다.

중국은 미국의 최대 채권자이지만 미국은 돈 갚을 생각은 않고 채권을 계속 발행하고 있다. 이런 식으로 미국이 돈을 더 찍으면 중국이 보유한 달러는 휴지조각이 될 가능성이 있다. 기축통화국이 아닌 나라가 절대 따라갈 수 없는 점이 바로 이것이고, 이것을 약점으로 잡아 초강대국 미국이 기세를 부리는 것이다.

달러의 무한방출 시대에는 기축통화를 많이 가진 놈일수록, 달러채권을 많이 가진 놈일수록 손실이 커진다. 미국은 빚을 갚을 생각이 없다. 기축통화의 힘을 이용해 돈을 무한정 찍고 빚을 그 돈으로 갚으면 된다는 게 미국의 심보다. 기축통화, 종이돈의 마술을 부리겠다는 것을 노골적으로 드러내고 있다.

금융이 약한 중국의 고민

전 세계가 달러를 65% 이상 기축통화로 갖고 있기 때문에 달러가 가져오는 인플레는 미국만이 아니라 전 세계가 부담하게 된다. 1985년 일본 엔고 버전, 20년의 경험을 미국은 전 세계에 심어 위기를 탈출하려는 것이다.

2010년부터 중국은 금리를 시리즈로 인상했다. 서방세계가 제로금리인데 금리를 올리면 이자율 차이가 더 벌어져 핫머니의 유입이 커질 수 있고, 위안화 절상압력이 커지는데도 금리를 올렸다. 어떤 달에는 외환보유고 순증가분 중 70%가 핫머니 성격의 돈이다. 이 돈들이 부동산과 곡물 등 농산품가격, 주식가격을 폭등시켰다. 중국이 유동성 관리를 위해 금리를 과감히 올린 것이다.

중국은 2014년 현재 미국 국채를 1.3조 달러어치를 가지고 있고 외환보유고는 3.95조 달러나 된다. 대규모 자금을 운용할 금융시장을 갖지 못한 중국은 고민이 깊다. 위안화 2% 절상에 중국의 외환평가손은 790억 달러, 4,898억 위안이다. 416명이 탈 수 있는 보잉747 비행기 1대 값이 2.2억 달러인 점을 감안하면 보잉747비행기 359대가 공중으로 날아가는 것이다.

보잉747 비행기 1대를 살리면 중국은 6억 벌의 와이셔츠를 만들어야 한다. 보잉747 비행기 359대면 2,154억 벌의 와이셔츠인데 이는 미국인들에게 1인당 평균 718벌의 와이셔츠를 공짜로 만들어주는 것과 같다.

2013년 중국의 무역흑자는 2,592억 달러였는데 이 중 대미 흑자가 2,158억 달러다. 대략 83%나 된다. 그래서 미국은 중국이 무역흑자를 줄이고 미국산 제품의 수입을 늘려 신가한 실업 문제를 해결하는 데 도움을 달라는 것이다.

중국 입장에서 환율절상은 중국 국민의 피와 땀을 한 방에 희생하는 일이기 때문에 어렵다. 미국과의 환율전쟁에서 한 수만 접어주면 중국이 부담해야 할 피해는 이 정도다. 미국의 금융위기에 못사는 중국이 이런 희생을 감당하면서 공짜 원조를 해줄 필요가 있는가에 대해 중국 내부에서 반대가 심하다. 그러나 금융이 약하면 양보할 수밖에 없다.

그래서 중국은 이번 금융위기를 계기로 금융강국으로 부상을 꿈꾸고 있다. 중국은 금융의 국제화와 중국의 자금을 운영할 상하이 금융 중심 건설을 추진하고 아시아로부터 무역대금의 위안화 결제로 위안화 국제화를 시작했다.

그러나 아직은 갈 길이 멀다. 2020년까지 상하이를 세계 3대 국제금융 도시로 만들고 국제통화 중 위안화의 사용 비중을 장기적으로 30%까지 올리겠다는 야심 찬 계획을 내보이고 있지만 금융에 강한 미국이 어떤 전략으로 나올지가 관심이다.

부동산과 금융업의 비대는 미국이나 중국이나 같다. 지금 중국은 시가총액 중 금융업의 비중이 42%나 되고 기업 이익의 50%가 금융업이다. 그러나 제조업이 없어진 미국과 제조업이 너무 많아 정부가 상장을 안 시킨 중국은 서로 다르다. 지금 중국은 국유 대기업 중 절반 정도만 상장되어 있고 절반이 아직 비상장 기업이다.

중국은 시진핑 정부 들어 국유기업 민영화와 구조조정이 진행 중이고 이게 끝나면 각 업종에서 국유기업 간 M&A를 통해 세계 정상급 기업 5~6개를 만들 계획이다. 세계 인구의 20%를 차지하는 중국에서 세계시장 20%를 점유하는 중국 대기업이 나오면 대박이다.

도시화와 금융자유화가 중국의 성장 엔진이자 주가상승의 기폭제다. 중국의 금융자유화는 기본적으로 금리인하가 목적이다. 현재 중국의 상장사 이익의 50%가 은행의 이익이다. 예금금리가 3%인데 중국은 대출금리가 6%로 원가 대비 100%의 마진을 정부가 보장하는 산업이 은행업이다. 따라서 금융자유화로 금리가 하락하면 이는 은행 이익의 제조업 환원이라고 봐야 한다.

중국의 재무부장관 루지웨이나 증감원장 샤오강 주석과 같은 개방주의자들의 시각은 중국이 금융의 문만 열면 중국의 성장성 때문에 돈이 무한대로 들어올 것이라고 본다. 하지만 중국 입장에서는 우선 이런 늑대 같은 돈들을 업어치기하고 관리할 능력이 선결과제다. 내외 금리 차 때문에 중국의 만리장성을 뚫고 들어올 몽골 기병은 차고 넘친다. 이를 중국 금융이라는 용광로에 녹여낼 능력을 만드는 것이 중요하다.

투자은행, 상업은행의 균형, 자금 수요자인 기업의 투자효율 제고와 투명성 제고가 기본이다. 기업에서 회계장부 부실 근절, 가짜 무역 근절과 같은 조치를 통해 썩은 사과를 만들지 않는 것이 기본이라고 보고 있고, 이것이 시진핑 시대 기업과 금융에서 개혁의 핵심이다.

중국이 터진다면 그것은 돈의 열기 때문?

중국이 망할 가능성에 대해 소수민족 봉기, 사회 불평등, 부동산 버블, 지방정부 부채 등 수많은 이유를 대지만 현실성이 없다. 진짜 중국이 망한다면 그것은 돈 아니면 실업 문제다. 중국은 지금 이대로 가면 돈의 열기로 터진다.

중국의 내부는 번 것의 50%를 저축하며 쓰지 않고 있다. 소비와 투자를 안 하고 있기 때문에 정부가 대신 투자하고 소비한다. 그런데 중국이 내부 금융 시스템의 완비와 사회보장이 어느 정도 되면 금융은 폭발한다. 연 7%의 성장에 모이는 돈이 돌아다니기 시작하면 그 열기는 지금 부동산 버블은 저리 가라다. 또한 물은 높은 데서 낮은 데로 흐르지만 돈은 성장률이 낮은 데서 성장률이 높은 곳으로 흐른다.

지금은 금융위기로 블랙홀이 생기는 바람에 미국과 유럽으로 돈이 빨려들어 가지만 경기가 정상으로 회복되면 세계 최고 속도로 성장하는 중국의 성장 속으로 전 세계 핫머니와 투자자금이 몰릴 것은 불문가지다. 중국이 자본시장의 문을 닫아놓고 있어서 그렇지 열기만 하면 전 세계 핫머니란 핫머니는 모두 중국으로 쏟아질 판이다. 중국이 오래 문을 닫아두면 둘수록 그 압력은 더 커진다. 중국 내부의 돈의 열기와 중국 외부에서 쏟아지는 돈의 열기가 더해지면 중국은 돈의 열기로 터진다.

중국의 역대 황제의 자질은 '물 관리'에 있었다. 황하강의 잦은 범람에 치수治水가 국가 안정에 핵심이었고 치수 능력이 통치 능력이었다. 황하강과 장강 유역에 전체 인구의 80% 이상이 모여 살았으니 당연한 일이기도 하다. 요즘 중국에는 지진이 잦다. 21세기에도 중국은 홍수와 지진이 주기적으로 일어난다. 공업화에 필요한 석탄을 캐낸 광산이 그 규모가 어마어마한데 사후 처리가 완벽하지 않아 지하 세계가 무너져 내리고 있고, 중서부 지방에서 핵실험으로 지반이 흔들린 탓이다.

재미있는 것은 중국 지도자들의 전공이다. 최근 10년간 중국을 통치한 최고지도자 후진타오 주석은 칭화대학 수리공정학과 출신이고, 원자바오 총리는 베이징 지질학원 출신이다. 물 전문가와 광산 전문가가 중국의 최고지도자들이다. 물과 지진을 잘 다스려야 중국의 지도자가 된다.

역대 중국의 지도자는 물을 잘 다스리는 자가 황제가 되었지만 지금은 다르다. 지금 3.95조 달러의 세계 최대의 외환보유고를 가진 G2 중국은 이제 돈을 잘 다스리는 자가 황제다. 지금 중국은 돈의 열기로 터져나간다. GDP의 2배나 풀린 돈이 부동산으로, 골동품으로, 농산품으로, 황금으로 가는 곳마다 자산 버블과 투기 붐을 만들고 있다.

중국의 최대 리스크는 바로 돈이다. 돈의 열기는 물이나 광산과는 달리 순식간에 터진다. 엔터키 하나로 모든 게 결판날 정도로 그 속도와 규모, 충격 면에서 비교가 안 된다. 미국의 서브프라임 사태가 미국 월스트리트를 날려먹었고 자본주의의 고향 유럽을 날렸다. 돈의 관리는 불과 같다. 잘 관리하면 인간에게 최고의 이기이지만 잘못 관리하면 집과 재산을 태우고 심지어 인명까지 앗아가는 것이 불이다. 돈도 불과 전혀 차이가 없다. 지금 미국과 유럽이 당한 일은 불이 아니라 돈의 열기가 만든 작품이다.

최근 10년간 전 세계 돈이 중국으로 몰려들었고 그 돈은 중국의 도시화와 맞물려 부동산으로 몰려가 부동산가격을 폭등시켰다. 최근 10년간 중국은 GDP의 2배에 달하는 돈을 풀었는데 GDP는 4배 증가에 그쳤지만 부동산은 6.6배나 올랐고 주식은 1.3배 상승에 그쳤다.

그래서 중국에는 예전에는 56개 민족이 있었지만 지금은 오로지 2개의 민족만 있다고 농담을 한다. 즉 집이 있는 종족有房族과 집이 없는 종족无房族의 두 부류라는 것이다. 중국 경제와 돈의 흐름에 대한 중국인들다운 시니컬한 표현이다. 중국은 예전에는 밥 때문에 싸웠지만 이젠 집 때문에 싸우는 일이 벌어질 판이다.

중국은 이젠 물이 아니라 돈을 제대로 다스리지 못하면 망한다. 돈은 법으로, 규제로 다스린다. 그러나 법으로만 하는 것이 아니라 돈은 경제적 원리로 관리해야 한다. 지금 중국의 최고지도자는 법학박사와 경제학박사 출신들이다. 중국의 상황을 보면 우연일지는 모르지만 미래 지도자의 선정이 아주 절묘한 조합이다. 법학박사 시진핑과 경제학박사 리커창은 과연 물이 아니라 돈을 제대로 관리해 시대의 변화를 주도할 '비飛의 지도자'가 될 수 있을까?

03

에너지,
애써 2등 주장하는 중국의 고민

세계 3대 길목 중 하나를 장악해야 진정한 권력

국제에너지기구IEA의 세계 에너지 소비국 순위 발표와 이에 대응한 중국의 반응이 재미있다. IEA의 2010년 세계 에너지 산업 전망에 따르면 중국은 2009년에 22.5억 톤의 에너지(석유 환산)를 소비해 미국의 21.7억 톤을 4%나 초과했다. 에너지 소비에서 미국을 추월해 세계 1등이 되었고 또한 이산화탄소 배출에서도 세계 1위가 되었다고 발표했다.

세계 1등이면 좋아해야 하는데 중국 측의 반응은 시큰둥했다. 일부 중국 언론은 서방세계가 중국의 에너지 소비를 세계 1등이라고 띄우는 것은 다른 꿍꿍이속이 있다고 의혹의 눈길을 보냈다. 세계 기후협약에서 중국을 압박하기 위한 수단이라는 것이다. 즉 세계 최대 에너지 소비국, 최대 이산화탄소 배출국이기 때문에 이산화탄소 배출 감축 프로그램에 중국을 옭아매어 IEA라는 선진국 모임에 후진국 중국을 강제로 끼워 넣으려는 수작이라는 것이다.

세계는 지금 환경전쟁이다. 오존층의 구멍이 커지고 전 세계적인 기상이

변이 일면서 누가 책임을 질 것인가가 로마클럽 보고서, 도쿄 의정서, 코펜하겐 협약 등으로 이름을 바꾸어가며 논란 중이다. 화석연료의 최다 사용으로 세계 최대의 CO_2 배출국이 되어버린 중국은 인류의 환경을 더럽히는 원흉으로 지목받을 가능성에 대해 이를 피하고자 에너지 사용 1위를 사양하고 있는 것이다.

중국은 경제대국은 좋지만 세계 에너지 소비 1등은 하기 싫다는 것이다. 그러나 사람과 물자 그리고 자원을 엄청나게 소모하는 이런 성장모형은 오래갈 수 없다. 중국이 은메달에 우쭐거릴 수 없는 이유가 여기에 있다.

그리고 석유 에너지의 57%를 수입에 의존하는 것이 세계 5대 산유국 중국의 현실이다. 문제는 그 석유가 중동을 통해 들어오지만 반드시 말라카해협을 통과해야 한다는 점이다. 태평양을 장악한 미 해군이 말라카해협을 봉쇄해버리면 중국은 하루아침에 암흑천지가 된다.

역대 강국은 세계의 길목을 반드시 장악했다. 영국이 수에즈운하, 미국이 파나마운하를 장악했듯 중국이 말라카해협의 해상안전을 보장받지 못하면 중국은 기름 없는 자동차다. 인도양과 태평양의 길목인 말라카해협과 남중국해는 중국의 역실크로드 구축전략인 해상 실크로드로서도 중요하지만 중동의 석유와 아프리카의 원자재 수송선의 통과 지역으로 중요하다. 중국이 남중국해의 영토분쟁, 항공식별구역 선포, 인도양에 진주목걸이 프로젝트를, 미얀마에 석유 송유관을 설치한 것 모두가 에너지 때문이다.

지금 세상은 3개의 부류 소비국, 생산국, 자원국으로 구성되어 있고 생산국 중국은 석유 없으면 아무것도 안 된다. 결국 에너지 문제다. 일본이 중국을 침략해 동북부를 점령했을 때 다칭大慶유전이 만주에 있다는 걸 알았으면 제2차 세계대전에서 진주만 공격을 하지도 않았을 것이고, 전쟁에서도 승리하고 만주가 일본 땅이 되었을 수도 있다.

갈수록 커지는 중국의 석유 수입 의존도는 국제 원유가격과 중국의 군사정책을 비롯한 여러 분야에 영향을 미치고 있다. 중국은 동남아시아와 중동 지역의 석유 공급선을 확보하기 위해 막강한 9만 톤급 핵 항공모함을 제작하는 등 해군 군사력 구축에 엄청난 투자를 하고 있다.

이는 중동에서 아시아로 들어오는 석유 공급 루트를 미군이 모두 장악하고 있기 때문에 유사시 석유 수입의 해상안보를 확보하기 위한 것이다. 에너지와 환경이 비상하는 용, 중국의 아킬레스건이다. 남중국해 문제, 중동의 우크라이나 문제도 결국 에너지 문제다. 중국의 아시아에서 군사대국화는 석유 때문이라고 해도 과언이 아니다.

중국의 아킬레스건, 에너지와 CO$_2$

2013년 이후 전 국토의 1/7, 인구의 절반이 독성 스모그에 노출되었고 미세먼지 PM 2.5가 중국인을 서서히 죽이는 원자폭탄보다 더 무서운 살인무기가 되고 있다. 환경이 중국의 아킬레스건이다.

중국이 미래 5년간 특별히 강조하는 것이 저탄소 녹색성장이다. 지금 전 세계가 기상변화로 곤욕을 치르고 있다. 200년간 서방의 공업화로 나온 이산화탄소가 하늘에 구멍을 냈고 이것이 커지면서 지금 전 세계가 이상기온을 경험하는 것이다.

그러나 지금 중국은 세계 최대의 이산화탄소 배출국이 되었다. 서방이 낸 오존층의 구멍을 확대시키는 건 이제 중국이다. 강대국의 조건은 힘과 존경이다. 인류를 죽이는 이산화탄소를 가장 많이 내뿜으면서 초강대국이 될 수 없다. 중국은 저탄소 경제에 목을 걸었다. 청정에너지에 집중하는 것은 이런 이유 때문이다.

세계의 패권을 산업의 측면에서 보면 농업과 공업 제품에서 무역과 금융으로 넘어갔고, 미국이 패권을 쥐면서 에너지와 금융이 핵심이 되었다.

강대국 패권의 무기가 은에서 금으로, 다음에는 달러로 바뀌었고 달러가 석유로 대표되는 에너지로 넘어갔다.

이제 새로운 패권전쟁은 에너지 기술과 금융업에서 벌어질 가능성이 높다. 21세기 후기산업 사회에서 모든 경제활동의 동력인 석유는 물과 공기와 같은 존재가 되었고, 여기에 달러가 연동되어 있다. 화석연료 에너지로 구축된 세계 경제의 구도는 석유 에너지가 태양과 바람으로 대체되는 클린테크Clean Tech 기술혁명이 오면 어떻게 바뀌게 될까?

달러가치와 강대국의 금리가 장기 하락하고 있다. 에너지 가격은 상승하고 있다. 태양과 바람이 석유를 대체하는 날이 오면 달러로 대표되는 기존 강대국의 패권 구도도 한 방에 바뀔 가능성이 높다.

강대국의 흥망은 에너지와 같이한다. 일본이 제2차 세계대전 때 미국의 진주만을 공격한 건 동남아의 석유를 미국이 장악하고 있어 에너지 확보를 위해 불가피하게 미국과 일전을 벌이지 않을 수 없었기 때문이다.

링컨 대통령이 공업화로 인력이 절대적으로 부족했던 북부의 공업지대 공장주들의 꼬임에 빠져 남쪽 지방 농장의 흑인 노예를 해방시킨 남북전쟁도 따지고 보면 '사람 에너지'의 쟁탈전이었다. 지금도 뉴욕 월스트리트의 화장실 청소, 신문 배달, 세탁 일 등의 허드렛일을 하는 이들은 내부분 흑인과 개도국 이민자들이다. 상대적인 개념으로 보면 할아버지 때 남부의 흑인 노예들의 생활이나 지금 미 북부 대도시의 흑인 빈민들의 생활은 별로 나아진 게 없다.

지금 세계 최대의 화석연료의 소비국은 중국이다. 가장 중요한 에너지원인 석유의 인당 사용량을 보면 아직 중국은 선진국의 새 발의 피다. 중국이 선진국만큼 석유를 소비하는 상황이 오면 전 세계는 중동을 몇 개 더 가지고 있어도 안 된다. 그러면 중국은 과거 일본처럼 세계를 상대로, 미국을 상대로 에너지 전쟁을 벌여야 한다. 그러지 않으면 대국이 쓰러진다. 그만큼 중국의 에너지 문제는 절박하다.

중국, 녹색 중국에 목숨 건다

IT 혁명의 종결은 정보를 나르는 에너지인 전기를 만들 수 있다는 데 있다. '땅에서 나는 기름'이 아닌 '하늘에서 나는 기름'으로 세상을 뒤바꿀 수 있다. 작열하는 태양과 집도 날려 보내는 강한 고원의 광풍이 반도체, LCD 그리고 메카트로닉스 기술과 만나면 '하늘에서 나오는 석유'가 된다. 두바이 사막에 7성급 호텔이 서고 아이스링크와 골프장에 공급하는 에너지가 땅속 유정에서 올라오는 것이 아니고 하늘에서 무한정 쏟아지는 태양 에너지가 그 역할을 할 수 있다.

이런 중요성 때문에 중국은 화석연료의 확보 외에 전략적으로 태양광 발전, 풍력발전 등의 신재생에너지에 돈을 쏟아붓고 있고, 이 분야에서는 이미 미국을 앞서 가고 있다. 차세대 친환경에너지 산업에서 중국의 집중과 발전은 무서울 정도다.

중국 수출품의 대다수가 석유를 기반으로 한 에너지 다소비성 제품이며 환경오염을 대가로 치르고 있다. 그래서 중국은 '탈석유화脫石油化의 길'에 집중하고 있다. 중국은 국가의 정책적 지원으로 2차 전지 분야에서 이미 자동차 분야에 선두를 달릴 정도로 높은 기술력을 확보했다. 중국의 2020년까지 목표는 그린 에너지 비중을 전체 에너지의 8%까지 끌어 올리는 것이다.

중국의 그린 에너지 촉진을 위한 법규도 미국보다 앞섰다. 미 의회는 2009년에 재생에너지를 이용한 전력 발생비율을 늘리도록 하는 법안을 승인했지만 중국은 이미 2006년에 유사한 법규를 만들어 시행했다. 중국 정부는 지난 2007년 9월 대형 전력업체들이 2010년부터 전체 전기의 3% 이상을 재생에너지로 발전하도록 했다.

현재 세계 10대 태양광업체 중 5개가 중국 기업이다. 과거 일본이 1위를 하다가 독일에 자리를 넘겨주었고, 지금은 중국이 생산량 기준 28% 점유율로 1위에 올라섰다. 일본과 미국은 각각 14%, 12% 선에 그치고 있다. 태양광 분야에서도 중국은 낮은 원가를 무기로 판매를 크게 늘렸기 때문이다.

중국이 그린 에너지 분야에서 또 하나 더 세계 최대로 올라선 것이 풍력발전이다. 중국의 서부와 북부는 바람과 고원의 고향이다. 지금 중국은 화석연료 개발과 수송을 위해 서부에 원래의 서부 대개발보다 더 큰 규모로 풍력발전, 태양광발전 투자를 시작했다. 제2의 서부 대개발이 시작된 셈이다.

중국의 신에너지 개발사업은 서북부의 광활한 고비사막을 거점으로 추진되고 있다. 바람 불고 뙤약볕에 쓸모없던 황무지 사막이 이제 하늘에서 기름을 뽑아내는 유전으로 탈바꿈한 것이다. 중국의 2009년 풍력발전 생산량은 1만 메가와트로 미국의 풍력발전량보다 약 3,000메가와트 더 많은 수준이다. 중국 풍력발전 시설규모는 최근 4년 동안 매년 2배씩 증가해 왔다.

중국은 고비사막에 마대한 자금을 투입해 2020년을 목표로 세계 최대 규모의 풍력발전소를 세울 예정이다. 2008년 현재 1,200만 킬로와트 규모의 풍력발전량은 2020년에는 1억 킬로와트 규모에 도달할 전망이다. 이렇게 되면 중국은 세계 최대 규모의 풍력발전 국가로 부상하게 된다. 2020년에 풍력발전은 중국의 전력산업에서 화력발전, 수력발전 다음으로 큰 전력 공급원이 될 전망이다.

전 세계 70억 인구 중 후진국의 56억 인구가 공업화와 도시화로 가는 과정에서 맞부딪친 최대 과제는 선진국이 맘대로 썼던 화석연료의 문제다. 56억 인구가 도시화로, 공업화 사회로 진입하면 필연적으로 에너지 전쟁이 벌어진다. 그러나 화석연료가 아닌 다른 에너지를 값싸게 확보할 수 있다면 기존의 화석연료 중심으로 구축된, 미국이 만든 세계 질서와 판도는 완전히 뒤집힐 수도 있다.

그리고 우주와 바다는 새로운 에너지, 청정에너지의 보고寶庫다. 중국의 해양기술, 우주기술을 단순히 국방력, 군사력으로만 보지 말고 대국의 아킬레스건인 에너지 문제의 한 해결방안이라고 보면 문제는 달라진다.

유럽과 미국과 같은 성장모형은 에너지 문제로 필패한다. 모형을 바꾸든지, 새로운 에너지를 찾든지 하는 것이 가장 중요한 일이다. 바다와 하늘이 최근 500년간은 군사적 목적으로 식민지와 정복지를 통제하고 약탈하는 데 중요했지만 이젠 에너지를 약탈하지 않고 대국으로 일어서는 중요한 수단이 될 수도 있다.

하늘과 바다에 지천으로 널려 있는 산소와 수소 그리고 단 하루의 일조량이면 전 지구가 1년간 쓸 수 있는 전기 에너지를 만들 수 있는 태양이 에너지 전쟁 없는 평안한 지구의 미래가 될 수도 있다.

04

새로운 전쟁,
중국 농민공 vs 미국 로봇

소비대국 미국이 제조대국 중국에 당한 것은 WTO로 세계 시장을 열어주었고 2.6억 농민공들의 노동력이 선진국의 자본과 기술과 합쳐서 화학작용을 일으킬 것을 제대로 예측하지 못했기 때문이다. 제조업에서 잃은 돈을 금융시장에서 다시 털어 오는 것이 미국이 여타 신흥국과 서방세계에서 돈을 리사이클링 시키는 손쉬운 방법이었다.

그러나 중국은 금융시장의 문을 닫아 미국의 늑대 같은 헤지펀드와 유대인의 금융자본이 들어오는 것을 원천봉쇄했다. WTO건 자유무역협정이건 중국은 싹 무시하고 미국이 강한 금융에서는 별별 이유를 붙여 개방을 늦추고 개방도 개미구멍만 하게 형식적으로 하는 바람에 미국은 금융산업을 통해 중국을 털어먹을 기회를 봉쇄당했다.

서방세계와 신흥시장은 개방과 자유화라는 글로벌의 유행에 맞춰 대박 낸 것처럼 보이고 금융산업이 획기적으로 발전한 것처럼 보이지만, 실상은 모두 미국 자본의 다른 형태의 식민지 상태이고 미 연준 의장의 금리신호에 모두 같이 춤춰야 하는 꼭두각시 신세다.

한국이 금융개방으로 금융 선진국이 되었다고 하지만, 미 연준의 정책에 맞춘 외국인의 자금 유출이 있을 때마다 증시는 미친년 널뛰듯 춤을 추고 외환시장이 순식간에 혼비백산하는 것이 현실이다.

삼성전자, 포스코, 국민은행, SK텔레콤 등 한국의 대표기업을 우리는 한국 기업이라고 생각하지만 지분구조를 보면 모두 비자발적인 다국적기업들이다. 모두 외국인 지분이 국내 대주주 지분보다 높다. 소유구조로 판단한다면 이들 기업은 한국 기업이 아니라 다국적기업들이다.

중국은 금융시장을 문 닫아 2차례의 세계적인 금융위기의 전염에서 벗어났고 미국의 금융 약탈에서는 벗어났지만 금융시장의 낙후로 번 돈을 굴릴 금융시장을 만들지 못했다. 그래서 번 돈의 1/3을 다시 미국 금융시장에 투자하고 있는 형국이다.

이는 미국의 달러의 함정에 빠진 것이기도 하지만 역으로 미국과 갈등이 있을 때 1.3조 달러짜리 뉴욕에 묻어둔 시한폭탄인 미 국채를 팔아치우면 미국 정부를 혼비백산시키고 미국 금융시장을 혼란에 빠뜨릴 수 있는 결정적인 무기를 하나 가지게 된 것이다. 마치 러시아가 미국의 금융 제재와 주요 인사의 자산 동결에 대해 미 국채 매각을 가지고 협박하듯이.

인당 소득 5만 달러 나라에서 연료비 싸졌다고 제조업이 부활하는 것은 아니다. 셰일가스로 인한 미국 제조업의 부활은 일시적인 것이고 진정한 미국의 제조업 부활은 IT와 바이오 기술이 접합된 로봇이 이룬다. 365일 일해도 쉬겠다는 말도 없고 노사분규도 없는 지능형 로봇이 진정한 미국의 리쇼어링을 이룬다. 그러나 중국은 생산량이 2배가 되면 원가가 33% 떨어지는 규모의 경제의 효과를 최대로 누리는 합병을 통해 전통 제조업의 구조조정으로 원가를 50% 이상 낮추는 전 세계 최저 원가 시스템을 구축 중이다.

미국의 구글, 애플, 테슬라의 비즈니스 모델은 바로 기획과 디자인만 본

사가 하고 나머지는 모두 아웃소싱이기 때문에 고정비 없이 돈을 벌어 영업이익률이 40~50%가 넘는 기막힌 수익률을 낸다. 그러나 이 모든 것이 로봇이 등장하면 자체 생산이 가능해진다. 구글이 지속적으로 로봇과 인식기술 등을 가진 첨단 중소형 기업을 사들이는 것도 이 때문이다.

그러나 미국도 문제는 있다. 미국에 로봇이 등장하지만 숙련 노동자들이 없어져 로봇들이 어떻게 일해야 최적인지를 모른다. 로봇과 중국 전통 제조업의 구조조정에서 누가 더 싼 값의 제품을 만드느냐는 싸움이 벌어질 전망이다. 향후 1~2년 안에 구조조정을 끝낼 중국이 미국보다 더 낮은 원가로 제품을 만드는 리쇼어링을 한다면 미국의 로봇과의 싸움은 단기적으로는 중국의 승리다.

미국은 지금 제조대국 중국을 무력화할 새로운 프로젝트를 시작했다. 빅데이터, 클라우딩, 모바일, 사물 간 인터넷의 뒷그림은 지능형 로봇이다. 13.6억의 인구를, 2.6억 명의 농민공을 대신할 로봇을 만드는 것이다. 인간의 지능을 닮은 휴머노이드 로봇을 만든다. 그러면 365일, 3D 업종에서도 불평 없고, 노조도 임금인상 요구도 없는 로봇으로 만든 종업원인 '로민공'이 중국 농민공의 생산력을 가볍게 뛰어넘고 모든 제조업을 미국으로 다시 불러들일 수 있게 한다.

인터넷과 모바일로 모든 사물과 소통하고, 전신 제어와 3차원의 인식 기능, 그리고 촉감까지 겸비한 튼튼한 '600만 달러의 사나이'와 '슈퍼우먼 소머즈'가 TV 가격, 노트북 가격으로 살 수 있는 상황이 등장하면 인건비는 더 이상 문제가 안 된다. 전쟁터든 원전이든, 해저 3,000m 바닷속이든 3,000도의 불길이 이글거리는 철강공장이든, 1초 만에 사람을 죽일 수 있는 독성물질이 넘치는 화학공장이든 관계없다.

정보기술의 종착역은 끝이 없지만 지금 입는 컴퓨터가 입는 로봇으로 바뀌는 순간 세계의 미래는 아무도 모른다. 바이오닉스에서 미국 생산, 중국 소비의 대역전극이 나올 수 있다. 이미 바다와 우주에서 맞붙은 미국과 중국이 이젠 농민공의 노동력과 로봇혁명을 두고 진검승부를 벌이는 시대가 온다.

미국이 앞선 정보기술과 로봇기술이 30년 화려한 성장을 한 중국을 일거에 죽이는 비밀 병기가 될 수도 있다. 그러나 중국도 만만치 않다. 연간 700만 명의 대졸자와 6억 대의 인터넷과 12.3억 명의 정보화된 정보 유목민들이 최근 30년간의 인해전술과 정부 정책이 합심해 만들어낸 제조업에서 기적을 정보산업과 로봇산업에서도 이루어낸다면 승부는 장담하지 못한다.

05

지니계수보다
홀아비계수가 무섭다

중국에서 진짜 무서운 것은 무엇일까? 중국은 소득 불평등의 지니계수보다 홀아비계수가 더 무섭다. 남녀 성비 불균형이 가져오는 사회적인 문제와 사회 시스템의 약화다. 중국의 남녀 성비는 현재 1:1.15 수준이다. 그러나 10대로 내려가면 1자녀 정책과 남아선호사상의 결과로 남녀 성비가 1:1.3 이상으로 올라가고 특정 연도는 1:1.4까지도 올라간다. 이렇게 되면 매년 1,400만 명이 결혼하는 중국에서 매년 200만 명 이상이 신부가 없어 결혼을 못 하는 사태가 발생한다.

남성의 노동력이 중요했던 농업 사회 중국은 남아선호, 남성영웅주의가 만연했다. 그러나 이러한 농업 사회의 저주를 지금 공업화된 중국이 받고 있다. 지금 중국은 노령화보다 더 무서운 것이 성비 불균형이다. 절대적인 남녀 성비 불균형으로 만년 홀아비로 살아야 하는 연간 수백만의 홀아비들의 성적 불만이 혁명보다 더 무서운 결과를 가져올 수 있다.

지금 중국은 군사대국이지만 군인 중 외동아들이 90%인 허약한 군대다. 중국은 지금 미국과 비교하면 국방비는 미국의 19% 수준이지만 중국이 매년 7~8% 성장을 하고 현재와 같은 GDP 대비 2~3% 수준의 국방비를 지출한다면 중국은 2049년이면 미국을 추월한다.

중국은 현재 225만 명의 현역병과 80만 명의 예비군으로 구성된 305만 명의 인민해방군을 가지고 있다. 그러나 문제는 군대의 구성이다. 중국의 225만 명의 현역병 병력 중 90%가 독자인 것으로 알려졌다. 군부대의 구성원의 9할이 집에서 왕자처럼 떠받들던 외아들이라면 이 아들들이 유사시 목숨 걸고 용감하게 적진을 향해 돌진할지가 의문이다.

춘추전국시대 위나라의 전략가 위공자가 장병들의 사기를 고려해 전장으로 출정하기 전에 병사들에게 형제가 없는 독자는 집에 남아 부모님을 부양하라고 했더니 10만 명 대군 중 8만 명이 남았다. 그래서 8만 명의 정예병을 이끌고 전쟁을 승리로 이끌었다.

그런데 지금 225만 명의 인민해방군 중에서 만약 전쟁이 일어나면 부자가 모두 군인이든지, 형제가 같이 군복무를 한다든지 외동아들은 제외한다고 하면 225만 명의 대군은 30만 명도 안 남을 가능성이 있다. 그러면 전쟁은 하나 마나다.

6장

한국, 늑대와 호랑이가
용을 먹은 비밀을 열어야 한다

원나라와 청나라가
중국 대륙을 먹은 비밀

팍스 시니카보다 센 팍스 몽골리아

팍스 로마나, 팍스 브리태니카, 팍스 아메리카나는 서양의 사고에서 본 세계의 패권이다. 아시아에까지 유럽의 영향이 미친 것은 영국과 미국 정도이고 유럽과 교류가 없었던 로마 시대는 유럽에 국한된 반쪽 패권이다. 아시아의 시각으로 보면 동서 교류는 없었지만 진나라·한나라 시대의 중국 경제규모는 유럽을 넘어 경제규모로 보면 팍스 시니카 시대였다.

7~10세기 아시아의 모든 길과 유럽에서 아시아로 오는 길은 당나라의 수도 장안, 지금의 시안으로 연결되었다. 당나라 시대까지 중국은 유럽을 능가하는 힘을 가졌고 당나라의 수도 장안은 전 세계 상인과 사신들로 들끓는 국제도시였고 장안의 중심 도로인 주작대로는 세계가 아시아로 통하는 길이었다. 이때가 바로 중국의 팍스 시니카 시대였다.

장안은 당시 세계 최대의 규모를 자랑했고 성내는 남북의 11개, 동서의 14개 도로에 의해 110개의 구획으로 정리되어 있었고, 중심 도로인 주작 도로는 폭이 147m나 되는 가장 전형적인 바둑판식 계획도시였다.

외국인의 거주와 관리로서 등극에 제한이 없었다. 그래서 신라인 최치원이 당나라의 과거에 급제할 수 있었던 것이다. 그리고 장안은 특정 종교에 대한 제한도 없었던 자유도시, 국제도시였지만 통금 시간이 정해져 있었던 통제의 도시였다. 장안은 동으로는 한반도와 일본으로, 서로는 실크로드와 연결되어 유럽과 연결되었던 시대다.

그리고 13세기의 원나라는 세계 최초로 지중해의 물을 퍼서 태평양에 가져오는 팍스 몽골리아Pax Mongolica 시대를 건설했다. 칭기즈칸의 원나라는 동쪽으로는 일본, 서쪽으로는 유럽까지 원정해 아시아와 유럽에 걸친 세계 최대의 왕국을 건설했다. 몽골 기병은 상상을 초월하는 스피드와 여자와 개를 제외하고는 모조리 죽여버리는 잔혹한 살육을 통해 중앙아시아와 유럽을 초토화시켰다.

몽골은 인도처럼 인종의 계급제를 실시했는데 1등 국민이 몽골인, 2등 국민이 눈알의 색깔이 파란 색목인, 3등 국민이 한족, 4등 국민이 중국 대륙의 남방 민족이었다. 이는 몽골족에 저항한 순서대로 정한 것이다. 이 기간에 마르코폴로의 《동방견문록》이 유럽에 소개되었다. 이 시대에 중국과 중앙아시아는 물론 유럽과 서아시아, 인도, 동남아, 고려와 일본에 이르기까지 몽골의 수도 카라코룸을 중심으로 대륙의 동서를 잇는 거대한 교류 네트워크가 형성되었다. 팍스 시니카는 아시아에 국한된 반쪽짜리였지만 팍스 몽골리아는 진정한 동서양을 아우른 세계의 패권이었다.

중국은 선비, 몽골과 여진의 식민지였다

중국의 역사를 보면 중국의 한족은 북방 지역을 지배한 적이 없다. 북방 지역을 지배한 것은 거란의 요나라, 여진의 금나라, 몽골의 원나라, 만주족의 청나라였다. 이들은 거란족, 여진족, 몽골족이었지 한족이 아니다.

중국이 최대 영토를 자랑했던 원나라와 중국의 마지막 왕조 청나라는 정확히 말하자면 몽골족 원나라와 여진족이라고 불리는 만주족의 나라였다. 그러나 중국은 여진족, 몽골족의 식민지였던 시기도 자기의 역사라고 주장한다.

중국의 지도를 지금 중국의 영토 수준보다 넓은 지역으로 확장한 것은 모두 북쪽 오랑캐의 힘이다. 중국 베이징의 상징인 자금성은 만주족 황제인, 청나라 황제의 집이다. 중국 한족의 입장에서 보면 우리로 치면 일본 식민지 시대의 상징, 지금은 철거했지만 옛 일본의 총독부였던 중앙청 건물이 자금성이다. 여진족에 정복당한 치욕스러운 역사가 자금성이다. 그러나 한족 중국은 당당하다. 자금성은 중국의 유산이라고 한다.

변발과 청나라의 마고자는 여진족의 의복 습관이지 한족의 전통이 아니다. 그리고 지금 중국 여성의 전통의상인 허벅지까지 터진 원피스, 치파오는 말을 타던 기마민족 여성이 승마에 편리하게 만들어진 옷이지 한족의 전통의상이 아니다.

변발은 우리로 치면 일본이 우리에게 강요한 창씨개명 이상의 치욕이자 강요였다. 머리카락을 자르든지 목을 자르든지 둘 중 하나를 선택하라는 여진족 황제의 명령에 대세 판단과 이에 밝은 한족은 머리카락을 자르는 선택을 한 것이다.

해외의 중국인들은 스스로 탕런唐人, 당나라 사람이라고 자랑스럽게 얘기한다. 최대 영토를 만든 원나라 사람이라든지 청나라 사람이라고 하지 않는다. 차이나타운도 문 앞에 당나라 사람의 거리라는 의미의 탕런지에 唐人街라고 써놓았다. 중국의 한족 출신으로 가장 넓은 영토를 차지한 나라가 당나라이기 때문이다. 그러나 당나라도 자세히 보면 한족의 나라가 아니다.

당나라의 창업자 고조 이연은 선비족鮮卑族 출신의 귀화한 한족, 한족화한 선비족이다. 당의 고조 이연은 서위, 북주 시대에 활약한 이호의 손자

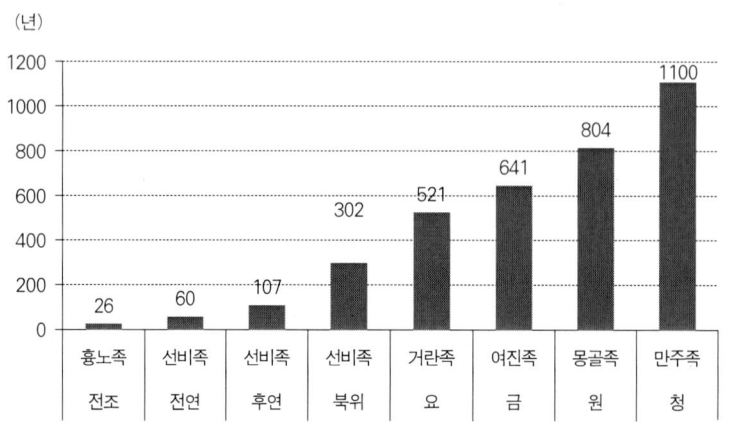

중국 북방 민족의 통치기간(누적)

(년)

흉노족 전조: 26
선비족 전연: 60
선비족 후연: 107
선비족 북위: 302
거란족 요: 521
여진족 금: 641
몽골족 원: 804
만주족 청: 1100

자료: 중국경제금융연구소

로, 고대 몽골과 남만주 지역에 살던 북방 기마민족인 선비족 계통의 무장이다. 선비족 출신 이연은 수나라 문제의 총애를 받아 지방관으로서 농민 반란을 진압하고 돌궐족의 침입을 맡는 역할이었다. 수나라가 붕괴될 무렵에 태원유수太原留守였던 그는 둘째 아들 이세민의 권유에 따라 617년에 군사를 일으켰고 수 양제가 살해되자 스스로 제위에 올라 당나라를 세운 것이다.

중국 한족의 흡수통합의 대단함은 바로 여기에 있다. 지금 중국의 한족은 황하강 주변의 순수 화샤華夏민족이 아니라 55개 소수민족에 포함되지 않는 모든 민족, 소위 호한잡거胡漢雜居를 통해 형성된 모든 종족을 포괄하는 개념이다. 한족이라고는 하지만 종족이라기보다는 이제는 국적의 성격이 더 강하다.

어쨌거나 한족은 말 위에 있는 자들에게 정복은 당했지만 결국 말 위에

왕조	민족	통치기간(년)	비중(%)
전조(前赵)	흉노족(匈奴族)	26	1
전연(前燕)	선비족(鮮卑族)	34	2
후연(后燕)	선비족(鮮卑族)	47	2
북위(北魏)	선비족(鮮卑族)	195	10
요(辽国)	거란족(契丹族)	219	11
금(金)	여진족(女真族)	120	6
원(元朝)	몽골족(蒙古族)	163	8
청(清朝)	만주족(满族)	296	15
합계		1100	55

자료: 중국경제금융연구소

서 나라를 다스릴 수 없는 기마민족의 약점을 이용해 결국 땅에 내려온 북방 기마민족들을 서서히 한족화하고 결국 흡수합병해버린 것이다.

한족의 나라 중국은 선비족, 몽골족, 여진족에게 정복당한 식민지의 역사를 치욕으로 기억하는 것이 아니라 문화적 자존심으로 극복하고 정복자의 문화마저 자기의 것으로 만들어버린 뱃심의 나라다. 중국인들에게 예전에 너희는 "선비, 몽골과 여진족의 식민지였지?"라고 물어보면 무슨 귀신 씻나락 까먹는 소리냐는 표정을 지을 것이다. 그러나 한족, 중국은 역사적 관점에서 보면 분명 선비, 몽골과 여진의 식민지였다.

중국은 중원에 사는 문화민족이란 자긍심의 나라다. 그래서 중원을 차지한 한족이 세상의 중심이라고 보고 중국을 둘러싼 동서남북의 이웃 민족은 모두 미개한 오랑캐라고 불렀다. 이름 하여 서융西戎, 북적北狄, 남만南蛮, 동이东夷다. 하지만 중국의 역사를 보면 절반 이상의 기간 동안 중국의 한족은 북방 민족의 밥이었다. 중원의 주인이라고 자처하는 한족은 흉노족, 선비족, 거란족, 여진족, 몽골족, 만주족에게 항상 당하면서 살았다.

중국의 2000년 역사 중에서 북방의 소수민족이 통치한 기간은 1100년이나 된다. 중국 2013년 역사의 55%에 달한다. 통치기간의 비중을 보면 만주족이 15%, 선비족이 14%, 몽골족이 8%, 여진족이 6%, 흉노족이 1%다.

겉으로 한족들은 북방 민족들을 초원의 개와 늑대로 하대했지만 실제로는 그 공포가 심했다. 한족은 기마민족을 북쪽과 서쪽의 오랑캐라고 깔보았지만 그들의 말 말굽 아래 짓밟혀 숨죽이고 산 것이 전체 역사의 1/2 이상이나 되는 것이다.

어떤 때는 굴욕적인 조공을 바치고 어떤 때는 아예 정복당해 머리를 깎이고, 말을 바꾸고, 문화를 강요당하는 수모를 당했다. 오로지 동북의 동이족만 중국을 먹은 적이 없고 오히려 중국이 힘이 세지면 당하기만 했다. 그래서 중국이 동이족의 후예인 한국에 대해서는 친한 척하는지도 모른다.

늑대와 호랑이가 용을 먹은 비결은 스피드

중국 역사는 만리장성이라는 담을 지고 사는 사람과 담을 넘는 사람의 투쟁이고 결과는 담을 넘는 사람의 승리였다. 공격이 최상의 수비이기 때문이다.

육식동물이 초식동물을 잡아먹는 것은 긴장감과 스피드 그리고 배고픔 때문이다. 헝그리 정신이 강자로 만드는 힘이고, 아랫배에 기름이 끼고 허벅지에 근육이 빠지면 왕좌에서 내려가는 것이 1등의 법칙이다. 그것이 중국의 북방 기마민족이 남방의 농업민족 한족을 먹었다 다시 한족에게 당한 역사다.

가난한 자와 부자가 싸우면 항상 헝그리 정신을 가진 가난한 자가 이긴다. 싸움에서 지면 3족이 멸족당하기 때문에 필사적일 수밖에 없고, 이기면 역성혁명이자 새 역사의 주인이다. 역사의 드라마는 항상 약자가 강자를 빼앗은 것이지 강자가 약자를 빼앗는 것은 드라마가 아니다. 약자가 강자를 넘는 것은 신기술, 신전략, 신사고의 힘이다.

중국의 역사를 보면 패권을 바꾼 것은 스피드다. 북쪽의 굶주린 늑대와 동쪽의 허기진 호랑이가 중원의 배부른 용을 잡아먹은 것이 중국 역사다. 중국이 세계 최대의 영토를 자랑했던 원나라는 기마민족 몽골족이었다. 세계 3대 영토를 자랑하는 지금의 신중국의 영토는 만주족이 세운 청나라가 확보해준 것이다. 중국의 역사는 스피드 그리고 용량의 싸움이었다.

스피드에 강한 기마민족 오랑캐가 중원의 만만디 농업국가 황제를 심심하면 털고, 어떨 때는 황제를 사로잡아 폐위시키고 오랑캐가 황제가 되는 것이 중국의 역사였다. 인구수로 보면 원나라의 칭기즈칸이 1206년 몽골 제국을 세울 당시 1,000호를 단위로 한 집단이 약 95개였다고 한다. 5인 가족을 기준으로 하면 대략 몽골의 인구수는 50만 명 내외다. 그러나 이런 작은 인구의 몽골이 인구 1억 명에 달하는 금나라와 송나라를 굴복시켰다.

인구비로 보면 몽골 인구가 전성기의 배로 늘어나 100만 명이라고 쳐도 1:100의 비율이 되는 셈이다. 인구수로 보면 비교도 안 될 정도이지만 기마민족의 빠른 스피드를 무기로 일당백의 기세로 중원은 물론 멀리 유럽까지 먹은 것이다.

그러나 스피드로 한족을 정복한 오랑캐지만 가방끈이 짧고 문명의 깊이가 얕았던 오랑캐들은 말 안장에서 세계를 평정할 수는 있었지만 세계를 오래 다스리지는 못했다. 스피드에 당했지만 용량이 큰 한족이 긴 시간이라는 함정으로 오랑캐를 빠뜨려 다시 오랑캐를 먹은 것이 중국의 역사다.

몽골은 한반도는 물론 아시아 전역과 유럽까지 호령한 제국이었지만, 몽골족은 정주定住보다 이주移住를 선택한 유목민이었기 때문에 역사적 유적이 별로 없다. 항상 머무르기보다는 떠나길 반복하는 유목민 몽골족들은 스피드로 대제국을 이루었지만 정주에는 약했다.

한족을 정복하고 베이징을 차지한 원나라는 정주를 위해 우물을 파는 순간부터 약해졌다. 더운 남쪽 나라의 기후에 적응이 안 된 황제는 항상 시원한 초원을 그리워했다. 길들여진 늑대는 늑대가 아니라 개다. 유럽까지 정복한 대제국 원나라는 늑대에서 개로 전락하면서 역대 중국의 통일 왕조 중 최단명했다. 100년을 넘기지 못하고 망했다.

중국의 동서남북 네 군데 지역의 오랑캐 동이, 남만, 북적, 서융 중에서 유일하게 중국에 흡수되지 않고 살아남은 민족이 바로 동이족, 한국이다. 한국이 모든 것을 녹이는 용광로, 중국에 녹지 않고 살아남은 비결은 무엇일까?

한국은 중국을 받아들이기는 했지만 업어치기한 것이고 변형한 것이다. 축소해서 베끼기는 했지만 같지는 않다. 한국은 공자를 모시지만 방법이 다르다. 주자가례를 받아들였지만 집집이 제사 지내는 방식은 중국과 다르다. 중국에 조공을 바쳤지만 중국을 아래로 본다. 그리고 중국은 한 번도 오랫동안 한반도를 지배한 적이 없다.

동이족의 생존 비결은 물과 화살

중국 기준으로 중원의 동서남북에는 동이, 서융, 남만, 북적 네 부류의 오랑캐가 있었다. 2000년의 시간 동안 늑대 같고 호랑이 같았던 서융, 남만, 북적의 오랑캐는 결국 한족에게 동화당했고 정복당했다. 하지만 중국으로 치면 동쪽의 오랑캐, 한반도의 동이족은 여전히 쌩쌩하다.

중국은 한국, 한반도, 동이족에 트라우마가 있다. 동이족의 화살에 맞아 수·당 시대 두 사람의 황제가 결국 사망했고 동이족의 강물에 패배했다. 중국이 한반도에 오지랖 넓게 훈수를 두다가 당나라, 명나라, 신중국이 고전했다. 중국이 한반도의 전쟁에 발 담가서 재미 본 적이 별로 없다.

한반도의 북쪽 기마국 한국은 중국과 당당하게 맞붙어 승리하고 살아남았지만, 한반도의 남쪽 농업국가 한국은 중국 기마민족의 스피드에 당한 적이 있다. 한국이 몽골족 원나라의 침입을 받으면서 왕과 왕비에 '마마'라는 칭호를 붙이고 나인을 '무수리'라 부른 것도 모두 몽골의 영향이다.

원나라 시대 100년간 7명의 몽골 공주가 왕비로 왔고 궁궐과 귀족들 사이에 몽골어가 사용되고 몽골풍이 유행했다. 벼슬아치, 장사치 등의 '치' 자를 붙이는 것도 몽골의 내정간섭 기구인 다루가치에 영향받은 것이라고 한다. 음식에서 만두와 증류주인 소주도 몽골의 영향이라고 한다.

중국의 한족은 북방의 오랑캐인 몽골족과 여진족에 당해 나라를 없앴지만 한반도의 동이족은 굴욕적인 화친은 했을지언정 나라를 없앤 적은 없다. 한국이 중국 변방의 오랑캐와 붙어서는 당한 적이 있지만 한족과 맞붙어서는 한국이 완패하거나 일방적으로 당한 적이 없다. 동이족은 오랑캐에게는 약했지만 한족에게는 강했다.

동이족의 생존 비결은 화살, 협상 그리고 물이다. 해양국가의 성향이 있는 한반도의 민족은 밀물과 썰물의 변화에 민감하다. 30년 동쪽, 30년 서쪽을 흐르는 중국의 강과 달리 하루에 한 번씩 바뀌는 변화에 익숙하다. 250여 차례 중국의 침략을 받았으면서도 동이족이 살아남은 비결은 바로 스피드가 빠른 '동이족의 화살'과 대륙국가 '중국의 아킬레스건인 물'이었다.

활 잘 쏘는 한반도의 북쪽 동이족의 생존 비결은 바로 스피드였다. 창보다 빠른 것이 화살이다. 동이족 화살촉의 스피드에 만만디 한족이 당한 것이다. 당나라의 태종은 50만 대군을 이끌고 고구려를 침공했지만 활의 대가 고구려의 양만춘 장군이 쏜 화살이 눈에 박혀 상처가 덧나 결국 죽음에 이르렀다. 고구려의 화살에 당한 당태종은 후손에게 다시는 활 잘 쏘는 동이족은 건드리지 말라는 유언을 남겼다. 중국의 동북 3성은 활 잘 쏘는 고구려 민족이 세운 발해의 옛 영토다.

또 하나 한국을 중국으로부터의 침략에서 한반도를 지키게 해준 것은 바로 대륙국가 중국의 뱃멀미다. 압록강, 청천강(살수), 한강이 한반도를 중국으로부터 지킨 천혜의 지형지물이었다. 황하강의 위력에 눌려 감히 황하강에 배 띄우고 전쟁놀이한다는 것을 생각해본 적도 없던 중국은 물만 보면 멀미를 했다. 물에서 싸우는 것을 해본 적이 없는 대륙국가 수나라는 100만 대군으로 고구려를 공격했다가 살수대첩에서 물벼락을 맞고 패했고 결국 그 후유증으로 나라가 망했다.

백성들보다 겁 많던 조선의 왕은 중국이 침략했다 하면 백성을 버리고 무조건 한강을 건넜다. 강화도와 남한산성이 피난처였다. 물에 약한 중국의 공격에 대비할 수 있는 수도권의 유일한 지역이었기 때문이다. 황금의 나라 지팡구로 알려진 일본에 대해 해적질로 악명 높은 일본을 중국은 소탕하고 싶었지만 뱃멀미로 판판이 실패했다.

아시아의 지중해국가
한국의 기회

한국은 동북아 지중해의 중심국이다

동아시아의 지도를 거꾸로 걸어놓고 보면 동아시아는 유럽의 지중해 모양이다. 한국은 지리상으로 보면 이탈리아다. 일본과 센카쿠열도로 둘러싸여 있고 대륙국가 중국과 맞붙어 있다. 전략적 거점이 좋고 강한 스피드만 있고, 대국을 먹을 기개만 있으면 한국은 유럽을 통일한 로마 제국처럼 될 수 있다.

'백전백승百戰百勝'보다 좋은 것은 '부전승不戰勝'이고 부전승보다 좋은 것은 남의 칼로 이기는 '차도살인借刀殺人'이다. 한국은 한 번도 중국을 이기겠다는 생각을 해본 적이 없어서 당하고만 살았다. 하지만 생각을 바꾸면 21세기 정보의 시대는 영토의 크기나 인구의 대소와 관계없이 정보로 세상을 통치할 수도 있다.

서양 기축통화의 역사는 로마, 포르투갈, 스페인, 네덜란드, 영국, 미국의 순이고 동양에는 기축통화가 없다. 그래서 동양의 대국 중국이 서양의 작은 늑대들에게 당한 것이다. 그러나 중국이 서양의 반식민지가 되었던 시기에서 150년이 지난 지금은 차이나 머니에 휘둘리는 건 한국, 미국, 유럽이 모두 같다.

미국은 지금 최대 채권자가 중국이다. 유럽은 '날아다니는 호텔'이라는 별명을 가진 A-380이라는 초대형 여객기를 만들었지만 그런 초호화판 비행기를 수십 대씩 한 번에 사줄 나라는 중국밖에 없다. 우리나라는 중국 관광객 430만 명이 명동과 제주도의 풍속도를 바꾸어놓았고 한국의 채권시장에서 큰손은 중국이 되어버렸다.

'잘살면 쇼핑'이고 '못살면 혁명'이다. 지금 전 세계 명품 매장의 주요 고객 3명 중 1명이 중국인이다. 한국의 명동 백화점의 명품 코너에는 반드시 중국인 매장 직원이 있다. 명품의 고장 유럽도 마찬가지다.

지금 미국과 유럽은 금리인상 아니면 인플레가 기다리고 있고, 만약 잘 못되면 일본처럼 장기 저성장의 덫에 빠질 판이다. 미국 제조업의 가동률 상승은 생산 능력이 줄어서 생긴 가동률 상승이고 기업 이익의 사상 최고치는 미국 내 판매가 아니라 중국을 포함한 이머징 마켓 해외 부문에서 판매 호조의 결과다.

결국 각국의 경제발전 단계를 보면 제조업의 서비스화가 공업화 사회와 정보화 사회를 가르는 경계였다. 산업의 패권전쟁은 첨단기술산업인데 그런 기술을 주도하고 만들고 상용화할 수 있는 생태계의 싸움이다.

한국과 일본이 자동차, 반도체, 컴퓨터, 휴대폰 기술을 자랑하지만 최고의 기술은 인공위성 만드는 기술이고 우주정거장을 운영하는 것이 최상의 기술이다. 한국, 반도체와 휴대폰과 액정에서 폼 잡아 봐야 소용없다. 위성 만드는 기술로 반도체는 만들 수 있지만 반도체 기술로 위성은 불가능하다. 반도체, 액정, 휴대폰 100개 공장이 있어도 미사일과 인공위성은 못 만든다.

중국은 생필품인 치약과 칫솔을 제대로 못 만들지만 지금 스텔스기를 만들고 심심하면 유인우주선을 쏘는 나라다. 이것이 진짜 중국의 기술력이다. 방산의 발전은 첨단기술의 발전이다. 그래서 중국이 무섭다.

지금 후진국 중국을 미국이 겁낼까? 중국이 미국을 겁낼까? 아이러니하지만 세계 최강의 나라 미국이 하는 행태를 보면, 중국투자공사 CIC의 미국 기업 투자, 통신장비회사 화웨이의 미국 진출 저지 등을 보면 미국이 겁먹었다. 지금 유럽은 겉으로는 큰소리치지만 속으로는 초장기 저성장하는 제2의 일본이 될까 두려워한다. 일본은 아베가 미국 따라 하기로 뒷북치며 돈 풀고 있지만 성공보다는 실패의 가능성이 더 높아 보인다. 만약 그런 상황이 벌어지면 일본은 잃어버린 30년으로 간다. 그러면 영원히 못 일어선다.

미국이 잘한 건 나라를 세우면서 금융을 가장 먼저 일으킨 것이다. 그리고 이번 금융위기에서도 정부가 돈을 퍼넣어 부실채권의 조기 정리를 한 것이 잘한 일이고, 이것이 미국 출구전략의 단초를 만들었다. 결국 글로벌 돈 풀기에서 이젠 출구전략을 누가 먼저 시행하느냐는 것이다. 성장률은 낮추는 '저성장Slow Growth'이지만 현명하게 질적으로는 개선하는 '스마트 성장Smart Growth'을 누가 먼저 하느냐가 관건이다.

미국은 아직 돈줄이기에 주춤주춤이지만 중국은 이미 출구전략을 3년째 시행 중이고 산업의 구조조정 또한 진행 중이다. 설비과잉은 필연적으로 구조조정과 독과점을 가져온다. 이번 중국은 공급과잉인 19개 업종을 손본다. 이 과정에서 성장률 둔화는 감수하지만 대신 구조조정에서 적어도 한 업종에서 세계적인 기업 5~6개씩을 합병을 통해 만들어내겠다는 것이다. 그렇게 되면 중국의 구조조정이 완료되는 순간 세계 시장에는 전에 보지 못했던 거대 중국 기업 5~6개씩을 만나게 되는 것이다.

그래서 중국의 부상에 어떻게 대처할 것인가가 고민이다. 5년 전, 10년 전 중국과 지금을 비교해보면 5년 후, 10년 후 중국은 완전히 다른 그림이 나온다. 중국의 부상에 중국을 아는 자만이 중국에서 이길 수 있다. 겉은 한국인이지만 중국인의 마음속을 꿰뚫어 볼 수 있는 속은 중국인인 한국의 '차이나 스패셜리스트'가 몇이나 될까?

중국은 스피드로 공략해야 하는 나라다. 이미 한국은 대중국 공략에 있어 제조업에서는 상당히 늦었다. 특히 금융산업에서는 완전 뒷북이다. 중국 금융을 잘 아는 최고경영자CEO가 없어서 우물쭈물하다 차를 놓쳤다. 금융은 선진국이 후진국에 투자해서 돈 먹는 산업이다. 금융의 역사상 후진국이 선진국에 투자해서 돈 먹은 역사가 없다.

특히 한국 금융업에서 중국 금융 연구, 특히 산업과 기업에 대한 연구가 턱없이 부족하다. 금융은 정보 싸움인데 정보 네트워크 구축은 안 하고 지점 내는 데만 급급했고, 영업도 중국 진출 한국 기업을 대상으로 하는 소위 하수의 영업만 하고 있다. 남들 하는 것 똑같이 해서는 성공하기 어렵다. 해외 사업, 특히 후진국 사업에 리스크 없는 사업이 어디 있을까?

작게 시작하면 망하고, 크게 시작하면 흥하는 것이 중국이다. 지점 몇 개로 덤벼봐야 별 볼일 없다. 전 세계에서 돈이 가장 많은 나라에서 금융업을 안 하고 어디서 할까? 중국 농민의 주머니에 중국의 미래, 세계의 미래가 있다. 중국이 미래 10~20년간 4억 명의 농민을 도시민으로 만들려는 거대한 프로젝트를 진행 중이다. 결국 향후 10년 세계의 신소비와 이를 통해 돈을 버는 금융은 미래의 도시인이 될 중국 농민의 주머니에서 그 답을 찾아야 한다.

13.6억의 갑 등장, 그 대응은?

금융위기로 아시아가 바꾼 것이 있다. 아시아가 미국, 유럽으로부터 더 배울 것은 많이 있지만 더 이상 그들의 모델을 따라가겠다는 생각은 없어졌다. 지금 기업가 중에서 미국과 유럽의 동향에 관심은 두지만 미국, 유럽에서 떼돈 벌겠다는 이는 거의 없다. 지금은 모두 아시아 그리고 중국이다.

값싼 노동력으로 세계가 필요한 모든 것을 만들어냈던, 세계의 을z이었던 중국이 바뀌었다. 영원한 을이라고 생각했던 13.6억의 중국이 금융위기를 계기로 이젠 갑甲이다. 중국의 부자들이 전 세계 럭셔리 브랜드 제품의 29%를 소비한다. 세계 자동차 소비의 최대 시장이 중국이다. 중국은 경제규모로도 G2지만 전 세계 억만장자 숫자나 〈포춘〉 500대 기업의 숫자도 미국에 이은 2위다. 연간 해외 관광객의 수가 9,100만 명으로 이젠 전 세계가 중국 관광객을 잡으려고 혈안이다. 한 번에 550명의 승객을 태울 수 있는 '날아다니는 호텔'이라는 프랑스 A-380기의 최초 비행지가 베이징의 수도공항이었다.

대륙국가 중국이 지금 바닷물과 하늘을 탐내고 있다. 항공모함을 건조하고 미국이 관리하는 태평양으로 진출하려고 일본, 한국, 동남아 국가들과 영토분쟁을 벌이고 있다. '하늘의 배'라는 의미의 유인우주선 선저우를 쏘아 올리고, '하늘의 궁전'이라는 의미의 우주정거장 톈궁을 건설했다. 달에 사는 전설의 미녀 이름을 딴 '창어'라는 달 착륙선을 쏘아 올리는 데도 성공했다. 달을 품은 중국, 물을 안으려는 중국이 지금 대륙국가 중국의 얼굴이다.

아시아에서 이런 중국의 부상을 견제하려고 미국이 나섰지만 구멍 난 재정의 덫에 걸리자 꼭두각시를 하나 썼다. 미국의 핵우산 아래서 안주하는 일본이다. 정부부채가 GDP의 200%가 넘고 국가 총부채가 GDP의 500%를 넘는 빚쟁이 나라 일본을 꼬드긴 것이다. 일본이 돈을 무지막지하게 풀고 엔화를 절하시키고, 자위대를 늘리는데도 미국은 수수방관이다. "일본을 때려줘야 한다"는 소리는 어디에도 없다.

미국은 영토 문제, 중국의 방공식별구역 문제에서도 일본에 가서는 큰소리 펑펑 쳤지만 막상 중국에 가서는 의제로 꺼내지도 않았다. 전 세계에서 가장 재정이 취약하고 부채비율이 높은 일본이 날뛰지만 정작 일본의 내수는 더 나빠지고 디플레는 더 심해지고 있다. 일본이 언제까지 아시아에서 미국의 대역을 할 수 있을지 의문이다.

미래가 얼마나 아름다운가는 누구와 함께 가느냐에 달려 있고 미래가 얼마나 가까운지, 지금 얼마나 많은 준비가 되어 있는지에 달려 있다. 미국이 대단한 나라지만 이젠 중국이 더 대단한 나라가 될 가능성이 있는 나라가 되었다. 한국이 미국의 쇠락과 중국의 부상 과정에서 당당하게 설 수 있는 방법은 무엇일까?

재미난 것은 지난 1800년간 중국으로부터 공자 사상을 배우고 사서삼경을 외웠던 유교 장학생인 한국이 지금 중국 공산당에게 삼성전자를 가르치고 있다는 것이다. 상전벽해桑田碧海다. 그러나 중국이 한국이나 삼성전자 혹은 삼성의 기술은 배우겠다는 것이 아니다. 삼성의 '1등 정신'을 배우겠다는 것이다.

중국이 배울 만한 제2, 제3의 삼성 정신을 계속 만들 수 있으면 한국은 중국의 부상이 즐겁다. 하지만 삼성의 후속 모델이 없으면 중국의 한국에 대한 선생님 대접은 봄날의 꿈처럼 짧을 수밖에 없다. 요즘 한국 기업의 중국 진출은 당연한 것처럼 되어 있다. 그러나 중국 진출에서 성공은 상호 신뢰와 그 구축 과정 그리고 일정한 시간이 필요하다. 단순한 공장 이전, 물리적 M&A로는 힘들다.

이유는 중국의 독특한 문화 '중국 특색의 서방 문화' 때문이다. 중국은 서방의 것을 베끼고 흉내는 내려고 하지만 절대로 자금성을 헐고 백악관이나 엘리제궁을 짓지는 않는다. 백악관의 싱크대나 엘리제궁의 거실을 모방하고는 싶어 하지만 자금성을 흰색으로 덧칠하거나 뾰족한 탑으로 리모델링하려 하지는 않는다는 것이다.

우리에게 익숙한 백악관의 싱크대를 보고 중국에 그냥 들어갔다가는 얼마 지나지 않아 두통에 머리를 싸매는 일이 벌어진다. 서방을 베끼더라도 본질은 중국이다. 중국의 특성을 더 정확히 알지 않으면 이젠 갑으로 등장한 중국에서 돈 벌 생각하면 실수하는 시대가 온 것 같다.

한국, 이젠 서쪽으로 눈 돌려야 하는 시대

동쪽의 시대는 저물고 있다. 이젠 서쪽이다. 미국과 일본의 방향으로만 보지 말고 시선을 중국으로 돌려 지도를 거꾸로 보면 먹을 게 많다. 해양에서 대륙으로 눈을 빨리 돌려야 한다. 자본주의에서가 아니라 사회주의서 돈 버는 방법을 연구해야 한다. 중국이 중시하는 '꽌시'란 무엇인가? 중국인이 산다면 어떤 걸 살까? 여기에 답을 내면 대박이 거기에 있다.

원자폭탄에 거덜 났던 섬나라 일본이 다시 원자력에서 거덜 났다. 대안이 없다. 20년 안에 오염된 바닷물과 공기 그리고 바다를 헤엄치는 물고기를 먹은 기형아가 등장하고 과도한 부채가 결국 부메랑이 되면 다음번 세계 금융위기의 발원지는 일본이 될 수 있다. 아시아에서 일본이 두통일 수 있다. 군사력에 목매는 과도한 지출이 문제이고 중국과의 마찰과 경쟁이 13.6억의 초대형 시장을 잃어버리는 싸움을 일본의 우파들이 하고 있다. 얻는 것은 미국의 신뢰와 우파의 표이지만 잃는 것은 시장과 돈이다. 경제가 나빠지면 결국 정치는 돈을 못 이긴다.

한국의 입장에서는 일본을 배우던 1980년대는 갔고, 미국을 따라 하던 2000년대도 갔다. 이제는 그간 미국과 일본을 따라 하고 배운 노하우를 중국에 파는 시대다. 우리가 살아온 경험과 삶의 흔적을 중국에 파는 시대가 왔다.

북한은 밉고, 가슴 아프고, 안타까운 동생이다. 하지만 달리 생각을 바꾸어보면 북한은 한국의 축복이다. 경제로 보면 하나가 둘이 되는 바람에 더 강해진 것이 한국이다. 줄 잘못 서고 지도자 잘못 만나는 바람에 망한 것이 북한이다. 북한의 처참한 경제 실상을 보고 난 중국 동포 사이에서는 "조상님께 감사한다"는 농담이 떠돌았다. 한국에서 짐 보따리 싸 들고 북쪽으로 올라오실 때 만약 다리 아프다고 두만강을 안 건너셨더라면 어쩔 뻔했느냐고. 그래서 중국인들의 등쌀에 힘드셨고 어렵게 중국에 정착하셨지만 중국에까지 오신 조상님들의 혜안에 감사한다고.

한국은 북한의 남침 위협에 경제력으로 이기는 방법을 선택했고 혈혈단신 빈주먹으로 내려온 수백만 북한 출신 이산가족들이 무에서 유를 창조한 것이 한국 경제 고성장의 중요한 한 요인이다. 한국의 양대 수출산업 중의 하나인 자동차산업은 북한이 없었으면 만들어지지 않았을지도 모른다.

할아버지를 기준으로 모든 계열사를 합치면 한국의 최대 재벌인 현대 그룹은 북한의 체제를 피해 이사 온 할아버지의 뚝심과 혜안이 만든 것이다. 북한은 한국에 시시때때로 아픔과 고통을 주는 골치 아픈 형제이지만 경제적으로 보면 산 오징어 수송 트럭 속의 불가사리다. 불가사리는 오징어를 긴장시켜 씽씽하게 오징어를 이송하게 하는 역할을 한다.

또한 중국과의 관계에서는 북한 핵무기와 미사일이 공동의 이해관계로 한국과 중국을 더 가깝게 만드는 역할을 한다. 북한의 핵무기는 사실 미국에 대한 위협이기도 하지만 진짜 리스크는 중국이다. 북한이 핵탄두를 미국까지 날리기는 쉬운 일이 아니지만 중국의 심장부로 날리는 것은 일도 아니다.

"앗, 나의 실수!" 각도를 워싱턴으로 겨냥해야 하는데 베이징으로 착각해서 놓았다고 황당한 변명을 하면서 버튼을 눌러버리는 상황이 생기면 이건 대형 사고다. 중국이 북한의 비핵화를 강하게 비판하고 주장하는 것은 한반도가 아니라 중국 대륙의 안보 문제이기 때문이다. 중국이 한반도를 함부로 먹거나 함부로 대하기 어려운 이유 중 하나다.

중국은 한국에 있어 잘돼도 걱정이고 못돼도 걱정이다. 잘되면 한국은 수출로 대박이지만, 만약 중국이 미국 되면 다시 1800년간 조공의 역사가 떠오르기 때문이다. 우리는 한반도의 시각으로 중국을 본다. 그러나 시각이 달라야 성공한다.

유럽은 아시아로 간다는 것이 번지수를 잘못 찾아 얼떨결에 아메리카 대륙을 발견하는 바람에 200년간 잘 먹고 잘살았다. 그런데 이번에는 아시아의 중국 차례. 한국은 1800년간 강대국이었던 옆집 이웃이 최근 100년간 가난한 나라로 전락하는 바람에, 그리고 공산주의를 채택하는 바람에 완전히 잊고 지냈다.

그런데 그 나라가 제 발로 세계 최대의 소비시장으로 걸어온 것이다. 지리적·산업구조적·문화적·역사적으로 한국이 중국에 대해 가진 강점은 전 세계 어느 나라보다도 많다. 이젠 동쪽 바다가 아니라 서쪽 대륙에서 제 발로 찾아온 큰 시장을 어떻게 요리하느냐에 한국의 미래가 달려 있다.

결국 의자 높이가 높은 사람이 멀리 본다. 아시아의 맨 끝자락에 선 한반도의 시각으로는 아시아의 지붕 히말라야와 칭장靑藏고원에서 무슨 일이 일어나는지 알 수가 없다. 지도를 돌려놓고 보면 한국은 아시아의 지중해에 갇힌 나라다. 우리가 넓다고 생각하는 동해는 일본에 둘러싸인 내해이고, 맛있는 생선 천국 서해는 중국의 앞바다다. 결국 한국의 생각 Korean-thinkng으로 중국을 보면 틀린다. 중국의 생각Chinese-thinking으로 중국을 봐야 바로 볼 수 있다.

한국, 천리마를 부릴 기수만 제대로 양성하면

역사가 말해주는 패권의 비결은 '스피드'였다. 중세에는 하루에 1,000리를 달리는 천리마가 국가의 경쟁력이었다. 중원의 대국 한족의 중국을 기마민족인 초원의 몽골족 원나라가 먹은 것도, 동북의 기마민족인 여진족 청나라가 한족을 먹은 것도 비결은 스피드였다.

21세기는 정보의 시대다. 정보가 빠른 나라는 대국이고 정보가 느린 나라는 땅이 아무리 넓어도, 인구가 많아도 소국이다. 지금 21세기 정보화 시대에 하루에 1,000리가 아니라 1초에 지구를 일곱 바퀴 반을 도는, 하루에 648억 리를 가는 말이 바로 스마트폰이다. 손가락 하나로 1초 만에 지구 반대편에 있는 어느 나라, 어떤 정보도 바로 얻는 시대다.

그런데 한국 증시에서 스마트폰 원조 애플을 누르고 왕좌에 올랐고 분기에만 10조 원대에 가까운 이익을 내는 삼성전자의 주가가 속락했다. 최고의 이익을 내고도 주가가 속락하는 황망함에 투자자들은 당혹감을 감추지 못하고 있다. 삼성전자의 주가 속락, 어떻게 봐야 할까?

IT 업계 후발주자 삼성은 가전, 반도체, 휴대폰에서 무서운 '추격자의 야성'으로 선발주자를 따라잡았다. 그러나 1등은 더 이상 이익의 규모가 아니라 창조의 DNA로 평가받는다. 1등 기업은 돈 번 자랑이 아니라 돈 쓰는 자랑을 해야 한다.

1등은 항상 시기와 질투 속에 살아간다. 당대 최고의 천리마를 만드는 기업이 많이 벌었다고 돈 자랑하면 아무도 좋아하지 않는다. 많이 벌었다고 자랑할 게 아니라 소프트웨어와 앱 개발에 세계에서 가장 많은 돈을 썼고, 세계 최고의 인재를 스카우트하는 데 회사가 휘청거릴 정도로 돈을 썼다고 하면 어떨까?

배당 많이 하는 회사가 좋은 회사가 아니라 배당을 안 하고 회사에 재투자하는 회사가 더 좋은 회사다. 마이크로소프트는 회사 창업 후 20여 년간 단 한 번도 배당을 안 했지만 주가는 잘만 올라갔고 대주주는 세계 최고 부자가 되었다. 단물 빨고 언제든 치고 빠지는 헤지펀드들의 논리에 말려 어설픈 배당 잔치하지 말고 진정 ROE를 2배로 높이는 미래 투자를 왕창 한다면 그 가능성과 저력에 더 박수를 보내는 것이 투자가들이다.

분기에 10조 원을 애플이 못 따라올 신기술과 신제품 개발에 돈을 넣고, 전 세계를 상대로 10조 원을 걸고 세상에 없는 기막힌 앱을 공모하고, 10조 원을 들여 미래의 스티브 잡스가 될 괴팍한 천재들을 전 세계에서 스카우트하고, 10조 원은 설비투자를 하는 식으로 번 돈을 쓴다면 시장은 어떻게 반응할까?

2000년 만에 세계에서 가장 빨리, 잘 달리는 천리마를 한국이 만들었다. 이젠 천리마를 부릴 기수만 제대로 양성하면 중국이 아니라 세계도 제패할 수 있다. 생태계에서는 잡종이 순종을 이긴다. 뭐든 겁내지 않고 세계를 누빌 천리마의 기수는 꼭 한국인일 필요도 없다. 검은색이든 흰색이든 피부색도 상관없다. 세계를 누비려면 모든 피부색이 필요하다. 한국의 태극마크를 달고 전 세계를 하루에 64만 8,000번 돌아도 안장에서 떨어지지 않을 재주 좋은 기수면 된다.

그런 기수의 연봉은 100억이든 1,000억이든 달라는 대로 주면 된다. 한국 기업이 세계 최고의 연봉을 주는 회사로 알려지는 순간 전 세계 최고의 기수는 모두 한국의 것이다. 그러면 전쟁은 절대 질 수 없는 게임이 된다. 한국의 천리마 제조공장에, 한국 최고의 대학 전자과에 흰색과 검은색 피부의 외국인 엔지니어, 외국인 학생의 수에 답이 있다.

한국 최고 기업, 돈 번 자랑 하지 말고 돈 쓴 자랑을 해야 한다. 후발주자였던 시대의 '추격자의 야성'은 빨리 버리고 '선발주자의 고뇌'를 과감하게 선택하는 것이 기업을 더 크게 키우고 한국을 살리는 길이다.

그리고 그런 기업이 더 빨리 달리고 좋은 기수들을 양성해 떼돈 벌게 하는 것이 한국의 첨단산업정책이 되어야 한다. 이미 벤처도 세계적인 수준이 되지 않으면 의미가 없다. 구멍가게 1,000개 만들어봐야 5년 안에 모두 문 닫는다. 세계를 집어삼킬 정도의 똑똑한 놈 10개를 제대로 지원해 100배 키우는 전략으로 가야 한다.

한국의 똑똑한 벤처기업이 애플을 이기고, 구글을 이기고, 페이스북을 이기는 날이 오면 한국은 세수 걱정할 필요가 없다. 몇 년 전 소득과표까지 들춰가며 억지로 쥐어짜서 세금 걷는 꼼수 쓰면 망한다. 잘나가는 기업 두세 배로 키워서 스스로 많이 내게 하는 게 정답이다.

영어가 한국을 살렸다면
중국어는 한국을 부유하게 한다

돈 벌려면 중국 여자와 아이들을 공략하라

후기공업 사회, 그리고 1자녀 갖기가 보편화돼버린 사회에서 가정의 주도권을 잘 살펴보면 투자의 팁이 있다. 가정에서 상전의 순위가 엄마 1등, 아이 2등, 3등 애완동물, 4등 아빠, 즉 '돈 버는 기계'다. 돈 버는 기계가 무슨 말을 해? 아이가 명문대학 가는 데는 돈 버는 기계는 침묵하고 아이 관리는 엄마가 해야 한다는 게 명문대 입학의 룰이다.

공산주의 혁명 이후 남존여비男尊女卑의 2000년 사상이 한 방에 깨진, 여성평등이 실현된 나라가 중국이다. 1자녀 갖기의 효과로 4억 명의 인구를 줄여 GDP를 25% 높였지만 지금 소황제를 모시고 사는 나라가 중국이다. 중국은 아줌마와 애들이 돈줄을 쥐고 있는 나라다. 5월 노동절과 10월 국경절에 서울에 관광 온 중국 아줌마 부대들의 명품 가방 싹쓸이에서 그 증거를 보여주었다.

정보 유통이 느리고 정보가 잘 안 돌아 세상 물정에 어두우면 망한다. 그런 측면에서 자동차와 휴대폰이 잘 안 팔리는 나라는 투자하면 안 된다. 정보를 찾으러 가는 수단인 자동차와 정보를 전달하는 수단인 휴대폰이 안 팔리면 그건 끝난 나라다.

중국은 연간 휴대폰이 10억 대나 생산되고 자동차가 2,200만 대나 팔린다. 미국과 유럽의 휴대폰 장수들이 애플 빼고는 모조리 망했고 자동차 회사들도 모두 망해 정부의 지원금 받고 국유기업이 되었다.

마지막 남은 유일한 자산, 집을 담보로 밥을 먹어야 하는 역모기지론이 유행하는 나라에도 투자해서는 돈 먹기 어렵다. 노령화와 가난은 누구도 못 막는다. 소비가 될 수 없기 때문이다. 미국, 일본, 한국이 그 단계다. 1년에 1,400만 쌍의 신혼부부가 탄생하는 나라가 있다. 아이를 1명만 낳는데도 6.7년 만에 인구가 1억 명씩 늘어나는 나라가 바로 중국이다.

고속도로를 달리는 차가 승용차와 관광버스 일색인 나라도 투자해서 돈 먹기 어렵다. 이런 나라는 생산력과 제조업이 죽은 나라다. 반년 중 5개월을 점심에 햄버거 하나로 때우면서 죽으라 일하고 마지막 1달을 휴가 가서 그 사이 번 것을 모두 써버리는 나라도 희망이 없다.

저축이 3~4%이고 소비가 96~97%인 나라에서 돈 있는 1%를 때려잡겠다고 99%가 데모한다. 그러면 자본주의는 사회주의가 된다. 1%의 영감과 99%의 노력으로 이루어지는 것이 성공인데 영감도 없는 평범한 99%가 정부가 주는 돈으로 놀고먹기만 하고, 미래를 위한 준비도 전혀 안 하고 살다가 경기 나빠졌다고 있는 자를 털자고 하면 나라는 망한다.

자본주의 역사상 3차산업으로 이전을 완료한 나라가 다시 2차산업으로 돌아온 사례는 없다. 제조업이 해외로 도망간 나라에서 금융이 강한 나라는 잘 먹고 잘살지만 금융이 약한 나라는 거지가 되는 것이 역사가 보여주는 정답이다. 그리고 이번 미국발 금융위기가 가르쳐준 또 하나의 교훈은 적정한 수익률이 아니라 이상한 통계학과 수학으로 복잡한 초고수익 금융상품을 만들어 폰지 사기나 치는 나라도 살아남기 어렵다는 것이다.

고속도로에 과적한 트럭들이 미어지게 다니고 과적에 안 잡히려고 야간에 총알처럼 달리는 트럭들이 줄지어 있는 나라가 투자하기 좋은 나라다. 2차선, 4차선, 6차선으로 고속도로를 확장하는데도 놀러 가는 승용차와 관광버스로 미어터지고, 고속도로를 달리는 차량 10대 중 트럭은 1대도 안 보이면 그런 나라의 성장은 오래 못 간다. 고속도로에 트럭들이 미어터지게 다니는 나라가 우리 이웃 중국이고, 6차선 고속도로가 짐 실은 트럭 하나 없이 승용차와 관광버스로 주말이면 20~30km씩 정체되는 나라가 한국이다.

이 시대의 화두는 유연성이다. 금융위기가 만들어준 스타는 중국이다. 그런데 거기서 멈추지 않는다. 기업과 투자가들이 할 일은 중국이 소비대국이라는 불편한 진실에 대해 익숙해지고 편해져야 하는 것이다. 지금 글로벌 기업, 한국 재벌기업들의 위기경영 방향은 신흥시장 진출이고 대표 지역이 중국이다.

그러나 중국은 지금 70억 세계 인구의 경연장이다. 먹고살기 팍팍해지자 소비가 살아 있는 중국으로 미국, 유럽, 중남미, 아프리카 사람들까지 들락날락하는 시장이 지금 중국 시장이다. 지금 중국은 날로 먹는 시장이 아니라 바 터지는 시장이다.

2010년에는 미국의 금융위기가, 2011년, 2012년은 유럽의 신용위기가 시대를 대표하는 경제의 키워드였다면 2014년 이후에는 '중국의 소비'다. 급전 빌려 빚 돌려막기 다음은 구조조정이다. 미국과 유럽은 리스트럭처링Restructuring의 과정에 필연적으로 자산 매각, 실업 증가, 소비 침체가 따라온다. 두고 봐야겠지만 미국과 유럽의 소비 둔화, 중국의 소비 확대가 대조를 이룰 가능성이 높다.

지구의 한쪽은 너무 저축을 안 해 쓸 돈이 없어서 문제이고, 한쪽은 너무 많이 저축만 하고 쓰지 않아서 문제라 제발 돈을 쓰라고 정부가 바람을 잡고 있다. 번 돈의 50%를 저축하는 무식한 저축의 나라 중국에서 2015년까지 12차 5개년 기간에 소비를 늘려 경기를 활성화하려 하고 있다. 수출 부진을 내수시장 확대로 보전하겠다는 것이다.

'10년 후 유럽이 다시 뜨고 중국은 붕괴한다'는 책이 돌아다닌다. 그러나 지금으로 보면 그럴 가능성은 49%다. 성공의 비결은 남들과 같이 가지 말고 다른 길로 가야 한다. 그게 차별화로 성공하는 길이다. 1위의 비결은 따로 없다. 남들보다 빠르면 된다. 모두가 중국 붕괴론을 들고 논쟁하고 있을 때 먼저 중국 사람과 중국 시장에 투자하는 기업이 1등이다.

그런데 문제는 인재다. 중국은 공자와 맹자가 아니고 '마르크스의 자본론으로 껍데기를 씌운 공자, 맹자'다. 한자를 모르고, 중국 특색의 사회주의를 이해하지 않고 중국을 먹겠다는 생각은 버려야 한다. 회사의 사장, 임원이 중국에 대해 깡통인데 밑에 있는 대리, 과장이 중국에서 공부한 친구들이라고 자랑하는 회사, 중국에서 돈 버는 꿈 깨야 한다. 장수가 상대를 모르는데 졸병들이 어떻게 전쟁에서 이길까? 중국 공부를 안 하고 중국에 투자해서 돈을 먹는다는 것은 불가능한 일이다.

중국통, 130만을 양성하라

밀물에는 누구나 그물 치면 고기를 잡는다. 한국의 최근 5년간 대중국 수출 호황은 케인스식 경제 운영을 한 원자바오 총리 특수였다. 그러나 리커창 시대에는 바닷물의 방향이 바뀌었다. 중국의 변화를 예리하게 체크하고 중국과 제대로 소통해야 하는 시대가 왔다.

중국은 역사 이래로 지방통치를 봉건제와 군현제 등 요즘으로 치면 프랜차이즈와 본지점 개설로 통치하던 나라다. 그래서 정치뿐만 아니라 상업에서도 영업의 대가가 중국이다. 유통망과 AS망이 중국 내수의 핵심이다. 그런데 한국이 약한 것이 프랜차이즈와 AS다. 중국 내수에는 지금 스피드와 인터넷이 화두다. 13.6억 인구의 공략은 차도살인이 최고다. 다른 이의 칼로 상대를 죽이면 대박이다. 그러나 문제는 호랑이도 옆집 가면 고양이에게 지는 나라 중국에서의 유통망 구축이다.

중국은 13.6억의 인구 중 4억 명 이상이 베이징 표준말을 모르는 나라다. 그래도 사는 데는 지장 없고 모두 중국인이라고 한다. CCTV 모든 채널에서 자막이 나오는 것도 이 때문이다. 단어는 같지만 발음이 다른 것이다. 베이징의 뉴스에 나오는 아나운서의 발음을 못 알아듣는 이가 4억 명 이상이기 때문이다. 인터넷 검색, 인육검색人肉搜索이 만만디 나라 사람들의 심심풀이 오락이다. 인터넷과 모바일의 발전이 모든 것을 바꾸어놓았다.

정보로 해석하고 네트워크로 유통을 생각하지 않으면 중국은 공략할 수 없고 실패한다. 중국 소비자는 자전거 탄 장바구니 부대가 아니라 이젠 12.3억 대의 모바일을 들고 정보 구매를 하는 까다로운 소비자들이다. 그런데 그 인터넷이 모두 중국어다. 중국에서는 영어가 안 통한다. 중국은 영어도 중국식으로 모두 바꾸어 표기하기 때문에 외국인들은 아주 미친다. 예를 들면 고유명사인 워런 버핏을 '바베이터'라고 발음해버린다.

이젠 중국 수출의 진정한 강자는 물량 떼기 중간재 수출이 아니라 중국의 내수시장 유통망에서 얼마를 파느냐가 강사의 소선이다. 중국의 구조조정이 중간재 수출의 쇠락을 의미하고 소비 중심 성장의 핵심은 최종재다. 따라서 중국인의 마음을 사는 마케팅과 질 좋은 상품을 어떻게 배달하느냐가 관건이다.

중국과의 관계에서 보면 지금 한국은 정보 부족과 사람의 위기다. 대통령도 중국어를 하는데 한국 대기업의 임원, 정부의 고위직 가운데 중국에서 공부하고, 중국어로 소통할 수 있는 사람이 몇이나 될까? 장수가 적을 모르는데 졸병이 아무리 날뛰어봐야 전쟁에서 이기기는 쉽지 않다.

한 사람의 힘으로는 27명을 이길 수 없다. 한 사람의 지혜로는 한국 면

적의 96배 되는 나라의 이치를 알기 어렵다. 한 사람의 지혜와 힘보다는 여러 사람의 지혜와 힘을 이용하는 것이 대중국 공략의 답이다. 각개전투로는 절대로 중국 못 이긴다. 단기적으로는 이기는 것처럼 보이지만 결국 공은 시간이 흐르면 중국의 손에 있는 것이 아시아의 역사다.

한국의 중국 전문가를 모두 합쳐도 중국을 알고 이기기 어렵다. 그러나 한국에는 중국 전문가를 뭉치는 힘도, 기관도, 연구소도 없다. 각개전투가 대부분이다. 대중국 비즈니스가 점점 어려워진다. 베이징, 상하이, 선전에서 공부했고, 일해봤고, 중국어로 소통할 수 있는 중국통中国通들이 빨리 네트워킹하고 아이디어를 모으고 액션을 취하지 않으면 안 된다. 그러지 않으면 대중국 비즈니스에서는 스티브 잡스 같은 스타가 절대 나올 수 없다.

높은 곳을 보려면 누각의 층을 더 높이 올려야 한다. 중국에 대항하고, 중국을 이기고, 중국을 통해 잘 먹고 잘살려면 중국의 미래를 먼저 읽고 앞에 가서 기다려야 한다. 중국의 기세가 날로 높아지고 있다. 율곡 이이 선생이 조선 시대에 일본이 부상하는 것을 대비해 10만 양병설을 주장했지만 안 했다가 나라가 거덜 났다.

지금 일본보다 13배나 큰 중국의 부상에 대응하려면 한국은 중국 전문가 130만 명은 키워야 한다. 중국 유학생이 6만 명이나 된다고 하지만 G2 중국의 부상에 대응하기는 턱도 없이 모자란다. 지금보다 매년 2배는 더 많이 10년은 보내야 한다. 10년 뒤 중국은 G1의 반열에 올라설 판인데 이 기간에 한국이 중국과의 관계에서 확실한 준비하지 않으면 기회가 없기 때문이다.

남보다 앞서 가서 뒤돌아 보면서 싸우는 '선발자의 고뇌'는 깊다. 지도에 없는 길을 가고 세상에 없는 것을 만들어야 하기 때문이다. 그러나 남을 쫓아가는 후발자의 고통도 힘들다. 선발자가 만들어놓은 함정과 매복을 피해 가야 하기 때문이다. 그러나 후발자의 고통보다는 선발자의 고뇌가 낫다. 선발자는 작전에 실패해도 본전은 하지만 후발자는 바로 망하기 때문이다. 한국이 중국과의 산업전쟁에서 지금은 선발자다. 선발자의 강점을 최대한 살리지 못하면 당한다. 만만디 중국에 스피드가 붙기 시작했기 때문이다.

한나라 이후 청나라까지 모든 역대 중국 왕조들이 나라를 세우고 기력을 회복하면 반드시 한국을 침략했다. 그러나 중국이 한국을 침략해서 재미 본 적은 별로 없다. 당나라는 한반도 3국 중 가장 약했지만 가장 지혜로운 여왕의 나라 신라와 손잡고 한반도를 침략했지만 힘을 너무 쏟아 결국 나라가 허물어지는 계기가 되었다. 명나라는 조선에 왜구가 창궐하자 형님으로 한 수 보여주겠다고 폼 잡다가 결국 실패하고 국력이 쇠약해져 여진족에게 나라를 빼앗겼다. 사회주의 신중국은 나라를 세운 지 1년 만에 한국전쟁이 발발하자 북한을 돕는다고 한반도에 80만 대군을 보냈다가 최고지도자의 아들마저 사망하고 그 후유증으로 건국 초기 한참 동안 헤맸다.

항공모함의 시동에는 시간이 오래 걸리지만 일단 발동 걸리면 멈출 수 없고 그 무게의 가속도는 엄청나다. 거대한 상어도, 태평양의 고래도 항공모함에는 못 당한다. 중국이 상어에서 고래로, 이제는 항공모함으로 변신했다. 중국의 향후 10년은 G2 중국의 운명을 가를 중요한 시기이지만 한국의 운명도 결정될 중요한 시기다. 그래서 중국을 잘 아는 중국통의 양성은 더욱 중요하다.

만다린, 우리 땅에 살던 소수민족의 언어?

여진족은 원래 숙신, 읍루, 말갈로 불렸던 족속으로 고조선, 부여, 고구려, 발해에 이르기까지 수렵생활을 하던 한민족의 한 갈래라고도 한다. 청나라는 태조 누르하치가 중국 동북의 선양 지방에서 일어나 명나라에 이어 중국을 지배한 만주족(여진족)의 왕조(1616~1912)다. 한족이 아닌 이민족으로서 중원을 통일하여 통치한 두 번째 국가이며, 중국 최후의 왕조다.

지금 중국의 표준어 만다린은 만주족, 청나라의 언어다. 선양을 중심으로 하는 만주족의 언어가 지금 중국 표준말의 원형이다. 선양은 고구려와 발해의 영역이다. 요동 지역 교통의 요지인 선양은 한민족의 흥망과 수난의 역사가 간직된 곳이다. 배달, 고조선, 고구려, 발해에 이르기까지 이 일대는 우리의 옛 영토였으나 발해가 망하고 요동-만주의 땅을 상실한 후 거란족 요나라, 여진족 금나라의 지배를 받게 되었다. 그래서 중국어는 근원을 따지자면 옛 우리의 땅 고조선, 발해, 고구려에 살던 소수민족의 언어다.

인천에서 산둥은 닭울음 소리가 들린다는 앞마당이다. 대중국 수출은 이제 해외 수출이 아니라 한국의 내수다. 중국 수출은 사투리 심한 지방에 물건 파는 것이라고 봐야 한다. 중국 단어 800자와 한국의 한자 800자는 모양만 약간 다르지 같다고 한다. 중국어 800자면 기본 소통은 문제없다.

대중국 수출의 감소는 한국 내수의 감소로 봐야 한다. 중국은 한국의 앞마당이고 반대로 한국은 준準중국이다. 지금 한국에서는 기업이고 산업이고 금융이고 간에 중국이 움직이면 모든 것이 변해야 하는 시대가 왔다. 바로 중국이 이젠 경제적으로는 미국이고, 한국은 중국 태풍권의 핵에 노출되어 있다. 그렇다면 태풍의 핵에 무엇이 있는지를 읽고 보고 소통할 수 있는 언어 능력이 중요하다.

최근 60년간 영어가 빈곤했던 한국을 살렸다면 미래 60년은 중국어가 한국을 부유하게 할 것이다. 바다 건너 먼 나라의 언어, 영어도 배웠는데 옛 고구려와 발해 지역 여진족의 언어였던 만다린을 안 배울 이유가 있을까? 동북공정에 맞서려면 중국어부터 알아야 한다. 적을 알아야 적을 이긴다.

영어는 해가 지지 않는 제국의 언어였다. 경제력과 군사력이 언어를 강요한 것이다. 미국은 슈퍼파워다. 금융력과 군사력으로 이룬 언어다. 일본어는 일어서다 만 언어다. 이젠 중국어를 배워야 한다. 중국의 소비시장 대폭발은 기회이고 중국의 소비가 중국어를 국제어로 만든다. 파는 사람이 아니라 사는 사람의 언어로 얘기해야 하기 때문이다. 제국의 언어를 쓰는 미국의 유치원에서 중국어 교육이 붐이다. 중국의 소비는 한국에 큰 기회다. 고급 소비는 문화이고 언어는 문화 교류의 도구이자 교류의 문을 여는 열쇠다.

한반도가 더 이상 우리의 최후의 영토가 아니다. 중국과 아시아가 아닌 세계의 사이버 영토가 한국의 영토다. 21세기는 정보 유목민의 스피드에 아이디어가 패권의 핵심이다. 춥고 배고프지만 기회가 보이면 반드시 먹이를 먹고 마는 변방의 독수리 정신이 대박인 시대다.

세계 최대의 언어가 영어지만 사이버 온라인에서 중국어는 이미 세계 2대 언어다. 중국은 지금 6억 명의 인터넷 가입자와 12.3억 명의 휴대폰 가입자가 있는 세계 최대의 사이버 시장이다. 이세 사이버 시장을 먹으려면 영어는 기본, 중국어는 필수다.

7장

한국의 신국부론,
이젠 중국에서 써라

01

G2를 제대로 보면
한국의 부의 지도가 보인다

중국의 꿈, 한국의 꿈으로 만들어라

금융위기 이전 세계는 생산량이 2배가 되면 원가가 33% 하락하는 학습곡선으로 일어선 규모의 경제 효과에 기댄 상품경제가 금융경제의 레버리지 효과에 완벽하게 당한 시대다. 그런데 미국이 일본, 한국, 중국으로 상품경제를 떠나보낸 뒤 40배, 60배의 레버지리로 남의 돈을 가지고 장사하는 월스트리트의 시스템으로 상품을 금융으로 통제하려다 거덜 났다.

그림자가 아무리 길어도 태양의 하수인일 뿐이다. 실물이 작아지면 태양의 각도에 따라 그림자가 길어 보이지만 실제는 같다. 금융은 그 자체로는 불임산업이다. 반드시 상품경제를 통해야만 부가가치를 창출한다. 미국이 상품경제를 보내고 사이버 경제로 대체할 수 있다고 생각한 것이 착각이다.

결국 로마와 중국 문명의 몰락은 생산은 없고 소비대국으로 놀다가 어느 순간 한 방에 간 것이다. 미국이 뒤늦게 셰일가스로 에너지 비용을 낮춰 제조업 르네상스를 만들어보겠다고 하지만 셰일가스는 미국을 죽일 수도 있는 양날의 검이다. 3D 프린터 등 신기술을 내놓지만 결국 대량생산

시스템이 없으면 오래 못 간다. 단 하나의 아이폰도 미국에서 안 만들어 대박 냈던 애플의 대박도 5년을 못 간다.

지금 세계의 혼란은 실물경제에 비해 과도하게 키운 금융경제를 줄이는 과정에서 오는 혼란이다. FRB가 요상한 이름을 지어 돈 찍기를 계속하고 채권을 사들여 돈을 풀고 해서 부동산과 증시를 올려놓고 있지만 이는 전 세계를 상대로 사기를 치는 폰지 사기에 버금가는 채권 사기, 소위 본지 Bond-zi 사기다.

미국이 저지른 사고를 달러 거품을 풀어 감추고, 석유와 식량이 담보된 기축통화라는 달러 유통 메커니즘을 가지고 그 거품을 전 세계로 수출하고 사고를 수습하는 척하지만 실상은 손에 피 한 방울 안 묻히고 소국, 달러 식민지들의 껍질을 벗겨 먹는 나쁜 짓이 미국의 QE, OT다. 아시아의 4룡도, 브릭스도 미국의 농간에 녹아 우쭐거리다 막을 내리고 있다.

독일과 프랑스 같은 북유럽은 미국의 사채놀이를 그대로 베껴 남유럽의 베짱이들에게 써먹다가 본전은 다 날리고 심지어는 베짱이의 빚까지 다 물어주게 생겼다. 그러자 500년 자본주의 본고장인 유럽에서 자본주의는 사라지고 부채주의로 돌아섰다. 남유럽은 지금 사상 유례없는 50% 청년 실업으로 젊은이는 분노하고 국력은 날로 쇠약해가고 있다. 일본은 플라자 합의라는 미국의 환율 사기에 말려 20년간 맛이 갔고, 표몰이에만 목숨 건 멍청한 정치집단의 등장으로 외교와 정치에서 또 헛발질하는 바람에 동아시아 주변국과는 다시 준 제2차 세계대전 상태로 가고 있다.

대국의 역사를 보면 대국이 소국을 상대로 사기 치면 결국 언젠가는 한 방에 가는 것이 진리다. 로마가 망한 것도 불순물을 섞은 은화를 유통시키다 주변 소국들이 더 이상 불량 은화를 안 받는 순간 한 방에 갔다. 무한정 찍는 종이돈 달러의 가치하락은 지금 로마 시대 은화의 가치하락보다 2배나 빠르다.

다시 제조업이 강한 나라로 돈이 갈 수밖에 없는 시대가 다가온다. 물은 높은 데서 낮은 데로 흐르고 돈은 낮은 데서 높은 데로 흐른다. 부채는 규모가 작을 때는 돈벌이를 배가시키는 가속기이지만 빚이 커지면 사람을 잡아먹고 기업을 잡아먹고, 심지어는 나라도 잡아먹는 괴물이 된다. 이미 일본은 부채가 나라를 잡아먹은 지 20년이 되어가고 미국과 유럽이 괴물의 아가리에 들어갔다. 국가의 부채가 GDP보다 커진 나라의 성장률은 1~2%를 못 넘는다는 것이 금융위기의 교과서 일본이 보여주는 답이다. 미국과 유럽이 지금 저성장의 덫에 걸렸다.

2008년 이후 과거 5년과 2018년까지 미래 5년과는 완전히 다른 세상이 될 가능성이 높다. 1970년대 이후 30년은 완벽한 미국이 만든 세상이라면 2000년 이후 20년은 미국과 중국이 만들어가는 세상이고 2020년 이후 10년은 중국이 만든 세상일 수 있다. 더 변화가 빠르면 앞으로 10년은 미국과 중국이 만들어가는 세상이고 20년 후에는 중국이 만들어가는 세상일 수도 있다.

그래서 중국의 미래 지도를 제대로 공부하면 한국의 미래 지도가 거기 있다. 중국의 미래 30년의 굴기와 변화에 한국은 어떻게 대응해야 할까를 제대로 연구해야 한다. 한국의 대박은 중국의 미래 30년의 변화를 예측하고 대응하는 데 있다. 한국의 경제적 측면에서 30년 대계는 대중국 전략을 어떻게 수립하는가에 달려 있다.

아는 만큼 보이고 보이는 만큼 번다

모르고 투자하면 깨진다. 무식하면 용감하고 용감하기만 하면 다친다. 승부의 시작은 기본적으로 적을 아는 것으로부터 시작한다. 잘 모르고 무시하면 안 된다. 무시하다 망한다. 150년 전 중국이 영국 무시하다 아편전쟁으로 망했고, 영국이 식민지 미국 무시하다 망했고, 최근 일본이 중국

무시하다 당하고 있다.

일본보다 약한 한국은 중국을 알려고도 않고 무시한다. 잘 모르면서 아는 척하고, 모르면서 투자한다. 결과는 중국 펀드에 투자해서 엄청난 손해를 보고 있지만 여전히 무시한다. 그러면 결과는 보나 마나다.

세계의 판도 변화를 편향된 시각으로 보고 한반도에 오는 200년 만의 기회를 정보 부족, 이해 부족으로 말만 하고 액션을 안 하면 굴러들어 오는 호박을 발로 밟아버리는 우를 범할 수 있다. 똑똑한 놈은 잘난 놈 못 이기고, 잘난 놈은 복 많은 놈 못 이긴다. 지장, 맹장, 용장보다 센 놈은 복 많은 '복장'이다. 한국은 참 복 많고 운 좋은 나라다.

한국은 60년간 먼 나라 미국이 있었기 때문에 아시아의 작은 나라, 후발국이었지만 일본과 중국, 러시아의 등쌀에도 잘 먹고 잘살았다. 한국은 주변국 중국, 일본, 북한이 있어서 괴롭고 고통스럽지만 한편으로 경제적으로는 이들이 있어 행복하고 운 좋은 복 많은 나라다.

유럽은 후추 찾으러 간 콜럼버스가 길을 잘못 찾는 바람에 얼떨결에 아메리카 대륙을 발견해 200년간 잘 먹고 잘살았다. 그런데 한국은 2000년간 옆집에 있던 친구가 어느 날 거상이 되어, 그것도 미국에 맞짱을 뜨는 거물이 되어 제 발로 다가왔다. 2000년간 중국 옆집에 있으면서 한국만큼 중국에 시달렸고 치고받았지만 살아남은 나라가 없다. 그래서 한국만큼 중국에 대해 잘 아는 나라도 없다. 이런 측면에서는 중국은 한국으로보면 잘만 하면 시장을 독식할 수 있는 물 반 고기 반의 시장인 셈이다.

남의 땅 자기 것이라고 우기고 이웃을 침략하고도 사과할 줄도 모르는 왜소한 나라, 일본이 있어 아이러니하지만 경제적으로 보면 우리는 다행이다. 전자와 자동차를 일본에서 배웠지만, 전자는 일본을 제쳤고 자동차는 강력한 라이벌로 부상했다. 전자와 자동차의 세계 최대 격전지가 미국에서 중국으로 전쟁터가 바뀌었다.

중국에서 한국이 일본과 한판 붙으면 한국이 보나 마나 이긴다. 헌법보다 센 것이 떼법이고 정서법이다. 만주대학살, 난징대학살의 아픈 기억을 가진 중국인의 일본인에 대한 반감은 한국 못지않다. 그런데 거기에 조어도 문제가 터졌다. 조어도 문제는 중국과 일본이 서로가 정치적으로 이용하는 것이지만 어부지리는 한국의 자동차산업과 전자산업이다. 영토 문제는 답이 없다. 더구나 무인도는 더더욱 그렇다. 중국과 일본, 조어도 문제로 오래 치고받아라. 우리는 중국에서 일본의 비어가는 자리를 메우기만 하면 돈이 생긴다.

1850년간 공자의 가르침에 같은 제자 그룹 유교주의 국가였던 한국과 중국은 제2차 세계대전 이후 중국은 사회주의로, 한국은 자본주의로 갈라섰다. 덕분에 한국은 2000년 역사 중에 처음으로 중국보다 잘살고 큰소리치는 시대에 살고 있다. 1850년간 한국을 깔보던 중국인들이 한국의 제품, 한국의 식품, 한국의 문화에 열광하고 있다. 인당 소득 6,000달러 대 2만 4,000달러의 차이다.

변화를 알면 미래가 두렵지 않다. 훌륭한 리더는 누구보다 빨리 외부 환경의 변화를 감지하는 능력이 있다. 눈치 빠른 리더가 1위를 만든다. 그래서 돈은 머리로 버는 것이 아니라 코로 번다. 급변하는 환경에 살아남기 위해 얻어진 적응 능력이 태어날 때부터 부모로부터 공짜로 받은 재능보다 강하다. 그래서 강한 자가 살아남은 것이 아니고 변화에 대응해 살아남은 자가 강자다.

중국에서 온 대인大人으로 중국인들을 깍듯이 모셨던 우리의 대중국 역사는 옛말이고, 지금은 우리의 냄새 나는 발가락을 중국의 젊은이들이 설렁탕 한 그릇 값의 돈만 내면 열심히 마사지해주고, 골프백 메고 중국 골프장 가면 OB를 몇 번 내도 '등신'이라고 안 하고 '자이라이 이츠(다시 한 번 더)'라고 해주는 호사를 한다. 상전벽해다.

한국의 2만 4,000달러의 구매력이 '대인'을 '푸우유앤服務員(서비스맨)'으로 바꾸어놓았다. 중국이 강한 유교주의가 아니라 미국이 강한 자본주의로 게임의 룰이 바뀌었기 때문이고, 30년 먼저 판에 뛰어든 줄 잘 선 한국의 어드밴티지다.

그래서 누구보다 빨리 변화의 신호를 알아채고 대응하면 성공한다. 모든 제국은 언젠가는 망한다. 그것은 기업도 마찬가지다. 댐에 금이 간 줄 모르고 계속 물을 담으면 어느 한순간 댐이 붕괴한다. 가전의 전설 소니도, 휴대폰의 신화 노키아도 한 방에 갔다. 변화에 대한 적응력이 떨어지는 순간 1등이 추락하는 것은 시간문제다. 미국과 중국, 한국과 중국의 관계도 마찬가지일 것 같다.

중국 공부는 절대 배신하지 않는다

우리가 중국 투자에서, 중국 사업에서 실패했다면 그 진짜 이유는 중국에 대한 공부가 약했기 때문이다. 중국을 잘 모르면서 아는 척한 것이 패인이다. 결국 중국의 미래는 세계의 패권을 알아보고 먼저 움직이는 돈에게 물어보면 된다. 권력과 부는 함께 가는 것이 진리다. 지금 전 세계의 돈이 중국으로 몰리고 있다.

중국이 미국과 영국 등 서구 열강의 반식민지 상태에서 헤매다 번지수를 잘못 찾아 세계 150등 이하의 가난한 나라로 추락했을 때 한국의 조금 앞선 순발력이 돋보인 게 지금 한국이 중국에 앞선 이유다. 하지만 중국이 세계의 2대 파워 G2로 올라선 지금 권력과 돈은 같이 간다는 진리를 한국은 다시금 되새길 필요가 있다.

지금 한국이 빨리 길러야 할 것은 미국을 잘 보는 눈, 미국관이 아니라 중국의 변화와 미래를 제대로 보는 중국관이다. 중국의 변화에 부의 창출의 기회가 있다. 그간 중국의 변화를 보면 1992년 자본주의 시장경제체제

도입, 1998년 부동산시장 제도, 2013년 리코노믹스다. 서방에서 자주 일어나는 1~4년 주기의 재고투자·설비투자 사이클로 중국을 보면 틀린다. 중국은 5~10년 주기 권력 사이클로 봐야 한다.

지난 30년간 중국의 성장을 이끈 동부 다음으로 마치 19세기 미국의 서부개척 시대처럼 중국에서도 중서부 시대가 열리고 있다. 서부는 끝없는 사막과 고원지대이지만 그 아래에는 석유·천연가스·희토류 자원이 무진장 매장되어 있고, 지금 사막과 고원은 하늘에서 전기를 만드는 태양광발전과 풍력발전의 최적지다.

중서부 지역의 핵심도시 시안은 진시황 시대 통일왕조의 수도였고, 당나라 시대에는 이미 인구 100만 명을 넘어섰던 세계 최대의 도시였다. 당나라 시대 신라와 외교를 튼 지역이고, 신라의 혜초 스님이 거쳐 갔고, 신라 통일의 기둥 김춘추가 당나라와 담판을 벌였고, 신라 조국에서는 어린 시절 불운했지만 뛰어난 중국어 실력으로 중국인들의 심금을 울리는 명문 〈토황소격문〉을 썼던 한국의 중국어 천재 최치원의 무대였다.

지금 충칭은 중국의 디트로이트다. 폭스바겐, 도요타, GM 등 전 세계 자동차회사들이 공장을 짓고 있고 하류산업인 철강·화학 분야의 투자가 줄을 잇고 있다 중국은 중서부 개발이 끝나면 바로 G1이다. 한국은 중국의 동부 시대에는 후발자였지만 서부 시대에 제대로 들어가면 중국의 서부에 LA 같은 코리아타운, 신라방을 세울 수 있다.

중국 서부 투자는 당연히 리스크가 크다. 그러나 돈은 리스크를 먹고 사는 괴물이다. 과감한 리스크를 지고 괴물이 튀어 나가지 않도록 리스크를 잘 관리하면서 버는 것이 진짜 프로 선수다. 한국은 중국의 시진핑 시대 권력의 구조 변화만큼 중서부 시대에 익숙하지 않다. 특히 이미 동부 지역에서 맛이 간 한국의 중공업, 철강, 화학, 기계, 중공업은 중서부의 변화를 제대로 읽어야 산다.

02

한국의 신국부론,
이젠 중국에서 써라

중국의 부상으로 한국이 얻을 게 많은 이유

강세장은 두려움의 벽을 타고 기어오른다는 말이 있다. 그래서 중국의 위기론, 붕괴론이 의미 있다. 물이 맑으면 고기가 없다. 중국이 한국처럼 청명한 하늘에 미국과 같은 투명한 사회가 되면 중국에 투자해서 돈 먹는 것은 포기하는 게 맞다. 부정부패와 무질서, 이해가 안 되는 사회의 혼돈과 문제가 언론에 헤드라인으로 보도되는 때가 돈 벌 기회다. 중국이 미국처럼 되면 한국은 중국에게 당하는 시대이지 돈 버는 시대가 아니다.

투자의 세계에서는 2등이 1등보다 좋다. 1등은 미지의 세계를 개척하지 못하면 바로 추락이다. 그래서 주가가 힘을 못 쓴다. 그러나 2등은 1등만 따라잡으면 바로 대박이기 때문에 문제가 많지만 리스크 별로 없이 앞서 간 1등을 따라잡기만 하면 대박이다. 세계 최고의 1등 기업보다 못난 2등 기업이 투자에는 더 매력적인 이유다.

2등 하는 중국이 우리에게는 최고의 기회다. 지리적으로 아메리카의 대국 미국 옆의 멕시코처럼, 아시아의 대국 중국 옆의 한국이 기본적으로 대박의 조건을 갖추고 있다. 부자 옆집에 살거나 강대국의 옆에 살면 힘들 때도 있지만 대국이 비상할 때 꼬리만 잡고 있어도 하늘 구경을 한다. 미국이 날아갈 때 멕시코가 대박 났다. 이젠 아시아의 중국 차례다. 한국은 장강의 등용문을 넘어 하늘로 비상하는 중국의 용 꼬리만 잘 잡고 있으면 하늘로 난다.

중국의 아킬레스건, 중국이 두려워하고 건드리기만 해도 고통에 몸부림치는 용의 거꾸로 난 비늘 '역린逆鱗'을 잘 공략하면 된다. 중국은 지금 스스로 세계 제1의 경제대국이 되는 것을 겁낸다. 그전에 해결해야 할 숙제가 있기 때문이다. 지금 중국 정부가 직면한 문제는 GDP 성장률이 아니다. 환경문제, 행정 의존적인 경제 시스템과 금융 시스템의 문제, 분배 문제, 인구노령화 문제를 해결해야 한다.

첫째는 환경문제다. 세계 제1의 경제대국은 반드시 대가를 치러야 한다. 전통의 공업화는 자원 소모가 크고 물, 공기, 토양을 괴롭히는 경제발전이다. 이미 베이징을 포함한 중국의 북동부 지역, 중국 전체의 1/7의 지역은 독성 스모그의 위력을 실감했다. 5년 만에 베이징에는 외국 관광객이 줄었다. 이 대가를 치르면 중국은 치명적이다. 중국은 지금 전 국토의 16%가 심각한 토양오염에 노출되었다. 3억 미국 인구는 15%가 환경오염에 노출되어도 4,500만이지만 13.6억의 15%면 2억 명이 넘는다. 이 대가를 적게 치르려면 성장의 속도를 늦추고 산업구조를 바꾸어야 한다.

둘째는 금융이다. 세계 제1의 경제대국은 금융대국이다. 세계의 은행이 되어야 한다. 세계의 실물경제에 필요한 자금을 수입을 통해 무역적자로 화폐를 공급해주어야 세계 경제가 제대로 돌아간다. 그러면 무역적자는 불가피하다. 이는 금융시장을 통해 메꾸어야 한다. 국제화폐의 환류 시스템을 국제적인 금융시장 건설을 통해 만들어야 한다. 중국은 지금 금융 분야에서는 새끼 코끼리다. 번 돈을 굴릴 줄 몰라 모조리 미국에 가져다

주고 있다.

그래서 중국의 식자識者들은 멍청한 중국 관리가 바보짓하고 있다고 비난한다. 국민들에게는 6% 금리에 대출을 하면서 미국에 가서 1%짜리 국채를 사고 있으니 중국 국민들의 피와 땀을 미국민을 위해 바치고 있다는 주장이다. 중국이 금융에서 지금 같은 약소국을 계속 유지하면 대국 중국의 꿈은 없다. 중국이 아시아 국가와 FTA를 손해 보면서 추진하고, 전 세계 국가와 통화스왑을 하고, 런던·싱가포르·일본에 역외 위안화 금융시장을 개설하는 것도 모두 금융대국의 꿈을 실현하기 위함이다.

셋째는 분배 문제다. 국가가 국부의 70%를 소유하는 구조는 경제가 발전할수록 국부민빈國富民貧의 현상이 심각해지고 상대적인 빈부격차를 크게 한다. 배고픈 것에서 배 아픈 것으로 바뀐 인민들의 의식 전환은 분배 문제가 국가를 뒤집어버릴 수도 있는 심각한 사안이 될 수 있다. 그러나 분배의 확대는 공산당의 권력 약화를 의미한다. 중국의 분배는 가진 자와 못 가진 자의 문제가 아니라 국가와 민중의 문제다. 국가가 가진 70%의 재산을 어떻게 공산당이 지배력을 잃지 않는 선에서 배분할 것인가의 문제다.

또 지금보다 국유기업이 이익을 2배 내면 공산당의 지분을 낮추어도 문제가 없지만 이는 국유기업의 개혁과 효율성의 문제다. 하지만 국유기업의 뒤에 붙어 엄청난 이권을 누리는 고위관료와 태자당을 손봐야 하는 과제가 있다. 그래서 국유기업의 개혁은 단순한 지배구조가 아니라 그 뒤편에 숨어 있는 살아 있는 호랑이의 이빨을 빼야 하는 위험하고 어려운 일이다. 국가의 돈을 주머닛돈으로 쓰는 공산당의 권력 약화를 어떤 시스템으로 보완할 것인지를 만들지 못하면 중국의 분배 문제는 겉가지만 건들지 본체는 절대 손댈 수 없다.

넷째는 인구노령화 문제다. 가구당 아이 출산이 2.1명 이상 되어야 그

나라 인구는 줄지 않는다. 1자녀 낳기 운동 30년에 중국은 심각한 노인대국으로 진입하고 있다 1.94억 명의 60세 이상 노인들이 있고 노령화 속도는 더 가속된다. 신생아용 기저귀보다 요실금 때문에 노인용 기저귀가 더 많이 팔리는 나라는 희망이 없어지는 나라다. 그래서 중국은 인구노령화에 대비 2자녀 출산을 허용했다.

연간 1,400만 쌍이 결혼하는 중국에서 2자녀의 허용은 최근 30년간 산아제한으로 4억 인구를 줄였지만 4억 인구가 5년 안에 늘어날 수도 있다. 25~35세의 가임여성, 그리고 늦둥이를 생각하는 35~45세의 중년여성이 아이 하나씩만 더 가지면 바로 인구는 2억이 늘어난다. 전 세계 206개 나라 중 인구 1억 이상인 대국은 11개에 불과한데 중국은 마음만 먹으면 바로 10년 안에 인구 1억 이상인 나라 2개를 더 만들 수 있다. 그래서 핵폭탄보다 무서운 것이 중국의 인구폭탄이다.

따라서 중국의 아킬레스건이 한국에는 기회다. 그러나 중국은 중국 특색이 있다. 그간 한국이 미국과 일본에서 보고 배운 것은 큰 의미가 없다. 한국은 이젠 중국에 특화해야 산다. 미국과 일본을 베낀 것으로는 부족하다. 중국에 맞춘 산업, 맞춘 상품, 맞춤 기술을 만들어야 한다. 패션부터 자동차, IT까지 백화점식으로는 중국에 못 이긴다. 환경과 인구에 초점 맞춘 산업을 특화하면 대박이다.

30년 개발의 후유증은 30년 간다. 중국 환경산업의 대박은 지금부터다. 30년 열심히 일한 중국, 30년간 병치레한다. 중국 베이비부머의 은퇴, 산아제한의 철폐, 소황제의 결혼과 출산 모두 새로운 황금산업이다. 중국의 GDP, 중국의 과잉투자, 산업 구조조정 등의 문제는 경제박사 리커창 총리에게 맡기고 우리는 중국의 폭발하는 소비에 기대어 돈 먹으면 된다.

그런데 중국을 보는 시각을 바꿀 필요가 있다. 당장의 중국 현금을 보지 말고 현금이 빠져나갈 구멍을 지키면 대박이다. 한국의 백년대계는 한국의 앞마당, 중국의 국부에 있다. 중국이 10년에 2배를 가면 중국의 밥상에 젓가락만 올리면 우리도 2배.

30년 전 한국의 국부론은 영어로 썼지만, 이제 미래 30년 한국의 신국부론은 중국어로 써야 한다. 한강의 성공 신화는 미국을 보고 만들었지만 이젠 중국이 한국의 '도약 신화'를 만들어줄 차례다.

중국 13.6억의 굴기, 일어서면 오래간다

2013년을 기점으로 비관론자들은 중국이 침체의 10년, 20년, 30년으로 들어간다고 본다. 부동산 버블, 사회 혼란, 공산당 독재의 함정이다. 낙관론자들은 중국은 다시 10년, 길면 20년 내 미국을 추월하고 세계 최강국으로 부상한다고 본다.

중국의 역사는 30년은 동쪽으로, 30년은 서쪽으로 흐른다. 개혁개방 30년이지만 중국이 중국 특색의 자본주의 시장경제체제를 선택한 것은 1992년이다. 아직 21년밖에 안 됐다. 1978년 이후 30년은 물건이 부족했고 경제는 성장지상주의가 난무했다.

20세기 20년간 중국은 아무것도 없는 상태에서 무에서 유를 창조했다. 외자를 이용하고 노동력을 제공해 거대한 경제력을 만들었다. 역사적으로 보면 철강산업은 바로 한 국가의 제조업에서 부흥과 강력함의 상징이다. 영국과 독일, 미국이 그랬다. 20세기 말에 중국은 미국, 일본을 제치고 세계 최대의 철강대국이 되었다.

기초산업은 국유기업의 주도로 성장했다. 경제발전으로 주택·자동차·전자통신 등 후방산업의 발전은 전방산업인 에너지·철강·비철·전력·석탄 등의 거대한 수요를 창출했고, 그 결과 산업구조를 경공업 중심에서 중공업 중심으로 전환시키는 계기가 되었다. 21세기 들어서 중국은 투자 과열을 인식했고 글로벌 금융위기로 선진국의 수요 감소로 중국에는 과잉경제 시대가 도래했다. 과잉경제는 필연적으로 과잉산업의 구조조정이 필요하게 만들었다.

중국 개혁개방 30년이 지난 지금은 물건은 공급과잉이고, 경제는 중속성장 단계로 진입했고, 민생과 문화와 경제가 함께 발전해야 한다는 것이 중국 경제발전의 핵심 이슈다. 시진핑 시대 중국의 향후 10년은 경제성장 모형 전환의 10년이고, 민족부흥의 10년이다. 국가의 부강國強과 국민의 부유民富가 새로운 키워드다. 소프트 파워인 문화부흥이 추가적인 키워드다.

중국이 일본과 같은 잃어버린 10년으로 갈 것인가? 중국의 성장에 대해 비관적인 시각은 각종 사회문제의 대두로 개혁은 실패하고 계획경제에서 시장화가 나쁜 결과로 이어질 것이라고 보는 것이다. 낙관적인 시각은 중국의 성공은 국가독점, 국유경제였기 때문에 가능했고 이젠 시장화를 통해 국강과 민부를 함께 가져갈 것이고, 중국은 이제 강強에서 부富로 갈 것이라고 보는 것이다

중국의 최근 30년간 전통의 방식은 21세기 공룡의 모습이다. 공룡은 스스로의 몸집 때문에 무너졌다. 중국의 시진핑 정부는 10년은 새로운 모형이다. 새로운 모형이 옛것을 대체한다. 13.6억의 거대 국가는 일어설 때도 오래 걸리지만 달리기 시작하면 그 자체의 무게의 몸의 기속도 때문에 아무도 못 잡는다. 특히 끊임없이 돌아가는 돈과 물류가 특징인 자본주의 속성상 사회주의가 자본주의 시스템으로 엔진을 바꾸면 함부로 못 세운다.

13.6억의 중국은 3억 미국과 6억 유럽이 200년간 달려온 것보다 더 빠른 속도로 갈 수 있다. 미국과 유럽을 합친 것에 다시 미국 1.5개를 더한 규모의 기차가 이미 시동 걸렸고 달릴 준비를 하고 있다. 속도가 나는 순간 무적함대다. 스스로의 가속도를 스스로 제압하지 못할뿐더러 누구도 쉽게 못 세운다. 원심력의 힘, 낙하속도의 가속 힘이다. 엄청난 무게가 달리

는 것이다.

이런 중국과 함께하려면 개미가 코끼리를 밀고 다윗이 골리앗을 쓰러뜨리는 전략이 없으면 밟히거나 깔려 죽는다. 작은 이득에 득의양양하다 보면 한 방에 가는 수가 생긴다. 2000년 만에 온 우리의 경쟁우위를 그냥 넘기면 안 된다. 한국의 분단이 한국의 발전을 가져왔다. 한반도의 반쪽짜리로 세계 15등을 했다. 남북이 합치면 7등일 것 같지만 그렇지 않다.

시련이 강하게 만든다. 일본에 원폭이 터진 것이 일본이 악심 먹고 죽으라 일해 G2로 일어섰던 이유다. 한국전쟁이 한국에는 아픈 상처지만 일본에는 약이었다. 그러나 미국의 시대가 가고 중국의 시대가 오고 있다. 미국을 향한 '태평양 해바라기'에서 이제는 한국이 다시 서해 건너 '대륙 해바라기'를 할 때가 오고 있다.

만약 이것이 잘못되면 박지원의 《열하일기》를 다시 쓰는 불상사가 생길 수 있다. 중국 황제의 별장을 찾아가는 조공국 사신의 여정기를 장안의 베스트셀러로 만든 한국의 좁은 세상 보는 눈이 결국 조선을 500년간 중국의 조공국으로 살게 했다.

여차하면 21세기에 중국에 다시 조공 바치는 일이 생길 수 있다. 금융에서 조공이다. 중국이 위안화 국제화를 완성하는 순간 한국은 다시 모든 것을 중국에 잃게 된다. 중국의 금융정책에 한국의 금융정책이 춤추고 중국인민은행장의 입을 미 연준 의장 입 쳐다보듯이 봐야 하는 일이 벌어질 수 있기 때문이다.

한·중 FTA는 금융이 중요하다. 그리고 중국의 미래 첨단산업이 중요하다. 한·중 FTA의 사각지대가 금융과 첨단산업 분야다. 첨단산업과 금융산업에 대한 이해와 전략 연구 없이 상품 교역으로만 FTA를 결판내면 한국은 당한다. 중국 돈의 전해전술錢海戰術에 당한다. 중국이 6·25전쟁 때 인민해방군 100만을 몰아 한반도의 북쪽을 뒤덮었던 것처럼 인민폐가 한

반도를 뒤덮는 날이 올 수도 있기 때문이다

한국, 대중국 손익계산서 다시 써야 한다

한국은 전 세계에서 GDP 대비 대중국 의존도가 가장 높은 나라다. 제조대국 중국이 필요한 중간재를 공급하면서 중국의 톱3의 교역국이 되었다. 이는 역으로 중국이 기침하면 한국은 바로 몸살이 나는 구조다. 그래서 한국은 제조업의 측면에서 보면 준 ^{準} 중국이다. 한국의 제조업은 중국의 수요에 울고 웃는 상황이 되어버렸다.

주력산업, 주력기업이 중국에서 돈을 벌다 보니 한국 증시는 중국에 의존도와 영향력이 너무 크다. 옐런 미 연준 의장이 QE를 축소한다고 하면 하루 이틀 조정이지만, 중국의 저우샤오추안 인민은행장이 금리를 올린다고 하면 증시는 속락이다. 한국은 중국에서 변화가 보이지 않으면 구조적 상승은 어렵다. 이젠 한국 증시에서 중국을 빼놓고는 절대 시장을 못맞춘다.

금융위기 이후 한국은 대중국 교역에서 정말 얼마나 벌었을까? 철강·화학·조선·기계는 중국의 공급과잉으로 그간 번 것을 다 토해내었고, 한국의 자동차와 휴대폰 정도가 돈을 벌었다. 그런데 이들 산업에서 순이익을 얼마나 냈을까? 자동차와 휴대폰 회사들의 순이익률은 10%대에 그치고 있다. 그런데 이들 업종 이익은 소재산업에서 적자와 상계하면 대중국 순이익은 많이 줄어든다. 그런데 금융위기 전에 중국을 잘 모르면서 한국의 금융이 큰돈을 중국 펀드에 왕창 질러 1/3 토막이 났다.

한국의 제조업이, 자동차와 휴대폰이 중국에서 많이 벌었다고 하지만, 소재산업에서 적자 본 것과 특히 금융산업에서 까먹은 것을 제하면 한국의 대중국 사업에서 손익계산서에는 별로 남는 것이 없다. 제조업이 아무리 잘해도 금융이 사고 치면 국가 전체적으로는 그 의미가 반감한다.

거기에 금융시장에서 대중국 수출 수혜주라고 외국인들이 왕창 샀다가 주가를 올려놓고 난 뒤 실적이 엉망이 되기 전에 외국인이 시세차익을 누리고 나간 덕분에 국부가 유출된 것까지 합치면 한국은 대중국 사업에서 힘만 들었지 크게 번 게 없다.

제조업과 금융에서도 그렇지만 유통업에서도 상황은 비슷하다. 한국의 내로라하는 유통업체들이 중국에 뒤늦게 뛰어들어 줄줄이 적자 내고 점포 문을 닫고 철수하고 있다. 중국의 유통시장을 만만히 보고 덤빈 탓이다. 한국에서 재래시장의 상권을 잡아먹어 몸집만 키운 실력으로 호랑이도 옆집 가면 고양이에게 지는 나라 중국에 갔으니 살아남기 어려운 것은 당연하다.

중국이 변하고 있다. 인터넷이 중국을 바꾸고 있고, 중국인을 바꾸고 있고, 중국의 소비를 바꾸고 있다. 한국은 제조강국으로 폼 잡고 있지만 중국이 꽌시로 맺어진 유통강국이라는 것을 간과한 것이다. 한국의 유통업체들은 돌멩이도 팔리는 목 좋은 자리를 임대해야 하는데 임대료 싼 2급지에 점포를 열었으니 장사가 될 리 만무하다.

중국에 투자해서 돈 먹으려면 차이나-MBAChina-MBA들이 필요한데 중문 전공자들이 대거 주재원으로 나갔다. 투자분석, 시장분석, 상권분석, 마케팅이 약할 수밖에 없었다. 검의 고수에게 칼로 덤비면 진다. 중국어의 나라에 중문과 출신만 보내면 승부는 뻔하다. 중문과 출신이 아닌 중국어가 능통한 상대 출신으로 전사를 짜야 한다. 역관譯官이 아닌 거상巨商을 키워야 한국이 대중국 손익계산서에서 흑자를 크게 낼 수 있다.

물고기는 호적이 없다. 한국 어부에게 잡히면 국산, 일본 어부에게 잡히면 일본산, 중국 어부에게 잡히면 중국산이다. 그래서 물고기만큼 황당한 것이 없다. 기술도 마찬가지고 제품도 마찬가지다. 브랜드가 아니라 원산지가 실제로는 중요하다. 기술은 물고기처럼 돈다. 가만있지 않기 때문이다. 세계의 첨단기술, 신제품 기술이 출생지는 선진국이지만 지금 대거 중국으로 이사 오고 있다. 시장이 있는 곳에 기술이 따라가기 때문이다.

지금 전 세계 신기술들이 중국에서 놀고 있고 중국에서 만들어 전 세계로 팔린다. 한국의 강점이 전 세계의 기술과 만나면 빛이 바랜다. 중국 기술은 낙후되어 있지만 중국 시장에 들어온 세계 기술은 한국보다 수준 높은 것이 수두룩하다. 중국에서 돈 번다는 것은 중국 기업과의 경쟁이 아니고 전 세계 기업과의 경쟁이다. 한국의 적은 중국 기업이 아니라 중국에 들어온 서방 기업이다.

아이폰이 중국을 바꾸어놓았다. 신장의 유혈 사태도, 음식점의 불량식품도, 고관들의 여성들과 부적절한 행위나 부적절한 거래도 카메라 달린 휴대폰이 관찰자, 고발자가 되고 있다. 숨겨놓은 CCTV보다 손에 들고 다니며 언제 어디서나 전송할 수 있는 이동 CCTV인 휴대폰이 중국을 바꾸어놓았다. 요우쿠, 위챗 등의 SNS에 무조건 찍어서 올리고 유통시킨다.

애플이 70만 명의 푸스캉 종업원의 손으로 아이폰을 만들어가면서 노동환경이 무엇이고 대량생산이 무엇인지, 그리고 생산이 아니라 개발과 유통이 진정한 권력이란 걸 알려주었다. 또한 6달러의 임금으로 만들어준 아이폰을 중국인들이 499달러를 주고 애플 매장에서 다시 사는 시대, 그리고 그 아이폰을 끼고 사는 시대로 사회를 바꾸었다.

한국에서 대중국 손익계산서는 이젠 제조에서 유통과 금융을 같이 봐야 답을 제대로 얻는다. 그리고 실물경제가 아니라 사이버 경제, 인터넷 경제에서 유통시장을 장악하지 못하면 한국의 손익계산서는 더 쪼그라들 가능성이 있다.

03

용의 등에
올라타는 방법은

상인종, 중국인을 연구하라

상인종商人種, 중국인을 연구하면 중국에서 돈 먹는 방법이 보인다. 중국에서 상인商人은 그 역사가 길다. 중국에서 상인은 3000년 전 은나라로 더잘 알려진 상商나라가 무왕과 강태공의 고사로 유명한 주나라에 멸망하자 백성들이 전국으로 흩어져 장사꾼이 되었는데, 이들을 장사하는 자, 바로 '상인'으로 부르게 된 것이다.

중국의 상인들은 3000년 전에 이미 구구단을 사용한 사람들이다. 그래서 중국에서는 3000년 전부터 먹고살기 위한 필사의 방편으로 상업에 종사했고, 춘추시대에 철제 무기와 농기구가 등장하면서 잉여 농산물의 거래가 활발하게 이루어지고, 무기의 개량으로 크고 작은 전쟁이 끊이지 않자 내세관 대신 당장 먹고사는 현실적인 문제에 더 집착하게 되었다.

이런 사회 분위기가 상업의 발달과 함께 물질에 대한 인간의 원초적 소유 본능을 깨우면서 돈벌이 숭배가 종교의 단계로 중국에서 격상하게 된것이다. '의식이 족해야 예의를 안다'는 유교의 가르침도 매우 현실적이다.

부의 추구는 인간의 본능이고 그것을 정당하게 추구하라는 것이 공자의 가르침이다.

중국에서 군자가 반드시 갖추어야 할 6가지 기예, 즉 육예에는 산수가 들어 있다. 3세기 진나라 때 이미 원주율이 3.14라는 것을 계산해낸 학자가 등장할 정도로 중국에서 지식인이 되려면 셈이 빨라야 했다. 중국의 고대 시나 표현을 보면 대개 글자 수가 고정되어 있고 그 표현은 절묘하게 대구를 이루어야 명시, 명구가 되는데, 즉흥적으로 시를 짓는 데도 철저한 수적인 개념이 들어가 있는 것이다.

봉건제 관료주의 사회가 구축되면서 중국에서 돈과 권력은 사대부만이 가질 수 있었기 때문에 일반인들은 권력을 갖지 않고 부를 쥘 수 있는 기회가 상업이었다. 또한 상업으로 돈을 벌면 권력을 살 수도 있었기 때문에 백성들은 자연스럽게 상업을 중시하는 풍토가 생겼다. '돈이 있으면 귀신도 부린다'는 생각을 가진 중국인들 입장에서 관료는 당연히 부릴 수 있는 것이고, 이것이 중국에 뿌리 깊은 정경유착, 부정부패의 근본이다.

부정부패 문제가 지금 중국 사회에 핫이슈이지만 물이 너무 맑으면 고기가 살지 않고, 사람이 너무 치밀하면 무리가 따르지 않는다는 것이 중국인들의 생각이다. 한 무제 때부터 중국의 황제는 면류관을 쓰기 시작했는데 이는 황제의 얼굴 표정을 가리기 위함이다. 황제가 무슨 생각을 하는지 신하들이 모르게 하기 위함이다.

하늘의 아들天子인 최고권력자 황제마저도 투명성보다는 포커페이스를 하고 있었으니 과연 중국은 중상과 모략, 치열한 경쟁 그리고 부패의 구조적 고리가 오래전부터 있었던 것이다. 장사에도 너무 이를 밝히다 보면 돈이 안 된다는 것이고, 약간의 어두운 구석이 있어야 한다고 보는 것이다.

중국 상인들은 돈 되는 사업은 거의 모두 국가가 독점하고 있었기 때문에 정치에 뒷돈 대고 관여하는 것은 일종의 사업이고 사업은 치열한 전쟁이라는 생각으로 돈벌이에 임했다. 국가 독점사업의 주변에 붙어 사업에서 성공한다는 것은 바로 관료와의 결탁과 관료의 권력을 이용해 상대를 제거하는 방법이 가장 유효한 사업수단임을 중국 상인들은 오래전부터 터득하고 있었던 것이다.

그래서 중국의 역대 거부들은 대개 국가의 전매사업에 손을 댔고 정치에 뒷돈을 댔고 매점매석을 통한 유통시장의 장악으로 폭리를 취해 돈을 벌었다. 지금 중국의 거부들 또한 대부분이 공산당에 가입해 있다. 심지어는 고위간부의 서열에 오른 이도 있다. 어지간한 지방의 부자들이라면 정협과 전인대의 대표 자리 하나씩은 차고 앉아 있다.

역대 중국의 거상들이 돈을 번 대상을 보면 소금, 비단, 보석의 3대 품목이다. 이는 요새로 치면 바로 생필품, 시대가 지나도 변치 않는 명품, 그리고 상위계층을 위한 럭셔리 사치품이다. 중국은 예로부터 8가지 생필품 쌀, 소금, 기름, 장, 식초, 차, 파, 장작 장사를 하면 절대 망하지 않는다. 중국 최고의 부자 와하하그룹의 쭝칭허우 회장은 물장수다.

중국인들은 사람은 옷이 날개이고 말은 안장이 최고로 중요하다고 생각한다. 지금 전 세계 명품 패션회사가 모조리 중국으로 몰려가고 있다. 전 세계 금융위기로 금가격이 미친년 널뛰듯 하지만 중국인들의 황금과 보석의 구매는 줄어들 줄 모른다. 중국을 공략해서 돈 벌려면 무슨 제품을 팔아야 하는지는 역대 중국 상인들의 축재蓄財 방법을 살펴볼 필요가 있다.

중국의 CCTV 13개 채널에는 모두 자막이 나온다. 글자는 같지만 발음이 지방별로 달라 뉴스를 하는 아나운서의 베이징 표준어를 못 알아듣는 지방 사람들이 많기 때문이다. 중국은 1개의 나라가 아니라 31개 나라의 연합국이고 각 지방의 특성이 모두 다르다. 그래서 산둥성의 호랑이가 장쑤성에 가면 장쑤성의 고양이에게도 못 이기는 것이 중국이다.

전 세계 내로라하는 유통업체들이 모두 중국에 진출했지만 하나둘 문 닫고 나오는 이유는 이런 중국의 특성 때문이다. 그래서 중국 상인들은 전 세계 어떤 거대 유통회사가 와도 겁내지 않는다. 중국 내수시장은 중국 인이 가장 잘 안다고 자부하기 때문이다.

중국의 상인들은 강과 바다에 노다지가 있다는 것을 일찍부터 알아차 린 사람들이다. 강의 상류가 아니라 하류에 돈이 모이고 강이 모인 바다가 돈이 커지는 곳이라는 것을 진작에 안 사람들이다. 중국의 '상인의 DNA' 는 바로 전쟁과 폭군 황제의 정책 때문에 개발된 유전인자다. 주나라와의 전쟁에서 진 상나라 패전국 국민들이 중국의 상인을 만들었다. 중국 최초 의 통일 황제, 독재자 진시황이 관료를 타락시킨 상인을 벌하고 부패를 뿌 리 뽑겠다는 생각으로 상인들을 강남으로 강제 이주시킨 결과가 강남과 해안 개발의 계기가 되었다.

지금 중국의 부는 모두 동부 연안 해안선 도시들을 따라 모여 있다. 중 국의 역대 38개 왕조의 수도를 보면 서안에서 출발해 뤄양, 카이펑, 난징 을 거쳐 베이징으로 올라간다. 내륙에서 시작해 황하강으로 올라갔다. 중 국의 정권도 결국 물 따라, 돈 따라 간 것이다.

중국에서 부의 코드를 읽어라?

세상의 트렌드 변화를 잽싸게 알아채고 남보다 한 걸음 먼저 투자하고 기다리는 사람들이 부자들이다. 그런데 어느 나라 할 것 없이 최고 부자 를 보면 그 나라 최고 명문대를 나온 사람은 거의 없다.

사회주의 국가 중국에 억만장자가 넘쳐난다. 〈포춘〉이 선정한 2013년 세계 억만장자 1,426명 중에서 중국인이 161명으로 국별 순위 세계 2위 다. 이들이 가진 재산은 4,560억 달러, 501조 원이나 된다. 중국에서 부의 코드는 무엇이고 중국에서 돈 냄새를 가장 잘 맡는 억만장자는 도대체 어떤 사람들일까?

중국에서 부의 코드는 공산당의 정책이고, 중국에서 돈 냄새 맡는 데 귀신은 바로 공산당 출신의 기업가들이다. 중국에서 돈벌이는 공산당의 정책을 따라 하면 실패가 없다. 중국의 억만장자는 모두 중국의 정책 변화에 절묘하게 잘 올라탄 사람들이다.

2012년 중국 최고 부자 쫑칭허우 와하하그룹 회장은 〈포브스〉 글로벌 억만장자 순위 30위에 올랐다. 공산주의 국가 중국에서 억만장자 부자가 있다는 것도 아이러니하지만 중국의 부호들은 대부분 노동자와 농민의 당이라는 공산당의 간부다.

같이 일해서 균등하게 나누어 먹는다는 공산주의 사회에서 부자라는 것 자체가 이상하게 들리지만, 중국의 부자는 '중국 경제의 설계사'로 칭송받는 덩샤오핑의 유지를 가장 잘 실천하고 받든 뛰어난 사회주의자들이다. 덩샤오핑은 '능력 있는 자, 먼저 부자 되라'는 선부론의 교시를 내렸기 때문이다.

덩샤오핑 다음으로 권력을 이어받은 장쩌민은 '3개 대표론'을 만들어 공산당은 노동자, 농민 외에 기업가의 이해도 대변하는 당이라는 기막힌 논리를 만들어 '붉은 자본가'들을 모두 공산당 간부로 만들었다. 그래서 중국은 겉으로만 사회주의지 안을 들여다보면 사회주의 탈을 쓴 자본주의다.

중국의 대박 산업은 총리의 입에 답이 있다. 2008년 글로벌 금융위기 이후 중국의 경제정책을 보면 크게 3가지였다. 원자바오 총리 시절에는 4조 위안 경기부양정책과 내수소비 확대정책이었고, 리커창 총리가 집권하면서 구조조정과 첨단산업 육성정책이 핵심이다. 한국의 최대 수출 지역인 중국의 변화에 한국의 제조업과 증시도 크게 영향을 받았다.

2008년 이후 원자바오 총리 때 4조 위안 재정지출 시기에 한국 증시에서는 차·화·정車·化·精이, 내수소비 확대 시기에는 패션, 화장품, 음식료 등의 소비 관련주가 중국 수혜주였다. 그러나 시진핑 정부가 들어서면서 공무원의 경비 사용을 통제하고, 군대에 금주를 명령하고, 부정부패 타파를 시작하자 소비 관련주들은 추풍낙엽이 되었다.

그런데 2013년 초부터 베이징을 시작으로 전 국토의 1/7에 해당하는 지역에 독성 스모그가 몇 달간 지속되자 중국 정부는 굴뚝산업에 대한 대대적인 구조조정과 첨단산업과 환경에너지 절감산업 육성정책을 내놓았다. 전통산업을 구조조정하고 전통산업에 첨단 IT를 융합시켜 생산성 향상을 도모하는 IT 소비정책을 시행했다.

그러자 바로 IT 산업이 리커노믹스의 정책 수혜주로 급부상했다. 중국 상하이 A주 940종목 중 주가상승률 상위 100사의 커트라인 수익률은 88%나 되는데, 주가상승률 상위 100사 중 49개가 IT 관련 주식이다. 2014년 들어 중국 상하이 A주식의 주가는 16% 상승하는 데 그쳤지만 IT 서비스 업종 주가는 77%나 상승했다. 세계 수준의 태양광 장비업체인 중국의 썬텍이 부도가 나는 등 최근 수년간 중국의 태양광산업은 공급과잉으로 몸살을 앓았다. 하지만 최근 중국 정부가 공해 없는 청정에너지인 태양광발전에 2015년까지 투지를 3배 늘린다는 빌표를 하사 태양광산업은 바로 어둠에서 양지로 나왔다.

중국에서 부의 코드는 바로 정부의 정책이고, 경제를 총괄하는 총리의 입에 그 해답이 있다. 정부가 육성하는 정책산업에는 금융과 제도, 세제가 모두 지원되기 때문이다. 2008년 이후 중국의 최고 부자가 영위하는 업종을 보면 정부의 정책 수혜가 적나라하게 드러난다. 건설 붐이 불었던 2009년과 2010년에는 철강과 부동산 업자가 재계 부자 순위 1위였고, 2011년에는 기계업종에서 최고 부자가 나왔다. 내수확대가 시행된 2012년에는 음식료업종에서 최고 부자가 탄생했다.

앞으로 부자들이 쏟아져 나올 업종은 무엇일까? 리커창 총리의 산업 구조조정 정책 다음은 신형도시화 정책이다. 2013년 11월에 개최된 3중전회에서 가장 큰 이슈는 신형도시화였다. 10년 내 적어도 1억 명 이상의 농민을 도시민으로 만드는 정책이 시진핑-리커창 정부 경제정책의 핵심이다. 그런데 이번 리커창 총리의 신도시 건설정책은 2009년 원자바오 총리 시절 4조 위안을 퍼부어 시멘트와 철근으로 1,000만 채의 집을 짓던 도시 건설과는 다르다.

기존 도시의 확대가 아닌 위성도시 건설, 정보화된 스마트 시티 건설, 환경오염이 없는 녹색도시 건설이 리커창이 주도하는 신형도시화의 모습이다. 대도시와 연계하는 첨단지능형 도로교통망, 첨단 IT 시스템, 환경보호와 에너지 절약산업이 대표적인 수혜산업이다.

브랜드 팩토리, 실리콘밸리의 연구실이 한국이 갈 모델이다

중국은 일본, 한국, 대만 등지의 소재와 부품을 수입해 단순 조립하던 제조공장의 위치에 만족했지만, 이젠 제품에 필요한 소재와 부품까지 직접 만들겠다는 야심을 숨기지 않고 있다. 중국 정부는 자국 소재, 부품을 주요 산업 분야에서 일정 비율 이상 쓰도록 하는 마치 로컬 콘텐츠 조항 같은 규정을 만들어 시행하고 있다. '메이드 인 차이나'에서 마치 인텔이 '인텔 인사이드' 전략을 펼친 것처럼 이젠 '차이나 인사이드' 전략으로 가고 있다. 이렇게 되면 중간재 수출 한국은 중국에서 재미가 없다.

한국이 갈 길은 결국 근력筋力이 아닌 염력念力이고, 제품이 아닌 브랜드다. 한국의 앞날은 중간재 팩토리가 아니라 브랜드 팩토리이고 제조가 아니라 연구개발형 산업이다. 1명이 벌어 100명이 먹고사는 구조가 답이다.

삼성과 애플의 특허전쟁이 점입가경이다. 그러나 소비자가 최고의 재판관이다. 자신 있으면 갤럭시를 미국에서는 안 판다고 해보라. 미국 소비자가 난리 치면 그게 진짜 경쟁력이다. 2등은 빠른 추격으로 1등을 따라잡을 수 있지만 1등이 되면 더 이상 모방으로는 안 된다. 1등은 독창성이지 모방은 없다. 지금 삼성과 애플의 전쟁은 진정한 1등의 싸움이다.

한국 삼성은 세계 IT 업계에서 등용문을 넘은 물고기다. 그러나 등용문을 넘는 점프 실력만으로 용이 되기에는 2%가 부족하다. 여전히 물고기의 꼬리와 지느러미가 붙어 있기 때문이다. 진짜 용으로 비상하려면 등용문으로 튀어 오르는 날 하늘의 번개를 온몸으로 맞아 그 무서운 충격에 몸을 떨어야 비로소 물고기의 지느러미와 꼬리가 떨어지고 미끈하고 찬란한 용의 비늘이 돋는다. 번개에 목숨을 내맡긴 담대함과 살이 타는 아픔이 있어야만 진정한 용으로 부상하는 것이다.

미국에서는 삼성이 당했지만 애플과의 특허전쟁은 이게 끝이 아니고 시작이다. 미국의 안방 텃세를 탓할 여유가 없다. 스마트폰 전쟁은 전 세계 젊은이들의 돈을 누가 뺏어 가는가의 '쩐錢의 전쟁'이다. 돈과 권력은 결코 나누어 쓸 수 없다. 복종하든지 복종시키든지 둘 중 하나다. 피를 본 상어는 상대가 죽을 때까지 따라붙는다. 피를 본 사과를 이마에 그린 '애플 상어'는 결코 멈추지 않는다.

지금의 시대는 팔뚝괴 근육筋肉의 시대가 아니고 손가락과 삼속의 시대다. 산업혁명은 근육혁명이었지만 디지털 혁명은 손가락 혁명이다. 그런데 이젠 스마트 혁명의 시대가 왔다. 스마트 혁명의 시대는 염력, 상상력의 시대다.

세계 시장을 놀라게 한 스티브 잡스의 아이폰 디자인의 심플함과 여러 기술을 아우르는 감성의 통합 기술은 모두 스티브 잡스의 인생의 멘토였던 동양의 승려가 가르친 동양 불교의 힘이다. 여기에 미국이라는 좋은 IT 토양에 동양의 염력이 스티브 잡스라는 기괴한 천재를 만나 싹을 틔우고 꽃을 피운 것이다.

컨베이어 벨트의 길이와 스피드에서 승부를 걸던 시대는 갔다. 삼성을 잡아먹을 듯이 몰아치는 애플은 단 1대의 아이폰도 미국에서 만들지 않는다. 열악한 근무환경으로 근로자들이 연쇄자살한 중국의 팍스콘이란 회사가 만들어준다. 아이폰은 100% '메이드 인 차이나'이고 제품의 콘셉트와 디자인만 미국이다. 손에 피 한 방울 안 묻히고 돈 버는 모델을 애플이 보여주었다.

생산효율과 신제품 라인업에 목숨 거는 근육형 기업 삼성의 매출액은 아이디어형 기업 애플보다 20%나 많지만, 이익은 절반에 그치고 시가총액은 1/3 수준이다. 스마트폰 판매 대수로 보면 애플은 삼성의 절반밖에 안 되지만 전 세계 휴대폰 회사의 영업이익 71%를 가져가고 삼성은 26%를 겨우 가져간다. 근력과 염력의 싸움 결론이 바로 이렇다.

이젠 팔뚝과 근육의 시대가 갔고, 손가락과 감촉의 시대도 스티브 잡스의 사망과 함께 떠나갔다. 오감과 상상력, 염력이 가진 창의성이 생존의 화두인 시대가 왔다. 상상력에는 학벌도, 집안 배경도, 나이도, 성별도 없다. 유리 천장이 애초부터 없다. 물만 주면 하늘 끝까지도 가는 '잭의 콩나무'처럼 무한대의 성장과 발전이 가능한 시대다.

지금 한국의 옆집 중국이 미국에 이은 세계 최대의 시장으로 떠오르고 있다. 중국에 없는 모델을 만들면 대박이다. 성형이나 미용은 유행이고 패션이기 때문에 오래 못 간다. 대신 IT와 건강 산업은 잘 만들면 롱런이다. IT 강국 한국이 가야 할 길은 지적재산권으로 무장한 IT와 바이오가 합쳐진 의료공학, 유비쿼터스 헬스U-Health 산업이다.

한국이 할 일은 중국의 12.3억 명 휴대폰 가입자를 겨냥하고 13.6억 인구의 노년을 위한 IT와 바이오를 기반으로 한 기괴한 상상력의 천재를 만드는 것이다. 그러면 예전 중국에 '대인'이라고 극존칭을 써가며 살아남기 위해 아부했던 아픈 기억을 가진 한국이 13.6억 중국인들에게 영원히 '선생님'이란 소리 들으며 잘 먹고 잘살 수 있다.

그러나 이런 산업을 잘 육성하려면 혁신의 대가 슘페터와 정부주도 경제를 주장한 케인스를 사부로 잘 모셔야 한다. 이런 산업은 창의를 통한 혁신이 있어야 하고 정부가 화끈하게 나라가 휘청거릴 정도로 지원해야 성공하기 때문이다.

한국이 만든 브랜드가 없으면 금융위기로 어려움에 처한 미국과 유럽의 브랜드를 사서 우리 것으로 포장해 업어치기해서 파는 것도 방법이다. 50년, 100년 된 유럽과 미국의 브랜드가 중국에서 가장 잘 먹히는 분야는 중국이 가장 우려하는 식품안전 분야다.

전쟁보다 더 무서운 게 전염병이다. 전염병은 불결한 데서 오고 이것이 먹거리와 연계되면 대형 사고다. 14세기 중엽 유럽에서는 인구의 30~40%가 죽었다. 페스트 때문이다. 요즘은 에이즈, 사스, 광우병, 신종 인플루엔자가 중국인들을 협박하고 있다. 청결과 위생이 중요하다.

중국이 미국의 거대 육가공 회사를 인수합병하고 미국의 세계적인 육가공업체인 타이슨푸드가 중국에서 성공한 것은 안전한 먹거리와 위생에 대한 중국인의 인식 변화가 가져온 결과다. 중국의 식생활이 서구화돼가고 있고 모든 먹거리기 위생과 인진이 우선시되고 있다. 서구의 오래된 브랜드가 중국에서 신뢰성의 문제 때문에 먹히는 시대다.

04

중국 공략 제대로 하려면

대중국 사업의 성공 척도 3가지

한국 경제의 미래가 중국에 달려 있다고 하지만 한국의 진짜 중국통은 얼마나 될까? 중국 사업이 잘 안 된다고 하는데 이유는 무엇일까? CEO 여권의 중국 출입국 도장의 횟수나 중국 3대 명문대 출신 임원의 수, 중국 담당 임원의 중국어 실력을 보면 대중국 사업의 성공 여부를 쉽게 알 수 있다.

밀물에는 누구나 그물을 치면 고기를 잡을 수 있다. 한국이 최근 5년간 대중국 수출 호황을 경험한 것은 케인스식으로 총수요를 늘리는 경제 운영을 한 원자바오 전 총리 덕분이었다. 그러나 리커창 시대에는 바닷물의 방향이 바뀌었다. 중국의 변화를 예리하게 체크하고 중국과 제대로 소통해야 하는 시대가 왔다.

당나라 때 유학 간 최치원 같은 한국 유학생들이 지금 중국에 6만 명이 넘는다는데 왜 대중국 사업이 잘 안 될까? 장수將帥의 문제다. 중국은 장수 대 장수의 싸움이다. 그만큼 전략이 중요하다는 얘기다.

사장의 여권에 중국 출입국 관리사무소의 도장이 몇 개나 찍혔는가가 차이나 비즈니스 성공의 척도다. 비행기 타면 1시간 반이면 될 거리를 1년에 몇 번 가보느냐가 문제다. 중국어가 안 되는 중국 담당 임원, 중국 현지법인의 임원이 본사의 권력에서 밀린 임원의 유배지라면 보나 마나다. 사장보다 월급 많이 받는 중국인 임원이 있으면 성공한 기업이다.

중국은 '꽌시'의 나라다. 중국은 주석 2명이 칭화대학을 나왔고 경제를 책임진 총리가 베이징대학 출신이다. 부주석 리위안차오, 중국을 움직이는 브레인 왕후닝은 푸단대학 출신이고, 상하이 금융은 푸단대학 출신들이 쥐고 흔든다. 중국의 정치, 경제, 금융에서 제대로 네트워킹하고 있는지를 보려면 중국 3대 명문대 출신 임원이 몇 명이나 되는지 보면 된다.

중국은 이번 금융위기에서 경제가 크게 손상받지 않은 나라이고 유일하게 내수가 살아 있는 나라다. 그래서 지금 전 세계 기업들이 중국으로 몰려들고 있다. 중국은 한국의 재벌들과 전 세계 〈포춘〉 500대 기업이 모두 진출해 있는 나라다. 망할 중국에 투자한 한국 재벌과 〈포춘〉 500대 기업은 바보들일까?

중국 투자가 위험하다고 하는데, 실제로는 중국을 잘 모른다는 것이 가장 큰 위험이다. 중국을 잘 모른다고 우물쭈물하는 사이 한국은 기회가 없어진다. 중국이 한국만큼 투자환경이 투명해지면 한국은 더 이상 중국에서 투자해서 돈 먹기는 글렀다.

중국을 공격할 멋진 무기는 '금융으로 무장한 녹색의 칼'이다. 소비는 필연적으로 공해 문제를 가져오고 중국이 대국으로 관심을 갖는 최대 이슈는 그린이다. 소비대국, 제조대국, 금융대국 중국에 필요한 것은 바로 소비자 금융, 녹색 금융, 재테크 서비스다.

이런 분야에서 한국은 중국 기관과 공동으로 돈을 내어 같이 비즈니스를 하는 모형을 만들어야 한다. 인허가가 잘 안 나온다고 팔짱 끼고 있다가 보면 다른 서방세계가 다 먹은 뒤에 인허가를 받는다.

잘 안 나오는 인허가는 결국 꽌시로 풀어야 한다. 꽌시에는 돈이 들어간다. 중국인들은 꽌시에서 성공하고 한국인들은 꽌시에 실패하는 이유는 단 하나다. 중국인들은 꽌시 구축비용을 '피 같은 자기의 자본금의 일부'라고 생각하고 공을 들이는 반면, 한국인들은 누구나 쓸 수 있는 '법인카드로 결제하는 접대비'로 생각하기 때문이다. 잘 안 되는 것을 되게 하는 어려운 꽌시 구축에 한국은 절절함이 없다는 것이 이유다

따라잡기의 명수는 1등은 될 수 없다

따라잡기의 명수는 2등은 될 수 있지만 1등은 될 수 없다. 1등은 모방이 아니라 독창성이기 때문이다. 이제 한국도 선진국 대열에 들어서면서 대량생산이 경쟁력이 아니라 독창성이 경쟁력인 시대를 맞은 것이다. 지금 한국의 가수 싸이가 사이버 세상의 대통령이다. 한국, 미국 가릴 것 없이 19억 명이 유튜브를 보면서 열광하는 '4분간의 대통령'이다. 싸이의 성공 비결은 '남과 다름'이다. 80년 만의 세계적인 대불황에 정치인도, 코미디언도 못 하는 즐거움을 준 것은 바로 한국 싸이의 독창적인 춤이다.

그러나 하룻밤에 세계적인 동영상 스타가 된 싸이의 〈강남스타일〉도, 〈대장금〉 이후 최대인 김수현, 전지현의 〈별에서 온 그대〉가 몰고 온 '치맥'의 인기도 연속성이 문제다. 한국의 K-POP이 현란한 군무와 귀로 듣는 음악이 아니라 몸으로 듣는 음악으로 세계 음악시장을 잠시 즐겁게 했지만 금방 시들해진다. 독창적인 콘텐츠의 지속적인 출시 능력이 문제다. 그래서 창업보다 수성이 어렵다.

정상頂上에 도달하고 난 다음의 목표는 천상天上이기 때문이다. 기대치는 커지고 후발자는 더 거세게 추격하는 것이 정상에서 경쟁이다. 뒤따라오는 경쟁자를 수단과 방법을 가리지 않고 죽여 없애는 것이 황제의 습성이

다. 지금 전 세계 스마트폰의 왕좌를 두고 벌이는 애플과 삼성 싸움의 본질은 황제의 자리다툼이다. 밀리면 역적이고, 살아남으면 새 역사를 창조하는 황제가 된다. 상대의 예봉을 피하려면 끊임없이 새로운 검법이 나와야 한다.

똑같은 교복, 같은 머리 스타일, 획일적인 교육, 대학 입시에만 목을 매고 입학하고는 대충대충 하는 나라에서 독창성으로 뭉친 애플 같은 회사와 맞짱을 뜨는 삼성 같은 멋진 기업이 나온 것은 기적이다. 그러나 그것이 한계다. 정상을 따라가는 것은 가능하지만 정상에 오른 다음이 문제다. 벤치마크의 대상이 없어지면 방향을 잃는 것이 스피드에 목숨 거는 직선형 인재의 한계다. 수학 올림피아드를 휩쓴 수많은 한국의 수학 천재들이 대학을 졸업하고 세상을 놀라게 하는 기막힌 연구성과를 냈다는 소식이 아직 안 들린다.

삼성과 애플의 특허소송을 보면서 한국이 세계적인 기업 삼성을 밀어줄 독창적 인재를 계속 공급할 능력이 있는지를 다시 한 번 생각하게 한다. 산업혁명은 근육혁명이었지만 이젠 스마트 혁명의 시대가 왔다. 스마트 혁명의 시대는 명문대 나온 것이 오히려 독이 되는 시대다. 기존 사고의 틀 속에 갇힌 암기력의 천재는 쓸모가 없다.

스마트 혁명의 원조인 스티브 잡스나 그의 경쟁자였던 빌 게이츠는 대학 졸업장이 없다. 세상을 변화시킬 아이디어는 학력고사 점수에서 나온 것이 아니다. 암기력보다는 상상력, 돈 냄새 잘 맡는 코가 발달한 고졸 CEO가 명문대 출신의 엔지니어를 써서 세상을 바꾸는 시대다. 반걸음 앞서 가는 발 빠름과 세상에 없던 것을 만들어내는 참신한 상상력만이 대박인 시대가 왔다.

다윗이 골리앗을 이기고 개미가 코끼리를 절벽으로 밀어 떨어뜨리는 것도 발상의 전환에서 온다. 속도전에는 누구도 따라올 수 없는 한국의 강점이 이제 누구도 생각하지 못하는 것을 먼저 생각하는 것만 더 한다면 미국이든 중국이든 무섭지 않다.

한국의 총명한 젊은 인재들이 1명이 벌어서 1만 명이 먹는 그런 창의적인 비즈니스 모델을 반드시 만들 것이라 믿는다. 삶을 돌아보게 하는 것은 죽음이고, 웃음을 값지게 하는 것은 눈물이라고 한다. 삼성의 애플의 특허소송이 한국의 창의성을 일깨우고 돌아보는 좋은 각성제가 되었으면 한다. 이것이 한국이 중국을 공략하는 필살기가 되어야 한다.

중국, 제대로 공략하려면 중국 고전 읽어라

요즘 중국의 최고 명문대에는 1억 원짜리 MBA가 대유행이다. 소위 '사장반 MBA'라고 불리는 E-MBA다. 중국 최고 명문대 칭화대학, 베이징대학, 푸단대학의 E-MBA 수업료는 지금 한화로 1억 원 선이다. 한국의 1인당 GDP가 2.4만 달러이고 중국이 6,000달러인 점을 감안하면 구매력으로 평가하자면 4억 원짜리 MBA 과정인 셈이다. 3시간에 걸쳐 주관식 필기시험도 치르지만 그런데도 지원자가 줄을 섰고 입학경쟁률이 2~3:1이나 된다.

그런데 이 E-MBA 중에서 가장 인기 있는 것이 《논어》, 《맹자》, 《손자병법》 등을 강의하는 국학國學 E-MBA 과정이다. 요즘 중국의 사장님, 회장님들의 자가용 뒷좌석에는 《논어》, 《맹자》 등 중국의 사서삼경 중 하나는 놓여 있어야 잘나가는 사장, 회장이다. 중국의 사장들이 요즘 공자와 맹자 등 2000년 전 돌아가신 성현들의 말씀을 꺼내 들고 기업경영에 활용하고 있는 것이다.

이는 호랑이도 옆집에 가면 그 집 고양이를 못 이기는 중국만의 독특한 문화구조가 하버드 비즈니스스쿨의 최신 이론도 중국에서는 무용지물로 만들기 때문이다. 또한 미국이 그간 침 튀기며 얘기했던 지배구조, 사외이사를 통한 독립경영, 회계 투명성 등이 이번 금융위기를 계기로 모조리 거짓이었든지, 아니면 미국식 눈 가리고 아웅이었다는 것이 드러났기 때문이다.

중국은 지금 경제규모에서 세계 G2이지만 〈포브스〉가 조사한 전 세계 억만장자 수에서도 미국 다음으로 G2다. 그래서 요즘 중국 공산당은 노동자 농민들의 무산계급의 정당이 아니라 부자들의 당이라는 얘기도 나오고 있다. 그러나 중국은 사회주의의 탈을 쓴 중국식 자본주의 국가다. 이미 34년 전인 1978년에 개혁개방을 하면서 소련식 사회주의는 그때 이미 버렸다. 중국의 부자들은 오늘의 중국을 만든 절대권력자 덩샤오핑이 말한, 능력 있는 자가 먼저 부자가 되라는 선부론을 가장 잘 실천한 우수한 사회주의자들인 것이다.

이런 사회주의자들이 요즘 공자와 맹자를 열공 중이다. 중국이 세계를 상대로 경영하는 시대가 되자 공산당과 지방 관료가 짜고 치는 고스톱이 더 이상 먹히지 않는다는 것을 안 것이다. 사회주의식 경영이 아니라 2000년 내려오는 유가儒家의 상업 정신을 공부해 이 난관을 극복하자는 것이다.

중국의 경영자들이 기업경영의 보고가 중국의 인문학이라는 것을 알았다. 중국의 《주역》, 《손자병법》, 《논어》, 《도덕경》은 21세기 중국 기업인의 필독서다. 케케묵은 시대에 동떨어진 사상이라고 사회주의 60년간 쓰레기통에 처박아두었던 것들이 알고 보니 미국과 유럽의 최고 경영대학원의 명강의보다 더 파워풀하다는 걸 깨달았기 때문이다.

예를 들면 《주역》을 공부하면 경영의 타이밍을 잡는 데 유용하다. 경영은 주식투자와 마찬가지로 타이밍의 예술이다. 그런데 《주역》이 바로 변화의 규칙을 파악해 승자가 되는 법을 가르쳐주는 책인 것이다. '변하지 않는 것은 아무것도 없다'는 변함없는 진리가 《주역》에 담겨 있었던 것이다. 변하는 것이 무엇이며 변하지 않는 것이 무엇인지를 알면 경영은 당연히 성공한다. 사이클과 변화의 규칙을 알면 성공은 따놓은 당상이다. 《주역》이 바로 그런 타이밍을 예측하는 원리를 가르쳐주는 책이다.

《손자병법》은 동서양의 고금을 통해 가장 뛰어난 전략기획서다. 21세기는 정보화 시대로 1인 기업이 무한정 생기고 뛰어난 전략으로 일당백, 일당백만을 하는 시대다. 거대 골리앗이 다윗에게 당하는 일이 수도 없이 생긴다. 중국의 기업이 중국의 내륙이 아니라 해양을 넘어 세계로 가면서 사회주의 계획경제 안에서의 순박한 경쟁이 아니라 전 세계를 상대로 하는 전쟁이 벌어졌다. 중국 상인들은 춘추전국시대만큼 복잡한 세계 정세에서 살아남는 방법을 《손자병법》에서 찾고 있는 것이다.

동양의 성경이라고 불리는 공자의 《논어》는 고귀한 이상과 포부를 품고 어려운 사람을 도와가며 살아가야 한다는 큰 안목과 지식을 가진 사람은 성공이 어려운 일이 아니라는 것을 알려주고 있다. 좌절을 두려워하지 않고, 이익보다는 의리를 먼저 생각하고, 중용의 도와 조화를 중시하고, 신용을 근본으로 고객과 직원을 모두 사랑해야 한다는 것이 상인의 의무라는 것이 《논어》의 가르침이다. 《논어》의 가르침을 실천하면 그게 바로 고객 만족, 직원 만족이고 사회적 책임을 다하는 SRI 기업이고 지속가능한 기업이다. 중국의 《논어》와 《도덕경》은 21세기 중국의 기업인들에게 작은 승리는 지혜智慧로 낼 수 있지만 큰 승리는 덕德으로 이루어낸다는 것을 가르쳐준다.

미국의 명문대 MBA로 유학 가는 것이 아니라 중국의 고전 공부를 하면 거기에 답이 있다는 것을 중국의 기업인들이 드디어 안 것이다. 요즘 중국의 명문대 EMBA는 기업의 최고위직 임원들이 줄을 선다. 2005년 이후 7년 만에 수업료가 3~4배 올랐지만 그 인기는 식을 줄 모른다.

중국을 제대로 공략하려면 중국 고전을 읽어야 한다. 중국은 요즘 부자

연구가 유행이고 부자 보고서가 큰 관심사다. 돈 잘 버는 사람을 통해 돈 버는 노하우를 배우자는 것이다. 중국인들은 요즘 높은 곳에서 멀리 바라보면서 사업을 하는 혜안을 터득한 것 같다. 요즘 중국 기업들의 사업규모, 투자규모가 장난 아니다. 기회가 오면 크게 벌려 공격해 한탕 크게 버는 것이 사업인데 자본주의 국가의 기업들은 금융위기로 새가슴이 되어 아무것도 못하고 있는 사이에 사회주의 국가 중국 기업들이 통 큰 투자를 통해 통 큰 수익을 올리고 있다.

1000년을 가는 지혜는 함부로 무시하면 안 된다. 중국의 2000년 사상은 서방의 짧은 200년 사상으로 해석하면 틀린다. 2000년 된 나라와 200년 된 나라는 다르다. 종이 중에서 닥나무로 만든 한지는 스스로 숨쉬며 미세섬유를 통해 악취와 습기도 흡수하며 대기정화까지 하면서 끈질긴 생명력으로 1000년을 간다고 한다. 중국의 2000년 공자학은 인구의 40~60%를 죽여 없애는 과정에서 얻어진 '피의 학문'이다. 한지가 다시 각광받듯이 인문학이 다시 그 스스로의 생명력으로 각광받고 있다. 중국의 기업가들이 다시 인문학으로 무장하고 있다.

지금 미국과 유럽의 금융위기와 경기침체로 내수가 살아 있는 중국으로 전 세계 기업이 몰리고 있다. 중국 기업인들의 마음을 읽지 못하면 비즈니스는 시작도 못 해보고 문전박대당하는 시대가 왔다. 내수폭발 시대의 중국을 제대로 공략하려면 《주역》과 《논어》로 무장한 중국 비즈니스맨들의 생각을 알아야 하는 것은 이젠 필수다.

중국인들이 한국과 비즈니스를 하려면 김치를 더 먹어야 한다는 주장은 금융위기와 함께 그 수명이 다했고, 이젠 한국의 기업인들이 중국인들과 비즈니스를 제대로 하려면 《공자》와 《주역》, 《도덕경》과 《손자병법》을 미친 듯이 공부해야 하는 시대가 왔다.

한국이 중국에서
반드시 잡아야 할 4가지

중국을 보는 색다른 시선,
여정도금

한국이 신국부론을 중국에서 쓰려며 반드시 잡아야 할 것이 4가지 있다. 미래 중국을 바꿀 4가지를 잘 보면 거기에 대박이 있다. 미래 중국을 바꿀 4가지는 여성女性, 정보情報, 도시都市, 금융金融, 즉 여정도금女情都金: Female, Information, City, Cash이다.

첫째, 여성을 잡아야 한다. 중국은 지금 여성의 70%가 일을 하고 있다. 공산주의 시작부터 부족한 전투인력의 열세를 만회하기 위해 마오쩌둥이 남녀평등을 이용한 덕분에 지금은 중국에서 여성의 취업률이 전 세계에서 가장 높다.

2007년에 전 세계 럭셔리 마켓에서 7%의 점유율을 가졌던 중국이 2013년에는 29%의 점유율로 올라섰다. 전 세계 럭셔리 제품의 거의 1/3을 지금 중국이 소비하고 있다. 중국에서는 지금 여성이 돈과 권력 그리고 종족보존의 삼박자를 모두 장악하는 시대다. 이미 핵가족화가 한참 진행된 중국 집안에서 순위는 엄마가 1위, 자녀가 2위, 애완동물이 3위, 돈 버는 기계인 아빠가 4위인 시대가 와버렸고, 은퇴한 뒤 황혼이

혼에 눈물짓는 아빠의 시대가 왔다. 바야흐로 지금 중국은 위미노믹스 Womenomics: Women+Economics 시대다.

둘째, 중국의 정보화에 잘 올라타야 한다. 꽌시의 나라 중국이 정보대국, 인터넷 대국 모바일 왕국으로 다시 태어나고 있다. 정보를 찾으러 가는 수단인 자동차와 맞물린 정보전달 수단인 인터넷과 모바일은 중국을 제조대국에서 서비스 대국, 소비대국으로 만드는 핵심이다.

자동차로 인한 물류혁명이 인터넷과 모바일을 만나면서 정보혁명, 유통혁명, 소비혁명으로 이어지기 때문이다. 2011년 기준으로 중국의 하루 인터넷 사용시간은 18억 시간으로 미국의 3배다. 중국은 현재 연간 700만 명의 대졸자들이 배출되고 있다. 이런 추세면 향후 30년간 적어도 2억 명 이상의 대졸자가 양성될 전망이다. 인터넷이 뼛속까지 스며든 디지네이브, 새로운 디지털 인재 2억 명이 바꿀 세상은 상상 초월이다.

셋째, 중국의 도시화다. 인류의 역사는 결국 도시의 역사다. 수렵에서 농업으로, 농업에서 공업으로, 공업에서 정보 사회로의 이전은 결국 토굴에서 초가집으로, 초가집에서 기와집으로, 기와집에서 아파트로의 이전이다. 도시화의 정도가 선진국의 정도이고 국력이다.

맥킨지의 예측에 따르면 현재 인구 100만 이상의 도시가 100여 개에서 2025년이면 221개로 늘어나고 도시인구가 전체 인구의 85%에 달할 전망이다. 이미 중국 상하이의 대형 빌딩 수는 세계 최고의 도시 뉴욕의 2배이고 1990~2004년의 14년간 중국 상하이의 부동산 개발업자들은 미국 엠파이어스테이트빌딩 334개와 맞먹는 공간을 상하이에 지어 올렸다. 시진핑 정부의 향후 10년 성장 엔진은 도시화다. 새 정부의 신형도시화는 장기적으로 2.6억 명의 농민공과 1.4억 명의 농촌인구가 도시로 전입하는 거대 프로젝트다.

넷째, 금융시장이다. 도시화의 시대는 푸드 마일지리가 길어지고 모든 교역은 화폐를 통한다. 그래서 금융이 모든 경제의 중추적인 역할을 한다. 금융이 경제의 혈액이고 필수 윤활유다. 금융이 실물을 통제하고 금융이 경제를 좌우하는 시대다. 중국은 지금 세계 10대 은행에 5개 은행이 랭크되어 있다. 3.95조 달러의 외환을 보유한 세계 최대의 달러 보유국이다. 1.3조 달러의 미 국채를 보유한 미국 정부의 최대 채권자이기도 하다.

중국은 값싼 노동력과 우대정책으로 전 세계의 돈과 기술을 끌어들였다. 외자기업들이 그간 엄청난 기세로 진출했지만 외자기업의 수는 44만 개이고 투자금액은 12조 위안에 그쳤다. 또한 중국에 투자하는 외자기업의 투자 패턴도 변했다. 2013년 상반기에 FDI는 20% 증가했다. 이 중 업종별로 보면 드디어 서비스업 비중이 49%로 제조업 투자 비중 42%를 넘어섰다. 중부 지역 외자투자가 증가하기 시작했고 서부 지역은 대폭 늘어났다. 중국의 서부 대개발에 외자기업들이 대거 참여하기 시작한 것이다.

동부 지역의 개발만으로도 세계 2위로 올라섰는데 서부 개발이 끝나는 시점에는 중국의 GDP는 미국을 제치고 세계 1위로 올라설 판이다. 중국의 서부 개발을 지역개발로 볼 게 아니라 중국이 벌어놓은 돈과 새로운 외자를 합쳐서 미국의 서부 개발보다 더 빠른 속도로 개발이 이루어지고, 여기서 번 돈이 다시 금융으로 들어오면 중국 금융은 미국의 실리콘밸리의 기여도보다 더 큰 새로운 시장을 만난다. 미국의 실리콘밸리는 미국 기업들만 개발하고 성공한 지역이지만 지금 중국의 중서부 지역은 중국뿐만 아니라 전 세계 〈포춘〉 500대 기업 수준의 초대형 다국적기업들이 진출하고 있어 그 성장성과 자금 창출력이 기대된다.

돈은 정보 따라 움직인다. 그래서 금융은 결국 정보이고, 정보화 사회의 도시도 IT가 핵심이다. 물, 공기, 토양을 오염시키고 환경을 파괴시킨 시멘트와 콘크리트로 만든 도시가 아니라 무선통신과 컴퓨터로 만든 청정한 클린 도시가 진정한 21세기의 도시이고 그 인프라는 바로 디지털로 만들어진 정보다.

금융과 IT 도시는 모두 규모의 경제가 관건이다. 판돈 크게 가져간 놈이 이기고 큰 것이 힘이다. 그 규모의 기본은 인구다. 정보화 시대의 경쟁력은 토지의 면적에 있는 것이 아니라 네트워크의 숫자에 있다. 정보화 시대의 파워는 네트워크에 연결된 가입자 수의 제곱에 비례한다.

미국 인구가 3억, 중국 인구가 13.6억이라면 정보화 시대 네트워크로 환산환 인구는 9억 대 169억인 것이다. 지금 중국에는 6억 명의 인터넷 사용자와 12.3억 명의 모바일 사용자가 있다. 18.3억 개의 네트워크가 제곱에 비례하는 속도로 파워를 키워가면 그 영향력은 가공할 수준이 된다.

결국 네트워크의 끝은 인간이고 이 인간을 창조하는 신의 영역이 바로 여성의 생산력이다. 결국 금융화, 정보화, 도시화의 근본에는 여성이 있다. 종족보존의 가장 중요한 생산의 기능은 여성이었지만 남성의 근력이 중요했던 농업·공업 사회에서는 세상의 절반을 차지한 여성이 남존여비, 또는 아기 낳는 공장 정도의 낮은 인식으로 대접을 못 받았다. 하지만 더 이상 근력이 필요 없는 정보화 시대에 주역은 다시 여성이다. 정보화는 사회를 다시 고대 사회의 모계 중심 사회로 회귀시키고 있다.

21세기 중국 경제는 여성이다

여성을 대우하는 나라가 강국이다

천지가 창조되어 이브가 아담을 유혹할 때부터 BC 50여 년 전 클레오파트라가 로마의 장군 카이사르를 유혹했던 당시에도 여인은 남자의 운명을 지배해왔다. 천하장사 항우가 우희에게 빠져 나라를 말아먹은 것도 결국 따지고 보면 여성이 남성의 운명을 결정한 것이다. 인구구조, 혁신, 기술 사이클을 만드는 힘이 국가의 흥망성쇠를 좌우한다. 혁신도 사이클도 중요하지만 그중 인구구조가 가장 무섭고 그 중심에 여성이 있다.

TV 드라마 〈직장의 신〉의 김혜수 같은 '골드 미스'는 환영, 찌질이 '올드 미스터'는 골칫덩어리인 시대가 중국과 한국이다. 중국에 진짜 무서운 것은 빈부격차도, 지역격차도, 부동산가격도 아니다. 가장 무서운 것은 홀아비의 혁명이다. 남녀 성비가 이미 1.15를 넘어선 나라에서 연간 1,400만 쌍이 결혼하는데 여성 짝이 없어 독수공방해야 하는 인구가 200만 명이나 된다는 점이다. 그러면 그 사회문제는 어떤 것보다 심각해진다.

한국의 역사를 보면 남자들이 못나 힘이 없어 중국에 진상품으로 누이와 딸들을 공녀로 보내고, 일본에 위안부로 보냈을 때가 최악이었다. 결국 세상의 반인 여성을 무시하고 깔보는 나라는 망했고, 여성의 마음을 얻어 세상의 절반을 덤으로 얻는 나라는 강대국이었다.

그런 의미에서 중국의 마오쩌둥, 덩샤오핑 같은 지도자는 세상을 잡는 방법을 알고 있었다. 세상의 절반인 억압된 중국의 여성을 남성과 동등하게 대접하면서 피 터지는 전쟁터로, 혁명의 불길로 여성들을 꼬여내어 부족했던 남성의 힘을 보충해 국민당을 제치고 중국의 패권을 잡은 것이다.

신라의 최강대국 시기는 여성 황제가 다스렸던 선덕여왕 때였다. 영국은 여왕이 군림하고 여성을 존중하는 신사의 나라였을 때 최강국이었다. 미국은 남녀평등에서 레이디퍼스트로 여성을 존중하고 대접할 때 최강국이었다. 역대의 최강국은 모두 여성이 강하고 잘 대접받을 때였다.

공자보다 센 공자 마누라, 맹자보다 강한 맹자 엄마

중국 유일의 여성 황제로 측천무후가 있다. 당 태종의 후궁에서 나약한 아들을 끌어내리고 황제가 되어 태평성대를 만들었지만 죽을 때는 왕후로 장사지내고 묘비에 한 글자도 남기지 말라는 유언을 할 정도로 독특한 중국사의 여걸이다.

지금 엘리자베스 여왕을 비롯해 세계적으로 여성 총리와 대통령의 대거 등장은 시대의 변화이자 흐름이다. 여성이 대통령이 아닌 나라는 후진 나라가 되는 시대가 오고 있다. 미국, 중국, 일본이 그런 나라다.

공자, 맹자보다 더 센, 공자와 맹자를 만든 공자 마누라와 맹자 엄마의 리더십이 각광받는 시대다. 여성의 힘이 세상을 바꾸는 시대가 오고 있다. 한국에도 통일신라 선덕여왕 이후 1100년 만에 여성 리더십이 등장했다. 한국의 새 지도자는 경제는 어느 나라건 다 비슷비슷하기 때문에 그렇다 치고 정치와 외교는 냉온을 가리는 침착한 정책으로 호평을 받고 있다.

핍박받은 자가 일어서는 것이 음양의 조화이고 세상의 이치다. 남성 위주였던 농업과 중공업 사회가 가고 정보화 사회가 오면서 핍박받던 여성의 시대가 왔다. 교육과 가전제품, 휴대폰과 은행 그리고 자동차가 여성의 파워를 남성에 앞서게 만들고 있다.

지금은 미윤유창美潤柔創의 시대다. 힘이 아니라 마음의 시대다. 강함이 아니라 아름답고 부드럽고 창의적인 것이 무기인 시대다. 여성의 상징인 젖가슴은 섹스의 심볼이 아니라 인류의 고향이다. 여성의 상징인 젖가슴은 원래 아기의 양식이지 수컷의 성욕의 대상이 아니다. 조물주가 변덕스런 수컷이 종족보존의 의무를 게을리할까 봐 약간의 섹시함으로 트릭을 쓴 것인데 이를 잘못 알고 덤비면 진정 재난이고 패가망신의 지름길이다. 지금까지 여성을 '아기 만드는 공장'으로 전락시킨 남성 중심의 사회가 수난을 만나고 다시 여성의 지위가 정상화되는 과도기의 시기가 현재다.

21세기는 바람을 가르는 화살처럼 예리하고 세심한 것이 경쟁력이다. 작은 생선을 구울 때처럼 세심하고 조심조심 다룰 때 성공한다. 이런 측면에서 남성보다 여성에 강점이 있다. 영웅의 리더십은 창과 칼 그리고 쟁기와 활이 세상을 다스릴 때 필요했던 것이고, 이제 휴대폰과 노트북으로 모든 것을 통제하는 시대에는 손가락의 민감도가 중요할 뿐이다.

새로운 영웅은 근육형 리더가 아니라 휴대폰과 아이패드를 들고 나타난 서시나 양귀비 같은 부드러운 여전사다. 여전사가 시대를 구할 새로운 아이콘이다. 아시아권에 미녀 대통령이 줄지어 나타나는 것도 시대의 변천이다. 빨리 변하면 살아남고 늦게 변하면 당하는 것이 정보 시대의 처세다. 한국, 호주, 독일이 잘나간다. 그러나 남성 우위에 취해 있고 망언을 일삼는 일본이 어떨지 두고 봐야 한다.

한국도 마찬가지다. 한국의 스포츠, 문화, 음악, 예술에서 남성 우위는 이미 여지없이 무너지고 있다. 세상이 바뀐 것이다. 한국의 중학교 교실에서 교실 장악력은 모두 여학생의 것이고, 왜 공부 1등 못하냐고 남학생에게 물으면 여학생을 어떻게 이기느냐고 반문한다고 한다. 미래 20년, 지금의 초·중·고등학생이 기성세대가 되는 시점에 여성 강국 한국은 더 명확해질 것이다.

비겁한 중국 패자들의 변명, '여자 때문에'

서양이 전쟁을 일으킨 이유는 여자 아니면 종교 때문이다. 그러나 중국 역대 왕조의 멸망에는 모두 경국지색의 미녀, 여자가 있었다. 중국 역사를 보면 남자는 여자보다 세고, 여자는 남자를 망가뜨리는 요물이라는 생각을 할 때 중국은 항상 망했다. 중국의 영웅은 모두 스스로 생겼고 그 영웅을 낳은 어머니는 누구인지 모른다. 여성 무시다.

영웅을 생산한 노하우는 역사에 길이 알려 지속적으로 영웅을 만들어야 할 텐데 여성이라는 이유로 그 노하우를 전달할 기회를 잃어버렸다. 이것이 남성 우위, 여성 무시 사회였던 중국의 중세 사회가 영웅의 재생산이 안 되어 망한 이유다.

그리고 중국의 역사를 보면 제국과 영웅의 몰락은 항상 여자에 빠져 망했다는 것이다. 정말일까? 중국 역사의 영웅들은 하나같이 비겁했다. 잘나갈 때는 모두 자기가 잘나서 그렇다고 하고 그 영웅을 낳아준 어머니나 내조를 한 부인에 대한 언급은 없다. 대신 나라를 말아먹은 영웅들은 모조리 미인 때문에 망했다고 한다. 영웅의 지략 부족, 능력 부족을 모두 여성 탓으로 돌린 것이다.

중국의 4대 미녀들은 모두 중국 영웅들의 신화를 위한 희생양들이다. 영웅의 전략 미스를, 대세 판단착오를 모두 여자에게, 그것도 절세가인인 애인, 왕비에게 돌린 것이 비겁한 중국의 남성 패배자敗者들의 변명이다. 이럴 때 항상 나라가 망했다.

그래서 중국의 4대 미인은 진짜 미스 차이나 수준의 미인이 아니라 영웅의 실패를 미화하기 위한 변명의 논리를 만드는 과정에서 과장법으로 만든 가짜 미인이다. 영웅의 여자 취향에 맞는 여인을 황실의 화공이 과장해서 그린 것이다. 미스 차이나가 아니라 황제 제 눈의 안경인 여자를 스토리텔링으로 드라마를 만들고 요즘으로 치면 '뽀샵질'을 한 것이다.

당나라 최고의 미인 양귀비가 살았다는 시안의 화청지에 가서 양귀비의 동상을 보고, 우리 같으면 남원 축제에서 뽑는 미스 춘향 같은 실물 '미스 양귀비'를 만나본 적이 있다. 엄청난 기대를 하고 갔지만 실제로 보니 실망이었다. 절구통 같은 허리에 둥글둥글한 얼굴이다. 미스 차이나와는 영 거리가 멀다. 양귀비는 리츠라는 과육이 하얀 과일을 먹으면 목젖에 리츠가 넘어가는 것이 보일 정도로 피부가 맑고 투명한 피부 미인이지 S라인 몸매의 샤방샤방한 아가씨가 아니다.

한국인들이 쑤저우, 항저우에 가서 관광할 때 가이드가 중국의 최고 미인은 쑤저우, 항저우에 있다고 하면 아무도 믿지 않는다. 항저우, 쑤저우 미인은 얼굴 미인이 아니라 허벅지까지 쫙 찢어진 치파오를 입었을 때 눈에 확 띄는 늘씬한 8등신 미인이 중국에서 쳐주는 진짜 미인이다.

우리 한복은 몸매를 모두 가려 얼굴만 보이기 때문에 얼굴만 오목조목 예쁘면 된다. 그래서 얼굴 성형에 목숨 걸고 그게 한국의 성형술이 세계 정상인 이유인지도 모른다. 몸매 미인이 아니라 얼굴 미인에 익숙한 한국인의 눈에는 '얼굴은 별로지만 깨끗한 피부의 8등신 미녀'는 좀 별로로 보이는 것이다. 그러다 보니 쑤저우, 항저우의 미인은 모두 베이징, 상하이로 돈 벌러 갔고 못난이들만 남았다고 오해를 하는 것이다.

화번공주에서 혁명전사로 변신한 중국 여성

농업민족인 중국에 북방의 유목민족인 흉노족·선비족·돌궐족·위구르족·거란족·여진족, 남방의 토번족은 항상 고민이고 고통이었다. 그래서 중국 역대 왕조의 창업자들은 변방의 잠재적인 적대세력에게 공주, 딸들을 시집보내 화친을 맺는 전략을 썼다. 소위 결혼동맹이다.

예를 들면 당나라의 초대 황제는 여러 후궁으로부터 얻은 공주가 20명 이상이었고 당나라가 정략상 인접국 이민족의 군주에게 출가시킨 소위 화번공주和蕃公主가 18명이나 되었다. 중국의 오지 티베트로 시집간 문성공주는 중국으로서는 다루기 어려웠던 토번국과의 화친에 결정적 기여를 했고 당의 문화를 전하는 문화대사의 역할을 했다. 문성공주의 결혼은 남쪽의 강성한 티베트족 송첸캄포를 달래기 위한 혼사였다. 고려 시대에 한국에도 충렬왕 이후 공민왕에 이르기까지 7명의 왕에게 원나라의 공주가 시집을 왔다.

1949년은 중국 여성평등의 대전환 시기였다. 부족한 군사력을 혁명전사의 아내들로 채운 것이 마오쩌둥이다. 공산주의가 시작된 중국에는 여성평등과 교육의 기회가 주어졌다. 또한 1자녀 갖기가 여성의 사회적 지위를 대폭 높이는 계기가 되었다. 여성은 그간 남아선호사상의 최대 피해자였지만 역설적으로 남녀 성비의 심각한 불균형이 초래되어 하늘이 똥값 되고 땅이 황금이 되는 천지개벽할 일이 생긴 것이다. 공산당의 무자비한 정책이 만든 우연의 대박이다.

중국의 남녀 성비가 1:1.15에서 지금 영유아의 경우는 1:1.3까지 올라간 것으로 추정된다. 연간 1,400만 쌍이 결혼하는데 20년 뒤에는 연간 420만 명의 비자발적인 노총각이 어쩔 수 없이 발생하게 되는 산아제한의 후유증이 발생할 전망이다.

남성의 근력이 필요 없는 후기공업화 사회에 진입한 중국에서 대졸자 남녀의 급여 차이가 없다. 또한 동등한 교육을 받은 여성들이 소프트해지는 사회에서 남성보다 더 능력을 발휘하기 시작한 것이다. 가정의 경제권을 장악한 중국의 아줌마들은 지금 무소불위다.

중국 해외여행객의 70~80%가 여성들이다. 상하이 시내의 저녁은 자전거 타고 슈퍼에서 장 봐온 남편들의 몫이다. 중국의 대학에 여학생의 비중이 50%대에 근접하고 전 세계 기업 중 여성 임원의 비중이 가장 높은 곳이 지금 중국이다.

용의 나라, 이젠 아마조네스의 시대다

농업 시대, 무협 시대가 공업 시대로, 그리고 정보 시대로 전환하면서 1자녀 운동, 사회주의 신중국이 만든 남녀평등과 일하는 엄마를 만든 것이 아이와 여성이 대접받는 사회를 만들었다. 지금 중국의 남녀 성비의 불균형은 점점 심해지고 있다. 덕분에 '남자는 하늘, 여자는 땅'이라는 중국에서 내려온 2000년의 법칙을 공산당이 바꾸어놓았다.

지금 중국에서 하늘은 '똥값'이고 땅은 '금값'이다. 사회주의가 만든 역전이다. 농업 시대에서는 아이 낳는 기계, 중세에는 전족을 하고 남성의 성노리개 정도로 전락했던 중국 여성의 지위가 2000년 만에 정보 사회로 업그레이드되면서 변했다. 남자의 시대, 영웅의 시대에서 아이와 여성이 대접받는 시대가 중국의 후천개벽後天開闢이다.

농업 사회, 멜서스의 함정에서 벗어난 식량에서 자유로워진 인류, 근육이 필요 없는 사회는 여성의 출산력과 감성이 힘이다. 종자혁명, 농기계혁명, 공업혁명이 근육의 힘에서 인류를 해방시켜 남성의 근육으로 지켜온 가정 내 세력 판도를 바꾸었다. 탈농업화와 소득수준의 향상이 남아선호사상의 후퇴와 산아제한정책이 자녀 수의 제한을 가져왔다.

가전제품의 보급이 여성을 긴 가사노동에서 해방시켰고, 정보기기가 정보 무인도에서 살던 여성을 해방시켰다. 여성의 감각과 여성의 소비가 세상을 바꾸는 시대가 왔다. 모성애가 세상을 바꾼다. 인간이 만든 선은 효율을 추구하는 직선이고 신이 만든 자연의 선은 곡선이다. 아름다운 것은 모두 곡선이다. 직선은 남성, 곡선은 여성이다.

지금 직선을 뛰어넘는 것이 곡선인 시대가 왔다. 부드러운 엄마의 목소리, 따뜻한 엄마의 색, 엄마의 느낌이 바로 자연이고 본성이고 대박이다. 엄마 연구가 중요하다. 그래서 중국을 공략하려면 중국 여성의 재해석이 필요하다.

세계 금융시장을 휘젓는 일본의 와다나베 부인, 세계 금시장을 좌지우지하는 왕씨 아줌마가 이젠 대세다. 창과 칼로 무장한 무사의 시대에서 디지털로 무장한 여전사의 시대가 왔다. 정보화에서 최대 수혜자는 여성과 아이들이다. 현대 남성은 전통적인 노동과 생계의 틀에서, 정보화의 수혜에서, 펀Fun과 멋에서 열외인 종족들이다. 40대 이상 남성의 디지털 문맹이 더 심하고 50대 이후 은퇴한 직장밖에 모르던 '삼식이 남편'의 비극이 시작된 것이다.

정보와 콘텐츠가 주력이 되는 소위 감성의 시대에는 근육이 아니라 염력이고 힘이 아니라 감성이다. 다산多産이 국가 백년대계의 가장 중요한 사업이 된 시점에 여성의 출산 능력은 어떤 가치보다 높아질 수밖에 없다.

수렵의 시대에 아빠는 동물을 잡아오는, 단백질을 공급하는 가장 중요한 사냥꾼 역할이었지만 농업 사회와 공업 사회를 거쳐 정보 사회에 이르면서 아빠는 이제 주방에서 고기를 굽고 식탁에서 고기를 잘라주는 웨이터 역할로 전락했다. 단백질을 공급하는 가장 중요한 역할에서 단백질을 가공하고 날라주는 허접한 지위로 추락했다. 남성의 지위와 권위가 군림하는 자리에서 서빙하는 자리로 바뀐 것이다.

경제발전의 단계와 산업구조의 변화 그리고 인구구조의 변화가 가져온 변화다. 남성을 돈 버는 기계, 밥하는 남자, 여성에게 봉사하는 동물로 만들었다. 요즘 중국에서 여성이 남자에게 첫 만남에서 물어보는 말이 있다. abcdefg가 뭔지 아느냐고 물어볼 때 "A boy can do everything for girl"이라고 답하지 않으면 바로 "오빠, 헤어져" 하고 나온다.

드디어 중국에서 여성의 아마조네스Amazones 파워가 등장했다. 호랑이의 시대NICS, 벽돌의 시대BRICs 다음은 용의 시대Dragon다. 그런데 그 용을 부리는 자가 바로 중국의 아마조네스들이다. 중국 경제의 소유자는 바로 '그녀들', 중국 경제는 지금 '그녀들의 경제他的经济'다. 10~20대의 소황녀, 30~40대 미혼여성 골드 미스, 40~50대 구매력 갖춘 중년 여성 골드 퀸, 중국 아줌마들이 중국 소비경제를 끌고 가는 주력부대다.

중국의 아파트와 자동차는 '장모님 경제'를 연구하면 답이 있다. 중국의 1자녀 정책 변화에서 사업기회를 찾으려면 엄마 경제학이다. 남자보다 오래 사는 여성들이 중심인 중국의 실버 산업을 공략하는 바이오 산업은 '할머니 경제'를 공부해야 한다. 중국의 폭발하는 럭셔리 시장을 공략하려는 기업은 중국의 중년 '아줌마 경제'를 연구해야 답이 나온다.

여성의 교육혁명이 여성 파워를 키우고 여성 소득이 남성 소득을 넘는다. 가족구조가 여성의 파워를 키운다. 1자녀의 가족구조가 생태계 변화를 가져온다. 딸-엄마-할머니가 아들-아빠-할아버지를 지배하는 시대가 중국에 오고 있다.

중국의 위미노믹스에 투자하라

한국의 홈쇼핑, 화장품, 패션 이들 업종의 공통점은 무엇일까? 최근 중국에서 호황을 누린 업종이고 주식시장에서 높은 주가상승률을 기록하고 있는 업종들이자 중국 여성을 주 고객으로 삼고 있는 업종들이다.

중국에서 여성들의 사회적 지위가 상승하고 경제력 역시 증가하면서 여성과 경제를 합친 중국의 위미노믹스Womenomics가 이젠 중국 시장 공략의 핵심이다. 경영 컨설팅 업체 보스턴컨설팅그룹BCG의 보고서에 따르면,

중국 여성들이 벌어들인 소득은 2000년 기준 3,500억 달러(380조 원)에서 2010년엔 1조 3,000억 달러(1,460조 원)로 10년 만에 4배 가까이 늘어났다. 중국 여성의 소득은 2020년까지 4조 달러까지 증가할 것으로 추정되고 있다.

컨설팅 업체인 그랜트손턴이 발표한 보고서에 따르면, 여성 고위경영진의 비율은 중국이 51%로 세계에서 가장 높았다. 아시아 각국에서 여성인력이 각광받고 있는 것은 최근 경제발전으로 인해 아시아의 산업구조가 제조업에서 서비스, IT 산업 등 3차산업으로 재편되고 있는 영향이 크다. 과거 규모의 경제를 바탕으로 한 전통산업에서는 남성의 강한 신체 능력이 중요시됐다. 반면 창의성과 감성 등을 중시하는 3차산업에서는 여성 특유의 온화함과 소통 능력이 장점으로 발휘되고 있기 때문이다.

원나라 칭기즈칸 제국은 아들보다 잘난 딸들이 큰 역할을 했다. 칭기즈칸의 몽골군은 전투 방식이 칼과 창이 서로 부딪치는 백병전이 아니라 말을 타고 먼 곳에서 활을 쏘는 방식이었기 때문에 말 잘 타는 몽골 여성 전사에게 유리한 기회를 제공했다. 칭기즈칸보다 능력이 떨어지는 못난 아들들은 대제국을 건설하자마자 싸움질로 나라를 약하게 만들었지만 칭기즈칸의 네 딸들은 몽골의 동서남북에 위치한 이웃 국가로 시집을 가 결혼동맹을 통해 외교전사로도 역할을 했다.

칭기즈칸의 딸들은 왕실에서 편안함을 즐기는 대신 직접 국가를 통치했고 칭기즈칸도 딸들을 시집보내면서 제후국의 왕들에게 딸들의 통치를 조건으로 내걸었다고 한다. 칭기즈칸의 딸들은 주변국과의 교역을 통해 경제를 활성화시켰고, 법률을 제정하고 정비했고, 행정관료 조직을 다스려 나라를 강성하게 만들었다. 칭기즈칸은 말 위에서 나라를 정복할 수는 있지만 다스릴 수는 없고, 나라를 경영하는 데는 남성의 힘보다는 여성의 지혜가 중요함을 알고 있었던 것이다.

지금 중국에도 딸들의 경영 시대가 열리고 있다. 중국이 1자녀 정책을 도입하면서 더 이상 장자상속, 남자상속이 없어졌다. 중국은 수백 년 장자 승계 전통을 이어온 보수적인 가족기업들이 가업 승계자로 딸을 선택하고 있다. 1자녀 갖기 운동의 결과로 대안 부재로 어쩔 수 없는 선택이기도 하지만 오늘날의 중국 여성은 그 어느 때보다 더 잘 교육받았고 잘 훈련되어 있다.

중국의 최대 부동산회사 벽계수원의 상속자는 양회이유앤이라는 오너의 딸로 여성 중 중국 최고의 부자다. 2013년 중국 최고의 부호인 와하하 그룹의 쭝칭허우 회장의 딸은 사업하다 혼기를 놓쳤을 정도로 경영에 열심이다. 중국에도 딸들의 경영 시대가 열린 것이다.

이젠 중국 여성에 투자해야 하는 시대가 왔다. 철기시대가 IT 시대로 첨단기기화하면서 여성의 해방을 가져왔다. 사람 죽이는 기술이 첨단기술이었고 이를 민영화한 것이 현대의 첨단기술이다. 반도체, 컴퓨터, 휴대폰, 인터넷이 모두 사람 죽이는 전쟁기술에서 상업화된 것이다. 사람 죽이는 기술 말고 발전한 것이 사람을 살리기 위한 먹거리의 생산기술이다.

말과 소 농기구, 철제 농기구가 바로 그것이고 그것이 자동차와 엔진이다. 물에서 시작한 기술이 불에서 마무리되고 그것이 현대 기술의 종착역이다. 사람을 쏘아 죽일 수도 있지만 굶겨 죽일 수도 있다. 이제는 사람을 위한 기술, 죽이기 위한 기술이 아니라 살리기 위한 기술의 시대가 온다. 인구의 고령화, 장수화로 다시 멜서스의 법칙이 살아나고 이를 해결하는 것은 결국 첨단생산기술이다.

그런데 이 첨단기술이 여성을 변화시켰다. 가정용 전자기기가 여성의 가사노동 시간을 줄이고 컴퓨터와 사무기기가 서비스 산업의 전환과 함께 여성을 화이트칼라 노동자로 남자와 동등한 지위를 갖게 했다.

결국 공업화와 도시화가 여성을 해방시켰다. 1자녀 또는 무자녀의 시대가 여성의 지위를, 시간을, 수입을 높였다. 먹거리가 그리고 푸드 마일리지가 첨단기술로 해결되면서 남성 근육의 노동력이 필요 없어졌고 육체의 힘이 필요 없어진 손가락 만능의 시대, 정보화 시대에는 남성보다 감성과 육감이 발달한 여성이 강하다.

농업의 발달과 목축업이 여성을 육아에서 해방시켰다. 동등한 교육과 시스템이 점점 여성을 강하게 하고 소득을 높였다. 관점을 달리해보면 여성력을 강화하고 여성 해방에 필요한 산업, 기술이 성장산업이고 첨단산업이었다. 결국 여성력의 확대에 장애가 되는 것을 제거하는 것이 대박 산업이다.

금융과 기술, 교육의 3요소가 밥하는 식모, 아이 낳는 기계로 인식되었던 중국 여성을 아마존의 여성 전사 아마조네스로 변신시켰다. 이젠 남성의 보호가 필요 없는 시대가 왔다. 집은 보안 시스템이 지키고, 애교는 동물이 떨고, 밥은 전기밥솥이 한다.

지난 20세기 동안은 남성의 사냥, 전쟁, 화살, 창, 칼, 총, 대포의 시대였지만 IT의 도입이 손가락 하나로 수십만을 죽일 수 있는 시대로 전환되면서 21세기는 여성의 시대. 21세기 후반은 빠른 정보와 부드러운 감성의 시대, 야성野性이 아니라 여성女性의 시대다. 힘이 아니라 기氣와 감感의 시대다. 손가락과 촉감의 시대다.

미래를 내다보는 혜안이 있는 맹자 엄마, 한석봉보다 한석봉을 키운 한석봉 엄마 같은 여성이 각광받는 시대다. 맹자, 한석봉을 출세시킴으로써 자식의 성공으로 만족을 얻었던 스타 제조기 엄마에서 스스로 스타가 되는 시대다.

정보 하드웨어의 강한 인프라가 경쟁력이던 시대는 이미 끝났다. IT와 자동차가 여성의 파워를 남성과 동일하게 만들었고 손가락만으로 천근의 무게를 들어 올리는 시대다. 힘, 근육이 아니라 기와 감성의 시대가 왔다.

콘텐츠의 시대는 상상과 감성, 통찰력의 시대다. 근육이 필요 없어진 사회환경이 여성 파워를 키운다. 여성의 정보화가 바로 여성의 잠재력을 무한대로 키우는 무기이고 이런 여성 관련 산업에 투자하는 것은 마치 저평가된 주식에 투자하는 것과 같다. 임신의 권력이 밥상의 권력으로, 네트워크의 권력으로, 돈의 권력으로 진화하고 있다.

지금 중국 여성들은 딸, 아내, 아줌마, 할머니의 과정을 거치면서 나이들수록 강해지고 가정에서 죽기 전에 모든 것을 다 틀어쥔다. 딸, 아들 구별 없는 교육혁명은 여성혁명을 가져왔다. 1.15 대 1의 남녀 성비 불균형이 가져올 변화는 무섭다. 남성 중심 상품의 여성화가 무섭게 진행되고 있다. 한국의 대중국 관광 의료 콘텐츠 산업도 그 중심은 중국 여성에 맞추어야 성공한다.

돈을 벌려면 "여자와 아이들을 노려라"라는 말이 있지만, 지역을 특정한다면 바로 중국의 아이와 여성에 집중할 필요가 있다. 공산주의 혁명 이후 남존여비의 2000년 사상이 한 방에 깨진 나라가 중국이다. 중국은 1978년 이후 1자녀 갖기 운동으로 4억 명의 인구를 줄여 GDP를 25% 높였지만 소황제를 모시고 사는 나라다. 아줌마와 애들이 돈줄을 쥐고 있다. 이미 수년간 10월 국경절에 서울에 관광 온 중국 아줌마들의 싹쓸이 쇼핑에서 그 위력을 보여주었다.

03

스마트 혁명의 종착역은
중국이다

인류를 바꾼 3개의 사과

사과는 인류의 욕망과 발전의 시작점이다. 인류 역사를 보면 3개의 사과가 세상을 바꾸어놓았다. 첫 번째, 이브의 사과는 인류를 이성에 눈뜨게 했고, 두 번째 뉴턴의 사과는 인류를 과학에 발 들여놓게 했다. 21세기에 등장한 세 번째 사과는 애플 스티브 잡스의 먹다 남은 사과다. 세 번째 사과는 그토록 많은 사람이 알고 싶어 했던 연금술의 비밀을 알려주었다. 금은 돌덩이 속에 있는 게 아니라 사람의 머릿속에 있다는 것을.

지금 세계는 스티브 잡스가 만든 아이폰의 경제학i-phonomics에 빠졌다. 애플은 아이폰 하나로 정보기술업계에서 세계 최대의 이익과 시가총액을 자랑하는 떼돈 버는 회사가 됐다. 반도체와 액정을 만드는 전자회사는 애플에 납품만 하면 바로 대박이다.

이동통신회사들은 아이폰과 아이패드를 먼저 공급하려고 자기들끼리 치고받고 난리다. 기성세대들은 아이폰의 놀라운 실적에 흥분해 주식투자해서 돈 먹는 재미에 빠졌다. 젊은이들은 지하철에서든, 집에서든 검지로 장난질하면서 아이폰이 만든 사이버 세상에서 종일 자기 손바닥 안의 휴대폰만 쳐다보는 손바닥 자폐증에 빠졌다.

아이폰 연금술의 비밀은 무엇일까? 10년을 내다보고 큰 그림을 그려 세상의 변화를 주도하는 것이다. 애플은 10년을 두고 아이팟, 아이폰, 아이패드라는 콘텐츠, 통신, 컴퓨터를 아우르는 i-시리즈 생태계의 대작을 만들었다. 한국은 왜 아이폰 같은 제품이 없었을까?

한국에 10년을 장수하는 IT 회사 CEO가 있는가? 한국 IT 업계는 반도체, LCD 사이클인 2년 반과 4년 사이클의 경기하강기마다 CEO를 갈아치운다. 이런 환경에서 마진 50%짜리 히트 상품을 기획하고 추진할 CEO는 없다. 오너가 무한 책임을 진다는 이유로 경영에 깊이 관여하고 오너의 말 한마디에 화들짝 놀라 회사의 모든 전략이 바뀐다. 길어야 3~4년짜리 예스맨 CEO들이 전 세계를 놀라게 할 작품을 만들기에는 임기가 자라의 목처럼 짧다.

한국 IT 기업은 30년간 최대 규모, 최고로 빠른 개발속도로 원가경쟁의 치킨게임에서 살아남는 소위 질주 본능의 경영 방식에 익숙해 있다. 한국 IT 기업은 적보다 나은 제품이 아니라 적에게는 없는 제품을 만들어 손에 피 한 방울 안 묻히고 전쟁에서 이기는 방법을 연구하거나 경험해본 직이 없다.

그런데 문제는 지금부터다. 논란이 많지만 지금 아이폰에서 시작된 스마트 혁명은 소위 규모의 경제로 일어선 근육형 기업과 핵심적인 아이디어로 일어선 세포형 기업의 차이를 더 벌어지게 할 가능성이 크다. 근육형 하드웨어 기업은 지금 같은 추세면 DNA가 우수하고 소프트한 세포형 기업의 영원한 밥이 될 가능성이 크다.

근육형 기업은 더 복잡해진 세포형 기업의 요구를 맞추느라 죽어나고 대신 돈은 세포형 기업이 챙긴다. 애플은 한국 최대의 IT 기업에 비하면 매출은 절반 조금 넘지만 순이익은 2배, 시가총액은 3배가 넘는다. 휴대폰 전문업체들은 쪼그라든 휴대폰에서 마진 때문에 영업이익이 엉망인데 애플은 휴대폰 부문에서 마진이 40~50%가 넘는다.

그런데 애플은 단 1개의 휴대폰도 직접 만들지 않는다. 모두 중국에 하청을 준다. 아이폰은 중국이 임가공비 6달러에 만들고 애플은 499달러에 판다. 아이폰은 모두 '메이드 인 차이나'다. 중국산이라면 모두 저질이라고 고개를 젓지만 아이폰만은 예외다. 신제품이 발매되면 먼저 사려고 전쟁이다.

애플의 시가총액이 동화 속의 '잭의 콩나무'처럼 커지고 있다. 엑슨모빌을 제치고 세계 최대의 시가총액을 가진 회사가 됐다. 거래소가 무너져도 살아남는 주식을 사면 돈을 버는데 미국에서 최근 5년간 투자할 만한 주식이 있었다면 그것은 바로 애플이었다.

아인슈타인보다도 IQ가 더 높은 것이 바로 주식시장이다. 몇 년 지나고 보면 그때야 왜 시가총액이 그렇게 커졌는지 알게 된다. 애플의 시가총액이 세계 IT, 자동차, 석유, 항공기업계 대표기업보다 커졌다는 것은 스마트폰이 몰고 올 스마트 혁명의 미래를 선반영한 것이다. 스마트폰의 플랫폼에서 자동차를 만들고, 집을 짓고, 비행기를 만들지도 모른다.

인터넷이 세상을 평평하게 만들었다. 정보독점으로 초과 수익을 보던 시대는 갔다. 숨을 곳 없는 평평한 세상에서 경쟁력은 발이 보이지 않을 정도로 빨리 달리는 '스피드'였다. 그러나 지금 1초에 지구를 7바퀴 반을 도는 광속의 정보 시대에 스피드는 더 이상 경쟁력이 아니다. 스마트폰이 보여준 지식혁명은 스피드가 아니라 '방향성'이 더 중요한 시대가 왔다는 것을 알려준다. 스마트폰으로 방향을 안 틀고 피처폰에 목맨 휴대폰의 전설, 핀란드의 노키아가 한 방에 갔다.

그리고 스마트 혁명 시대에 이 스피드를 뛰어넘는 것은 '창의성'이다. 스피드에 중독되어 조급증에 걸린 인간의 감정을 다독이는 따뜻한 인간적인 감성 상품이 대박이다. 지난 10년의 긴 시간 동안 애플이 한 것은 직선으로 달려가는 스피드의 향상이 아니었다. 창의성과 감성으로 방향을 틀어 우회해 승부를 건 것이 선발자 노키아를 한 방에 때려잡은 비결이다.

인간의 오감 중에서 시각이 정보량이 가장 크고 촉각이 맨 끝이다. 그래서 눈을 뜨려고 자식도 판다는 것이 《심청전》의 스토리다. 그런데 정보량은 시각이 가장 크지만 짜릿함의 정도는 촉각이 가장 강하다. 키스와 섹스가 인간의 쾌락 중에서 최상의 자리를 차지하는 것도 바로 이 때문이다.

애플의 아이폰이 경쟁자를 따돌린 것은 바로 인간의 원초적 본능인 촉감을 전자기기에 도입해 시각과 청각 중심의 기기를 만들어온 여타 회사들이 쫓아올 수 없는 만족감을 만들어냈기 때문이다. 검지로 밀고 두드리고 드래그하는 아이폰은 엄지로 휴대폰의 자판을 두드리던 식의 도끼로 장작 패는 것 같은 느낌을 검지로 첫사랑 연인의 볼을 살짝 터치하는 느낌으로 전환한 것이다.

나라를 팔아먹는 것이 후손에게 가장 큰 죄를 짓는 것이고, 빚을 물려주는 것이 그다음 큰 죄다. 그러나 최악은 후손들의 창의성을 홀링 질라버리는 교육을 해서 창의성이 돈이 되는 시대에 후손들을 선진국의 창의성 상품의 노예로 만드는 것이다. 대학도 제대로 안 나온 빌 게이츠와 스티브 잡스가 전 세계의 돈을 쓸어 모으는 시대에 살면서 우리는 아직도 20세기 제조업 시대의 교육으로 우리 아이들의 경쟁력을 계속 낮추고 있는 것은 아닌가 생각해봐야 한다.

정보산업, 영원한 강자는 없다

역사는 항상 반복되고 미래는 과거로부터 흐른다. 일자리 창출과 부동산가격의 회복은 중앙은행의 인쇄기가 아니라 신기술이 만든 신성장산업에서 나온다. 지금 세상에 부족한 것은 돈이 아니라 실물이다. 진정 미국이 경기회복을 한다면 그건 신기술이다. 썩은 나무에는 조각을 할 수 없다. 공급과잉에 시달리는 전통산업이 아니라 신기술을 다시 봐야 한다.

지금 세상을 움직이는 것은 정보산업이고 정보기기시장에서 가전, PC, 휴대폰, 게임기가 서로 디지털 컨버전스의 종결자가 되겠다고 치열하게 경쟁했지만 생각지도 않았던 휴대폰이 디지털 컨버전스의 종결자로 등장했다. 괴팍한 천재 스티브 잡스가 단순히 소리와 문자를 전하는 기계였던 휴대폰 산업을 손가락으로 터치하는 촉감의 기계로 바꾸면서 혁명을 만들어냈기 때문이다.

그 결과 휴대폰이 TV를, 오디오를, 영화를, 데이터를 모조리 잡아먹는 괴물로 등장했다. 정보의 습득을 눈과 귀에 의존하는 기성세대에게 휴대폰은 전화기에 불과했지만 스티브 잡스는 손가락의 촉감이 발달한 디지털 키드인 젊은이들에게 마약보다 강한 스마트폰 중독을 만들었기 때문이다.

그런데 한국 증시에서 스마트폰의 원조 애플을 누르고 스마트폰에서 세계 1위로 올라섰고, 분기당 10조 원에 가까운 이익을 낸 삼성전자의 주가가 속락했다. 이유는 스마트폰에서 성장이 둔화된다는 것이다. 사상 최고의 이익을 내고도 주가가 속락하는 황망함에 투자자들은 당혹감을 감추지 못하고 있다. 세계 최대의 스마트폰 기업 삼성전자 주가의 속락, 어떻게 봐야 할까?

모든 주가의 등락은 이유가 있다. 세상의 흐름을 읽는 대가들은 보고 있지만, 일반 투자자들은 삼성에 대해 보지 못하는 어떤 것이 있는 것은 아닐까? 도대체 스마트폰 다음의 미래는 무엇이길래 이런 일이 벌어졌을까?

추격자는 이익의 규모가 주가의 관건이지만, 창조자는 신제품 개발력이 관건이다. 삼성은 카세트, TV, 반도체, 노트북, 휴대폰에서 일본, 미국을 따라잡는 데 최고의 능력을 보였다. 하지만 시장의 창조자가 아니라 선발자가 시장을 만들어놓으면 무서운 추격자로서 스피드 경영을 통해 원가와 품질로 이긴 것이다. 그러나 이젠 1등에 올라선 삼성은 이익의 크기가 중요한 것이 아니다. 미래 정보산업을 움켜쥘 새로운 기술, 세상에 없던 신제품에 대한 개발 능력이 중요해진 것인데 여기에 시장이 삼성의 능력을 의심하고 있기 때문이다.

당장 스마트폰 이후의 시장에 무엇이 있길래 금융시장이 이렇듯 민감하게 반응할까? 바로 현재의 컴퓨터와 인간의 소통 방식인 구이GUI: Graphic User Interface가 아니라 누이NUI: Natural User Interface가 가져올 변화다. NUI는 마우스나 키보드 등 별도의 장치 없이 사람의 감각이나 행동, 인지 능력을 통해 자연스럽게 디지털 기기를 제어하는 환경을 말한다. 손가락이나 팔, 눈동자의 움직임을 파악해서 동작을 인식한다거나, 혀의 움직임이나 뇌파로 기기를 제어하거나, 얼굴, 음성 등을 인식하는 것과 같이 인간 신체의 움직임을 활용한 인터페이스다.

이렇게 되면 촉감만이 아니라 인간의 오감과 동작이 모두 통신수단이 되는 것이다. 인간의 동작 인식, 눈동지 인식Eye Tracking, 얼굴 인식, 뇌파 인식이 가능해지고 현재의 터치 스타일에서 센서, 뇌파로 움직이는 전자기기, 소위 부이BUI: Brain User Interface 시대가 도래한다. 이렇게 되면 전자기기는 더 이상 전자기술이 아니라 사람의 마음을 읽는 감성기술의 단계로 승화된다. 들고 다니는 것이 아니라 입고 다니는 전자기기 시대가 다가오는 것이다.

이미 구글 글라스, 애플의 아이워치 등 입는 전자기기가 경쟁에 돌입했다. 음성에서 데이터, 동영상으로 넘어가는 이동통신에서 이젠 실시간, 리얼 타임의 정보 전송과 처리가 이루어지는 상상 초월의 시대가 열리고 있다. 보는 대로 찍고, 느끼는 대로 접속하고, 어디서나 어느 누구와도 접속하고 정보 검색이 가능한 시대가 당장 눈앞에 왔다.

이 엄청난 정보를 처리할 빅데이터와 이들을 하늘의 구름 위 서버에 얹어놓고 언제 어디서든 찾아서 쓰는 클라우드 컴퓨팅, 그리고 이를 지킬 정보 보안 솔루션이 지금껏 보지 못한 신산업, 신서비스, 신제품이다. 스마트폰의 아들과 딸들의 미래는 이런 그림이다. 세계 소프트 업계의 대부 마이크로소프트와 구글은 구름 잡기 싸움을 하고 있다. 클라우드 서비스 시장을 두고 치열한 경쟁을 벌이고 있다.

G1 미국은 입는 컴퓨터, 빅데이터와 클라우딩 시장을 주도하고 있고, G2 중국도 이미 2011년에 7대 신성장산업을 국가 프로젝트로 지정하면서 차세대 이동통신, 클라우드 컴퓨팅, 사물 간 인터넷, GPS 위성사업을 국가 차원에서 육성하고 있다.

정보산업에서 영원한 강자는 없다. 메가트렌드의 변화에 세상을 주도할 새로운 상품을 내지 못하는 순간 기존의 최강자도 한 방에 가는 것이 정보산업이다. 메모리 반도체의 창시자 인텔이, 이동통신의 원조 모토로라가, 가전의 전설 소니가, 휴대폰의 신화 노키아가 한 방에 날아간 것도 기업 이익이 문제가 아니라 새로운 트렌드에 맞는 상품의 부재 때문이었다.

포스트 스마트폰 시대에는 노트북과 문 앞에서 비밀번호 입력이 필요 없다. 얼굴 인식으로 해결한다. 차가 주인을 알아봐 주인 아니면 시동이 안 걸리는 시대가 온다. 포스트 스마트폰 시대에 NUI가 가져올 세상의 변화가 무섭다. 국가든 기업이든 새로운 혁신과 변화 주기에 대응하지 못하면 한 방에 간다.

금융위기 이후 전 세계가 부채의 덫과 저성장의 늪에 빠졌다. 그러나 항상 난세에 영웅이 나고 불황에 거상이 등장한다. 새싹은 새 나무에 돋는 것이 진짜다. 세계가 과거 수차례의 경제위기를 극복했던 비결은 돈 찍는 기계나 전통산업이 아니라 신기술이었고 신산업을 통해서였다. 포스트 스마트폰 시대에 어떻게 대응하느냐가 IT 기업뿐만 아니라, 심지어는 국가의 운명도 좌우할 가능성이 높다.

정보가 천하지대본이다

인터넷은 사람의 뇌를 닮은 기계인 컴퓨터와 컴퓨터를 연결한 것이다. 사람의 생각을 서로 엮으면 그것이 네트워크이고 서로 주고받는 것이 SNS다. 중국의 사람을 엮는 기술이 바로 '꽌시'이고 이것을 현대적으로 표현하면 인터넷이다. 중국의 꽌시가 인터넷으로 꽃피는 시대가 왔다. 사이버상에서 힘 있는 사람뿐만 아니라 13.6억을 모두 친구로 삼을 수 있고 아는 사람으로 만들 수 있는 도구가 생긴 것이다.

그런데 이 꽌시가 사물 간 인터넷으로 사람뿐만 아니라 세상의 모든 것과 소통한다. 휴대폰이 TV와 냉장고와 소통하고 자동차를 몰고 다니는 시대가 온다. 인터넷이 중국의 부정부패를 색출하는 데 쓰였다. 이제 모바일이 입는 컴퓨터로 변신하고 이것이 사물 간 인터넷으로 진화하면 전자상거래를 포함한 유통시장에 대폭발을 가져올 수 있다. 인터넷과 센서가 집으로, 차로, 도로로, 사무실로, 공장으로 진입하면 가정혁명, 운전혁명, 유통혁명, 생산혁명이 일어날 전망이다.

농업 사회, 상업 사회, 공업 사회, 정보 사회로 바뀌면서 1명이 농사지어 4명을 먹여 살리는 시대에서 1명이 벌어 1만 명이 먹는 사회가 왔다. 먹는 것이 아니라 정보질하는 것, 노는 것이 돈인 시대가 온 것이다.

중국의 역대 3대 상인은 진상晉商, 휘상徽商, 저상浙商이다. 장강 이북의 최고의 상인은 산시 상인, 진상이다. 산시는 관우의 고향이기도 하다. 산시 상인은 1000년 전에 이미 지폐를 사용했고 은행을 만든 사람들이다. 비단과 차를 중개하고 고리대금업으로 중국 전역은 물론 아라비아와 일본, 모스크바와 자카르타까지 동서남북을 휘저은 상인들이다. 안후이성의 휘상은 소금장사로 돈 번 사람들이다. 저장성의 저상은 지금도 살아 있는 중국 최고의 상인들이다. 강남 최고의 고급품인 비단과 차를 팔아 돈을 번 사람들이다.

그러나 지금 21세기의 상인은 진상, 휘상, 저상이 아니라 사이버 상인 '멍상夢商'이다. 꿈의 상인이다. 인터넷상의 가상 공간에서는 누구나 상인이 되고 무엇이든 팔 수 있는 시대다. 비단을 팔아 돈 번 저상도, 소금을 팔아 돈을 번 휘상도, 금융업으로 돈 번 진상도 이젠 누구나 사이버상에서 비단도, 차도 팔 수 있다.

IT 산업에서 45년의 역사를 가진 삼성전자의 매출액을 설립한 지 9년짜리 회사인 중국의 알리바바닷컴의 전자상거래회사인 타오바오가 넘보고 있다. 전자상거래업체 타오바오의 2012년 1월부터 11월까지 매출액이 1조 위안(180조 원)을 넘어섰다. 지금 〈포춘〉 500대 기업을 보면 미국의 슈퍼마켓 월마트가 항상 상위 1~3위 안에 있다. 중국의 GDP가 미국을 따라잡으면 월마트 같은 유통회사는 몇 개가 나올 수 있다. 그런데 그 슈퍼는 바로 사이버 슈퍼마켓 전자상거래업체다.

중국이 머지않은 시간 내에 미국을 넘어서 전 세계 최대 인터넷쇼핑국으로 부상할 전망이다. 글로벌 컨설팅 사 베인앤컴퍼니의 〈2013년 중국 전자상거래시장 연구보고서〉에 따르면, 중국 소비자들의 전자상거래가 크게 늘면서 중국의 인터넷쇼핑 규모는 처음으로 미국을 제치고 전 세계 선두를 차지할 것으로 보인다. 또한 3년 이내 중국 소비자들의 인터넷쇼핑 규모는 최소 2배 이상 증가할 것으로 내다봤다.

2012년 중국의 인터넷쇼핑 규모는 1조 3,000억 위안(237조 원)에 달해 미국과 비슷했다. 2015년까지 중국의 인터넷쇼핑 지출규모는 연평균 32% 성장률을 유지할 것이며, 총규모가 3조 3,000억 위안(601조 원)에 달할 것으로 전망하고 있다.

그래서 베인앤컴퍼니는 인터넷쇼핑은 소매업체 및 유명 브랜드 업체들의 중국 사업 성장에 반드시 필요한 조건이라고 보고 있다. 소매업체들이 오프라인, 온라인 및 모바일 유통망을 구축하지 못한다면 거대한 성장기회를 상실하게 되리라는 것이다.

정보가 통제된 사회였던 중국은 모든 것이 정보로 통한다. 지금 중국 금융에서도 시장공략은 인터넷을 통하는 것이 가장 효율적인 방법이다. 13.6억의 인구 중 12.3억이 네트워킹되어 있다. 인터넷과 모바일을 쓰면 전 국민을 한 방에 고객으로 잡는다.

최근 중국에서는 기존의 거대 공룡인 은행을 위협하는 불가사리가 등장했다. 대표적인 것이 바로 마윈이 만든 알리바바그룹의 위어바오다. 이는 중국의 금융에서 인터넷을 통한 비즈니스 모델이다.

2013년 8월 알리바바의 온라인 결제 자회사인 즈푸바오가 위어바오를 출시했다. 위어바오는 즈푸바오에 물건 사고 남은 금액을 위어바오로 옮겨 두면 자동으로 즈푸바오가 천홍자산운용과 협약을 맺어 운용하는 펀드에 가입되는 MMF, 인터넷 금융상품이다. 통상 중국의 정기예금은 최저 50위안, 금융상품은 5만 위안 이상이어야 가입이 가능한데 위어바오는 최저 가입한도가 없다.

수시 입출금이 가능한 데다 시중은행 정기예금금리 연 3%의 2배에 가까운 5.7%대 수익률을 내자 상품 출시 8개월 만에 8,100만 명의 투자자와 5,000억 위안(90조 원)의 자금이 몰려 대박이 났다.

이 여세를 몰아 인터넷 금융상품의 선두주자 알리바바는 위러바오를 출시하면서 인터넷 금융상품의 새로운 대명사인 '바오宝' 열풍을 만들었다. 위러바오는 온라인 펀드상품으로 100위안(1만 8,000원)의 소액으로도 영화·게임 분야에 투자할 수 있는 금융상품인데 출시 5일 만에 10만 명의 투자자를 모았다. 기대수익률은 7% 선이다.

알리바바가 내놓은 세 번째 상품은 8,100만 명의 위어바오 고객을 대상으로 한 인터넷 자산관리 플랫폼인 자오차이바오다. 은행, 보험, 자산운용사 등 각종 금융기관의 상품을 놓고 파는 개방형 투자자산관리 플랫폼으로 만기가 5개월에서 5년 사이의 다양한 금융상품을 판매한다. 출시하자마자 6개 펀드상품이 바로 매진이었다.

중국의 모바일 가입자 12.3억 명 중 인터넷을 쓰는 사람이 8억 명이고 이 중 3.2억 명이 스마트폰을 사용하고 있다. 모바일과 사물 간 인터넷이 연결되면 자동차 운전, 가사, 물류 등 모든 사회 전반에 혁명이 일어난다. 퇴근시간에 차 시동만 걸면 내비게이션이 알아서 집으로 향하고 차량의 센서가 앞 차와의 거리를 자동으로 측정해 안전운행을 한다. 퇴근시간 교통지옥이 수면시간이다. 차가 알아서 주행한다.

저녁을 준비하는 아내는 남편의 차가 어디쯤 오고 있는지를 부엌의 유리 창문 지도에서 표시되는 신호로 안다. 전기밥솥에 전원 넣는 시간도 자동으로 조절된다. 집에 도착한 차는 주차장에 빈자리를 알아서 찾아가고 출입문에서 문이 사람을 알아보고 문을 열어준다.

에어컨이 자동으로 최적의 온도로 켜지고 냉장고를 열면 내가 좋아하는 바나나 우유가 어느 칸에 있는지 알려준다. 3일 전에 먹다가 처박아둔 식빵은 버리라는 메시지가 냉장고 문에 뜬다. 모든 사물이 지능을 가진 시대가 등장한다. 사물 간 인터넷이 세상을 뒤집어놓는다. 이젠 농업이 천하지대본天下之大本이 아니라 정보가 천하지대본인 시대가 온다.

중국의 부는 이제 땅에서 유통으로, 그리고 IT로 간다. 공산당과 합작을 한 부동산재벌이 1세대라면 이젠 땅 위에 집 짓고 거기에 상가와 쇼핑타운을 세운 유통업자가 부자의 반열에 올랐다. 유통 다음은 정보다. 이미 바이두닷컴의 리위앤홍이 중국 5대 부자의 반열에 올랐다. 미래 중국의 새로운 부자는 바로 디지털 부호들이다.

"3류는 자신의 능력을 사용하고, 2류는 남의 힘을 이용하며, 1류는 남의 지혜를 사용한다"고 한다. 중국의 부자들에 이를 적용하면 딱 맞아떨어진다. 중국의 가방끈 짧은 1세대 부자들은 개혁개방의 물결을 타고 죽으라 일해서 돈을 벌었다. 그러나 2세대 부자는 중국 공산당과 합작으로 공산당의 개발사업에 젓가락만 놓고서도 대박을 냈다. 중국의 톱10 부자들은 모두 중국 공산당의 고위간부가 되었다.

그러나 제3세대 부자들은 바로 중국 인민의 머리를 이용했다. 고수는 벤치마킹을 잘하고 하수는 자기 머리만 쥐어짜다 돌아버린다. 중국의 3세대 디지털 부호들은 미국의 IT 시스템을 그대로 벤치마크해 대박을 만들었다. 인터넷과 정보산업에서 해외 기업을 정부가 막아준 덕분에 중국의 인터넷 기업은 중국 정부의 만리장성 안에서 엄청난 규모의 공룡으로 성장했고 나스닥에, 홍콩의 금융시장에 상장해 엄청난 돈을 끌어모았다.

6억의 인터넷 가입자와 12.3억의 모바일 가입자가 물고 들어오는 정보와 데이터를 이용하는 장마당을 만들고, 이들에게 제공하는 엔터테인먼트는 바로 중국의 인터넷 기업에 대박을 가져왔다. 바이두닷컴과 온라인 게임과 SNS에서 13.6억의 가입자를 가진 틴센트가 바로 그 대표적인 사례다.

사물 간 인터넷이 중국을 바꾸고 세계를 바꾼다. 미국에서 시작된 사물 간 인터넷, 미국은 시스코를 포함한 민간기업이 주도하지만 중국은 정부가 주도한다. 민간의 창의도 중요하지만 정책적 결정과 다양한 이해집단의 이해관계 조정은 정부가 더 효율적이다. 문제가 생기면 민간은 '재판'이지만 정부는 '결정'이기 때문이다.

사물 간 인터넷이 확산되면 구글 글라스를 쓰고 보이는 대로 찍고 실시간으로 전송한다. 그러면 은밀하게 제공하던 중국 뇌물 제공의 구조도 바펼 수 있다. 1.3억 대의 자동차는 운전하는 사람이 없다. 구글이 대신 운전한다. 그러면 1.3억 명의 운전자는 자동차에 앉아 TV와 광고를 본다. 광고 시장의 변화가 올 수 있고 운전교습소는 문 닫고 헬스클럽으로 전환해야 할지 모른다. 과일과 채소, 우유가 떨어지면 냉장고가 알아서 슈퍼에 주문한다.

4,000km를 날아다니는 무인항공기 드론이 중국 전역을 택배 서비스 할 수 있고 무인항공기로 개인이 국가를 상대로 중요 지점을 파괴하는 전쟁을 할지도 모른다. 또한 구글 글라스를 쓴 사람과는 정보 프라이버시 문제로 대화를 안 할 수도 있다. 보이는 대로 찍고 전송하지만 데이터 전송에서 보안 문제, 그리고 엄청난 데이터의 저장을 위한 데이터센터와 서버 부하 문제도 등장한다. 그리고 이런 거대한 망이 구축되었을 때 만약 통신 네트워크나 전원에 문제가 생기면 국가 전체 시스템에 위기가 올 수도 있다.

휴대폰이 제갈공명을 이기는 시대다

공자와 스티브 잡스는 같은 과다. 살아서는 별 재미를 못 봤지만 죽어서는 그 가치가 엄청나다. 괴팍한 천재 스티브 잡스가 만든 스마트폰, 정작 스티브 잡스는 호사를 누리지 못하고 죽었지만 잡스의 사망 후 스마트폰 시장은 폭발적이다.

아프니까 청춘이고 그 아픈 청춘 쓰다듬어 힐링해준다고 정치인들이 너도나도 전국을 돌면서 토크 쇼를 했지만, 결론은 실업은 정치인이 구제하는 게 아니라는 것이다. 실망한 젊은이들은 힐링 캠프를 떠나 휴대폰 속으로 다시 몰입하고 있다. 그러나 그전에 가지고 놀던 애니팡, 앵그리버드는 재미가 없어졌고 그사이 새로 나온 모바일 게임에 몰두하고 있다. 그 바람에 불황에도 한국 스마트폰 시장은 여전히 장사가 잘되고 모바일 게임은 새로운 고성장산업이 되어가고 있다.

한국의 대표기업 삼성전자가 휴대폰으로 애플을 제치고 대박을 냈다. 일각에서는 삼성의 휴대폰 의존도가 너무 높아서 위험하다고 한다. 정말일까? 삼성이 가전에서 잘나갈 때는 가전의 수익 비중이 절반을 넘었고, 반도체가 잘나갈 때는 반도체 부문의 이익이 전체 이익의 90%에 달했던 적도 있다. 돈 되는 성장산업에 발 빠르게 대응하는 능력이 문제지 특정 사업부문의 이익 비중은 문제가 안 된다.

적벽대전赤壁大戰에서 동남풍이 불어오는 타이밍을 잘 맞춘 것이 제갈공명을 당대의 영웅으로 만들었다. 100만 개의 화살을 공짜로 조달한 것도 안개 낀 날을 잘 골라잡았기 때문이다. 트렌드를 읽고 가장 유리한 타이밍에 작전지시를 한 것이 2000년이 지난 지금에도 제갈공명을 최고의 지략가로 손꼽히게 한 비결이다.

지금은 휴대폰이 제갈공명을 이기는 시대다. 스마트폰 하나만 있으면 중국 《삼국지》의 최고 전략가 제갈공명도 이길 수 있다. 적벽대전에서 동남풍이 불어오는 것을 예상한 화공火攻이 제갈공명을 최고의 전략가로 만들었지만 지금은 스마트폰에서 날씨 앱 하나만 깔면 그 지역의 바람, 구름, 온도, 습도를 실시간으로 시간대별, 일별, 월별, 주별로 볼 수 있는 시대나. 조조가 스마트폰을 사서 날씨 앱을 깔았다면 《삼국지》의 스토리는 완전히 달라졌을 것이다.

1,000리를 내다보는 천리안도 등장했다. 구글이 구글 글라스의 후속 모델로 무선으로 충전되는 콘택트렌즈형 눈에 끼우는 컴퓨터를 만들었다. 초소형 카메라와 센서 통신장치가 있어 착용자의 시선에 따라 사진이나 동영상을 찍고 디스플레이하고 먼 거리의 사물도 카메라로 확대해서 생생히 볼 수 있는 천리안 기능도 있다.

휴대폰은 지금 어린이들의 장난감이고, 젊은이들의 영혼이고, 중장년의 노리개이자 세상과 소통하는 창문이다. 모든 세대에 공통으로 어필하는 이런 장난감, 이런 기계가 인류 역사상 없었다. 지금 전 세계 휴대폰 사용자가 휴대폰을 흔들기만 하면 바로 친구가 되는 시대가 왔다.

중국의 카카오톡인 웨이신을 켜고 휴대폰을 상하로 흔들면搖搖功能(야오야오 서비스) 바로 연결 가능한 친구가 뜨는데 5,378km나 떨어진 인도의 가입자도 자동으로 내 휴대폰에 올라오는 시대다. 전 세계 휴대폰 시장을 다 먹으면 삼성의 이익은 지금보다 5~10배는 더 커질 수도 있다.

지금 휴대폰이 음성, 데이터, 동영상을 모두 잡아먹고 있다. 지금 IT의 대세는 바로 휴대폰이다. 지금 휴대폰은 세상을 움직이는 중심축이다. 휴대폰의 비중이 지금보다 더 커져도 문제없다. 단 지금의 보는 휴대폰, 접촉하는 휴대폰의 스마트폰 모습이 아닌 입는 휴대폰, 느끼는 휴대폰으로의 진화를 삼성이 선도한다면 말이다.

권력은 총구가 아닌 휴대폰에서 나온다

마오쩌둥 시대에 권력은 총구에서 나왔지만 지금은 휴대폰에서 나온다. 혁명기에는 군사력에서 힘이 나왔지만 정보화 사회, 정보화 시대에는 정보력이 힘이다. 중국 공산당은 군대를 국민의 군대가 아니라 공산당의 군대로 만들면서 권력을 장악했다.

그러나 이제는 군대가 아니라 인터넷 부대, 모바일 부대를 장악하지 못하면 권력을 잃어버릴 수도 있다. 지금 중국에는 정보와 스피드가 최강인 6억 명의 인터넷당网民党, 12.3억 명의 휴대폰당手机党이 있다. 수적으로는 8,500만 공산당도 못 당한다.

그러나 정보는 서버를 언제나 들여다볼 수 있고 통제할 수 있다면 오히려 총으로 관리하는 것보다 더 쉬울 수 있다. 중국은 지금 12.3억 명의 휴대폰 가입자가 있지만 이동통신 교환기를 들여다보면 12.3억 명이 어디서 뭘 하는지를 한눈에 볼 수 있다. 중국의 이동통신사는 모두 국유기업이다.

중국 정부가 IT 산업 육성을 부르짖고 있다. 정권에 최대의 위협이 될 수 있지만 서버 통제에 자신이 있기 때문이다. 그리고 전통산업의 구조조정으로 산업의 빈 공간을 정보산업으로 채우려는 것이다. 또한 수확체감의 전통산업에 수확체증의 정보산업을 접목시켜 에너지 절감과 생산효율을 높이려는 것이다.

IT는 여성의 파워를 키운다. 정보 부족에 시달리고 세상 물정에 어둡다고 핀잔받던 아줌마들이 3G 휴대폰을 통해 동네 아줌마는 물론이고 지구 건너편으로 이민 간 40년 전 초등학교 동창까지도 연결하게 되면서 '카더라' 정보의 근원지가 되었다.

아이들에게 컴퓨터 게임한다고 야단치던 컴맹 아줌마들이 휴대폰 게임과 쇼핑, 채팅에 빠졌다. 여성의 손바닥 안에 이젠 백화점이 입점했다. 모바일로 모든 백화점을 아이쇼핑, 진짜 쇼핑하는 게 모두 가능하다. 팔뚝의 근육이 아니라 손가락의 힘만 필요한 휴대폰에서는 남녀가 없다. 오히려 손재주가 좋고 손가락이 가는 여성이 휴대폰 자판을 다루는 데는 남성보다 우위다. 휴대폰은 여성 우위다.

북유럽 작은 나라 핀란드의 대학생이 만든 게임 앵그리버드는 50번이나 실패를 했지만 결국 아이디어 하나로 전 세계 60개국에서 1년 이상 게임 분야에서 최정상을 차지했다. 온라인의 영토에는 국적이 없다. 인구도, 국토 면적도 아무 의미가 없다. 오로지 재미 하나면, 그리고 만국 공통어인 자판기만 있으면 세계 어느 누구와도 교감한다.

2013년 중국 상하이 주식시장에서 선전한 종목은 어떤 것들일까? 주가상승 상위 100개사 중 50개사는 정보 서비스 업체다. 지금 세계 정보 서비스 업계는 중국으로 빨려들어 가는 차이나이제이션Chinaization의 회오리바람에 흔들리고 있다. 중국의 디지털 인구, 디지털 시장도 미국을 앞지르고 있다. 세계 정보산업에서 1등을 차지하기 위해 반드시 공략해야 하는 이유다.

금융위기 이후에는 디아메리카나이즈De-Americanise의 후폭풍이 몰려올 가능성이 크다. 지난 시절 모두가 외친 세계화는 모든 것을 미국식으로 바꾸는 아메리카나이즈Americanise에 다름없었다. 3억밖에 안 되는 미국 인구가 창의성을 무기로 70억 세계를 이끌었고 그 힘은 자동차와 정보기술에서 나왔다.

아메리칸 드림을 꿈꾸며 찾아든 젊고 총명한 이민자들의 성공신화는 2008년 금융위기를 계기로 위기를 맞았다. 돈이 없어 푸드쿠폰(음식교환권)으로 연명하는 인구가 5,000만에 육박하고 졸업 후 취업을 못 하는 젊은이가 대거 늘면서 아메리칸 드림에 어두운 그림자가 드리웠기 때문이다.

현재 미국은 금융만 살아남아 돈잔치로 세계를 아직도 쥐락펴락하지만 제조업이 없는 금융만의 1인 플레이는 오래 못 간다. 태생적인 불임산업 금융은 반드시 제조업이라는 숙주를 거쳐야 한다. 손에 기름 묻히는 것을 싫어하는 1인당 소득 5만 달러의 나라에서 제조업이 다시 꽃피기는 어렵다.

대국은 반드시 떼돈 버는 산업을 독점하면서 강한 나라로 키웠다. 독점 자원은 바로 에너지에서 달러로 넘어왔고 이젠 정보다. 정보를 가진 자가 세상을 지배한다. 미국은 전 세계 주요 국가의 최고지도자의 일거수일투족을 모두 들여다보고 있었다.

이런 정보의 속성은 스피드다. 속도가 모든 것을 결정한다. 역사적으로 보면 스피드를 만든 이가 항상 이기는 것이 불변의 법칙이었다. 빠른 놈이 느린 놈을 먹었다. 천출의 태생도 황제가 되는 것은 스피드로 승부해서 끝을 봤기 때문이다. 중국에서 천한 북방의 기마민족 오랑캐가 남쪽의 따뜻한 부유한 농업국 황제를 털고 정복한 것도 모두 스피드 덕분이다.

그러나 1초에 지구를 7바퀴 반을 도는 스피드 시대에는 속도를 넘어서는 것이 있다. 속도보다 한 수 위는 상상력이다. 상상력 다음은 이를 모아서 만드는 구슬을 꿰는 융합 능력이다. 왜 융합일까? 정보의 스피드를 감당할 틀을 기존 패러다임에서는 못 만들기 때문이다. 활과 화살이 제대로 만들어지면 방패를 뚫는 힘이 나오지만 새로 나온 활과 화살을 어떻게 조합해 쏘는지를 모르는 혼돈의 시대에는 이리저리 마구 조합해보는 것이 답이기 때문이다.

자동차가 TV에 지배당하고, TV가 컴퓨터에, 컴퓨터가 휴대폰에 지배당하는 것이 최근의 추세이지만 그것이 정답은 아니다. 변하는 세상에 맞는 패러다임은 1가지다. 모이면 분열하고 분열하면 다시 모이는 것이다. 무조건 모은다고 되는 것이 아니라 시대가 모이는 시대인지 흩어지는 시대인지를 봐야 한다.

지금의 세계는 뭉쳤던 유럽과 미국은 흩어지고 사분오열이었던 아시아와 중동은 모이는 구조다. 융합은 싱싱한 것끼리 모아야지 썩은 것끼리 자꾸 모으면 통째로 망한다. 지금 세계는 애덤 스미스 분업이론을 신봉하고 케인스와 시카고학파를 따리 한 미국과 유럽은 거덜 났고, 공자와 맹사를 신봉하고 빚을 알기를 호랑이처럼 안 아시아는 멀쩡하다. 애덤 스미스는 죽었고 공자는 다시 살아나고 있다.

인문학은 세상이 어려울 때 유행한다. 요즘 2000년 전 중국 춘추전국시대의 학문인 인문학이 대유행이다. 신기술이 등장해 세상이 복잡할 때 인문학이 등장한다. 중국을 보면 청동기의 춘추시대보다 신기술인 철기시대가 시작된 전국시대가 인문학의 전성기였다. 이는 신기술이 등장하면 융합하는 방법을 모르기 때문에 혼란이 생기고 수십만, 수백만 명의 죽음이 나타나는 신기술 등장 시기의 역사를 공부하면 답이 거기에 있기 때문이다.

최근 500년간 인류 역사는 증기기관과 석유, 전력과 전기가 세상을 바꾸었지만 지금은 정보가 세상을 좌우한다. 그러나 1970년대에 개발된 반도체로 대표되는 정보기기는 산업주기 30년설의 차원에서 보면 이미 성숙기다. 하지만 정보기기가 만들어내는 정보 서비스 산업은 지금 만개滿開하고 있다. 인터넷과 모바일이 만드는 정보 서비스가 세상을 바꾼다.

지금 세계 최대인 6억 명의 인터넷 가입자와 12.3억 명의 모바일 가입자를 가진 나라가 중국이다. 20~30대의 젊은이들이 만든 야후, 구글, 유튜브는 자폐 수준에 가까운 몰입의 병에 걸린 디지네이브들이 만든 신화다. 이젠 미국의 디지네이브가 아니라 중국의 디지네이브를 잘 볼 필요가 있다. 야후의 창업자 체리 양, 유튜브 창업자 스티브첸은 모두 중국인이다. 중국인의 디지털 DNA가 미국이라는 디지털 환경에서 꽃핀 것이다. 그런데 이젠 중국의 디지털 인구, 디지털 시장이 미국보다 커지고 있다.

시장이 수요를 만들고 돈이 힘을 만든다. 이젠 중국의 모바일과 인터넷 가입자가 세상을 바꿀 가능성이 커지고 있다. 중국은 지금 농민 다음 왕민网民(네티즌)이다. 지금 세계 정보 서비스 업계는 중국으로 빨려들어 가는 차이나이제이션의 폭풍에 휘둘리고 있다. 중국의 IT 기업 렌샹이 IBM의 PC에 이어 모토로라의 휴대폰을 인수했다. IBM, 오라클, HP, 구글과 같은 글로벌 IT 거인들이 중국으로 진출하고 중국 정부와 중국 네티즌의 환심을 사기에 급급하다. 이젠 세계 정보산업에서 1등 자리는 반드시 중국에서 1등 해야만 가능하다. 중국의 돈과 인터넷과 모바일 가입자의 수가 바로 권력이다.

중국 정보산업의 공략은 마치 소풍날 보물찾기와 유사하다. 진짜 보물은 어디에 있을까? 중국인의 주머니, 중국인의 마음속에 있다. 찾으면 대박이고 못 찾으면 집으로 돌아가는 버스에 올라타야 한다. 보물찾기에서 발밑에 꽃이 핀 줄 모르고 그냥 지나가는 것이 한국이 되면 안 된다.

한국이 중국과의 비즈니스에서 대박을 못 내는 이유는 바로 입이 문제다. 중국에 가서 중국어가 아니라 영어로 떠든 입이 중국에서 돈 못 벌고 보따리 싼 진짜 이유다. 사기당하고 털리고 온 이유는 바로 계약서를 읽을 줄 모르고 상대방과 직접 대화할 수 없어 중간다리를 쓰는 바람에 소통의 오류가 생겼기 때문이다. 지금 인터넷 세상에서 영어 다음의 제2외국어는 중국어다. 중국인의 마음은 중국어로만 열 수 있다. 이젠 정보 서비스 산업에서도 세계 최대의 인터넷 인구와 시장을 가진 중국을 공략하려면 무엇보다도 그들의 언어를 익혀야 하는 이유다.

스마트 혁명의 종착역은 중국이다

기술의 역사를 보면 기술의 시발점과 종착역이 같은 적은 단 한 번도 없었다. 나침반과 화약이 시발점은 중국이지만 실크로드를 타고 유럽으로 건너가 무기와 배의 항해술로 꽃을 피워 대항해시대를 열었다. 증기기관은 영국에서 발명되었지만 꽃이 만개한 곳은 미국의 자동차시장에서였다.

미국이 소련의 폭격에서 안전하게 정보를 분산시키려고 만든 인터넷 그리고 대포의 탄착점 및 적의 동향을 신속하게 알리는 통신병의 역할을 하는 무선기이넌 휴대폰이 인터넷과 무선기가 결합된 스마트폰으로 등상하면서 21세기에 손가락혁명을 가져왔다.

지금 세상을 움직이는 것은 정보산업이고 정보기기시장에서 가전, PC, 휴대폰, 게임기가 서로 디지털 컨버전스의 종결자가 되겠다고 치열하게 경쟁했지만 생각지도 않은 휴대폰이 디지털 컨버전스의 종결자로 등장했다. 휴대폰이 TV를 비롯해 오디오, 영화, 데이터를 모조리 잡아먹고 있다. 정보의 습득을 눈과 귀에 의존하는 기성세대에게 휴대폰은 전화기에 불과했지만 손가락의 촉감이 발달한 디지털 키드인 젊은이들에게는 스티브 잡스가 스마트폰을 친구이자 애인의 단계로 승화시켰기 때문이다.

지금 세계는 바야흐로 공업혁명, IT 혁명에 이은 스마트 혁명의 시대에 진입했다. 앱 마당에 올린 앱 하나로 수백억 원을 버는 시대가 온 것이다. 손가락이 일을 내는 시대가 왔다. 최근 한국에도 손가락 때문에 하루 8,000억 원의 매출을 올리고 이익으로 매일 1,100억 원을 버는 회사가 등장했다. 세계 휴대폰 업계 1위로 등장한 한국의 삼성전자다. 이젠 휴대폰 안에 음성, 데이터, 비디오 등 전자기기가 3대나 들어 있는 시대에 정보의 양은 더 이상 경쟁력이 아니다. 정보의 해석 능력과 이 정보 플랫폼을 이용한 창의력 넘치는 작품이 돈이 되는 시대다.

　땅이 넓어 전국 유통망을 까는 것에 대해 전 세계 어떤 유통 대기업도 두려움을 느끼는 중국 대륙에서 단 하나의 점포도 없이 회사를 설립한 지 10년도 안 돼서 1조 위안(180조 원)의 매출을 올리는 전자상거래업체 타오바오가 나왔다. 타오바오는 중학교 영어 선생 출신 알리바바닷컴의 마윈이 만든 회사다.

　스마트 혁명이 일어나면서 새로운 글로벌화 2.0도 이루어지고 있다. 전 세계를 엄지손가락 하나로 연결하여 미국 기업이 전 세계를 상대로 사이버상에서 물건을 팔고, 한국의 가수 싸이가 하루아침에 전 세계 19억 명의 인구에게 한국어로 노래를 부르게 하는 국제가수로 탄생했다. 손가락 혁명이 부의 순위를 바꾸어놓았고, 정치를 바꾸어놓았고, 연예인의 인기 순위를 바꾸어놓았다. 손가락을 움직이지 못하면 돈도, 정권도, 인기도 잡기 어려운 시대가 온 것이다.

　미국이 강한 것은 IT 기술을 통해 인간 능력을 무한대로 확장시킬 수 있는 혁신 능력과 생산성 향상, 그리고 3억 명의 시장이 뒷받침됐기 때문이다. 정보화로 무장한 3억 인구가 진정한 미국의 경쟁력이었다. 정보화에 뒤진 나라는 자원이 많아도 2류다. 그런데 손가락이 만드는 스마트 혁명 시대엔 정보기기는 플랫폼일 뿐 이것을 기반으로 콘텐츠를 만들고 시장을 만드는 것이 핵심이다.

증기혁명, 자동차혁명에 이은 정보혁명의 꽃은 어디서 만개할지가 관심이다. 역사적으로 보면 첨단기술의 시발점과 종착역이 같은 적이 없다. 기술은 결핍이 가장 심한 곳에서 개발되지만 꽃이 만개하는 곳은 시장이 가장 넓은 곳이었다. 증기기관은 영국에서 개발되었지만 고속도로가 가장 긴 미국에서 자동차혁명으로 꽃피었다.

정보산업에서 가치는 결국 가입자다. 정보의 가치는 가입자 수의 제곱에 비례한다는 멧칼프의 법칙Metcalfe's Law이 적용된다. 지금 중국의 휴대폰 가입자는 미국과 유럽 전체 인구보다 더 큰 12.3억 명이다. 기술의 역사를 보면 신기술의 발명지와 대박을 낸 지역이 같은 경우는 없다.

실리콘밸리에서 시작된 제1기 정보혁명인 IT 하드웨어 혁명은 미국에서 꽃피었지만 제2기 정보혁명인 IT 서비스 혁명은 인터넷과 휴대폰의 보급대수가 가장 많은 아시아에서 만개할 가능성이 높다. 12.3억 명의 사람들이 스마트폰을 쓰게 되면 전 세계 스마트 혁명은 필연적으로 중국에서 만개할 수밖에 없다.

이미 중국은 구글에 버금가는 바이두닷컴, 페이스북에 맞짱 뜨는 1억 6,000만 명의 가입자를 가진 런런왕이 있고 8억 명의 가입사를 가신 메신저 업체 QQ와 6억 명의 가입자를 가진 웨이신이 있다. 큰 시장이 있는 곳에서 명품이 나오고 돈벌이가 된다. 미국에 상장된 중국의 모바일 인터넷 관련 회사들의 시가총액이 이를 말해준다. 한국은 애플의 I-Phone을 따라 하기에 급급할 게 아니라 특별히 12.3억 중국인 휴대폰 가입자를 위한 스마트한 C(hina)-Phone을 만들면 대박일 것이다.

스마트 혁명 시대는 디지털 DNA가 중요하다. 뱃속에서부터 타고난 모태 디지털인과 성인이 되어서 배운 학습 디지털인은 서로 경쟁이 안 된다. 미국이 강한 것은 모태 디지털인이 많았기 때문이다. 뱃속에서 듣던 태교 음악이 디지털 음악이고 유아 시절 엄마 대신 놀아준 장난감 컴퓨터인 디지네이브가 많은 것이 미국이 IT의 최강자가 된 비밀이다.

그러나 아시아의 급속한 IT화는 이런 미국의 경쟁력을 뛰어넘는 더 많은 디지네이브를 대량생산하고 있다. 한국과 중국의 10~20대들이 바로 그들이다. 지금 세계 최대의 온라인게임 회사는 미국도 일본도 아닌 중국의 텅쉰이다. 6억 명 인터넷 가입자와 12.3억 휴대폰 가입자가 바로 중국 정보회사의 힘이다. 전 세계 온라인 관련 회사의 창업자는 상당수가 이미 중국계 미국인이다. 중국인의 상상력이 미국의 여권을 이용해 세계의 상품으로 떠오른 것이다.

IT 관련 소비가 폭발적인 성장세를 보이고 있는 가운데 최근 중국 국무원은 부동산과 자동차산업처럼 IT 관련 산업을 중국 경제발전을 견인하는 중요한 성장동력으로 육성할 목적으로 IT 소비확대 개혁안을 발표했다.

국무원은 광대역 통신망 보급 및 4G 이동통신의 전국 보급 실시와 함께 2013년 하반기를 기점으로 인터넷, 방송, 통신을 하나로 묶는 삼망융합三網融合 서비스를 전국으로 확대할 계획이다. 2015년까지 초고속 인터넷, 인터넷TV, 인터넷쇼핑 등을 포함한 신흥 IT 소비를 연평균 20% 이상 성장시켜 중국 국내총생산을 0.7%p 끌어올릴 성장주도산업으로 육성할 계획이다.

빅데이터, 전기차, 클라우드 컴퓨팅, 3D 프린팅, 4G 휴대폰이 가져올 새로운 연관 산업이 중국의 유망산업 후보군이다. 불황에도 D램 가격은 속등하고 있다. 휴대폰이 장기 공급과잉인 반도체업계를 깨우고 있다. 휴대폰이 TV나 PC보다 더 많은 메모리를 쓰는 디지털 컨버전스의 중심이 되었기 때문이다. 휴대폰 1대가 냉장고나 세탁기 1대보다 비싸고, OLED 첨단 TV 1대가 자동차 1대 값인 시대다. 손바닥에 있는 휴대폰에 들어가는 메모리 반도체가 노트북과 TV에 들어가는 반도체보다 더 커진 시대가 온 것은 모두 정보기술의 힘이다.

중국은 최근 광대역 인터넷 보급 3단계 계획을 발표했다. 2020년까지 인터넷 보급률은 70%, 3G/LTE 보급률은 85%까지 각각 확대할 계획이다. 한국 IT 관련 제품의 주 수요처는 이젠 중국이다. 차·화·정, 패션, 음식료 다음의 중국 수혜주는 이제 IT 소비 관련주에서 찾아야 할 것 같다.

돈의 본질은 정보다. 돈을 움직이는 것도 정보다. 스마트한 정보 시스템과 단말기는 미국이 만들었지만 이를 통해 돈을 버는 것은 지금부터다. 세계 최대의 IT 소비시장과 스마트 혁명이 꽃필 중국을 공략하려면 스마트한 정보혁명을 누가 잘 이용하느냐에 달려 있는 것 같다.

이미 한류 드라마가 답을 보여주었다. 중국 현지에서 큰 인기를 끌었던 TV 드라마 〈별에서 온 그대〉와 〈상속자들〉의 프로그램 다시 보기가 가능한 PPS Pay Per Series 서비스 회사 아이치이 조회 수를 보면 〈별에서 온 그대〉는 9.9억 뷰, 〈상속자들〉은 4.8억 뷰를 기록했다. 최단시간 내에 13.6억의 중국을 공략하는 유일한 방법이 바로 모바일 정보 네트워크를 이용하는 것이다.

중국의 부의 지도, IT와 자동차가 바꾼다

고령화는 IT와 자동차 산업의 적이다. 유럽과 일본이 허우적거리는 것도 고령화 때문이다. 미국도 이젠 위험하다. 금융위기 이후 아메리칸 드림이 깨지면서 전 세계 똑똑한 젊은이들의 이민으로 유지되던 젊은 인재의 유입이 줄어들고 있기 때문이다.

애는 줄고 개만 늘어나는 나라, 고속도로에 트럭은 줄고 승용차만 늘어나는 나라, 더 이상 남은 돈이 없어 집을 담보로 역모기지론으로 연명하는 나라, 스마트폰이 안 팔리고 자동차가 안 팔리는 나라는 투자하면 안될 나라다. 고령화, 산업동공화, 부채 버블의 시대에 정보화와 유통혁명에 뒤지면 대책이 없다. 유럽과 일본이 전형적으로 이런 상황이고 한국도 이를 따라가는 것 같아 걱정이다.

지금 세상은 휴대폰을 장악한 자가 세계를 장악한다. 휴대폰은 세상을 연결하는 창구이고 TV, PC, 게임, 오디오, 데이터를 모두 잡아먹는 불가사리다. 디지털 컨버전스는 TV, PC, 게임기가 아니라 휴대폰이 장악했다. 안드로이드로폰 OS 시장을 장악한 구글은 날로 커지고 있고 사람들의 손바닥을 장악한 애플은 세계 최대의 시가총액을 가진 회사가 되었다. 애플을 이긴 삼성은 IT 하드웨어 업계에서 세계 최대의 이익을 내는 회사가 되었다.

차는 정보를 찾으러 가는 수단이고 휴대폰은 찾은 정보를 전달하는 수단이다. 미국은 자동차로 융성했고, IT로 일어섰다. 세계 최대의 자동차시장, 정보기기시장이 미국이었다. 결국 정보를 쥐는 자가 세상을 지배한다. 그런데 지금 이런 정보산업에 변화가 생겼다. 세계 최대 자동차시장은 연간 2,200만 대의 차가 팔리는 중국이고 세계 최대 휴대폰 시장은 12.3억 명의 가입자가 있는 중국이 되었기 때문이다.

중국은 1,000명당 자동차 보급 대수가 81대이고 미국은 800대다. 세계 평균은 158대 수준이다. 중국은 아직 자동차 금융이 발달하지 않은 현금 박치기의 나라다. 미국처럼 자동차 소비금융이 도입되어 10% 내고 90%를 할부로 사는 상황이 오면 자동차시장은 폭발한다. 누구도 못 말린다.

베이징에는 현대차가, 상하이에는 폭스바겐이, 선전에는 일본 차가 판을 친다. 지역별로 뚜렷한 컬러가 있다. 중국의 차 소비는 누구도 못 말린다. 현재 1억 3,000만 대의 차가 만약 미국처럼 보급된다면 난리도 아니다. 인당 보급률이 미국의 30%만 도달해도 미국 전체 보급 대수를 넘어간다. 자동차혁명은 바로 유통혁명으로 이어진다.

12.3억 명의 휴대폰 가입자를 가진 중국은 지금 세계 최대 스마트폰 시

장이 되었다. 중국에 최근 10년간 100배의 주가가 오른 주식이 있다. 바로 중국 최대의 인터넷과 모바일 웹 회사인 텅쉰이다. 42세의 마화텅 회장은 620억 위안, 한화 11.2조 원의 재산으로, 2013년 후룬연구소가 선정한 중국 부자 3위에 올랐다. 마화텅은 중국의 10대 부자 중 최연소다.

가족의 1인당 소득을 합했을 때 자동차를 1대 살 수준이 되면 자동차 산업은 폭발한다. 소위 자동차 대중화 시기Motorization에 돌입하는 것이다. 베이징과 상하이가 대기오염 때문에 매달 자동차 번호판 발행을 제한하는데도 자동차 판매는 두 자릿수로 성장했다. 소형차 1대 값이 7만~12만 위안 정도인데 상하이의 경우 자동차 번호판 값이 7만 4,000위안이지만 자동차 구매 열기는 식을 줄 모른다.

지금 중국의 대도시는 자동차 대중화 시기에 진입했기 때문이다. 정부가 어떤 규제를 내놓아도 중산층의 자동차 구매욕구는 못 막는다. 덕분에 중국 장성자동차의 주가는 2013년 64% 상승했다. 2014년 47세인 장성자동차의 웨이젠쿤 회장은 515억 위안, 한화 9.3조 원의 재산으로 2013년 중국 부자 랭킹 4위에 올랐다.

석유로 가는 자동차에서 중국은 전 세계 자동차 백화점이라고 불릴 만큼 외산 제품이 판을 치고 있지만 전기자동차에서는 세계의 선두에 서 있다. 살아 있는 주식투자의 신이라는 워런 버핏이 중국에 투자한 회사가 중국의 전기차 분야 선두기업인 비야디다.

중국의 21세기 새로운 부자들은 웹과 자동차 분야에서 탄생할 가능성이 높아 보인다. 통신과 거주이전의 자유를 60년간 제한했던 사회주의 중국에서 소득수준의 향상과 함께 그간 억눌려 있던 통신과 이동의 욕구가 분출하고 있다. 중국에서는 지금 모바일과 인터넷, 자동차시장이 폭발하고 있다. 향후 10년이면 8.5억 명이나 되는 거대 인구가 거주할 중국의 도시에서 정보와 사람을 실어 나를 웹과 자동차 업종을 주목해야 한다.

제조대국 중국을 이젠 1.3억 대의 자동차 소유자와 12.3억 명의 휴대폰 가입자가 만들어내는 신시장, 신상품, 신 서비스로 다시 봐야 할 필요가 있다. 야후, 유튜브, 아마존, 구글, 페이스북, 애플 등 미국 정보산업의 스타들은 모두 정보화 시대에 태어나 디지털 기기로 길러진 디지네이브들이다. 디지털은 0, 1이고 이는 중국인의 사고에 박힌 음양이론이다. 야후의 창업자 체리 양, 유튜브의 창업자 스티브 첸도 모두 중국인인 것처럼 이들의 디지털 DNA도 만만치 않다. 중국에도 이젠 미국에 버금가는 디지네이브들이 등장할 차례다. 중국의 6억 네티즌과 12.3억 정보 유목민들이 만들 변화가 무섭다.

미국의 경우를 보면 정보화 시대에는 디지네이브의 수가 경쟁력이었다. 지금 중국에서 주민증은 휴대폰이다. 휴대폰이 없는 사람은 살아도 산 사람이 아니다. 네트워크의 힘은 가입자 수의 제곱에 비례한다는 산식에 따르면 미국 인구 3억, 중국의 모바일 인구 12.3억이면 네트워크에서는 9억 대 151억의 싸움이다.

입는 컴퓨터인 스마트 디바이스와 사물 간 인터넷이 만나 스마트 커머스O2O: Offline to Online를 만들고 아마존의 무인비행기 드론이 택배를 책임지는 시대가 온다. 스마트 디바이스가 모바일 헬스케어를 만들고 모바일 홈 ICTHome ICT가 가정을 사무실 연구실과 연동시키고 세상을 연결하는 통로를 만든다. 이 모든 모바일과 스마트 혁명의 가장 큰 힘은 가입자다.

한국의 SNS 업체가 일본에서 성공해 대박이라고 하지만 일본 인구라고 해봐야 1억이 좀 넘는 수준이다. 진짜 대박은 12.3억 명의 중국을 엮는 것이다. 42세의 광둥 출신 마화텅이 세운 8억 명의 가입자를 가진 중국 온라인 업체 텅쉰이 좋은 예다. 지금 중국에서 최대 가입자를 가진 텅쉰은 인도와 인도네시아를 공략할 준비를 하고 있다. 앞으로 정보산업에서 미국은 구글과 페이스북이지만 아시아는 중국의 텅쉰이 될 가능성이 있다.

소비와 판매는 금융과 유통이 접합된 인터넷과 모바일이 누가 강한가에서 승부 난다. 금융이 정보와 만나면 인터넷 금융이 생긴다. 증권업에서 찰스스왑이나 이트레이드처럼 무점포 온라인 기업이 전통적인 브로콜리 시장을 붕괴시켰듯이 거대한 공룡 은행업도 정부의 규제만 없다면 인터넷 금융이 한 방에 붕괴시킬 수 있다.

한국만큼 중국을 잘 아는 나라가 없다. 한국은 스마트폰을 팔아 대박을 냈지만 이젠 휴대폰도 글로벌한 I(nternational)-폰이 아니라 중국인에 특화한 C(hina)-폰을 만들어야 할 때가 온 것 같다. 또한 미국이 웹의 시대를 열었지만 중국의 휴대폰 사용자들이 세계 최대 규모의 앱 시대를 열 판이다. 한국이 중국인의 습관과 문화가 잘 체화된 앱을 만들어 팔면 대박이다. 하드웨어 개발에 목숨 건 한국의 IT 산업도 이젠 세계 최대 규모의 중국 디지네이브들을 위한 제품과 서비스를 어떻게 개발하고 만들 것인가를 심각하게 고민할 때가 왔다.

삼성의 아이디어가 창조기업 애플을 눌렀고, 한국의 국제가수 싸이가 아이디어 하나로 세계를 제패했다. 금융위기로 미국과 유럽이 소비를 줄이자 지구상의 모든 것들이 공급과잉인 시대가 되었다. 100등이 2등까지 가는 데는 스피드와 효율이면 되지민 2등이 1등 되려면 혁신이다. 정부도 〈포춘〉 500대 기업이 할 일과 동네 슈퍼가 할 일을 명확히 구분해주고 재벌은 삼성처럼 만들고, 아이디어 있는 중소기업과 개인은 싸이처럼 만드는 데 주력하면 대박이다.

04

중국의 신형도시화,
한국의 최대 기회다

중국의 2차례 보너스의 종료?

중국은 참 운 좋은 나라다. 보너스 받은 것을 다 쓰고 나면 또 보너스가 생기기 때문이다. 중국의 과거 30년간 연평균 10%의 초고속성장은 바로 노동인구의 지속적인 증가인 인구 보너스와 2001년 WTO 가입과 동시에 얻은 개방 보너스 때문이다.

엄청난 과잉생산 능력을 전 세계를 상대로 팔 수 있는 기회가 2001년 WTO 가입과 동시에 생겼고 최근 10년간 미국과 유럽이 흥청망청 부채로 만든 소비 호황에 필요한 물건을 공급하면서 세계의 공장이 되었다. 지금 중국은 전 세계 수출품목 5,051개 중 1,431개에서 세계 1등이다. 1등 품목 수가 28%에 달한다.

중국의 과거 30년은 외자기업의 수출에 의존해 성과를 이루었다. 그런데 2008년 금융위기 이후 수출이 한 자릿수로 떨어져 더 이상 중국의 성장 견인차가 되지 못했다. 2001년 WTO 가입과 동시에 얻은 2차 개방의 보너스는 10년간 모두 소진했다.

인구 측면에서 보면 2013년은 중국의 인구 보너스가 소멸되는 전환점이다. 중국 2011년 인구 센서스 통계로 보면 노동인구 비중은 2012년을 정점으로 하강 추세다. 노동인구의 보너스도 2012년에 끝났다. 여기에 인구 고령화도 가속화되고 있다. 인구구조와 외부 환경의 변화로 성장의 모델 변화와 산업구조 변화가 불가피한 상황이다.

장쩌민, 후진타오 2대에 걸친 공대 출신 무관들의 통치도 끝났다. 수출과 인구 보너스 그리고 2001년 WTO 가입 이후 글로벌화로 인한 개방의 보너스가 사라지는 시점에 문과 출신의 시진핑, 리커창 정부가 들어섰다.

중국이 도약하려면 새로운 개혁이 필요하다. 또한 이런 절묘한 시기에 중국은 신형도시화를 통한 세 번째 도약을 준비하고 있다. 1차 개혁이 덩샤오핑의 1978년 개혁개방이라면, 2차는 2001년 WTO 가입을 통한 글로벌 개방이다. 중국의 3차의 개혁은 2013년부터 벌어질 중국의 도시화 개혁, 즉 중국 내부의 지역 간 개방이다.

중국 향후 10년의 키워드, 신형도시화

시진핑 시대 10년간 중국은 공업화에서 도시화로 일어선다. 농민으로 일어선 중국, 농민으로부터 도약한다. 땅의 국유로 일어선 중국 공산당이 땅장사로 일어서려고 한다. 6.5억 농민이 중국을 먹여 살리고 세계를 먹여 살리는 일이 벌어질 판이다.

앞으로 10년 후면 인류 역사상 8.5억 명 인구가 한 나라의 도시에서 생활하는 초유의 사태가 벌어진다. 2.6억의 농민공의 도시민화와 1.4억 농민의 시민화는 인당 10만 위안의 기초시설 투자가 필요하다고 보면 향후 40조 위안의 투자가 이루어진다. 2009년 금융위기로 4조 위안을 지출한 정부 지출 효과는 6%대 성장률을 바로 10%로 올려놓을 만큼 영향력이 컸다. 40조 위안을 투자하는 프로젝트의 효과는 장난 아니다.

40조 위안의 초대형 프로젝트를 시진핑이 과감하게 선언하고 삽질을 시작한 것이다. 향후 10년 뒤면 중국의 도시인구는 미국과 유럽의 도시인구를 합한 것보다 더 커진다. 그래서 향후 10년간 중국에서 인류가 경험하지 못한 대투자大投資, 대소비大消費 시대가 열리는 것이다.

여러 가지 경제적 제약이 걸린 중국이 드디어 그 해법을 내부에서 찾았다. 땅으로 일어선 중국이 땅으로 도약한다는 것이다. 농민을 이용해 정권을 잡은 공산당이 농민의 땅을 도시의 땅으로 전환하면서 투자와 소비를 유발해 성장을 유지한다는 것이다.

농민의 생명줄인 토지가 제대로 개혁되면 중국의 새로운 성장의 발판이 되겠지만 잘못되면 4억 농민을 도시빈민으로 만드는 결과를 가져올 수 있다. 중국은 토지라는 재생 불가능한 국가 자원을 농민에게 임대해주고, 임대한 토지를 회수해 공단으로 주택으로 분양해 엄청난 차익을 지방재정으로 쓰는, 토지를 화폐처럼 만들어 쓰는 토지화폐土地貨幣를 발명해서 잘 써먹었다.

이제는 농민의 땅을 도시의 땅으로 만들면 땅의 부가가치는 높아지지만, 농민이 도시 집을 살 구매력과 취업 그리고 사회보장이 제대로 안 되면 도시의 창으로 농촌의 방패를 뚫어버리는 모순된 일이 발생할 수 있다.

중국은 거주이전의 자유와 섹스의 자유를 억제하면서 공업화를 이룬 나라다. 그간 엄격히 금지했던 거주이전의 자유, 호적제도와 1자녀 갖기 정책이 공업화 30년간에 4억 이상의 인구증가를 막고 인구의 절반인 여성인력의 활용을 통해 고성장을 이루었다. 하지만 공업화를 이룬 이제는 중국발전의 최대의 장애요인으로 대두했다. 그래서 중국은 그간 금기시돼왔던 호적제도와 산아제한 그리고 토지분배 문제에 손을 대기 시작했다.

21세기에 세계를 변화시킬 것이 하나는 정보혁명이고 또 하나는 바로 중국의 도시혁명이다. 13.6억 명의 도시화는 투자 공간을 마련하고 소비를 진작시키기 때문이다. 중국 내수 성장의 엔진으로 중국의 도시화는 3단계를 거쳐야 한다. 첫 번째는 주요 산업의 도시화이고, 두 번째는 주민의 도시화이고, 세 번째는 주민 소비 관념의 도시화다.

중국의 공업화는 느리지 않다. 또한 농민의 도시화 속도도 빠르다. 그러나 소비 관념의 도시화는 아직 느리다. 도시화는 농촌인구의 도시진입人进城의 개념에서 벗어나지 못하고 있고, 세 번째 단계로 올라가려면 호적 문제, 소득 문제, 복지 문제가 해결되어야 한다.

신형도시화의 핵심은 서비스 산업의 발전을 통해 도시의 농촌인구 수용 능력을 높여야 하고 소득분배제도를 개혁해 소비 능력을 향상시켜야 도시 진입 농민의 기본적인 생존보장이 이루어진다. 도시화율이 80~90%에 달한 1선 도시는 도시의 소비 능력을 올리는 데 집중하고 도시화 수준이 낮은 중서부의 2~3선 도시 중심으로 농촌인구의 도시진입을 장려하는 방안이 중요하다.

이러한 도시화의 전제는 우선 농민의 토지보상비의 대폭적인 인상, 토지관리제도의 개혁, 전국 통일 신분증 등이 이루어져야 하고 이는 소득분배, 내수확대 문제와 밀접한 상관성이 있다. 도시화와 관련된 기타 문제는 서비스 산업의 발전, 농민의 도시 진입으로 인한 식량안전 문제, 농업현대화 문제, 부동산시장의 안정 문제도 걸린다.

중국에 인류 역사상 최대의 집짓기가 온다

성장 모델 전환이 불가피하고 새로운 성장의 엔진을 찾아야 하는데 중국은 참 운 좋은 대국이다. 아직도 6.5억 명의 농촌인구가 보너스로 기다리고 있기 때문이다. 새로운 중국의 5세대 지도자 시진핑과 리커창은 향후 10년의 성장 엔진을 농민의 도시화에서 찾았다. 절묘한 선택이다.

중국 경제가 한 자릿수 성장으로 하강 중이고 2014년 1분기에는 7.4%까지 하락했다. 1998년 부동산시장화 조치 이후 부동산은 중국 경제성장의 가장 큰 공헌을 한 업종이었다. 그러나 2010년 부동산가격 폭등에 따른 정부의 강력한 통제로 부동산시장은 성장의 엔진 역할을 할 수 없었다. 그러나 시진핑 시대에는 성장의 엔진으로 부동산을 다시 꺼내 들고 향후 10년 중국의 성장 엔진은 신형도시화라고 선언했다.

중국은 도시화가 70~80%대인 선진국에 비하면 53% 수준에 그쳐 도시화의 잠재력이 크다. 수출과 개방, 인구 보너스의 종료 시점에 중국이 도시화를 통한 내수로 성장의 방향을 잡은 것은 중국의 운이다.

중국의 도시화는 토지개혁, 호적개혁, 소득분배개혁과 같이 맞물린다. 이는 중국의 새로운 신성장동력이 될 수도 있고 가장 위험한 개혁일 수도 있다. 잘못하면 더 커진 불균형에 나라 전체가 혼란에 휩싸일 수도 있고 기득권층의 반발로 개혁이 지연되면 하층민의 불만이 증폭되어 나타날 수도 있다.

하늘이 도와도 이를 수행할 사람과 국민과의 조화人和가 중요하다. 베이징대학 경제학박사 출신의 분배를 중시하는 공청단파의 리커창 총리는 2010년부터 내수확대 전략의 방안으로 도시화를 강조했다. 리커창은 도시화를 통해 계층 간의 모순을 해결하고 성장 방식과 산업구조의 전환을 모색하고 토지의 효율적인 이용, 호적제도와 사회보장 그리고 자원이용과 환경생태보호를 지속적으로 강조했다.

2015년까지 서민주택 3,600만 채를 짓는 서민주택건설(보장방) 정책은 리커창이 주도하고 있다. 도시화의 문제를 꿰뚫고 있는 전문가가 국가 최고지도자로 등장한 것이다. 경제를 책임지고 있는 리커창은 경제구조 조정과 소강사회 구현의 수단으로 도시화를 선택했다.

중국은 1970년대에는 밭을 만들었고造田, 1980년대에는 공장을 지었고造厂, 1990년대에는 시멘트와 철근으로 도시를 지었고造城, 이제 2000년대

	2012	2020E	2003~2012년 증가	2013~2020년 증가	2003~2012년 연평균	2003~2020년 연평균
중국의 도시인구 추정						
총인구(백만 인)	1,354	1,418	70	64	7	8
도시인구						
상주인구(백만 인)	712	851	210	139	21	17
호적인구(백만 인)	478	638	129	180	13	20
도시화율						
상주인구(%)	52.6	60.0	13.5	7.4	1.3	0.9
호적인구(%)	35.3	45.0	7.4	9.7	0.7	1.2

자료: 国家新型城镇化规划(2014~2020)

에는 신형도시新型城镇를 만든다. 중국의 인구분포는 대략 대도시大城市, 성급도시省会城市, 지급도시级小城镇, 농촌이 대략 2:2:1:5의 비율이다. 중국은 미래의 인구 분포를 2.5:3.5:2:2로 재배치하는 것을 목표로 하고 있다.

중국은 1978~2013년까지 35년간 도시인구가 1.7억 명에서 7.2억 명으로 증가했다. 도시화율은 17.9%에서 53%로 매년 평균 1%씩 도시화가 진행되었다. 특히 최근 5년간을 보면 중국의 도시화는 더 급속히 진행되었고 서울 인구만 한 연간 2,000만 명의 인구가 도시로 진입했다.

2010년 중국의 도시인구는 농촌인구와 비슷해졌고 2011년에는 51.3%로 도시인구가 농촌인구를 넘어섰다. 2010년 인구통계를 기준으로 보면 호적은 시골에 있지만, 도시에서 일하는 농민공들의 구성은 도시 간 유동 농민공이 0.7억 명, 외지 농민공이 1.5억 명, 현지 농민공 0.6억 명 합계 2.8억 명이다. 그리고 2020년까지 도시화율 60%를 가정하면 1.2억 명이 추가되어 4억 명이 도시인이 된다.

미국 등 서방 선진국 소비의 GDP 기여도는 70% 선인데 2001~2011년 기간 중 중국의 경제성장에서 소비의 기여도는 42.4% 선에 불과하다. 소비의 성장잠재력이 그만큼 크다는 말이다. 2012년 도시호적인구는 4.8억 명, 상주인구는 7.1억 명으로 52.6%이고 소득은 농촌인구의 2.4배다. 농업인구는 6.4억 명인데 이는 도시호적인구의 1.3배이다. 따라서 당장 2.3억 명의 도시 농민공의 시민화를 통해 도시민과 같은 복지와 대우를 한다면 소비의 능력은 크게 증가할 수 있다.

중국의 새로운 토지혁명, 호적혁명

도시화의 핵심문제는 호적 문제와 토지 문제다. 도시로 진입한 농민공들의 사회보장이 이루어져야만 진정한 인구의 도시화가 이루어진다. 따라서 중국 신형도시화의 전제는 바로 호적제도와 토지제도의 개선이다.

2011년 도시화율은 51%이지만 도시민의 복리를 누리는 인구는 35% 선이고 이는 대략 2.2억 명이 반도시화 상태에 있다는 것이다. 2020년까지 중국은 현재 53%인 도시화율을 60%까지 높일 계획이다. 중국은 거주이전의 자유가 없어 농촌호적을 가진 사람은 도시로 이주해도 외국인처럼 아무런 사회보장의 수혜를 받을 수 없다. 따라서 농민공의 도시호적 취득 문제는 시급히 해결해야 할 과제이고 호적제도와 더불어 집, 교육, 의료, 양로 등 사회보장이 함께 이루어져야 한다.

청두, 충칭, 우한, 광둥, 저장 등 일부 지역에서만 시범적으로 제한적인 호적제도의 개혁을 실시한 것은 바로 정부의 재정 문제 때문이다. 도시로 호적을 바꾸어주는 순간 사회보장의 수혜를 주어야 하는데 여기에는 엄청난 재정지출이 따라야 하기 때문이다. 호적 문제는 재정지원과 정부기능의 근본적인 변화를 의미한다. 중국의 2원화된 호적제도는 이미 50년이 넘었다. 1980년대 말에 호적제도를 개선했어야 하는데 이를 놓치는 바람에 문제를 키웠다.

현재 전체 가족이 도시로 이주한 농촌인구는 대략 4,000만 명인데 우선 이들 4,000만의 호적 문제를 먼저 정리해주면 도시호적 문제의 당장

중국 신형도시화의 주요 목표		
도시 상주인구 기본 공공 서비스	**2012**	**2020E**
기초양로보험 보급률(%)	66.9	≥90
기본의료보험 보급률(%)	95	98
보장성주택 보급률(%)	12.5	≥23
기본 인프라	**2012**	**2020E**
도시 수도보급률(%)	81.7	90
도시 오수처리율(%)	87.3	95
도시 생활쓰레기 처리율(%)	84.8	95
도시가정광대역속도(Mbps)	4	≥50
도시 단지 종합 서비스 시설 보급률(%)	72.5	100
자원환경	**2012**	**2020E**
신재생에너지 소비 비중(%)	8.7	13
도시 녹색건축의 신규건축 비중(%)	2	50
도시 건설지역 녹지율(%)	35.7	38.9
국가 공기질량 표준 도달한 지급시 이상 도시비율(%)	40.9	60

자료: 国家新型城镇化规划(2014~2020)

의 압박은 줄어들고 장기적인 모순도 순차적으로 해결할 수 있다. 2012년 2월 국무원은 호적제도 개선에 관한 문건을 통해 호적제도, 1자녀 갖기 정책(산아제한정책) 개혁 등에서 개선방안을 검토했고 2013년에 드디어 부부 모두 독자인 경우 2자녀 출산을 허용하기로 했다.

농민공들이 집을 살 능력이 안 되면 중국의 도시화는 물 건너간다. 먼저 도시화로 정부가 회수하는 터무니없이 낮게 책정되어 있는 농민의 토지보상가격의 현실화가 중요하다. 토지 유통 문제에서는 저장, 광둥, 쓰촨 등지에서 토지 유통 문제를 시범 지역으로 정해 검토를 하고 있다.

중국은 토지사용권의 전면적인 유통을 위한 전제로 전국 농업공작회의에서 제안한 대로 5년 이내에 농촌토지사용권의 등기를 마칠 예정이다. 또한 도시로 간 농민의 토지사용권의 전매가 이루어지면 토지의 사용 효율성 제고를 위해 토지사용권을 사들여 운영할 대규모 임대농업경영전문회사제도의 도입도 검토 중이다.

도시화와 호적 문제는 중국의 소득수준 격차가 더 커지면 더 실행하기 어렵다. 6,000달러대는 가능하지만 1만 2,000달러대가 되면 더 어려워진다. 단계적 시행이 중요하지만, 지도부의 결단과 정부의 역할이 중요하다. 사회보장의 증가는 재정지출의 확대를 의미한다. 또한 토지 매각을 통한 수입이 지방정부 재정수입의 30~60%를 차지하므로 도시화의 진전에 따른 토지수용 방식의 변화는 지방정부의 역할에도 영향을 미친다.

중국 신형도시화의 방향

중국의 국가발전개혁위원회, 재정부, 국토자원부, 주건부 등 십수 개 부처가 공동으로 참여해 만든 전국도시화발전계획(2014~2020)이 발표되었다. 전국 20여 개의 도시 군과 180여 개의 지급 이상 도시와 1만여 개의 소도시 건설이 이루어질 예정이다.

동부 지역의 발해만, 장강삼각주長三角, 주강삼각주珠三角 도시군은 국제 경쟁력을 가진 도시군으로 양성하고 중서부 지역은 자원과 환경의 탑재 능력이 강한 도시군으로 육성한다. 이러한 대도시군 건설의 기초 위에서 대도시 주변 중소형 도시를 지역 특성에 맞게 발전시킨다는 것이 골자다. 5대 도시군(장강삼각주, 주강삼각주, 빈하이신구, 장강중류도시군, 청위도시군) 중에서 후발인 장강 중류 지역군과 중서부 지역이 발전 잠재력이 크다.

중국의 도시화 방향은 동풍서진东风西渐이다. 동쪽의 개발지에서 중서부로 이전하는 것이다. 동부는 소비수준을 업그레이드시키고 중서부는 도시화로 소비를 일으키고 집중시킨다는 전략이다. 중서부로는 산업을 이전시키고 동부는 도시화를 심화시킨다.

중국 도시화의 중심은 중서부다. 도시화의 진전은 산업의 지역적 변화를 가져온다. 중서부 지역은 노동원가로 보면 동부에 비해 낮고 줄곧 농민공의 수출 지역이었다. 노동력의 질도 양호하므로 중서부의 개발은 도시로 나간 농민공의 역회귀를 유도할 수 있는 지역이다. 새 정부는 2014년 3월 양회의 때 1억 명의 중서부 농촌인구를 중소도시로 이전시키는 계획을 발표했다.

동부 지역의 토지가격은 중서부의 2~3배이고 공업단지 가격은 1.5배다. 노동원가가 싼 중부 지역의 도시화는 원가 측면에서 산업이전으로 인한 후발자 이익을 볼 수 있는 지역이다. 즉 도시 연안 농민공의 역회귀, 도시화 현상이 나타날 수 있다. 후난, 안후이, 장시 등 중부 지역의 성과 쓰촨, 충칭, 광시 등이 수혜 지역이다.

도시화의 방향은 상하이 같은 1선 도시는 1개의 중심도시에 주변의 위성도시 중심으로 발전시키는 것이다. 중서부 지역은 산업이전이 이루어지면서 먼저 공업화를 이루고 농업의 제조업화 과정을 거치면서 공업화의 이득을 얻는 방향으로 진행하려고 한다.

2014년 시진핑 정부는 1억 명의 인구와 1조 달러대의 경제규모를 가진 베이징-톈진-허베이성을 한 경제권으로 묶는 징진지 일체화京津冀一体化 정책을 발표했다. 베이징의 경우 이미 허베이, 톈신, 베이징을 잇는 도시군을 형성하고 위성도시를 개발해 인구분산과 도시기능 효율화를 기하고자 하고 있다. 베이징의 6환 도로에 이어 7환, 8환, 9환 도로를 건설하면 톈진과 허베이성 수도인 석가장을 모두 연결하는 메가로폴리스가 형성된다.

중국은 이들 3개 지역을 연결하는 광역고속도로大外环 건설을 추진해 2015년에 완공할 계획이다. 베이징과 톈진을 2개의 축两核多点으로 하는 수도권 일체화 지역인 바오딩, 랑방, 청더, 주저우 등 주변 도시들의 활성화가 기대된다. 2014년 3월 중국 전체 도시 중 바오딩의 집값이 가장 많이 올랐다.

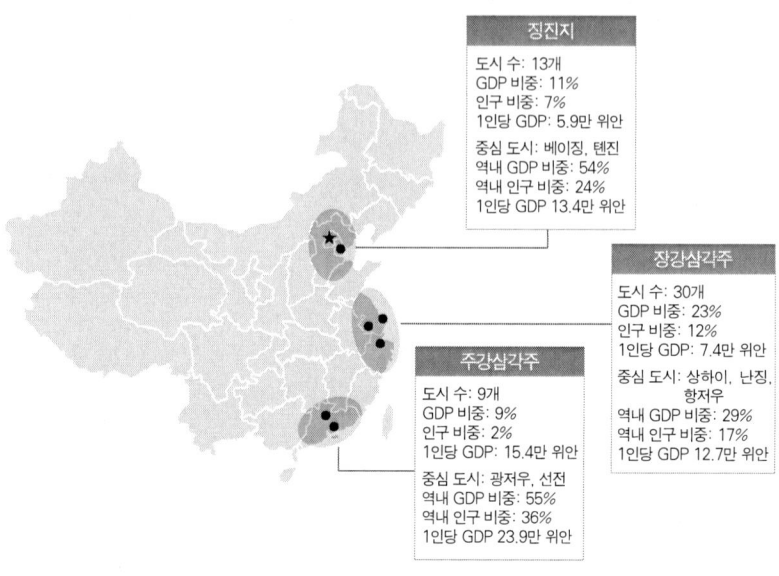

중국의 3대 도시군

징진지

도시 수: 13개
GDP 비중: 11%
인구 비중: 7%
1인당 GDP: 5.9만 위안

중심 도시: 베이징, 톈진
역내 GDP 비중: 54%
역내 인구 비중: 24%
1인당 GDP 13.4만 위안

장강삼각주

도시 수: 30개
GDP 비중: 23%
인구 비중: 12%
1인당 GDP: 7.4만 위안

중심 도시: 상하이, 난징, 항저우
역내 GDP 비중: 29%
역내 인구 비중: 17%
1인당 GDP 12.7만 위안

주강삼각주

도시 수: 9개
GDP 비중: 9%
인구 비중: 2%
1인당 GDP: 15.4만 위안

중심 도시: 광저우, 선전
역내 GDP 비중: 55%
역내 인구 비중: 36%
1인당 GDP 23.9만 위안

자료: 중국정부망

징진지 일체화 전략에는 베이징의 스모그대책, 상하이나 선전에 비해 약한 베이징 수도권 지역의 경제 활성화 그리고 선전을 만든 덩샤오핑, 상하이를 만든 장쩌민에 이어 베이징을 만든 시진핑을 만들려는 복잡한 계산이 들어 있다. 그래서 중국의 도시화는 환경과 시장 그리고 정치변수가 같이 작용하는 연립방정식이다.

베이징 독 스모그의 절반이 허베이성과 톈진의 공장에서 날아오고 있기 때문에 이들 지역과 동시에 산업 재편을 해야 할 필요성도 있다. 또한 수도권의 인구분산이 절실한 상황에서 위성도시 발전의 시범 케이스를 보여줄 필요가 있다. 2020년까지 1억 명의 농촌인구를 도시로 이전하는 거대 이사 프로젝트의 전형을 보여줄 필요가 있기 때문이다.

베이징을 중심으로 별모양으로 5개 지역 청더, 스지아장, 톈진, 장자코,

탕산을 잇는 국가 전략 프로젝트이고 이들 지역을 연결하는 광역고속도로 1,100km를 2015년까지 완공한다. 톈진의 빈하이신구를 중심으로 개발하는 환발해권 경제가 후진타오 시대에 개발에 들어갔지만 글로벌 금융위기로 효과가 반감하자 시진핑은 수도권 재개발로 다시 환발해권 경제의 활성화를 모색하고 있다.

중국의 신형도시화는 이런 식이다. 적어도 1억 명, 세계 인구 순으로 11위권 안에 들어가는 나라를 도시로 묶어서 만드는 것이다. 중부 지역의 청두-충칭-시안의 중부 삼각지도 비슷한 발상이다. 도농복합과 위성도시 중심의 메가로폴리스를 건설하는 것이 신형도시화의 모형이다.

중국은 매년 1.4%의 도시화를 이루어 현재 53%대의 도시화율을 보이고 있다. 중국은 최근 10년간 도시화율 1% 진행에 따라 GDP 기여도는 3% 이상인 것으로 추정되고 있다. 그래서 도시화를 통한 내수확대와 경제성장의 모델 전환이 가능하다.

그러나 최근 10년간의 빠른 도시화는 양의 확대의 단계에서 질의 향상으로 성장모형을 바꾸어야 한다. 최근까지 중국의 도시화가 자원의 과소비로 이어지는 바로 단순한 농촌인구의 도시화인 인적 도시화人的城市化의 단계였다.

에너지의 고소비를 통한 도시화의 단계에서 자원절약형 녹색 도시화绿色城市化가 중국이 지향하는 새로운 신형도시화의 모형이다. 자원절약형 생활방식과 소비의 시스템이 갖추어진 도시 건설이 중국이 진행하려는 방향이다. 녹색 교통, 지하철, 전기자동차, 에너지 절약형 공업단지 등이 도시 발전과 어우러지는 것이다.

신형도시화를 통한 도농 간 복지의 이원구조를 타파한다면 중국의 내수 잠재력은 무한하다. 맥킨지의 예측에 따르면, 2012~2030년까지 중국의 가계소득은 3만 위안에서 9.2만 위안으로 3배 이상 상승할 전망이다.

이러한 변화는 중국의 경제구조를 근본적으로 바꾸는 계기가 될 수 있다. 공공 서비스, 소득분배, 사회보장, 호적관리, 토지활용, 재정과 세제, 금융, 가격제도 개선을 통한 종합적인 개혁이 이루어진다면 중국의 내수 잠재력은 폭발적으로 성장할 수 있다.

중국의 신형도시화 3대 수혜 분야

신형도시화는 투자와 소비의 두 분야에서 새로운 업그레이드를 가져올 수 있다. 전국적인 신형도시화의 추진은 철도, 도로, 수리, 항공, 송유관, 가스관, 시내 교통설비 등의 분야에 대규모 수요를 유발한다. 부동산, 건자재, 시멘트, 자동차, 환경보호 산업이 수혜업종이다. 2~3선 도시의 부동산 개발회사, 도심 지하철, 스마트 시티 관련 산업도 유망하다.

도시화 진전은 대규모 기초시설 건설과 부동산 개발과 밀접한 상관성이 있다. 이번에는 2~3선 도시 중심 개발이기 때문에 2~3선 도시에 소재하고 있는 부동산 개발회사들이 수혜자다. 중국은 연간 1,400만 쌍이 결혼하는데 주택 충족률은 70%가 안 된다. 12.5 계획으로 보면 기초시설 건설 분야 중 수리水利, 서민주택(보장방), 전력 등이 빠른 성장을 할 분야이고 시내교통망 분야에서는 지하철 건설이 가장 주목할 만한 분야다. 도시화와 관련해 주목해야 할 분야는 환경 분야, 특히 수 처리와 쓰레기 처리 문제다. 12.5 기간 중 정부는 3~4선 도시의 수 처리 분야에 대규모 투자를 계획하고 있다.

소프트 분야의 투자도 중요하다. 도시화의 문제인 교통난, 환경오염, 에너지 문제 등의 도전에 대해 스마트 도시의 건설이 중요하다. 사물 간 인터넷, 클라우드 컴퓨팅도 주목할 만한 분야다. 스마트 시티는 사물 간 인터넷, 클라우드 컴퓨팅, 인텔리전트 빌딩, 에너지 절약 건자재, 녹색 조명 등의 산업이 수혜업종이다.

도시화는 주민소득 향상, 소비 능력 변화, 소비계층의 변화, 소비구조 변화를 가져온다. 이는 정부가 투자주도형 경제에서 소비주도형 경제로 성장모형의 전환과 일치하는 것이다. 소비 중에서 나타날 변화는 농촌 지역 유통, 여행업, 가전 및 전자제품 유통업이다. 도시화로 인한 농촌 토지의 집중화로 농촌의 소득이 증가하고 농촌 토지사용권의 유통으로 농민의 구매력이 높아지기 때문에 농촌 지역에 유통망과 브랜드를 가진 기업이 수혜자다. 도시화 과정에서 아직 보급률이 낮은 휴대폰, 컴퓨터, 평면TV 등의 잠재수요도 크다.

또한 도시 지역 농민공의 소비 습관 이전도 기대되고 여행·관광업도 새로운 기회가 생긴다. 그리고 가전, 자동차, 가구 등의 내구 소비재의 판매량이 늘고 소비 습관의 변화로 도시가스, 패션, 미디어 광고, 일용제품 등의 소비가 신성장을 주도할 가능성이 크고 의료보건, 유아용품, 스마트 가전도 수혜자다.

중서부 지역의 도시화는 중부 지역 2~3선 도시의 중저급 소비, 예를 들면 슈퍼마켓, 중가 패션, 중소형 자동차 등이 수혜자다. 자동차와 가전 등의 내구소비재의 보유량과 도시화율은 정의 상관관계가 있다. 동부 지역 농민공들의 중서부 지역으로 역회귀는 내노시 지역에서 축적한 재산과 소비 습관을 중서부로 그대로 가져오는 효과가 있다. 최근 몇 년간 중서부 지역의 소득상승으로 가전용품의 보급률은 대폭 상승했다.

중부 지역의 건강, 음식 습관에도 변화가 올 수 있고 특히 음식료업종, 예를 들면 우유제품 등은 큰 성장잠재력이 있다. 중서부 지역은 분유 중심의 유제품이고 생우유를 먹는 비중은 10% 이하로 낮다. 도시화와 슈퍼체인, 냉장운송 시스템이 보급되면 중서부의 생우유 소비가 급증할 가능성이 높기 때문이다.

05

중국 금융대국에서 금융강국으로,
큰 물이 큰 고기를 키운다

양이 가장 무서운 동물, 그러나 양보다 무서운 게 돈

영국은 양ᵇ의 털을 얻기 위해 경작지의 농민을 쫓아냈고 만든 양모를 팔기 위해 아편전쟁을 일으키고 결국 세계를 제패했다. 영국의 양이 농민을 잡아먹고 중국을 잡아먹었지만 결국 영국의 파운드는 미국의 달러에 무너져 내렸다. 양보다 무서운 게 돈이다.

강도가 생명인 금속의 속성으로 보면 무른 금속인 황금은 은이나 철보다 못한 금속이지만 희귀하다는 것 하나로 세상을 죽음으로 내모는 무기가 된다. 금과 은은 없어도 사는 데 지장이 없지만 철이 없으면 문제가 생긴다. 그러나 철은 왕자임에도 불구하고 인간 탐욕의 상징인 금과 은을 약탈하는 총칼과 대포라는 무기로 봉사한다.

인간의 금에 대한 탐욕이 결국 사고를 친다. 중세의 황제는 공무원의 봉급이자, 국가권력의 상징인 재정으로 상징되는 황금의 확보에 모든 국력을 쏟았다. 스페인과 포르투갈 등 대항해시대 유럽은 은을 확보하기 위해 무죄한 아메리카 대륙의 인디언들 수천만 명을 죽였다.

강대국의 시작은 기술이고, 다음은 그 기술로 만든 상품이고, 그다음은 상품으로 벌어들인 '돈이 돈을 버는' 금융이다. 그러나 돈은 도는 것이 원칙이고 생명이지만 회전력이 과도하면 밖으로 튕겨 나간다. 돈의 열기가 터져 나가면 기술이나 상품 과잉보다 더 무섭다. 지금 전 세계가 동시에 금융위기, 경제불황을 맞은 것도 이 때문이다. 돈을 통제하지 못하면 양을 통제하지 못한 것보다, 황금을 통제하지 못한 것보다 더 심각한 문제가 온다.

중국의 판다곰은 예전에는 마오쩌둥의 사상을 먹고 살았지만 지금은 위안화를 먹고 산다. 위력이 서서히 드러나는 붉은 돈이 중국의 진면목이다. 중국은 사회주의 신중국이 등장하면서 첫째가 '사상'이었고 나라를 세운 뒤에는 '밥'이었다. 그러나 이젠 먹고 살만해지면서는 '자본(돈)'이다. 중국이 이젠 이념에서 돈으로 변했다.

중국이 서방의 작은 패권국과는 달랐던 점은 직접적으로 식민지를 거느리지 않았다는 것이다. 대신 조공이라는 간접 통치를 통해 주변 국가를 다스렸다. 거대한 대륙국가 중국은 식민지가 필요 없는 나라였다. 이미 수도와 지방의 엄청난 격차로 국가 내에 이미 자체 식민지가 존재했기 때문이다.

만약 세계적인 IB인 골드만삭스가 한국에 있었으면 골드만삭스가 되었을까? 결국 그릇의 크기가 물고기의 몸집을 결정한다. 일본의 코이라는 물고기의 예다. 코이는 주변 환경에 따라 몸집의 크기가 달라진다. 금융도 코이라는 물고기와 같다. 지금 금융은 중국을 변화시키는 산소다. 그리고 시장경제로 돌아선 중국의 분배, 재정, 부정부패, 복지 문제를 해결할 열쇠다.

자본시장의 발전이 없는 은행만의 레버지리가 중국 경제의 화를 키웠다. 증시에서 자본조달을 하는 것이 아니라 은행대출에만 의존하면 부채비율이 높아져 위험해진다. 중국은 레버리지가 없는 나라다. 아이러니하게도 중국은 국제금융과 영어가 약해서 운 좋게 2차례의 금융위기에서 살아남았다. 하지만 이젠 금융을 제대로 관리하지 못하면 중국은 돈의 열기로 터진다.

중국의 레버리지와 금융개방은 양날의 칼이다. 만약 중국이 3.95조 달러의 외환보유고를 가지고 서방세계처럼 레버리지 거는 것을 배워 20배, 30배의 레버지리지를 건다면 전 세계를 다 사버릴 수 있다. 중국이 아무리 잘나가도 금융에서는 미국에 한 수 아래다. 미국은 자본시장이 열리면 금융지배로 중국을 한 방에 먹을 수 있다. 금융은 중국의 방패이고, 미국의 창이다. 결국 금융을 잡으면 세계를 잡는 것이기 때문에 이래저래 금융은 중국 경제의 아킬레스건이다.

중국과 금융으로 승부하라

지금 중국은 한국 최대의 수출시장이다. 지금 한국 경제는 중국 경제와 상관도가 90%를 넘는다. 중국은 지금 한국에 있어서는 문전옥답일 수도 있고, 잘못 관리하면 입안을 찔러 밥 먹기조차 어려운 입안의 가시가 될 수도 있다. 굴뚝산업, 차·화·정으로 재미를 톡톡히 본 한국은 중국 금융산업의 변화에는 너무 무덤덤하다. 제조업이 아무리 잘해도 금융이 사고 치면 한 방에 가는 것이 지금 세상이다. 한국은 중국 금융의 변화에 매의 눈으로 돈 벌 기회를 살피는 지혜가 필요해 보인다.

금융의 비중과 실물경제 비중의 격차가 커지면 붕괴한다. 미국이 세계 경제에서 차지하는 실물경제 비중은 20%대이지만 화폐시장은 62%다. 3배나 높은 비중은 과하다. 결국 과하면 넘친다. 글로벌 화폐의 수명이 다 하면 다시 지역 화폐의 등장이 불가피하다. 새싹은 새 나무에 돋는 것이 진짜다.

세계가 과거 수차례의 경제위기를 극복했던 비결은 돈 찍는 기계나 전통산업이 아니라 신기술이었고 신산업을 통해서다. 신기술이 아니라 돈 찍기로 경기회복을 하려는 일관된 미국의 행태는 과하다. 화폐가치가 높아야 강대국이다. 그런데 미국은 스스로 제로금리를 만들고 무한대의 화폐를 찍어 화폐가치를 파괴하면서 기축통화라는 권력을 이용해 전 세계를 괴롭히고 있다.

지금 중국의 꿈은 아시아에 위안화 식민지를 건설하는 것이다. 위안화 국제화의 전 단계가 통화스왑, 무관세 거래, 변방무역 위안화 결제, 무역 대금 자국 통화 결제다. 중국의 야망은 바로 위안화의 아시아 지역 화폐화다. 아시아의 2대 경제대국 일본과의 무역거래에서 위안화 결제를 합의했고, 이제 한국만 합의하면 중국의 아시아 무역시장에서 위안화 결제의 1단계는 완성된다.

중국이 아시아의 중앙은행으로 부상하는 데에 대비해야 한다. 가장 좋은 방법은 유대인들이 미국을 지배하는 방법을 벤치마크하는 것이다. 바로 금융이다. 중국이 지금 가장 약한 부분이다. 유대인들이 세계를 장악한 비결은 금융과 정보다. 이젠 중국 지역 전문가가 아니라 중국 금융 전문가를 키워야 하고 한국의 백년대계를 금융에 걸어야 한다.

지난 30년은 공대 출신의 엔지니어들이 한국을 일으켜 세웠지만 이젠 금융엔지니어 차례다. 금융 MBA를 대량으로 키워야 산다. 그러나 그 MBA는 이젠 영어로 하는 MBA가 아니라 중국어로 하는 차이나-MBA다. 여의도의 한국의 금융인재들을 칭화대학, 베이징대학, 푸단대학의 3대 명문대로 대거 보내야 한다.

길게 보면 한국의 제조업은 결국 중국과의 싸움에서 안 된다. 금융으로 승부해야 한다. 국가전략 차원에서 중국 금융통을 대거 길러야 하고 100년 전 우리 할아버지들의 친구였던 중국 조선족 동포의 자녀들을 식당과 공사판의 노동자가 아니라 중국 금융 전문가로 키워야 한다.

금융은 스피드이고 정보산업의 속성을 가진다. 스피드로 1850년간 중국의 변방에서 살아남은 동이족이 바로 한반도의 주인인 한국이다. 스피드에 강한 기질을 금융산업에서 유감없이 발휘하면 대박이다. 중국 펀드 투자해서 망했다고 징징거리지 말고 중국의 경제, 산업, 기업을 제대로 공부하고 덤벼들었는지 반성해야 한다. 모르면 백전백패인 것이 중국이다.

요즘 중국 금융당국의 변화는 가히 상전벽해다. 무식한 곰처럼 미국 달러를 창고에 가득 쌓아놓고 미국의 낮은 이자에 투자하는 바보짓을 하는 멍청이로 인식하지만 이는 반드시 그렇게 보기도 어렵다. 중국이 보유한 3.95조 달러의 외환보유고와 1.3조 달러의 미 국채가 중국이 미국의 금융장벽을 무너뜨리는 핵무기가 될 수도 있다.

금리자유화, 외환자유화, 위안화 국제화의 순서로 진행되는 금융자유화의 추세로 보면 중국은 금리자유화와 외환자유화가 진행 중이다. 한국의 경우 금리자유화는 1991년에 시작해 13년 만인 2004년에 모두 마무리되었다. 외환자유화도 1988년에 시작해 2006년에 마무리되었다. 환율제도에 있어서도 중국은 복수통화 바스켓 제도를 도입하고 있지만 한국은 1980년에 이 제도를 시행했고 1997년에 자유변동환율제도를 도입해 현재에 이르고 있다.

자본시장의 개방에서도 한국은 1992년에 개방을 시작해 1998년에 완전개방을 했지만 중국은 2002년 QFII 제도를 도입해 외국인 투자가에 대해 제한적인 투자를 허용하고 있다. 창업반 시장의 개설도 한국은 1996년에 했고 중국은 2009년에 개설해 13년의 시차가 있다.

금융에서는 한국이 중국에 아직은 가르칠 것이 많은 선배다. 닮은꼴을 이용하면 지팡이 하나로도 피라미드의 높이를 잴 수 있다. 한국의 금융에서 경험을 이용하면 중국 금융의 미래를 예측할 수 있다.

2012년에 중국인민은행은 중국 자본시장 개방 3단계 발전 로드맵을 발

중국과 한국의 금융자유화 시기 비교

	중국		한국	
	시작	종료	시작	종료
금리자유화	1996	진행 중	1991	2004
외환자유화	1993	진행 중	1988	2006
복수통화 바스켓 제도	2005	진행 중	1980	
자유변동환율제도			1997	
자본시장 개방	2002	진행 중	1992	1998
증시 개설	1990		1956	
창업반 개설	2009		1996	

자료: 한국은행, 인민은행, IMF 자료로 중국경제금융연구소에서 작성

표했다. 그 내용을 보면 1단계 해외투자 확대다. 향후 1~3년간 저우추취走
出去, 즉 중국 기업의 해외투자 규제를 완화한다는 것이다. 일단 충분한 외
화보유액이 있고 위안화 강세가 진행되고 있으며 해외 자산이 저평가되어
있어 해외투자 확대가 산업구조 개편과 경쟁력 강화에 좋은 방안이라는
것이다. 3.95조 달러가 넘는 외화보유액을 갖고 있는 중국은 지금이 해외
투자 적기로 보고 있다.

2단계로 향후 3~5년 동안 위안화의 국제화를 추진한다는 것이다. 이미
중국은 세계 무역의 10%를 차지하는 등 상품무역에서 주도권을 갖고 있
다. 세계 교역에서 그 위상이 더 커질 것이므로 이와 관련한 대출 규제를
완화해 중국 은행들의 국제 경쟁력을 높이겠다는 것이다. 또 무역에서 위
안화 비중을 확대하는 것은 물론 위안화의 국제화를 이루겠다는 것이다.

3단계로 향후 5~10년 동안은 중국 금융시장의 국제화를 강화하고 점차
적으로 개방해나간다는 전략이다. 대략 개방의 순서는 실물경제의 상관성
과 리스크를 고려해 부동산, 주식, 채권 순으로 개방한다. 금융시장과 관련
해 개방 순서를 구체적으로 지적했는데, 해외 투자가의 국내 거래 개방 이

후 내국인의 해외 거래를 개방함으로써 개방 리스크를 감소시킨다는 것이다. 금융정책에서도 장기적으로 수량 관리에서 가격 관리로 대체해 현재와 같은 양적인 규제를 없앨 것이라고 밝혔다. 또 자본거래와 관련이 없는 외환거래의 자유화, 예를 들어 선물환은 마지막으로 개방한다는 것이다.

통상 선진국의 사례를 보면 중개 업무 중심에서 투자은행 업무 중심으로 증권업의 혁신이 이루어지고 나면 증권업의 성장이 가속화된다. 미국은 GDP 대비 증권업의 비중이 1950년대 3%대에서 금융개혁이 이루어진 1980년대에는 6%대로 높아졌고, 일본도 1980년대 5%에서 2000년대 들어 7%대로 높아졌다. 중국의 경우 GDP 대비 증권업의 비중은 0.3%에 불과한 실정이다.

중국은 금융위기 이후 자본시장의 육성이 위안화 국제화와 중국의 장기적인 국제 경쟁력의 핵심으로 인식하고 증시규모 확대에 주력하고 있다. 거래소 시장 외에 중소기업 시장, 창업반 시장을 개설했고 지금 장외시장인 신삼반 시장도 개설했다. 수년간 검토해온 해외 우량기업의 전문 상장

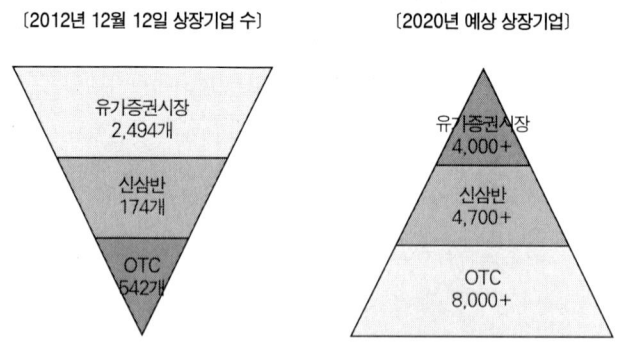

중국의 상장기업 수 예상

[2012년 12월 12일 상장기업 수]

유가증권시장
2,494개

신삼반
174개

OTC
542개

[2020년 예상 상장기업]

유가증권시장
4,000+

신삼반
4,700+

OTC
8,000+

자료: 중신증권연구소(2013.3), 중국경제금융연구소

시장인 국제반의 출시도 준비 중이다.

2012년 현재 2,494개인 거래소 시장의 상장기업은 매년 200개 기업을 상장시킨다고 보면 2020년이면 4,000개 이상이 상장될 전망이고, 신삼반은 4,700개, OTC 시장은 8,000개 이상에 달할 전망이다.

중국은 은행업에 비해 턱없이 약한 직접금융시장인 주식과 채권시장의 비중을 높이기 위해 팔을 걷어붙이고 나섰다. 중국 내부적으로 금융자유화에 속도를 내고 있다. 금리자유화, 외환자유화, 자본시장 개방의 진행 단계 중 이미 1단계 완성 단계로 들어가고 있다.

QFII, RQFII, QDII2, QFLP 등의 제도를 통해 외국 투자가의 중국 투자한도를 대폭 늘리고 있다. 중국 본토 기업에 대한 투자의 문을 서서히 확대하고 있다. 또한 QDII, QDII2를 통해 중국 기관과 개인의 해외투자의 문도 열고 있다. 중국은 2020년까지 상하이를 뉴욕, 런던 다음 가는 국제 금융시장으로 만들겠다는 야심 찬 계획을 세우고 있다.

시진핑 시대를 맞으면서 중국 금융에 어떤 변화가 올지 관심이다. 무분별한 미국의 통화증발은 중국이 위안화 국제화를 앞당기는 결과를 가져온다. 이는 미국과 중국에 의존도가 높은 한국의 기업과 투자가들이 복잡한 산수를 해야 하는 새로운 두통거리다.

위안화 국제화와 맞물린 중국 자본시장도 필연적으로 정책의 변화가 있다. 후진타오 5년간 실물경제는 세계 최고였지만 금융경제는 최악이었다. 5년간 속락한 중국 증시가 시진핑 시대를 맞으면서 어떤 변화가 올지 관심이다. 분배 문제 해결을 위한 국유기업 민영화가 발등의 불인 중국 정부 입장에서 빈사 상태인 중국 증시의 현 상태로는 국유기업 민영화 작업은 불가능하다.

위안화의 국제화와 중국 증시의 발전이 한국에는 기회이자 큰 위협이다. 세계 3대 증권시장으로 올라선 중국 증시가 개방되면 한국에 투자한 외국인들의 자금이동이 필연적이다. 한국에서 외국인 자금의 대거 이동은 한국 증시에 쓰나미를 가져올 수도 있다. 한국은 이제 제조업에서가 아니라 금융에서 중국을 기회로 활용하는 지혜가 필요한 시점이 왔다.

중국 금융, 미국을 닮아간다

새 정부 중국의 금융당국 인사를 보면 중국이 미국을 닮아간다. 미국의 역대 재무부장관은 월스트리트 출신이 많다. 특히 미국이 위기에 처했거나 전 세계에 어려움이 닥치면 항상 타고난 장사꾼 유대인이거나 월스트리트의 유대인 출신 프로 금융인들이 미국의 재무부장관이 되어 달러를 위기에서 구하고 미국에 대박을 안겨주었다.

금태환을 정지한 닉슨쇼크 이후 OPEC를 만들어 석유를 달러에 담보시켜 달러를 환생하게 한 기막힌 아이디어로 미국을 구한 헨리 키신저도 유대인이고 금융위기 때 재무부장관이었던 루빈 모두 월스트리트 출신 유대인들이다.

중국의 유대인은 저장 상인들이다. 이번 시진핑 정부의 재무부장관은 중국 최대의 기관 투자가이고 전 세계에서 네 번째로 큰 국부펀드인 중국투자공상CIC의 회장이었던 루지웨이다. 중국의 유대인이라 불리는 저장성 출신인 루지웨이는 전 세계의 주식, 채권, 광산, 유전, 부동산에 투자했던 큰손이었다.

이런 인재가 중국의 재무부를 꿰차고 있다. 중국의 자본시장을 책임지는 증감원장 샤오강은 45세의 나이에 중국 4대 은행 중 외환 전문은행이었던 중국은행 회장의 자리에 올라 10년간 일한 국제금융통이다.

중국의 3.5조 달러의 외환관리 운용을 담당하는 중국 외환관리국SAFE에는 또 다른 거물이 있다. CIO 주창홍이다. 주창홍은 1989년 중국 과기대를 졸업하고 미국에서 양자역학을 공부했고 미국의 채권왕 빌그로스의 수하에 들어가 PIMCO 사의 펀드매니저로 39세의 나이에 230억 달러를 굴리는 절대 수익상품 헤지펀드 분야에서 일했던 파생상품의 대가다.

채권평가기관 모닝스타가 꼽은 파생상품, 헤지펀드 상품에서 슈퍼스타였고 PIMCO는 주창홍이 이직함으로써 파생상품 분야에서 큰 타격을 받았다는 평가를 할 정도의 거물이다. 인디애나-퍼듀대학 교수를 역임한 외환관리국 국장인 이강이 직접 스카우트한 인재이고 중국이 스타급 해외 인재유치 계획인 천인계획千人計劃의 금융 분야의 대표적인 성공 사례로 손꼽힌다. 이렇듯 지금 중국의 금융, 외환정책의 중심에는 금융과 외환에서 국제무대에서의 필드 경험과 국제적인 초대형 투자를 해본 선수들이 포진해 있다.

중국의 성공도, 문제의 발단도 모두 계획경제에서 생긴 일이다. 30년 고성장에 G2가 되었지만 국민들의 생활은 별 차이가 없다. 빈부격차는 더 심해졌고 그 불평등의 수준은 지니계수로 보면 폭동 직전이다. 새 정부는 분배 문제를 해결하지 못하면 큰일 난다. 중국의 개혁을 자세히 들여다보면 핵심은 바로 지금까지 보이는 손 '정부'가 보이지 않는 손 '시장'으로 그 역할을 넘긴다는 것이다.

보이지 않는 손은 바로 가격이고, 해결수단은 금융이다. 중국의 분배 문제는 대략 국가 자산의 70%를 차지한 국유기업 문제이고 이는 자원독점, 시장독점, 이익독점, 부의 독점이 생기는 원인이다. 또한 사회보장 시스템 확립과 신형도시화를 통한 토지의 시장화는 결국 정부의 대규모 재정지출, 재정적자 없이는 어려운 일이다.

사회보장 시스템 구축과 신도시 건설에 필요한 자금은 국채를 발행하여 조달하면 되는데 이는 미국이나 일본처럼 금리가 제로 근처에 있으면 무한정 부채를 발행해 SOC 투자와 지출을 해도 금리부담이 없다. 만기가 돌아와도 부채의 재발행을 통해 해결하면 된다. 이를 위해서는 금리가 낮아야 하고 국채시장의 발전이 중요하다. 또한 기업이 은행대출 중심에서 주식과 채권을 통해 자금을 조달하려면 증시와 채권시장의 발전이 선결 과제다.

중국의 분배 문제는 국유기업 민영화로 지배구조를 바꾸면 된다. 70%의 국가 자산을 보유한 국유기업의 지분 30%의 공모를 통해 상장하면 국가 자산의 21%가 정부에서 민간으로 이전되고 그러면 국가 자산에 대해 정부가 49%, 민간이 51%의 지분을 가지게 되어 정부와 특정 세력의 영향력에서 국유기업을 시장의 힘으로 통제할 수 있게 된다.

이를 위해서는 자본시장이 공급물량을 받아낼 체력이 있어야 하고 이는 금융제도 개선과 금리자유화가 전제다. 또한 수요는 증시의 대외개방을 통해 외국 자본을 유입하면 된다. 이것이 지금 경제학박사 출신 리커창 총리가 추진하고 있는 금리자유화, 환율시장화, 자본항목 개방이 골자인 금융개혁의 핵심이다.

중국, 부동산과 금융에 기회 있다

결국 금융은 실물의 그림자이고 금융 자체는 불임산업이다. 기업을 매개로 해야만 부가가치가 생긴다. 금융의 가장 중요한 먹거리인 기업을 보면 중국의 금융은 가공할 잠재력이 있다. 중국에는 2012년 말 기준으로 1,408만 개의 기업이 있다. 이 중 1차산업 기업이 36만 개, 2차산업이 359만 개, 3차산업이 1,013만 개다. 이들이 성장하면서 필요한 자금의 수요는 상상을 초월한다.

또한 1,408만 개의 기업들이 만들어내는 상품과 서비스는 결국 돈이다. 유럽의 새 모델은 독일이고 아시아의 새 모델은 중국이다. 미국의 금융 중심 모델은 IT보다 더 신기한 신기술을 못 만들면 중국의 1,408만 개 기업의 힘에 눌린다.

2013년 중국의 경상수지는 1,828억 달러의 흑자를 기록했지만, 자본수지는 3,262억 달러의 흑자를 기록하며 전체 5,090억 달러의 국제수지 흑자를 기록한 것으로 집계되었다. 특히 2013년 전반적으로 신흥시장의 경제성장 및 시장수요가 둔화되고, 선진국의 통화정책 불확실성이 이어지는 상황에서도 쌍둥이 흑자가 지속되고 있다.

2013년 위안화의 외환시장 거래량은 전년 대비 22.5% 증가한 11조 2,000억 달러를 기록한 것으로 나타났다. 그중 선물환거래는 전년도 대비 15.3% 증가한 7조 900억 달러를 기록하는 등 규모 면에서 크게 증가했다. 중국으로 돈이 몰리고 외환시장의 규모가 날로 커지고 있는 것이다.

중국 증시만큼 투자가의 애증이 교차하는 증시가 없다. 경제와 증시가 따로 놀았기 때문이다. 경제가 두 자릿수 성장을 해도 주가는 속락했다. 자본주의 국가에서 증시는 경제의 온도계이자 풍향계인데 중국은 정반대로 간다.

중국은 경제성장률이 높으면 주가는 하락한다. 각 지방정부가 성장률을 높이기 위해 지방의 상장 국유기업의 대규모 증자를 통해 자금조달을 해 투자하기 때문이다. 그래서 성장률이 높은 해에 증시는 증자물량 압박 때문에 속락하는 것이 중국 증시의 특징이다.

그래서 중국 증시는 청개구리다. 2013년에도 중국 정부의 강한 통제를 받는 전력, 통신, 철강, 정유, 화학, 은행 등 6대 독과점산업을 제외한 나머지 산업에 투자했다면 2013년 중국 증시에 대한 투자성과는 나쁘지 않다. 2013년 상하이 증시는 16% 증가에 그쳤지만 주가상승률 상위 100사의 커트라인 수익률은 95%나 되었다. 특히 IT 업종은 77%나 상승했다.

상하이 증시 상장종목 943개 종목 중 100여 종목 안에 들어가는 종목을 고르는 눈이 있는 펀드매니저라면 적어도 수익률은 95% 이상이다. 그런데 재미있는 것은 주가상승률 상위 100사 중 49개 회사가 IT 관련 주식이었다. 리커창 총리가 집권하면서 전통산업은 구조조정하는 대신 IT 소비를 늘리는 정책을 발표했기 때문이다. 그래서 중국에서는 정부 정책에 수혜를 받는 업종이 바로 중국의 대박주인 것이다.

중국은 보이지 않는 정부의 입김이 강하게 작용하는 '정책의 나라'다. 그래서 경기지표의 단기적인 등락보다는 중국 정부의 정책 방향이 주가 결정의 핵심요소다. 경기지표보다는 경제를 책임진 총리의 입이 더 중요하다.

정부가 육성하는 정책산업에는 금융과 제도, 세제가 모두 지원되기 때문이다. 원자바오 총리 시절에는 4조 위안 경기부양정책, 내수소비 확대정책이 핵심경제정책이었고 리커창 총리가 집권하면서 구조조정과 첨단산업 육성정책이 핵심경제정책이 되었다.

한국의 최대 수출 지역인 중국의 변화에 한국의 제조업과 증시도 크게 영향을 받았다. 2008년 이후 원자바오 총리 때 4조 위안 재정지출 시기에 한국 증시에서는 차·화·정이, 내수소비 확대 시기에는 패션, 화장품, 음식료 등의 소비 관련주가 중국 수혜주였다. 그러나 2013년 들어 시진핑 정부가 공무원의 경비사용을 통제하고, 군대에 금주를 명령하고, 부정부패 타파를 시작하자 잘나가던 소비 관련주들이 추풍낙엽이었다. 모두 중국의 정책이 만든 주가의 상승과 하락이었다.

국무원 리커창 총리는 2014년 양회의에서 중국 금융시장의 개혁이 적극적으로 진행되어야 한다고 밝히며, 주식발행 등록제 및 상장폐지제도 개선, 상장회사 효율을 촉진해야 한다고 강조했다. 또한 채권시장 규범화, 투자자 단계별 채권상품 개발, 채권시장 유동성 촉진, 신용관리 강화 등 채권시장 규모 및 시스템 개선에 앞장서야 한다고 밝혔다.

2014년 5월 중국 국무원은 신국9조新国九条를 통해 중국 자본시장의 제도, 수요기반, 감독체제, 시장개방에 관한 전반적인 지원책을 발표하면서 자본시장 육성에 팔을 걷어붙이고 나섰다.

중국은 국가의 백년대계를 만들고 이를 5년 단위로 실행 계획을 짜고 실행하는 나라다. 이미 11번의 계획을 실행했고 지금 12번째 계획을 진행 중이다. 길게는 100년, 짧게는 10년, 세부적으로는 5년 단위로 국가의 경제정책과 체제의 변화가 이루어진다. 4년, 5년 단위의 대통령 임기제에서 2~3년 안에 성과를 내고 물러나야 하는 서방세계와는 달리 최하 10년을 집권하고 5년 이상의 긴 시각으로 정책을 실시하는 중국은 적어도 투자든 사업이든 5년 이상의 긴 시야로 봐야 한다.

중국이 1978년 이후 본격적으로 자본주의 시장경제를 도입한 이래로 중국에는 크게 돈 벌 기회가 4번 있었다. 첫 번째가 1978년의 개혁개방이었고, 두 번째가 1992년 증시 도입으로 인한 자본시장제도 도입과 민영기업 활성화 시대였고, 세 번째가 1998년 국유기업의 민영화와 민간주택 매매를 허가한 상품방의 허용 시대였고, 네 번째가 2006년의 주식시장에서 주식개혁과 부동산시장 활성화 시대였다.

중국에서 재테크는 결국 부동산과 금융에서의 변화가 큰 기회였다. 지금 중국은 금융시장 자유화와 금융시장 개방을 앞두고 있고 4억 명의 인구가 시골에서 도시로 이전하는 신형도시화의 대형 프로젝트가 기다리고 있다.

중국 투자, 10년에 10배를 노려라

부동산과 금융이 동시에 움직이는 대형 재테크의 기회가 시진핑 집권 10년 안에 온다. 1~2년의 시간 프레임에서 시장을 보는 사람과 5~10년의 시간 프레임에서 시장을 보는 사람이 경쟁하면 승부는 보나 마나다. 한국의 대중국 투자에서 기껏 3년 임기의 월급쟁이 사장의 시각으로 덤비면 돈 벌기 어렵다. 중국에 당한다. 그러나 긴 시간의 시각에서 중국의 사회 변화와 정책 변화를 제대로 읽고 돈을 묻는다는 생각으로 진입해야 한다.

	1992-1997		1997-2002		2002-2007		2007-2012		1992-2012(20년)	2002-2012(10년)
	종목	상승률	종목	상승률	종목	상승률	종목	상승률	상승률(배)	상승률(배)
1위	苏常柴A	1127%	合金投资	1744%	中国船舶	3783%	三安光电	1271%	94,475	481
2위	四川长虹	1081%	中天城投	743%	苏宁云商	3745%	顺发恒业	1176%	35,377	440
3위	长城开发	905%	啤酒花	888%	申信证券	2858%	中super业	866%	15,414	248
4위	泸州老窖	719%	徐工机械	585%	贵州茅台	2775%	华数传媒	804%	8,996	223
5위	大众交通	837%	中粮屯河	509%	横业股份	2762%	鑫光实业	750%	6,717	207
6위	夏便股份	578%	广宇发展	503%	吉林敖东	2595%	广汇控股	748%	5,518	190
7위	新大洲A	515%	*ST思达	497%	宏达股份	2499%	国中水务	725%	4,635	181
8위	申华控股	511%	飞乐音响	473%	云南铜业	2283%	国海证券	702%	3,876	160
9위	国投电力	499%	金山开发	464%	天威保变	2249%	大华股份	893%	3,605	156
10위	伊利股份	461%	维维型材	447%	海通证券	2203%	歌尔声学	615%	2,793	135
20위	飞乐股份	333%	上海医药	323%	泸州老窖	1738%	金叶珠宝	364%	681	65
30위	中华集团	275%	青海明胶	275%	三一重工	1499%	广汇能源	238%	270	36
40위	泰长城	215%	*ST生化	233%	太钢不锈	1286%	盛达矿业	220%	141	28
50위	夏华电子	181%	新南洋	205%	亚泰集团	1127%	远光软件	187%	79	21
60위	世纪星源	162%	华闻传媒	183%	国金证券	1001%	东方园林	164%	60	16
70위	南京中北	140%	方正科技	169%	铜陵有色	942%	中源协和	149%	40	14
80위	一汽富维	129%	广发证券	151%	宗申动力	867%	阳煤化工	131%	28	11
90위	鄂武商A	116%	广电网络	142%	中国国航	797%	西王食品	117%	20	9
100위	*ST祥龙	105%	ST宏盛	137%	广济药业	721%	中技集团	107%	13	8

자료: WIND, 중국경제금융연구소.

중국 증시가 본격적으로 시작된 1992년 이후 중국 공산당대회의 주기인 5년 단위 주가상승률 상위 100사를 보면 상위 10사는 5년 단위로 5~22배가 올랐다. 만약 5년 단위 상위 10사에 제대로 투자했다면 20년간 최하 2,793배, 2002년 이후로 보면 10년간 135배의 수익이 났다. 상위 50사에 투자했다면 20년에 79배, 10년에 21배, 상위 100사에 투자했다면 20년에 13배, 10년에 8배의 수익이 난 것이다.

중국이 향후 10~20년 안에 경제적으로 G1이 된다면 〈포춘〉 500대 기업에 진입할 만한 중국 기업은 적어도 50~100개는 더 나온다. 이런 월마트 같은 기업에 투자하면 대박은 따놓은 당상이다. GDP가 7% 성장하면 잘나가는 업종은 GDP의 2~3배는 성장한다. 그러면 14~21% 성장하는 업종은 당연히 있다. 그런데 잘나가는 업종 내의 잘나가는 기업은 업종 평균의 2~3배는 성장한다. 매년 28~63% 성장하는 기업을 잘 골라 투자하면 웃음이 나올 정도의 부자가 될 가능성이 높다.

중국 투자, 10년에 10배를 노리는 투자를 해야 한다. 중국이 경제규모에서 세계 1등을 하면 월마트가 몇 개 나올까? 적어도 10개 이상 나온다. 이들의 시가총액은 한국의 GDP를 넘어선다. 해외투자 제대로 하고 발상을 전환해야 한다. 3년짜리 투자가 아니라 적어도 10~20년을 투자기간으로 잡고 5년 단위로 재평가하고 2.5년 단위로 리밸런싱하는 초장기 펀드가 필요하다. 중국에서 10배의 수익률이 나오는 기업이 10년에 50개는 나온다. 최근 10년간 중국 증시에서 10배 나는 종목은 80개나 된다.

9장

중국을 휘어잡을
거상을 기다린다

01

중국에서 성공하는
스타일이 있다

중국에서의 성공은 제조에서는 '규모의 경제'와 '학습효과'다. 기술과 유통 측면에서는 '산업표준' 아니면 '가치사슬'의 중심에 있는가가 중요하다. 전략 측면에서는 '독특함'과 '스피드'가 성공의 핵심이다.

지금 중국에서 경영자들의 수준이 급속히 높아지고 있다. 수준 낮은 저개발국의 경영자라고 무시하면 큰일 난다. 지금 중국의 기업가들은 영어는 잘하지 못하지만 이미 글로벌하게 입체적 사고를 하는 사람들이다.

왜냐하면 지금 중국의 기업이 부르면 전 세계 최고의 컨설턴트와 전문가들이 달려오기 때문이다. 맥킨지를 비롯한 전 세계 내로라하는 컨설팅 회사는 모두 중국에 진출해 있다. 또한 중국과 합작하고 협력해서 돈을 벌려고 전 세계 내로라하는 기업의 CEO들이 몰려와 중국 기업가들에게 설명하고 컨설팅해준다. 그래서 중국의 CEO들은 가만 앉아서 글로벌 경쟁구도와 이 과정에서 중국의 역량과 세계의 수요를 어떻게 정합할 것인가를 알게 되는 것이다.

한국에서 잘나가는 양대 유럽의 수입 브랜드 차량이 판매량에서 크게 차이가 났다. 이유는 트렁크 때문이다. 골프를 좋아하는 한국 사장님들의 취향 때문이다. 트렁크에 골프채를 4개 넣을 수 있느냐가 관건이었다. 중국에서도 외제차 중 가장 인기 있는 아우디가 A3 모델에서 해치백에서 세단형으로 뒷모양을 변경했다. 한국처럼 뒤 트렁크가 큰 것이 중국이 좋아하는 스타일이었기 때문이다.

아직 중국은 1,000명당 자동차 보급 대수가 미국의 1/10도 못 미치지만 연간 판매량이 2,200만 대로 미국의 1,600만 대를 제치고 세계 최대의 시장이 되었다. 아우디의 경우 독일 판매 비중이 16% 선이고 미국이 10% 선인 데 반해 중국은 29%나 된다. 그래서 최대 소비자인 중국 고객의 취향인 세단형으로 모델을 바꾼 것이다. 글로벌 명품 브랜드가 중국인들의 소비 취향에 맞춰 차이나 스타일에 맞추고 있는 것이다.

'악마도 입는다'는 명품 패션 브랜드 프라다는 유럽이 아니라 홍콩에 상장했다. 중국 부자들이 최대 구매고객으로 떠올랐고 중국 본토를 공략하기 위해서다. 코치를 비롯한 전 세계 명품 브랜드들이 홍콩에 상장하고 중국 본토 진출을 가속화하고 있다. 이젠 패션에서도 서양의 패션을 중국인들의 몸에 맞추는 것이 아니라 중국인들의 체형에 맞춰 명품 브랜드들이 차이나 스타일로 알아서 바꾸는 일이 벌어지고 있다. 중국 돈과 중국인의 스타일이 세계의 명품 패션과 자동차를 바꾸고 있는 것이다.

2000년 전 중국은 우아한 세계 4대 문명국이었지만 지금 돈벌이에 혈안이 된 재테크의 춘추전국시대다. 같이 일해 같이 잘살자는 사회주의 중국의 억만장자 수가 미국 다음으로 많다. 세계 억만장자 수 상위 10개국 중 중국 부자의 비중이 16%나 된다.

한국이나 미국은 부자 순위를 보면 톱10의 순위가 큰 변동이 없지만 중국 부자를 보면 순위가 매년 바뀐다. 부자 순위를 바꾸는 핵심변수 3가지는 정부 정책, 부동산, 주가다.

최근 10년간 중국의 부자 순위를 보면 중국 치부의 방법과 유망산업이 보인다. 중국 정부가 부동산 개발에 열을 올렸을 때는 부동산 개발업자들이, 사회간접자본에 돈을 퍼부었을 때는 중공업을 하는 삼일중공업의 양원건 회장이 1등 부자였다. 중국 정부가 소비진흥을 외치자 과자와 물장사를 하는 소비재회사인 와하하그룹의 쭝칭허우 회장이 부자 순위 1등이었다.

그런데 소비가 유통으로 주도권이 넘어가자 이제는 쇼핑몰과 유통의 왕자인 완다그룹의 왕지엔린 회장이 중국의 최고 부자의 반열에 올랐다. 역대 중국의 거상들은 모두 정부의 소금, 차 등 전매사업에 손을 대 부를 이룬 사람들이다. 중국의 거상들은 21세기에도 여전히 정부의 정책사업 또는 정부 정책의 끝이 향하는 곳에 미리 투자를 해두어 돈을 벌고 있다.

세계는 중국의 황금을 캐려고 중국으로 몰려들고 있다. 중국 돈의 향배는 정책의 키를 쥔 공산당에 있다. 공산당의 경제정책을 잘 보면 거기에 부의 코드가 숨어 있다. 세계 최대의 시장, 세계 최대의 달러 보유국이 중국이다. 중국은 식당은 10시면 문 닫지만 은행은 토요일, 일요일에도 문을 여는 나라다.

《삼국지》에 나오는 관우를 끌어내어 장사를 시키는 나라가 중국이다. 장사꾼들 사이에 절대 인기는 제갈공명이나 유비보다 관우다. 조조가 아무리 회유를 해도 유비와의 의리를 지키는 '의리의 아이콘' 관우를 장사의 신, 돈 버는 신, 재신財神으로 모시는 나라다.

중국 상인은 의리가 바로 이익이라는 신념을 가지고 장사하고 돈이 아니라 사람의 의리를 가지고 돈을 버는 철학을 가진 사람들이다. 중국으로 모이는 돈, 중국 부자들의 재산 증식속도를 보면 소위 차이나 스타일이 세계 기업과 장사꾼들이 따라야 할 룰이 되어버리는 날이 가까워지고 있는 것 같아 두렵다.

02

중국 스타일에는
감성과 촉으로 대결하라

1등의 훈수에 따라서는 절대 1등 못한다. 1등은 창조이지 모방이나 추종이 아니다. 미국식 스타일과 방식을 베껴서 따라가는 것은 가능하지만 뛰어넘을 수는 없다는 것을 중국은 잘 안다. 그리고 중국은 세계를 뒤엎을 지혜가 있다.

중국의 2000년 전 고전에 나오는 엄청난 인문학적 사고와 이론을 현실로 끌어내 재해석하고 그 모델에 입력 자료만 바꾸면 된다. 하버드대학 교수들의 경영학 이론은 사서삼경에, 웨스트 포인트의 전쟁학, 군사학은 중국의 《손자병법》, 《무경칠서》에 다 있는 내용들이다.

공자에게 아이패드를 들려 전 세계를 누비며 강연하게 하고 TED에 출연시키면 어떻게 될까? 엄청난 반향을 불러일으킴과 동시에 전 세계 명문대학의 경영전략 전공 교수 중 공자의 이론을 그대로 베낀 듯한 모델을 가지고 떠들던 상당수는 보따리 싸야 할 가능성이 높다. 제갈공명과 손자의 전쟁모형 시뮬레이션 시스템에 창과 활과 성곽이 아니라 핵무기와 IT로 전쟁의 도구와 방식을 바꾸기만 하면 21세기에 적용할 만한 새로운 전략이 나온다.

중국에는 지금 수많은 서방의 컨설팅 기업이 들어와서 컨설팅하지만 정작 서방의 컨설팅을 받고 대박을 낸 기업은 별로 없다. 오히려 서방 컨설팅 회사의 어설픈 컨설팅에 따라 서방 시스템으로 무작정 따라가다 망한 기업이 많다. 중국의 특수성을 서방 컨설팅 기업들이 잘 알지 못하기 때문이다.

서방의 많은 연구기관과 국제기구가 중국에 훈수를 두지만 정작 중국 정부는 겉으로는 환대하면서 듣는 척하지만 서방의 컨설팅을 별로 신뢰하지 않는다. 중국은 중국의 길로, 중국의 방식대로 간다는 것이 18대 당대회 이후 시진핑 주석이 만천하에 선포한 중국 스타일이다.

중국과의 싸움에서 규모로 중국에 싸움 걸면 필패한다. 한강의 기적, 한국 경제 고성장의 비밀은 재벌 중심의 주력기업 육성으로 규모의 경제와 빨리빨리 근성에 기반한 경영이었다. 그런데 중국과의 경쟁에서는 애초부터 규모의 경제로 해서는 이길 장사가 없다.

800개의 국유기업을 〈포춘〉 500대 기업 수준의 6개 대형 기업으로 한 방에 정리해버릴 수 있는 나라가 중국이다. 미국, 일본, EU를 합한 것보다 많은 인구를 가진 나라에 규모로 대든다는 건 백전백패디. 중국과 컨베이어 벨트의 길이로 승부를 보는 것은 하지 않는 것이 답이다.

전통산업에서 '3교대 24시간 가동의 경제학'의 국제적 이전 과정은 미국, 일본, 한국, 중국 순이다. 연구개발 능력이 아니라 생산 능력이 전통 장치산업 경쟁력의 원천인데 이것은 인구대국 중국에는 못 당한다.

그리고 규모 다음의 무기는 스피드였다. 365일 3교대로 대표되는 한국의 빨리빨리 정신이 가전·자동차·반도체의 신화를 만들었지만 이젠 스피드도 중국과의 싸움에는 무기가 될 수 없다. 세계의 10년은 한국의 1년이었지만 지금 한국의 1년은 중국의 3개월이다. 중국의 모방력, 흡수력,

추진력은 한국이 과거 미국과 일본을 따라 하던 것보다 3~4배는 더 빠르다. 정보화의 효과와 뭐든 순식간에 빨아들이는 강한 중국인의 흡수력이 되살아났기 때문이다. 한국에서 잘나가는 패션일지라도 1달이면 중국에서 나오고 한국의 히트 드라마, 영화는 1주일이면 중국에서 복사판이 나온다.

치킨게임과 신제품 개발의 치열한 스피드의 경쟁터인 DRAM 반도체 산업에서 스피드 경영으로 일본을 제치고 세계 최강이 된 한국의 최고기업 삼성전자가 드디어 디램 반도체 공장을 중국에 짓는다. 그러면 한국에서 스피드로 재미 보던 시대는 끝났다고 봐야 한다. 미국이 일본에 1985년 디램 산업을 넘겨주고 1995년에 일본이 한국에 디램 산업을 넘겨주었다. 한국이 세계 첨단산업에서 유일하게 스피드로 성공한 것이 디램 산업이지만 더 빠른 놈이 나오면 당한다. 그게 디램 반도체업계의 역사다. "이번은 다르다"고 한국은 얘기하고 싶겠지만 역사는 예외가 없다.

그러나 디램은 스피드이지만 CPU는 창의創意다. 디램은 30년 전에 미국이 일본에 넘겼지만 CPU, 창의산업은 영원히 미국 독점이다. 스피드 산업은 언제든 손 빠른 놈, 발 빠른 놈의 것으로 넘어가지만 창의산업은 더 총명한 아이디어가 나오기 전까지는 영원한 고소득 독점산업이다. 한국의 규모의 경제, 스피드의 경쟁력은 이제 한계다. 창의의 경제력을 갖지 못하면 그게 자동차든, 반도체든, 휴대폰이든 간에 중국에 추월당하고 역사의 뒷방으로 쫓겨 갈 수밖에 없다. 발상의 전환 외에는 답이 없다.

농업대국으로서 토지, 영토는 이제 의미 없다. 유리와 비닐, 물이 영토이고, 목장은 바이오 공장이 해결한다. 영토가 아니라 영토관리 능력과 창의성이다. 미래 중국에서 대박, 먹거리의 그림은 바이오, 효소, 종자, 생물공장이다. 청결한 먹거리 그리고 값싸고 영양 만점 그리고 거기에 브랜드가 있으면 대박이다. 중국만 한 영토가 없어도 중국을 뒤덮을 농업제품을 생물공장에서 만들어 중국인의 식탁을 점령해버릴 수 있다.

TV도 철 지나면 근으로 달아서 파는 나라가 중국이다. 스마트폰이건 OLED TV건 최대 시장은 중국이다. 중국을 공략하는 기업은 스마트폰이든 OLED, UHD든 최초, 최고로 못 만들면 최저가로 만들어야 산다. 어설픈 2등은 종업원 애먹이고 주주들 바보 만드는 지름길이다.

인터넷과 PC를 주머니와 핸드백 속에 넣고 다니는 스마트폰 모바일 혁명 다음은 그것들을 몸에 착용하고 다니는 웨어러블 시대다. 안경, 시계, 밴드, 의류 등 몸에 착용하는 웨어러블 컴퓨팅 기기가 대세다. 웨어러블 시대에는 두 손을 자유롭게 쓰는 가운데 각종의 생활 정보를 실시간으로 검색하고 얻을 수 있다는 점이 중요하다.

지나가는 사람을 보면 바로 인물 검색이 가능하고 처음 인사하는 사람도 명함 교환이 필요 없다. 슈퍼에서 집어 든 물건도 바코드를 보기만 하면 성분과 가격 1+1 프로모션 행사를 언제까지 하는지 바로 알 수 있다. 술집에서 양주를 마실 때도, 식당에서 한우 고기의 가짜 여부도 인식표를 쳐다보기만 하면 바로 검색할 수 있다.

이런 시대에 중국과 맞붙어 있으면서도 2000년간 안 망한 유일한 나라 한국, 한국이 거꾸로 이런 기술과 아이디어를 통해 중국을 한번 먹어보면 어떨까? 중국을 정복했던 유목민족 거란족, 몽골족, 여진족 모두 망했지만 한국은 살아남았다. 한국은 지금 정보산업에서 최대의 강점을 갖고 있는 정보 유목민족이다. 화살 대신 휴대폰으로 승부하고 단 1대의 휴대폰도 자기 손으로 만들지 않고 떼돈 버는, 손에 피 한 방울 안 묻히고 적을 찜쪄 먹는 창의기업 애플 스타일의 모델이 답이다. 중국과는 이젠 창의를 무기로 삼고 감성과 촉으로 대결해야 한국이 이긴다.

03

중국에서는 이젠
중독과 힐링 산업이다

중국은 중독의 나라다. 중국의 차와 비단이 유럽을 중국으로 끌어들인 매력은 중독中毒이었다. 차도 중독이 되면 마약이다. 중독은 돈이 끝없이 들어간다. 이런 고급의 중독은 급級으로 치면 럭셔리 중독이다. 원래 중국의 왕서방은 비단, 차 등 최고급 중독형 브랜드 제품을 파는 럭셔리 상인의 대명사였다.

이런 중국이 요즘 새로운 중독에 빠졌다. 중국 중독산업의 역사와 순서를 보면 중국은 청나라 때는 마약에 빠져 나라를 말아먹었지만 요즘은 골프, 성형, 화장품, 브랜드, 스마트폰, 게임, 오락의 중독에 빠졌다.

중국의 CEO들은 요즘 푸른 마약, 골프에 빠졌다. 180홀짜리 골프장이 여기저기 들어선 나라가 중국이다. 타이거 우즈가 게임하러 중국에 온다. 요즘 중국의 공항세관에서는 얼굴이 똑같은 원산지 한국 강남의 의란성卵性 쌍둥이들 때문에 골치다. 한국에서 쌍꺼풀, 눈트임, 코높임 등 5~6가지 수술을 받고 환골탈태하는 바람에 여권 사진과 얼굴이 다른 비슷비슷한 미인들이 대거 입국하고 있기 때문이다. 전 세계 화장품업계의 새로운 블루오션이 중국이고 전 세계 명품들의 최대 시장이자 격전지가 지금 중국이다.

중국은 지금 전체 인구 13.6억 중 3억 명이 스마트폰에 빠졌다. 4명 중 1명은 스마트폰 중독에 빠졌다. 그리고 중국의 탄센트 사가 지금 전 세계 최대 온라인게임 회사로 등극할 만큼 중국 게임 산업의 발전이 빠르고, 다르게 보면 게임 중독이 심하다.

공자, 맹자보다 좋은 것은 '먹자'이고 먹자보다 좋은 것은 '놀자'다. 중국도 제조업 다음은 금융업이고 금융업 다음은 문화오락업이다. 미국은 자동차로 일어서서 제2차 세계대전을 겪으며 군사기술과 정보기술로 세계를 장악했고 달러를 통한 금융산업을 잡으면서 완벽한 패권으로 태어났다. 그러나 패권은 문화가 없으면 오래 못 간다. 할리우드로 대표되는 미국의 미인, 미국의 생활양식, 미국인의 영화와 노래가 미국의 소프트 파워다.

그러나 미국은 외갓집인 영국에는 쪽을 못 쓴다. 영어도 아메리칸 잉글리시가 있고 잉글리시 잉글리시가 있다. 영국의 문화가 한 수 위다. 문화가 없는 강국은 2류다. 그런데 지금 중국의 돈이 할리우드를 사들이고 있다. 중국 돈이 할리우드에 들어가면서 영화의 각본이 바뀌고 주인공이 바뀌고 영화 속 중국인의 이미지가 바뀌고 있다. 중국 최대의 부자 완다그룹의 왕지엔린 회장은 청도에 중국판 할리우드인 찰리우드를 착공했다. 중국도 이제 할리우드식 문화사업에 손을 대기 시작한 것이다.

중국 문화산업의 수준은 아직 낮다. 중국의 음원, 그림과 같은 콘텐츠가 큰돈이 되는 시대가 온다. 중국인이 지금 막 그림, 영화, 오락에 맛을 들이고 있다. 문화와 오락도 결국 우아하고 진한 중독산업이다.

그래서 중국의 공략은 첫째가 중독산업이다. 두 번째 중국 공략의 키워드는 힐링이다. 고도성장 30년 중국의 화려한 경제성적표 뒤에는 숨어 있는 거대한 신규 수요를 가진 힐링 산업이 있다. 인간에게 기본적으로 가장 필요한 것은 물과 공기, 음식이다. 그러나 중국은 모든 것이 위험해 불안하기 그지없다.

이 거대한 인구가 먹어야 할 먹거리가 대박 산업이다. 가짜 유기농작물, 발암물질 사료로 키운 수산물, 성장촉진제가 들어간 우유와 닭고기, 농약 친 과일, 옥수수만 먹인 비타민과 오메가 3가 부족한 고기 등이 넘쳐난다. 깨끗하고 안전한 그리고 위생적인 먹거리가 진정 대박이다. 중국의 신성장 산업인 여성과 정보 그리고 도시와 금융도 크게 보면 중국의 새로운 힐링 산업의 일종이다.

2013년 전국인민대표대회에서 정권교체가 이루어질 때 중국에는 세계의 종말 같은 광경이 나타났다. 상하이 시민들의 식수원인 황푸강에서 돼지 시체 1만 6,000마리가 발견되고, 수도 베이징은 화산의 연기 같은 스모그에 덮였다.

중국의 농민공으로 대도시에 나갔던 농촌 주민은 진폐증 등 치명적 질병으로 신음하고 있다. 미국 의사협회는 전 세계 당뇨병 환자 3명 중 1명이 중국인이라고 추정했다. 중국 성인 당뇨병 환자 비율 11.6%(2010년 기준)는 한국, 미국보다 더 높다. 미국은 과체중이 당뇨병의 원인이지만, 중국은 어릴 때 영양이 결핍됐다가 나이가 들어 소득수준이 높아지자 과다한 영양을 섭취한 게 당뇨병 확산을 부추겼다는 것이다.

고도 경제성장으로 육류와 설탕 소비가 급증했지만 운동량이 줄어든 것이 중국인 당뇨병의 원인으로 꼽힌다. 특히 당뇨 환자의 3분의 2가 혈당 조절을 제대로 하지 않아 심장·신장 질환 등 각종 합병증에 걸릴 가능성이 크다. 혈당치가 정상보다 높은 인구가 5억 명에 달한다고 한다.

이미 중국은 고령화 사회로 접어들고 있고, 향후 약 16년 후인 2030년이 되면 인구의 약 1/4이 노인인구가 되고, 그로 인해 중국에 세계에서 가장 큰 의료시장이 설 것은 명확하다. 이미 중국은 인구 노령화의 진전으로 종양, 뇌혈관질환, 심장질환, 당뇨병 등 성인병이 중국인의 건강을 위협하고 있다.

이러한 만성질환의 진료설비에 대한 수요는 시간이 갈수록 커지고 있다. 또한 이런 질환들을 가장 잘 진단 할 수 있는 병원을 만들고 이런 고령인구들이 병원으로 몰린다면 어떤 결과가 일어날지 상상을 할 수도 없을 정도다.

베이징의 엉덩이에서 나오는 시커먼 스모그가 돈이다. 베이징에 돈과 인재의 엑소더스가 생겼다. 2013년 초 3달 동안 독성 스모그가 베이징을 뒤덮자 베이징에서는 목이 아프면 병원 가는 것이 최악이고, 집에 가는 것이 차선이고, 수도공항으로 가는 것이 최선이라는 비아냥이 떠돌았다.

미국의 QE(양적완화)라는 단어만큼 생소한 'PM 2.5'라는 미세먼지 농도를 나타내는 단어를 체크하는 것이 중국에서 일상생활화되었고 대기오염의 수준을 알리는 휴대폰 앱도 등장했다. 독성 스모그가 기대수명을 단축시키고 폐암사망률을 4배 이상 높인다는 소문이 돌자 중국의 자랑 천년 수도 베이징인들은 패닉 상태에 빠졌다.

더 이상 북방 소수민족의 침략을 걱정할 필요가 없는 지금 수도를 베이징이 아니라 남쪽으로 옮기자는 천도론遷都論이 인터넷에는 불이 난 것처럼 일어났다. 수도를 미국처럼 정치·경제 수도로 분리하자는 의견부터 중원으로 돌아가자는 얘기까지 나왔다.

중국 정부는 석탄 사용 금지, 주변 오염물질 배출공장 폐쇄이전, 급기야는 대기오염의 주범인 자동차의 배기가스 축소를 위해 도시별 차량구입 할당제를 도입했지만 차에 대한 중국인의 열망을 꺾지는 못하고 있다.

친환경산업, 환경보호, 에너지 절약산업이 중국의 독 스모그를 계기로 대박 산업으로 떠올랐다. 난지도의 냄새 나는 쓰레기장이 폐열을 회수하고 CO_2는 탄소배출권으로 팔고 공원 녹지로 탈바꿈하는 돈방석으로 변환하는 모형이 한국이 중국의 독 스모그 시대에 팔수 있는 기막힌 아이템이다. 대기오염, 수질, 재생에너지 기술이 성장으로 병든 중국을 힐링하는 묘약이다.

한국의 삼성전자가 중국에 70억 달러를 투자해 반도체 공장을 지었다. 한국이 중국 투자를 크게 하는 것 같지만 이미 중국의 해외투자는 상상 초월이다. 2012년에만 850억 달러를 투자했고 누적투자액은 3,900억 달러나 된다.

중국이 미국의 육가공업체를 매수했다. 중국의 최대 육가공업체인 슈양후이그룹은 미국의 돈육 가공업체인 스미스필드를 71억 달러에 인수했다. 중국은 반도체와 돼지를 맞바꾸었다. 상하이의 황푸강에 병든 돼지 사체의 홍수가 신형 독감의 원인이라고 할 정도 끊임없는 돈육 스캔들에 안전한 먹거리와 위생적인 처리가 돈 버는 지름길이기 때문이다.

04

제갈공명을 스카우트 했는가

한국 기업의 중국 현지화는 인재 초빙을 제대로 하는 것이 중요하다. 방법은 바로 유비처럼 도원결의桃園結義를 하는 것이고 삼고초려三顧草廬를 해야 목숨 바치는 제갈공명 같은 인재가 온다. 한국 기업에서 중국인 경영자를 구하는데 중국의 인재를 찾아가 3번 이상 초빙을 간청해서 데려온 인재가 몇이나 될까? 중국법인 대표들이 추진력이 없다고 하는데 이유를 잘 따져보면 해결책이 있다.

중국은 중국인이 가장 잘 안다. 중국에서는 최고의 중국 전문가를 쓰면 되고 한국의 현지법인 대표는 이들 최고 전문가를 잘 관리할 사람이면 된다. 한국인이 중국에서 뛰어봐야 벼룩이다. 결국 진짜 고수는 선수를 잘 고용해 그 선수가 죽을 듯이 달리게 하는 사람이 최고의 고수다. 중국 현지법인 직원들에게 주는 연봉은 한국 직원들보다 낮아야 한다고 생각하는 순간 중국 비즈니스는 반 토막 나고 5년이면 적자이고 10년이면 무조건 문 닫고 나온다.

중국과의 승부는 변명과 핑계가 통하지 않는 게임이다. 중국의 특성상 배신하지 않는 동업자를 만나면 성공이다. 그러려면 《삼국지》의 유비를 벤치마크해야 한다. 좋은 직원, 좋은 경영자를 모시려면 삼고초려를 해야 한다. 절대 프로는 함부로 움직이지 않고 하수와 같이 놀지 않는다.

중국 경영자를 모실 때 《삼국지》를 읽고 유비의 마음으로 가야 한다. 한국의 시각에서 중국의 프로를 좀 싸게 돈 주고 산다는 개념의 스카우트는 실패다. 주군을 위해 목숨도 바치는 도원결의는 그렇게 하는 것이 아니다.

한국은 생각을 바꾸는 것이 아니라 행동을 바꾸어야 산다. 도원결의를 하려면 진정성이 있어야 하고 돈과 권력을 나누어 갖는다는 생각이 진실해야 천하를 먹는 묘수가 그들의 머리에서, 힘에서, 네트워크에서 나온다. 그래서 한국은 중국 인재를 스카우트할 때 《삼국지》를 다시 한 번 읽어봐야 한다.

한국이 사랑한
'규모의 경제학'은 죽었다

한국이 사랑한 경제학은 '규모의 경제학'이다. 과거 60년 한강의 기적은 미국과 일본을 끈질기게 추격하는 추격자의 야성이 만든 기적이었다. 365일 3교대의 신화는 바로 생산규모가 2배가 되면 원가가 33% 하락하는 학습커브Learning Curve를 최대한 이용한 것이다.

연구개발과 신제품은 항상 선발자를 따라가는 2등이었지만 조상 덕에 쇠로 된 젓가락질로 단련된 뛰어난 손재주를 이용해 생산규모를 최내로 가져가 주 5일, 250일 2교대하는 선진국을 주 7일, 3교대로 365일 일해 고정비의 절감효과로 때려잡은 원가절감형 선진국이 한국이다. 연속공정인 한국의 반도체, LCD, 철강, 화학산업의 성공비결이다. 자동차, 조선, 기계의 중장비산업도, 하드웨어 조립산업도 마찬가지다.

문제는 중국의 등장이 한국의 원가 모델에 치명적인 충격을 주고 있다는 것이다. 반도체, LCD, 철강, 화학산업의 성공비결이 이젠 의미가 없다. 모두 중국으로 이전이다. 자동차, 조선, 기계도 같은 상황이다. 수천, 수만 톤 무게의 쇳덩어리를 하늘을 날게 하고 바다에 띄우는 것 그리고 1톤 이상의 쇳덩어리가 시속 200km의 속도로 달리게 하는 것은 모두 소프트웨어다.

게으른 천재 1명의 창의성이 나라를 먹여 살리는 시대가 왔지만 한국은 영어, 수학 선행학습에 목숨 거는 고등학교 교육행태가 여전하고 대학교육은 맞춤형 교육이라고 입으로만 떠들었지 공장형 대학교육이다.

대학이 창의적인 인재 육성은 뒷전이고 신문사의 장삿속인 학교 랭킹 발표에 목숨 건다. 별 의미 없는, 언론사의 대학 간 도토리 키재기에 목숨 걸고 학점 인플레를 일삼는 대학들을 보면서 대학 졸업자를 채용하는 기업 중에서 대학의 순위는 아예 보지 않고 블라인드 면접만으로 대졸 사원을 뽑는 데도 나타나고 있다. 명문대학 졸업생이라면 제대로 된 창의성을 보고 싶은데 그런 창의성을 키워주는 대학도, 창의성을 가진 인재도 찾기 어렵기 때문이다.

나라에 창의적 머리가 부족하면 후진국의 천재를 미국처럼 장학금과 학위 그리고 직장을 보장하면서 수입하면 되는데 단일민족으로만 살아온 한국은 우리보다 경제적으로 뒤떨어진 나라의 외국인 천재를 기르는 데 인색하고 익숙하지 않다. 그러는 사이에 기간은 흘러가고 기업은 해외로 나가버린다.

그런데 중국에 가까이 가면서 그리고 중국이 다가오면서 하루빨리 추격자의 야성을 버리지 않으면 안 된다는 절박감을 느끼지만, 생각만 있고 몸이 움직이지 않는다. 중국이 다가오면서 가져온 중간재의 짧은 호황 다음 한국의 구조적 불황기가 다가오고 있다. 중국이 중진국으로 산업구조를 바꾸면서 한국의 하드웨어, 중간재 강국의 의미는 사라졌지만 대안으로 떠올라야 할 소프트웨어와 소비재 브랜드 강국 한국은 아직 멀리 있다. 한국의 진정한 위기와 문제는 바로 근력 부족이 아니라 염력 부족에 있다.

06

날아오르는 용의 등에 올라타려면

1850년간의 중국의 용은 황하강에 살았지만 새로운 중국의 용은 150년간 장강의 물밑에서 숨죽인 잠룡이다. 그 용이 드디어 장강을 거슬러 하늘로 승천하려 하고 있다. 날아오르는 용의 비늘을 잡고 등에 앉기만 하면 가만히 앉아서 하늘 구경을 할 수 있다.

용의 비늘을 어떻게 잡을 것인가? 상상의 동물 용의 비늘을 잡는 것도 결국 상상력이다. 대국이 앞서 가는 길을 예측하고 먼저 가서 기다리는 것이다. 중국의 향후 10년, 20년, 30년의 그림을 그리고 한국이 가진 최고의 정예기술을 가지고 용의 등에 올라타면 끝난다.

서양의 시대가 끝나고 동양의 시대가 오는 것은 이미 대세다. 누구도 막지 못한다. 칼로 일어선 자 칼로 망하고, 빚으로 일어선 자 빚으로 망한다. 유럽으로부터 돈 빌려 전쟁에서 이기고 나라 세운 미국이 빚으로 나라를 말아먹고 있다. 제로금리의 유동성 함정에서 쉽게 빠져나오지 못하고 있다.

첨단에 목숨 걸고 문화 소프트 파워를 기르지 않으면 한국은 희망이 없다. 반도체, 자동차 얼마 못 간다. 3교대의 덫에 걸렸기 때문이다. 3교대 장치산업은 기술이 아니라 원가다. 원가는 관리의 힘이다. 외국인과 같이 일하는 것에 젬병인 단일민족 경영학은 국제화 시대에는 한계가 있다. 지금까지는 솔선수범, 1등 정신, 애사심, 스톡옵션, 빠른 승진이 한국 기업을 성공으로 이끈 원동력이었지만 인건비 상승을 못 견디어 해외로 나가는 국제화 시대가 되면 달라진다.

혼혈의 잡종교배에 능하고 잡종교배지를 잘 관리하고 혼혈의 다국적군을 능숙하게 잘 관리하는 이가 국제화 시대의 진짜 프로 경영자다. 한국은 공대에 외국인 유학생이 별로 없다. 중국, 베트남, 인도네시아, 인도 등 동남아의 천재 외국인 학생을 대량으로 유학시켜 한국을 가르치고 첨단을 가르쳐 한국 공장, 연구소에서 일하게 해서 아시아로 나가는 교두보를 만들어야 한다. 그리고 한국에서 공부한 친한파 유학생들이 만드는 창업회사를 지원하고 인수합병해야 한다. 동북아 작은 나라의 시각과 아이디어로는 절대 아시아를 먹지 못한다.

화교의 역사가 600년이 넘는 중국, 실패는 했지만 100년 전 아시아를 점령한 경험이 있는 일본이다. 하지만 한국은 이런 아시아를 다스려본 경험이 없다. 그러나 한국이 가야 할 길은 아시아의 부상과 중국의 굴기에 올라타는 것이다.

아시아는 외관상으로는 자동차, 가전에서 일본이 점령한 것 같지만 그 소유권은 모두 화교, 다시 말하면 중국인들, 스스로 당나라 사람이라고 부르는 화교들이 가지고 있다. 중국의 이해와 중국어는 한국이 중국과 아시아를 먹는 데 필수다. 대통령도 중국어로 연설하고 한국 최고의 그룹 삼성도 중국에 파견하는 임원들에게 중국어 공부를 시키고 있다. 한국은 그간 등한시했던 중국어를 영어만큼 목숨 걸고 공부해야 하는 시대가 왔다.

차이나 드림을 위하여

고운 최치원과 연암 박지원 선생

이 책을 쓰면서 항상 머리에 떠나지 않은 두 분이 있었다. 통일신라 시대에 당나라에 유학한 명문장가이자 중국 유학생의 까마득한 선배인 고운 최치원 선생과 《열하일기》를 쓰신 조선 시대 실학자 연암 박지원 선생이다.

고운 최치원 선생은 12세의 어린 나이로 당나라에 유학해 18세 되던 해에 중국의 과거에 급제했다. 879년 황소의 난이 일어나자, 당시 회남도의 수도인 양주로 가 토벌대장 고병高駢의 종사관이 되어 토벌대에 참여했다. 최치원은 〈토황소격문討黃巢檄文〉을 써서 황소에게 보냈고, 황소는 최치원의 글을 보고 간담이 서늘해져 군사를 거두어 후퇴하기 시작했다. 이를 계기로 최치원 선생은 무력이 아닌 문장으로 황소의 난을 제압함으로써 중국 전역에 명문장가로 이름을 떨쳤다.

그런데 신라시대 경주에 중국어 학원이나 있었을까? 당나라 장안에서 맨땅에 헤딩하며 전 세계에서 당나라의 장안으로 몰려 온 각국의 유학생

인재들과 당당하게 경쟁했고 당나라의 국가고시에 합격하고, 중국인의 심금을 울린 명문장을 쓴 분이 고운 최치원이다. 최치원의 자는 외로운 구름, 고운孤雲이다. 어린 나이에 먼 타국에서 유학하면서 얼마나 외로웠으면 자를 그렇게 지었을까?

청나라 황제의 생신 축하사절로 몇 달을 걸어서 베이징까지 그리고 황제의 피서지 청더까지 가는 일정을 기록했던 실학파 연암이 갔던 길을 이젠 비행기 타고 1시간 반이면 베이징에 도착하고, 자동차 타고 베이징에서 2시간이면 청더에 도착할 수 있다. 고운과 연암 이 두 분은 중국에서 무슨 생각을 했을까?

중국의 미래를 그려보면서 조선의 거상 임상옥과 나라가 힘이 없어 인간 진상품, 공녀로 중국에 끌려 갔지만 황후의 자리에까지 오른 기황후와 공녀들의 아픔이 서린 찔레꽃의 전설이 생각났다. 중국 상인들과 거래에서 대박을 낸 조선의 거상 임상옥의 지혜를 생각하고 다시 기황후의 아픈 역사를 반복하지 않으려면 한국은 과연 무엇을 해야 할 것인가가 뇌리에서 떠나지 않는다.

'행복은 지역 순이다.' 어디서 태어났는가가 20세까지의 행복을 결정짓지만 어디서 공부했는가가 60세까지의 행복을 결정짓는다. 지난 60년간 한국의 출세한 이들의 이력서에는 반드시 해외유학의 경력이 있고 대부분이 유학했다면 미국이다. 미국 유학생들이 왜 한국의 지도자, 잘나가는 사람이 되었을까?

밥그릇이다. 6·25전쟁 이후 미국은 나라를 구해준 고마운 키다리 아저씨에서, 전후의 잿더미에서 우리에게 밥을 주었고, 그리고 무역을 통해 돈을 주었다. 그래서 미국의 말을 하고 미국 사람들의 생각을 알고 그들과 소통하고 문제가 생겼을 때 영어로 해결할 수 있는 능력이 한국 사회에서 출세의 지름길이었다. 결국 세상의 돈과 권력이 모이는 곳으로 가서 경험하면 그것이 경쟁력이다.

그런데 지금 미국으로 유학 가서 대박이 날까? 그럴 가능성이 낮아 보인다. 황금에게 물어보면 답이 있다. 사람보다 똑똑한 것이 돈이고 황금이다. 1800년대라면 공업혁명이 한창이던 영국으로 가고, 1900년대라면 새로운 제국 미국으로 가야 했다. 2000년대는 아시아의 황제에서 세계의 황제로 갈 중국으로 가서 공부하는 것이 답이다. 세계의 황금이 모이는 곳이 미래의 지배자가 태어나는 곳이다. 지금 전 세계의 달러가 중국으로 모이고, 전 세계의 황금을 중국이 사들인다.

북쪽은 나라를 지배하고, 남쪽은 나라를 지배하는 자를 지배한다

중국의 돈은 어디로 모일까? 중국의 부자는 모두 장강 하류 상하이 근처에 몰려 있다. 지금 살아 있는 중국의 최고의 상인은 저장성 상인, 저상이다. 중국의 3대 상인을 꼽으라면 휘상(안후이성 상인), 진상(산시성 상인), 저상(저장성 상인)이다. 중국 고대 상인의 양대 산맥은 진상과 휘상이고 현대 중국의 최고 상인은 저장 상인이다. 2012년 중국의 최고 부자는 저장성 출신 와하하그룹의 쭝칭허우 회장이었다. 왜 저장성일까?

중국은 크게 보면 2개의 나라다. 장강 이북의 '상군의 나라'와 장강 이남의 '장사꾼의 나라'다. 자연환경이 사람들의 특성을 변화시키고 결정을 짓는다. 중국에선 쌀을 주식으로 하는 남방인은 결코 용상에 오르지 못했다. 밀가루를 주식으로 하는 북방인이 항상 황제였다. 장강 이북의 황하 북방 지역은 중화민족의 발원지로서 유구한 역사와 문화를 자랑한다. 북방 사람들은 전통에 대한 자부심이 강하고 문화적 우월감이 있다. 그러나 혹한과 잦은 범람으로 토지와 기후는 상당히 열악하다. 토지는 상대적으로 척박하고 물이 부족하다.

따라서 북방 사람들의 생활형편은 상대적으로 어렵고 사회의 전반적인 발전 수준도 남방에 비해 뒤떨어져 있다. 그래서 본질적으로 북부 중국인들은 생존을 위해 기본적으로 군인의 정복자 기질을 가지고 있다. 중국의 역대 왕조를 세운 사람들이 대부분 북쪽 사람들이고, 남부 중국의 장강 출신은 별로 없다.

장강 유역을 중심으로 한 남방의 개발은 황하강 주변 북방보다 늦었지만, 지리와 기후조건이 매우 좋다. 하늘에는 천당이 있다면 땅에는 수항(수저우, 항저우)이 있다고 할 정도로 토지가 비옥하고 날씨가 영하로 내려가는 경우가 거의 없을 정도로 살기 좋다. 그래서 농수산물이 풍부하고 수상운수도 편리하여 상업발전과 문화수준이 높다.

따라서 강남의 사람들은 북방의 정복자 기질과는 완전히 다른 타고난 장사꾼의 기질을 가지고 있다. 베이징 사람들은 만나면 바로 호적을 까고 나이를 조사해 따거(형님), 디디(아우)를 정한다. 그러나 남쪽 상하이 사람들은 호구조사하는 경우가 거의 없다. 호칭도 따거(형님)라고 거창하게 부르는 것이 아니라 펑요우(친구)라고 사근사근하게 접근한다.

이런 중국의 상인들은 돈으로 관리를 부리고 황제에게도 돈을 투자하고 황실에 돈을 빌려주는 사람들이다. 남쪽의 상인들은 나라를 지배하는 자를 돈으로 지배하는 사람들이다. 살아 있는 중국의 유대인들은 바로 장강 하류인 저장성의 상인 저상들이다.

중국의 역대 금고지기 재무부장관들은 거의 저장성 출신인데 지금 시진핑 시대 초대 재무부장관 루지웨이도 저장성 사람이다. 중국 천만장자들의 분포를 보면 장쑤, 저장, 상하이의 3대 지역에 몰려 있다. 장강 이남은 바로 장사꾼의 나라다.

지금 중국의 최고 상인은 상하이 상인이다. 중국 청나라 때 장원급제한 사람의 절반이 장쑤성 출신이다. 청대 부자는 저장성 항저우 사람들이다. 160년 전 작은 어촌에 불과한 상하이에 이 두 지역 사람들이 몰려왔다.

지금 중국 최고의 두뇌와 장사꾼이 뭉쳐진 곳이 바로 상하이다. 상하이는 한자로는 '바다 위의 도시'라는 의미지만 중국식으로는 '바다로 나가자'는 뜻이다.

대륙국가 중국이 화살을 바다로 쏠 때 그 '화살의 몸체'가 동부 연안이라면 '화살의 줄'은 중부이고 '화살의 촉'은 바로 상하이다. 전 세계의 돈과 기술이 몰리고 있는 지역이고 중국 최고의 소비와 유행이 이루어지는 곳이다. 중국과 외교를 논한다면 베이징 관리들과 친해져야 하고, 장사를 한다면 상하이 상인과 친해져야 한다.

중국에 답이 어디 있느냐고 묻지 말고 중국을 잘 관찰해야 한다

거울이 없으면 평생 자기 얼굴을 모른다. 중국인은 중국의 민얼굴을 모른다. 중국 자신도 중국이 어디로 가고 있는지 모른다. 외국인이 중국을 더 잘 보고 잘 알 수 있다. 한국 금융시장에서 최고의 투자가는 한국인이 아니라 외국인들이다.

대국은 길들여지지 않는다. 미리 예측하고 먼저 가서 기다려야 대박이다. 먼저 본 사람이 1등이다. 중국인들과 같이 먹어본 사람, 놀아본 사람, 공부해본 사람이 중국 사업에서 1등이다. 중국을 예측하려면 중국인을 알아야 하고 중국인을 알려면 공부하고 관찰하고 부닥쳐서 느껴봐야 한다.

중국어 한마디 못했던 유럽인 마르코 폴로가 '유럽 제1의 중국 전문가'로, 그리고 후일 차이나 붐, 차이나 드림을 만든 것은 중국에서 입고 먹고 마시고 놀아봤기 때문이다. 중국은 중국이 유럽인들에게 그렇게 매력적인 투자와 공략의 대상인 줄도 몰랐다. 중국인의 눈에는 오로지 누런 황토고원이었지만 파란 눈의 색목인(色目人) 마르코 폴로의 눈으로 본 중국은 온통 황금이었던 것이다.

신라 시대 명문장가 최치원 선생의 행운은 중국으로 유학 간 것이다. 만약 최치원 선생이 일본으로 유학을 갔다면 어떻게 되었을까? 번지수가 중요하다. 그것이 운運이다. 인생 '운7 기3'이라고 한다. 세상 모든 일이 그렇다. 장사에서 가장 중요한 건 첫째도 둘째도 위치다. 그래서 장사 잘되는 집은 모두 요지에 있고 사람 많은 데 있다.

애플과 마이크로소프트가 한국에 있었다면 지금 같은 대박이 났을까? 워런 버핏이 여의도에 있었다면 세계 네 번째 부자가 되었을까? 땅이 넓어야 먹을 게 많고 시장이 커야 벌 것도 많다. 어디에서 시작하느냐가 결정적이다. 인생도 마찬가지다. 사람이 모이는 곳, 사람이 많은 곳에서 대박 난다. 말은 태어나면 제주로 보내고 사람은 서울로 보내는 이유는 바로 사람 많은 곳에 보내 네트워크를 쌓으라는 것이고 권력과 돈이 모이는 곳에서 그들과 소통할 수 있는 그들의 언어를 배우라는 것이다. 이젠 말을 낳으면 제주도로, 사람을 낳으면 중국으로 보내는 시대가 왔다.

한국의 대중국 전략은 과연 있을까?

고양이가 호랑이 되는 팍스 시니카 시대가 오고 있는데 한국의 대중국 전략은 과연 있을까? 지금 한국에서는 중국말 쓰면 식당이나 건축현장에서 일하는 조선족 취급을 받지만 중국에서는 이젠 중국어 못하면 사람 취급 못 받는 시대가 왔다.

요즘 베이징, 상하이의 대도시에서 수많은 국제회의와 세미나가 열리는데 최근 2년 사이 나타난 큰 변화는 예전에는 외국어로 발표하고 중국어로 통역했지만 요즘은 중국어로 발표하고 영어로 통역한다. 중국어로 발표가 안 되는 스피커는 애초부터 초청을 안 한다. 그런데 미국인, 영국인, 독일인, 일본인들의 중국어 실력이 장난 아니다. 스피커 중에서 중국어를 제일 못하는 발표자가 한국인이다.

이미 한국의 수출시장과 채권시장에는 차이나 머니 시대가 왔다. 위기

후의 중국은 의도된 중속성장으로 모델 체인지를 꿈꾸고, 도시화로 대소비 시대 만드는 것이 눈에 확연히 들어온다. 과거 30년간 공업화로 이룬 성장, 미래 30년은 도시화로 꽃피운다. 2013년부터 중국 경제는 속도보다는 질, 성장보다는 지속성에 중점을 두고, 성장보다는 분배에 초점이 맞추어져 있다. 이제 한국은 한강의 기적을 만들 생각 말고 황하강의 기적에 올라타는 연습을 해야 한다.

진정한 중국 전문가는 지구 상에 없다. 인류 역사상 13.6억의 인구가 한 나라로 일어선 적이 없기 때문이다. 그래서 중국의 미래는 아무도 못 맞힌다. 심지어 중국 공산당도 못 맞힌다. 그러나 한국은 중국의 미래를 읽고 제대로 예측해야 성공한다.

한국의 중국통 전문가는 고선지 장군, 최치원 선생이었고 중국을 잡는 전문가는 을지문덕, 양만춘, 장보고, 임상옥이었다. 지금은 3.95조 달러의 세계 최대 달러를 보유한 중국 공산당의 돈을 먹는 시대다. 그래서 중국인, 중국 공산당의 마음을 사야 돈을 버는 시대에 이젠 한국에는 중국을 잘아는 21세기의 최치원으로 구성된 중국당中国党을 적어도 130만 명은 양성해야 성공한다.

중구이 구조조정에 대해 시빙세계에서는 중국의 위기론이 넘친다. 그러나 중국의 부상은 다르게 봐야 한다. 중국의 부상은 인구 1억이 안 되는 서방의 작은 나라들의 부상과는 다르다. 중국은 한 번 일어서면 짧으면 150년, 길면 300년 간다. 그리고 이번에 일어서는 것은 1800년의 패권으로 회귀하는 자리다. 그래서 한국은 반드시 중국의 부상에 올라타야만 한다. 그렇지 못하면 다친다. 역사를 돌아보면 중국이 G1이 되었을 때 한국이 편안했던 적이 없었기 때문이다.

감사를 드립니다

중국에 대해 여전히 부족함 투성이인 필자가 이 책을 쓰면서 중국의 많은 전문가와 기업인들의 도움과 자문을 받았다. 그리고 일일이 나열하지는 못했지만 한국과 중국의 잡지, 저널 그리고 많은 학자, 논객들의 블로그와 저서를 인용하고 참고했다. 이 책의 분량과 지면의 한계로 일일이 인용과 참고를 알려드리지 못한 것을 양해 부탁드린다.

푸단대학 석사과정 동문인 홍업은행의 황원웅 선전행장, 상하이한해실업 류용 사장, 상하이장강투자자문의 왕이민 회장, 상하이다종호텔 우평이 부사장, 중국이동통신 장차오 부사장, 수저우라이더방화 주원 사장은 바쁜 와중에서도 여러 가지 중국 기업과 중국의 정책, 산업에 관한 소중한 정보와 지식을 전해주었다. 또한 푸단대학 관리학원 박사과정에서 함께 공부하면서 중국 경제에 관해 서로 토론하고 소중한 자료와 귀중한 인사이트를 준 장이판 박사, 리치앤치앤 박사, 왕회의 박사, 주루페이 박사에게도 감사드린다. 그리고 필자에게 중국 금융 공부에 관한 열정과 중요성을 다시 일깨워주신 푸단대학 재무금융학과 공아이구어 교수님, 왕커민 교수님, 왕샤오주 교수님, 쉬지앤강 교수님, 왕웨이 교수님께 감사드린다.

그리고 필자의 중국 연구에 많은 도움을 주시는 WISEfn의 이철순 대표님, 푸단대학 경제관리 석박사포럼 FM-Korea의 한명수 회장님과 멤버들, 중국자본시장연구회의 유제훈 회장님, 임병익 박사님과 멤버들, 현대차연구소 중국포럼의 도보은 이사님과 멤버들께도 감사드린다. 본서의 기초 데이터 수집과 정리에 힘써준 WISEfn의 왕정 님에게도 고마운 마음을 전하고 싶다. 필자의 더딘 집필을 묵묵히 기다려주고 《금융대국 중국의 탄생》, 《5년 후 중국》 등 필자의 책을 흔쾌히 발간해주시고 발간하는 책마다 문화체육관광부가 선정하는 '우수교양도서'로 선정되는 영광을 누리게 해주신 참돌출판사에도 이 기회를 빌려 감사를 드린다.